中国票据史研究丛书

混乱与迷惘

民国时期西南票据研究

HUNLUAN YU MIWANG

MINGUO SHIQI XINAN PIAOJU YANJIU

梁宏志 郑全安◎著

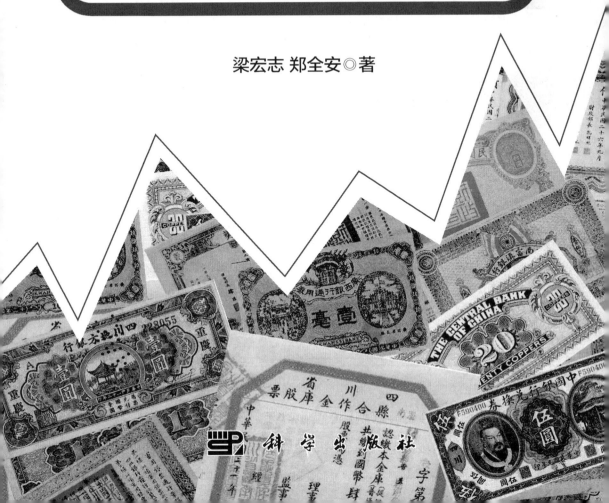

内 容 简 介

民国时期，西南地区军阀割据（既有旧军阀之间的混战，也有新旧军阀的交恶），导致票据发行的乱象，给人民的生活造成了巨大的危害。人民对未来充满了迷茫。但中国工农红军长征在此发行了大量红色票据，播下了希望的种子。民国时期西南地区票据的发展，既见证了西南军阀之祸，又体现了人民生活之苦，同时也为这段特殊历史时期的票据研究提供了翔实的史料支撑。

本书分省介绍了民国时期西南地区票据的发展演变史，包括金属货币、纸质货币、军票、股票、红色票据、公债、钱票等，以及人民币占领市场的发生发展过程。

本书适合对近代西南地方史、经济史、金融史及社会史感兴趣的读者，也对票据收藏爱好者有一定的借鉴意义。

图书在版编目（CIP）数据

混乱与迷惘：民国时期西南票据研究/梁宏志，郑全安著. —北京：科学出版社，2017.3
ISBN 978-7-03-050729-7

Ⅰ. ①混… Ⅱ. ①梁… ②郑… Ⅲ. ①票据-经济史-研究-西南地区-民国 Ⅳ. ①F822.9

中国版本图书馆 CIP 数据核字（2017）第279572号

责任编辑：李春伶 李 娟 耿 雪 / 责任校对：赵桂芬
责任印制：张 伟 / 封面设计：八度出版服务机构
编辑部电话：010-64005207
E-mail: lichunling @ mail.sciencep.com

科学出版社出版
北京东黄城根北街 16 号
邮政编码：100717
http://www.sciencep.com

北京建宏印刷有限公司 印刷
科学出版社发行 各地新华书店经销
*
2017年3月第 一 版 开本：720×1000 B5
2018年1月第二次印刷 印张：25 1/4
字数：506 000

定价：128.00元
（如有印装质量问题，我社负责调换）

序　言

　　票据，是在方寸之间凝聚的故事与情怀，是一种不可或缺的历史文化。虽然中国的经济社会制度在慢慢变迁，但票据却忠实地记录了那些远去的时代的人们与故事。早在先秦时期，信用票据就已经在人们的日常生活里起重要作用。其后，在中国蜿蜒的历史长河中，历经唐、宋、元、明、清各个朝代的演化与发展，票据类型不再单一，逐步丰富多样。票据不仅在经济发展中功不可没，还成就了一部中国的实物信史。有历史、有故事的票据就如同一扇扇窗户，让如今的人们透过它们来发现过去时代里的那些人和那些事。[①]

　　现代经济法和经济活动所讲的票据是指由出票人签发的、约定由自己或者自己委托的人无条件支付确定的金额给持票人的有价证券，有广义和狭义之分。广义的票据是指各种表彰财产权的凭证，包括钞票、发票、提单、仓单、保单、车票、船票、机票、入场券、债券、股票、汇票、本票、支票。狭义的票据仅指以无条件支付一定金额为内容且由票据法规范的有价证券，包括汇票、本票、支票。现代信用票据有三类内容至为关键。一是票据必须有发出人（机构）；二是出票人（机构）因某项经济活动发出的票据必须是有价证券；三是相关的人（机构）见票后必须履行票据上所规定的经济内容。刘心稳的《票据法》（中国政法大学出版社1999年版）、张舫的《证券上的权利》（中国社会科学出版社1999年版）、姜建初的《票据原理与票据法比较》（法律出版社1994年版）、谢怀栻的《票据法概论》（法律出版社1990年版）诸书对票据的观点都是一致的。《辞海·经济分册》（上海辞书出版社1980年第2版，1982年第3次印刷）对票据的解释也与上述内容相似，称票据是"具有一定格式的书面债据。载明一定金额，在一定日期，执票人可向发票人或指定付款人支取款项的凭证"。基于此，本书所提及的票据是广义票据，包括各类铸币（金币、银币、铜币、镍币等）、纸币、股票、债券、军用票、纪念币等。

　　"西南"作为一个方位大区概念，本质上只是一种地理方位的空间表达，其较少受到自然地理单元的结构性限制。"西南"既可以包括云南高原、贵州高原、四川盆地三个地理单元，也可以包括青藏高原在内的大地理单元，甚至还可以表述得更为广阔。它作为一种"习惯"的区域表达而存在，这种存在状态则成为人为认定和建构"西南"的基础。

　　目前，学界强调的"西南"，主要是根据自然地理环境、民族分布、新中国成立以来西南大行政区确立的行政区范围及经济协作区等因素，大致形成了以

---

　　① 梁宏志：《历史的一扇窗：记贵州财经大学票据博物馆》，《贵阳文史》2014年第3期。

川、滇、黔、渝为"小西南"或"狭义的西南"，以包括藏、桂在内为"大西南"或"广义的西南"，及湘西、鄂西南等地的综合认定意见。但各阶段的"西南"空间范围不仅不一致，而且差异颇大。

"西南"空间范围的演变是一个动态的、复杂的历史发展过程。西汉时期，已奠定了以西南夷分布区域为基础的"西南"范围，即以川、滇、黔为"西南"核心区域。而至少从明代开始，广西逐渐体现出稳定的"西南"省份地位。近代以来，则以湘、粤二省同属"西南"的意见逐渐增多，湖北也间有体现。至民国初年，受到地域政治因素的直接影响，则形成了"西南六省说"（川、滇、黔、桂、粤、湘）这一影响颇大的主导意见。[①]1917 年，孙中山提出全国铁路建设计划，对西南铁路系统亦有相当筹划，其中孙中山谈到"西南"范围："中国西南一部所包含者：四川，中国本部最大且最富之省份也；云南，次大之省也；广西、贵州，皆矿产最丰之地也；而又有广东、湖南两省之一部。此区面积有六十万英方里（约今 1 553 327 平方公里），人口过一万万。"[②]基于此，本书所指之"西南"，基本与孙中山先生所指一致，主要包括川（含西康省、重庆市）、滇、黔、桂四省，并不包括湘、粤两地。

民国时期，西南地区军阀割据，先有川军、滇军、桂军、黔军，后有蒋介石的中央军。在此期间混战不断，各自为政。市面流通的货币，不仅有各种银两和不同版式的银圆[③]、铜圆，还有各种纸币。其中，既有中央政府发行的，也有地方财政、银行、部队和私人经营的钱庄、商号发行的。国家银行发行的兑换券，由于准备金不足和银行垫付地方财政欠款难以收回，往往贬值流通。地方银行和私人发行的纸币，既无足够的兑换准备金，又未规定最高限额，每遇风吹草动，也经常是按面值折扣行使，甚至因挤兑而停闭。流通中的金属硬币，不论是银的还是铜的，亦因工艺较差，成色低于规定标准而币值不稳。更有外国银行通过传教、通商、借款、投资等渠道发行的卢比、法纸等纸币在西南地区流通，获取高额利润。西南地区各类票据发行的乱象，给人民的生活带来了巨大的危害。人民生活在水深火热中对未来充满了迷茫。另外，西南地区也是中国工农红军长征经过之地，红军在此发行了大量红色票据，播下了革命的种子、希望的种子。

所以，梳理民国时期西南地区票据发展的脉络，既有利于认清西南军阀之祸，感受人民生活之苦，也可为这段特殊历史时期的票据的研究提供翔实的史料支撑。

著　者

2016 年 9 月

---

① 张轲风：《历史时期"西南"区域观及其范围演变》，《云南师范大学学报》（哲学社会科学版）2010 年第 5 期。

② 孙中山：《建国方略》，辽宁人民出版社，1994 年版，第 173 页。

③ 当时票据发行混乱，银元与银圆，铜元与铜圆的用法，以当时票据显示为准。未有实物采用银圆、铜圆用法。

目　　录

第一章　四川票据

在光绪二十七年（1901 年）前，四川只行使传统的纹银和制钱，之后，才并行使用银两、银圆、铜圆、纸币多元货币。特别是在民国时期，由于川政的不统一，军人私设造币厂滥铸银圆、铜币，任意创办银行滥发纸币及各种兑换券；各地方政府、银号钱庄、各商会也可随便发行钞票或类似钞票的兑换券，所以各种私铸银币、铜币、纸币充斥市面。由此造成近代四川币制的紊乱，货币种类复杂且数量庞大为各省所不及。研究近代四川货币，不仅要了解近代四川币制的紊乱，也要了解近代四川货币的发展。

第一节　川铸金属货币

一、川铸银圆

大汉四川军政府成立后，辛亥年（1911 年）十月十八日成都发生兵变，各署局、藩盐二库、浚川源银行等，均遭变兵抢劫，唯造币厂防护甚严，无损失。为解决军政急需，军政府发行军用银票，并令造币厂于民国元年（1912 年）铸造"汉"字银币。该币一元重库平银七钱二分，成色银九铜一；五角重三钱六分，银八六铜一四；二角一钱四分四厘，一角七分二厘，成色均为银八二铜一八。民国 8 年，重庆铜元局亦铸造"汉"字银币。民国初期所铸"汉"字银币，重量足、成色好。行使中币值稳中有升。民国 11 年，刘成勋为攫取铸币余利，增加5 角币铸量，并降低成色为银七铜三。民国 13 年，杨森令停铸一元银币，专铸5 角币。民国 14 年，邓锡侯、田颂尧、刘文辉三部控制成都，邓锡侯接管造币厂，仍令全铸半元银币。此后，各防区驻军均仿效设厂，铸半元银币谋利，成色有低至三四成的。时称成、渝两厂铸币为"厂板"，各军铸币为"杂板"。在防区制时期，"厂杂半元"成为四川流通数量最大的货币，泛滥成灾，币值低落，终于酿成民国 16 ~ 17 年的劣币风潮，使社会经济生活遭到巨大的破坏。在社会舆论的强大压力下，各军先后停止铸造半元银币。民国 18 年，成都造币厂、重庆铜元局亦先后恢复铸造新"汉"字一元银币。因银料短缺，两厂时铸时停。民国6～17年，成都造币广铸各类旧"汉"字银币共计 103 324 216 枚，其中一元币63 360 830 枚；五角币 39 496 875 枚；二角币 95 950 枚；一角币 370 561 枚，折合银元 83 165 513.60 元。重庆铜元局铸造各类"汉"字银币约 300 万元。

国民政府实施法币政策时，财政部通令各省政府：各地银行钱庄商号和其他公共团体或个人凡持有银币、厂条银锭银块及其他银类，统应于民国 24 年11 月 4 日起 3 个月内就地交给中央、中国、交通三银行兑换法币。民国 25 年1 月，四川省主席刘湘电蒋介石称："法币流通地区尚未普及，倍用未孚，民间习惯行用银币，且年关在还，市场收支频繁，银币可否暂准照旧行使。"嗣接财政部复电："为照顾民间习惯，自即日起至旧历除夕止，商业收付暂准以现洋代替法币。唯商号收得现洋后，仍应就近送交收兑机构中央、中国等银行兑换法币。"不久，中央银行重庆分行接奉总行关于四川各色银币兑换法币办法规定："（一）凡一元银币向在市面照额流通者，准以一元兑换法币一元，其成色过低向在市面折扣行使者，按照每一元所含纯银重量兑换法币。前清时四川和云南所铸龙纹半元与民国时云南所铸唐保半元及袁头中元概以两枚兑换法币一元。毫洋一元二角换法币一元。民国以后成都所铸汉字半元暂不收换。（二）四川使用的银币每因流通过久致成光哑，除钢铅伪造者外，其成色如与流通之川币相等自可予以收换。（三）双角及单治银币一律以十二角兑换一元。"该行随即于是年 4 月 6 日据以开始办理各种银币收换法币工作。但因历年四川军阀滥发纸币失信于民，民间对于法币仍有疑虑，收换工作并不顺利，收换期限一再延展。以后抗日战争爆发，收换银币工作也就不再提及了。省府原要求收兑的银币概行收存重庆、成都两地。国民政府未予允力，民国 26 年 5 月 3 日和 18 日先后将所收四川杂版银币分装 1325 箱（每箱 5000 元）共计 663.5 万元运往上海熔化改铸。

1949年年初，四川各地金圆券急剧贬值，物价飞涨，银圆又自发地在市场上恢复行使。5 月，西南军政长官公署为形势所迫，通知允许市场行用银圆。7 月2 日，国民政府在广州宣布废止金圆券，发行银圆券，与银圆同时流通。财政部令成渝造币厂铸造帆船银圆，以应银圆券兑现急需。重庆二十兵工厂（原重庆铜元局）日铸 3 万枚，总计铸 160 万元。成都分厂初期日铸 3 万枚，后增至日铸10 万枚，总铸数不详。同年 11 月 28 日，"重庆中央银行"将库存银圆约百万元，全部转运台湾地区。[①]

四川"汉"字银元，该币正面上书"军政府造"，中间为"四川银币"，正中有一象征成都的芙蓉花。背面以 18 个圆圈围绕一个篆文"汉"字，18 个圆圈代表当时全国的 18 个行省，"汉"字表示当时革命的口号"驱除鞑虏，恢复中华"。

---

① 四川省地方志编纂委员会：《四川省志·金融志》，四川辞书出版社，1996 年版，第 118～121 页。

此项模型即为四川银圆定型，"一直未变"①。这是辛亥革命后全国所铸银圆中比较独特的一种，被称为"四川汉字银圆"，四川人称为"川板"（图1-1）。

（a）民国元年四川军政府汉字"壹圆"银币　　　（b）民国元年四川军政府汉字"五角"银币

（c）民国元年四川军政府汉字"二角"银币　　　（d）民国元年四川军政府汉字"一角"银币

图1-1　四川军政府汉字银圆

初期的四川"汉"字银圆背面的"汉"字为秦篆，后期的篆字书写就没有初期的味道浓厚。更有雅安版，背面的篆书笔画多直笔，给人以古朴的感觉，别有一番风味。

四川"汉"字银圆版别，有两个大板块和两个系列。两个板块就是"厂板"和"杂板"。"厂板"指成都造币厂和重庆铜元局生产铸造的银币。"杂板"指四川大小军阀或其他机构生产铸造的银币。两个系列专指"厂板"，以成都厂和重庆厂来区分。理清了两个板块、两个系列，就对其版别基本分清楚了。

成都版分为"方头汉"、"出头军"、"出头金"、"三笔元"、"空心花"和"歪脚圆"6种。重庆版"分点金"和"挂须"两个系列。"杂板"成色低，分量轻，声音哑，当时成都坊间流行"一个银圆破烂哑，三个死人邓田刘（邓、田、刘为当时四川三个大军阀）"；分为"雅版"、"两点造"和"肥川版"3种。相对于低成色的军阀"杂板"，一些"私板"就更加不堪。里面是铜胚，外面包层银皮，俗称包壳。区分包壳的方法是听声音、称重量，但有些军阀在做包壳时先把铜胚加热，再压上银皮，这样做出来的包壳就听不出声音，很不容易区分。有些则干脆将18个圆圈的四川铜币，包层薄银皮，使用时间久了就磨出了里面的铜色。②

①　重庆中国银行：《四川金融风潮史略》，1933年，第30~31页。
②　黄斌：《漫谈四川"汉"字银元》，《收藏》2009年第3期。

二、四川藏洋

四川藏洋，川滇边务大臣赵尔丰将其定名为"藏圆"。民间称呼为洋钱、川卡、藏币或四川卢比。为与西藏的藏币相区别，一般通称"四川藏洋"，是具有历史意义的地方银圆。它是中国与英国之间货币战的产物，该币为驱逐卢比而仿卢比铸造，正面为光绪侧面像，背面为花纹环绕着的"四川省造"四个汉字，中央有一横花子或立花子，花纹与卢比相仿，其重量、大小均与卢比一致。它是我国唯一广泛流通过的有中国帝王像的银币，在从光绪二十八年（1902 年）起到 1958 年止的半个多世纪中，大量流通于四川省甘孜藏族自治州（简称甘孜州，旧称康区）及其邻近藏族聚居区。它又是与西藏货币"藏币"不相同的一种货币，"藏币"是以"两"为单位，而四川藏洋是以"圆"为单位。

1. "四川藏洋"产生的原因

四川省甘孜藏族自治州，史称"康巴地区"，由于自然、历史、社会发展等方面的原因，该地区在中国近代史上，形成了一个既不同于内地，又有别于西藏的特殊政治经济区域——"川边"。

明朝对整个藏族地区实行分治：在藏、卫地区设乌斯藏都司，康巴地区设朵甘都司，青海等地设五王分地，为后来康巴地区设"川边"、建"西康"之源。由于近代帝国主义势力对边疆地区的觊觎和入侵，历届中央政府逐步把这一地区作为对西南边疆加强统治、推行各种"经边"政策、抵御外侮的前哨阵地，所以这一地区的政治、经济呈现各种特殊性。四川藏洋就是这种特殊政治、经济条件下的特殊产物。

（1）政治的原因。清末川藏多事，有识之士以川藏势危，纷纷上书朝廷，遂有设"川滇边务大臣"，派赵尔丰在康巴地区推行"改土归流"之举。赵尔丰上平康三策：底定三边，一道同风，此第一策也；改土归流，康地设省，扩充疆域，以保西陲，此第二策也；设置西三省总督，借以杜英人之觊觎，兼制达赖之外附，此第三策也。因此，赵对"川边"的政治、经济、军事、文化等各个方面都作了统筹安排。铸银币，拒英洋，以保证"改土归流"的经费需要，正是赵尔丰采取的一项重要措施。赵上奏请鼓铸三二藏圆："窃查西藏币制，始于乾隆五十九年（1794年）……自光绪初年，英人由印度铸造三二银圆，名曰卢比，行销西藏……去年臣与前督锡良由川省造币厂仿照卢比，铸三二银圆，定名藏圆，一百万元运销关外，以为抵制，商民乐用……挽回利权，不使外溢。"清廷批示："着照所请，该部知道，钦此。"铸藏洋的政治目的显而易见。

（2）军事、行政的原因。清朝政府在"川边"推行"改土归流"，赵尔丰在康巴地区大肆用兵，军事行政费用大增。史载："于是尔丰建议筹边，锡良以闻，加尔丰侍郎衔，充川滇边务大臣。……奏陈改设流官、练兵、招垦、开矿、修路、通商、兴学诸端，清廷议准拨开边经费一百万两。"在紧急繁忙的改土归流的政治军事行动中，首先遇到的是大量零星军事行政费用的开支问题。这类开支频繁、额小、量大，而康定以西铜钱不行，用银不便。为保证大量军政人员经费供给，铸当地藏民习用之三二藏圆势在必行。

（3）经济的原因。康巴，汉唐以来称为"徼外"，西藏亦称该地为"边地"，均含不毛之地之意，历史上经济十分落后。但由于东部紧靠川西经济富庶地区，西连关外广大藏族聚居区，又是历代中央政府对藏族聚居区实行"羁縻"和"经边"政策的重要前沿阵地。所以，其经济发展后来居上，逐渐成为以康定为中心、边茶贸易为主线的藏汉经济交汇的枢纽，农牧业、手工业都得到发展，以边茶贸易为中心的商贸活动十分活跃。据不完全统计，宣统二年（1910年），康巴地区所属各县征收粮税数为：粮税 13 368 石，折合 400 万斤（1 斤 = 0.5 千克），牛马税藏洋 11 519 元，金课 9500 元，盐税 13 000 两。按什一税计，估计当时全区粮食可达六七千万斤。按一头牛收藏洋一咀（即一角，亦即四分之一元）计算，征税牲畜不少于 10 万头（只）。由于粮税均征收银钱，宣统元年（1909年），按康区各县征粮变价及牛马税造册总数，共计收市平银 36 247 两，折合藏洋 113 356 元，可见需要数量之大。随着以边茶为中心的藏汉贸易的发展，对藏洋的需求更为迫切。当时康定折多山以西广大藏族聚居区不使用铜圆，"秤银"以五十两为单位，分割困难，散碎银两识别计量不便，致使印度卢比乘虚而入。然康区经济发展所需货币量较多，印度卢比数量终究有限，且币高于值，又有损我国利权。因此，急需一种适应康巴地区经济发展需要，又为当地所乐于使用的银铸币。为此，早在赵尔丰入康前，打箭炉同知刘廷恕于光绪二十七年左右，经川督奎俊默允，铸造正面有汉文"炉关"，背面有藏文，以花纹围绕的银币。此即为藏洋的前身。

"川边"建立以来，军旅浩繁，商贸更盛。为适应经济贸易发展的需要，赵尔丰不仅上奏鼓铸藏圆，为便利流通，还鼓铸当十铜圆出关行使，开康区铜币流通之始。赵在《鼓铸当十铜圆出关今运费请由边务经费开支片》中奏云：关外"向无制钱使用，自上年……由四川仿照印度卢比形式鼓铸，名为藏圆……番民争相乐用，卢比日见其少。唯向来贸易，均以卢比本位合称，贫民将卢比一圆，剪为四咀，以便零用。查藏元面上铸有御容，若照卢比剪用，殊属不合，经臣切实晓谕禁止。……而于贫民小贩营生者，稍觉窒碍。臣去年由川省鼓铸当十铜圆一千万元，运出关外，秤与藏圆相辅而行，人皆称便。"说明康区经济发展既需要大量银铸主币，又需要大量铜铸辅币。[①]

————————
① 张策刚：《四川藏洋在中国银铸币中的历史地位》，《中央民族大学学报》（哲学社会科学版）1988 年第 2 期。

2. 四川藏洋铸造、流通情况

铸造时间：从光绪二十八年（1902 年）到民国 33 年（1944 年），先后在成都、康定等地铸造。可划分为五个时期。①光绪二十八年前后，刘廷恕铸"炉关"银币，当为四川藏洋之始。②光绪三十年至宣统三年（1911年），成都铸造，含银九成左右。③民国 3～5 年，成都铸造，含银七五成左右。④民国 19～22年，康定铸造，含银七成左右；民国 23～24 年康定铸造，含银六五成左右。⑤民国 24～28 年，康定铸造，含银五成左右；民国 28～33 年，康定铸造，含银不足一成。①

藏洋版式：初期为"炉关"币。后仿印度卢比，大小、重量、式样与卢比基本相同，唯正面以光绪皇帝头像代替维多利亚头像，背面为"四川省造"四个汉字，花纹与卢比相仿。大体上有六类藏洋。第一类，清末成都铸币厂铸造，光绪头像（分有衣领和无衣领两种），背面"四川省造"的四字，中间为两点（以下版面"四"字内，或为"、"，或为"八"，是鉴别版别的重要标志）。花纹深细，"四"字右上端有一蝴蝶图像。含银量均在九成左右。第二类，民国初年成都铸币厂造，光绪头像有衣领，"四川省造"中的"四"字，内为两点，含银量降至七成左右。第三类，1930～1935 年康定铸币厂制造。光绪头像有衣领，"四"字内为"八"字，头像呈方形、背微驼。含银量在六成左右。第四类，1936～1942年康定铸币厂制造，光绪头像有衣领，"四"字内为"八"字，花纹糙，版面呈铜色，含银量五至一成不等。第五类，为宰口藏洋。藏洋行使之初，以半元、一咀币作为辅币，以便小额交易。由于辅币玲珑可爱，藏族人民多用于装饰，在市场上很少流通。第六类，打印藏圆。主要流通于理塘②，见图 1-2。

藏洋面值：藏洋均未铸有面值，按大、中、小分为三种，取二进位制：主币为一元，毛重三钱六分，直径 30 毫米，值钱三钱二分；半元币毛重一钱八分，直径 24 毫米，值钱一钱六分；四分之一元币，即一咀，毛重九分，直径 18 毫米，值银八分。

藏洋成色：高的含银 90% 左右，低的不足 10%。成色随铸造时间逐步降低。在使用中按含银量高低分为四类：一类藏洋含银 90% 左右，二类含银 75%，三类含银 50%～60%，以上为四类，称为红藏洋，因含铜过多而呈红色，故名。

藏洋币值：足色藏洋币值比较稳定，一般一元一类藏洋可兑换白银三钱二分，可兑换大洋四角，可兑换当十铜圆 44 枚，可兑换粮食 10 斤，可兑换酥油 4 斤，可兑换茶 1.33 斤。

---

① 王承志和寇尚民把四川藏洋的铸造分为四个时期，即光绪二十八年（1902 年）至宣统三年（1911 年）为第一期；民国元年（1912 年）至民国 5 年（1917 年）为第二期；民国 19 年（1930 年）至民国 24 年（1935 年）为第三期；民国 25 年（1936 年）至民国 31 年（1942 年）为第四期。参见王承志：《四川藏洋》，《中国钱币》1988 年第 3 期；寇尚民：《四川卢比探究》，《收藏》2011 年第 9 期。

② 陈一石：《川铸藏元考略》，《四川文物》1986 年第 3 期。

（a）四川藏洋（一期）　　　　　　　（b）四川藏洋（二期）

（c）四川藏洋（三期）　　　　　　　（d）四川藏洋（四期）

图 1-2　四川藏洋

流通范围：主要流通于今甘孜藏族自治州所辖地区，亦有少量流通于西藏、云南、青海、甘肃、川西北等藏族地区。

流通时间：从 1902 年到 1958 年 4 月 1 日甘孜藏族自治州人民委员会发布《关于严格管理外国货物和禁止金银流通的规定》为止，流通 56 年之久。停止流通后，由当地人民银行按杂银收兑。当时收兑价为：一类一元兑给人民币三角六分，二类一元兑给人民币二角七分，三类一元兑给人民币一角八分，共收兑 100 万枚左右。红藏洋含银太低，由商业部门按杂铜收购。从此结束了四川藏洋的流通历史，甘孜藏族自治州统一为人民币市场，与内地货币流通融为一体，为巩固祖国统一、加强民族团结、促进社会主义建设创造了一个有利的货币环境。[①]

3．四川藏洋的特点

（1）帝王像。四川藏洋正面铸光绪皇帝头像，是我国流通的唯一铸有帝王头像的银铸币。在卢比入侵时代，四川藏洋与卢比英王像相对立，既象征"普天之下莫非王土"，又明确表明清朝对藏族聚居区的统治权。其意在显示王威，维护利权，驱逐卢比，统一藏族聚居区币制。

（2）仿卢比。四川藏洋大小、重量、式样与卢比大体相同。此非崇洋，主要是为了适用，是根据特殊情况采取的特殊办法。关于这一问题，在杨伯康所著《西康设厂之过去与将来》一文中说明了原委："又以康藏人民之积习难改，乃毅

然请成都造币厂代铸，如卢比形式，其重量亦同，仅易英后像为光绪帝像，仍名为藏洋，即今藏币是也。"其中"毅然"二字，既道出了此举为人所难的事实，又表示了"川边"当政者力排众议、因地制宜、唯在实用的决心。后来藏洋通行无阻，更证明了此举的实用性。

（3）三二重。四川藏洋一元值银三钱二分，并采取二进位制设币面，与国内其他银铸币皆不同。当时亦有提出非议者，据赵尔丰云：有人"勒作三五，此币不知何人作俑"，"去今两年炉城藏圆滞销，商人要求三二，弟商许藩司，今年统改三二，以杜烦言而归公道"。以上说明，藏洋一元含银三钱二分虽不合当时币制，又有人反对，而赵尔丰仍坚持铸造，以期便民。

（4）时间长。前后长达56年之久，仅次于西藏藏币，是流通时间最长的少数民族地区银铸币之一。

（5）数量大。在56年的发行流通过程中，估计共铸造一元币2550万～2750万枚，半元和一咀币约25万枚。

（6）有范围。四川藏洋是在特定范围之内流通的银铸币。它一直固定地流通在四川康巴地区，仅有少数流入西藏、甘肃、青海、云南和四川西北等藏族地区，其他地区均不使用，是有特定流通范围的地方性银铸币。

（7）四川造。四川藏洋虽系专为川边藏族聚居区流通所铸，然未铸藏文。背面铸"四川省造"四字，也有特殊含义：其一，当时"川边"仍由四川代管，未正式升格为省，而铸币的发行有一定制度规定，只有行省才能铸币；其二，指明为四川省所辖藏族聚居区通行之货币，与西藏藏币相区别；其三，与赵尔丰稳定"川边"，巩固西藏、外拒英人、内固达赖的总策略相呼应。

（8）成色杂。四川藏洋堪称中国银铸币中成色最杂之币种。虽然各种版式大体相同，但成色高低却悬殊甚大。在一类藏洋中有两种版别：一种是光绪帝无衣领头像，背面四川的"四"字中间是两点，花纹深细；另一种是光绪帝有衣领头像，"四"字上端有一似蝴蛾之图形。二类藏洋为光绪帝有衣领头像，"四"字中为两点。三类藏洋为光绪帝有衣领头像，背驼或头方，"四"字中间为"儿"形；红藏洋为光绪帝有衣领头像，"四"字中为"八"形，花纹粗糙，显现铜色。四川藏洋版式不下百种，仅有细微差别，同为藏洋，因成色高低、价值悬殊，增加了流通识别之困难。

（9）加戳记。四川藏洋在流通过程中产生了一种特殊形态的版式，即在低值藏洋上加盖戳记增值流通。主要是理塘县长青春科尔寺所为。因理塘县红藏洋泛滥，该寺将收进的低成色红藏洋，用钢戳打上戳记，以二当三或以三当四强令增值流通，而该寺收债时并不看有无戳记，一律以含银量计收。一进一出，盘剥人民。

（10）"宰口币"，即"宰口藏洋"。主要是由于辅币严重不足，加之群众用作装饰或收藏，只好将一圆币宰为两个半圆，甚至一分为四，用以流通。有作弊牟利者，宰割时从中抽去一小条，甚至三分之一，只剩两个小半圆，也充半元使用。[①]

4．"四川藏洋"的历史作用与地位

（1）驱逐英印卢比，维护国家权利。川藏官员以"印币亡边"为由，仿英印卢比鼓铸三二藏元，用以抵制印英卢比。后经朝廷批准正式大量铸行。从此"卢比受到抵制，而渐绝迹于康藏矣"。终于将英印卢比驱逐出康藏地区，打赢了这场中英货币之战。这一光辉业绩将永远载入中国和世界货币史册。

（2）保证军政开支，推动"改土归流"。藏洋的铸行，第一是保证了军政人员的薪饷和军政费用，有力地支持了赵尔丰的军事行动和"改土归流"；第二是保证了乌拉差役等费用的合理及时支付，调动了藏族人民支援进军的积极性；第三是用于购买民间物资，便利交易，振兴农工商业，减少了对"改土归流"的抵触情绪。铸续三二藏圆，是取得"改土归流"成功的一项至关重要的货币经济政策。

（3）统一康区币制，促进经济发展。"改土归流"前，康区没有统一的货币制度。四川藏洋的铸行，第一次在康巴地区建立了正规的货币制度，初步统一了康巴地区的货币市场，诱发和增强康巴地区各族人民的商品货币意识，对康巴地区的政治、经济、文化发展产生了深远的影响。

（4）历史作用显著，历史地位重要。四川藏洋是在中国近代特殊历史条件下，在特殊地区，因特殊需要，采取特殊办法，铸行、流通于康巴地区的特殊铸银币，其历史地位与西藏地方铸币同等重要。它在中国近代货币史上起到了特殊的作用，是研究中国藏族地区货币经济史、藏汉交往史和中外关系史，以及中国少数民族地区货币史、钱币史的重要币种之一。在中国银铸币，乃至世界银铸币史上均占有特殊的地位。[②]

四川藏洋有力地证明，以西康、西藏、青海为主体的整个藏族聚居区都是祖国不可分割的一部分。在英印货币侵略藏族聚居区期间，藏族、汉族等各族人民都积极采取各种措施，进行坚决抵御，显示了维护祖国统一，加强民族团结的决心和勇气。[③]

三、川铸铜币

四川省地域广阔，人口众多，而军阀之多也是其他各省所不及的，在民国期间有刘湘、王陵基、邓锡侯、刘文辉、孔繁锦、刘存厚等。他们各设厂铸造铜

---

① 张策刚：《四川藏洋在中国银铸币中的历史地位》，《中央民族大学学报》（哲学社会科学版）1988年第 2 期。

② 张策刚：《纪念"四川藏洋"铸行 100 周年》，《西南金融》2002 年第 11 期。

③ 王振民：《四川藏洋与西宁藏洋对析——玉树货币史探讨之五》，《青海金融》2004 年第 6 期。

币，或以"文"为单位，或以"分"为单位，其目的是牟取暴利，剥削人民。

　　四川省的铜币铸行始于清朝光绪晚期。光绪二十八年，四川总督岑春煊奏准在成都设"四川铜元局"。光绪三十一年六月，增设"重庆铜元局"。光绪三十二年（1906 年）九月二十日，户部改名为"度支部"，但全国各省铜元局造的"大清铜币"，币面纪铭却一度沿用"户部"，唯有四川省于己酉年（1909 年）造有纪铭为"度支部"的"大清铜币"。宣统二年（1910 年）六月，四川铜元局改名为"度支部成都造币分厂"，由朝廷度支部统管。同年十月初，重庆铜元局被裁撤，拟改建为炼钢厂。

　　辛亥革命后，四川军政府接管"度支部成都造币分厂"，将其改名为"四川造币厂"。同时，重庆军政府也在重庆设铜元局，并于民国 2 年 5 月始铸当二百文铜币。民国元年 4 月，四川造币厂铸行"军政府造四川铜币"，面值分当十文、当二十文、当五十文三种。次年增铸当百文和"双旗图"当二百文铜币。民国 7年，四川造币厂增铸少量"军政府造四川铜币"当五文，但该币背面纪年仍为"民国元年"。同时，任四川督军兼省长的熊克武，也铸有少量"醒狮图"当五文铜币。民国 13 年，杨森统治成都，为了牟取更多的暴利，将五钱八分重的"当一百文"铜币减重为二钱七分，曰"小一百"。将重七钱的"当二百文"铜币减重为四钱，曰"小二百"。民国 15～17 年短短的三年时间，仅四川造币厂官方造的"小二百"铜币竟达 4 亿多枚。由于铸造铜币有厚利可图，四川各防区的军阀也纷纷设厂，铸造劣质铜币。一时间，市面上流通的货币几乎全是劣质"小二百"铜币，民间交易极为不便，人民怨声载道。这段时间，民间为了零星找补之便，有将当二百铜币切成两半，每半作一百文使用；也有将二百文铜币切成四块，每块作五十文使用。另外，这段时间四川各地还出现了不少以商会名义发行的锡质、铜质、木质、竹质或纸质代用币，以济流通。更有甚者，不少茶馆烟销也发行代用币。四川币制之混乱到了不可收拾的地步。民国 19 年，四川造币厂根据《国币条例》有关规定，试铸"梅花国民党党徽图"一分、二分铜辅币。由于受到省议会和成都总商会的反对，未能行用。同年冬，铜料价格上涨，铜币的兑换价格又急剧下跌。因而铸造铜币已无利可图，四川造币厂即行停铸铜币，改铸镍币。①

　　民国时期四川铸行的铜币，基本变成军阀用以解决扩军费、战费，牟利聚财的手段，多方任意铸造，滥改版式币值，用武力强制发行，民众受害极深。市面铜币种类繁多，版式、质量、规格各异，发行无度，铜币与银币比价大幅度降低。大清铜币初出时，成都市面银币 1 元尚可兑铜币 80 文，宣统间可兑 1200文。民国 18 年降至 3000 文，民国 26 年更降至 25 000 文左右。民国 24 年 11月，四川开始流通法币，铜币退出货币流通领域，但民间仍有大量窖藏。民国

---

① 高文、袁愈高：《四川历代铜币图录》，四川大学出版社，1988 年版，第 4～5 页。

38 年 6 月，国民政府金融崩溃，纸币已毫无信用，成都、重庆两地金融机构恢复使用银币，铜币、制钱再次作为辅币在市面流通。成都市政府曾明令通告，四川造小二百文铜币折合银币二厘使用。[①]

1. 军政府造"四川铜币"

军政府造"四川铜币"是辛亥革命时期的产物。1911 年 12 月发生"成都兵变"，以尹昌衡、罗纶为正副都督的四川军政府取代了成立仅 12 天的大汉四川军政府。新的四川军政府成立之初即面临着需用日繁、度支日绌的财政困窘局面。军政府迅速接管了四川成都造币厂，决定铸造"四川铜币"以应急。1912 年 4 月，四川成都造币厂奉军政府令，开铸新版四川铜币。新币的正面珠圈内书"四川铜币"四字，中心部位有一朵芙蓉花，圈外上缘书"军政府造"，下缘书"当制钱×文"，两侧各有一个十字花；背面中心圆内有篆书"汉"字，外饰代表全国 18 个省的 18 个圆环，上缘环书"中华民国×年"，左右（有的下部）饰有十字花星。这种铜币俗称"汉"字四川铜币，分别标明制造年份为民国元年、民国二年、民国三年……面值有"五文"、"十文"、"二十文"、"五十文"和"壹百文"，分为黄、红两种铜质。除小面值的外，民国时期被大量制造，流通各地。在民国各地铸行的铜币中，"汉"字四川铜币自成一体很有特色，其独特的设计图案反映了推翻清政府、建立全国大汉政权的中心思想[②]（图 1-3）。

（a）民国元年军政府造四川铜币五文

（b）民国元年军政府造四川铜币十文

（c）民国元年军政府造四川铜币二十文

（d）民国元年军政府造四川铜币五十文

① 黄友良：《近代四川铜币考》，《四川文物》1994 年第 4 期。
② 喻战勇：《漫谈 1913 年四川造币厂造双旗 200 文铜圆》，《江苏钱币》2006 年第 3 期。

（e）民国 2 年军政府造四川铜币壹百文　　　（f）民国 7 年军政府造四川铜币五十文

图 1-3　军政府造四川铜币

这些四川"汉"字铜币具有以下特点和意义。

（1）铜币式样焕然一新。不用满文、英文，专用汉字。

（2）铜币带有明显的地方特色。币中以芙蓉花代替四川成都造。成都是四川省会，简称蓉城，别称锦官城或芙蓉城，不再用满文"宝川"二字代表地方。

（3）铜币带有明显的革命性。币中将原铜币大清龙，换成篆书"汉"字圆，并环绕 18 个小圆。"汉"字是新政权的代表，是推翻清王朝统治，建立新政权的一场大革命。18 个小圆，代表着 18 个省，代表全国人民，其意义是：响应武昌起义，团结一致，自强自立，携手前进，前仆后继，推翻清政府，庆祝辛亥革命的胜利。

（4）铜币带有划时代的意义。币中以"中华民国"代替大清王朝，结束了清朝270多年的统治，也结束了2000多年的封建帝制，具有划时代的意义。铜币上注明造币时间是中华民国，是新时代的开端。[①]

2.1918年四川"醒狮"铜币

辛亥革命后，西藏受英帝国主义的鼓动，妄图脱离祖国独立。尹昌衡于民国元年（1912年）6月任西征总司令。同年 7 月，他领兵西征，以 3 个月平定"康藏叛乱"，改任川边经略使。作为四川铜元名品的"醒狮币"，是民国元年尹昌衡主川时铸，据说是顺应西藏的流通习惯而制造，有同模的银币、铜币存世，也有多个版别。该币正面珠圈内为两面交叉的五色旗，珠圈上为纪年"中华民国元年"，背铸雄狮、地球图案，并附有装饰性云朵，根据狮的形态，分别有"狮子仰视版、俯视版、头尾相接"等不同版别（图 1-4）。最大的特点是不标面值，但直径、重量均与五文铜币无异，存世稀少。也有认为是"雪山狮子币"，也有称"四川熊克武造醒狮铜币"。

---

①　罗尚熙：《别具一格的四川"汉"字铜币》，《安徽钱币》2012 年第 4 期。

（a）民国元年四川醒狮铜币俯视版　　　　（b）民国元年四川醒狮铜币仰视版

（c）民国元年（1912 年）四川醒狮铜币头尾相连版

图 1-4　四川醒狮铜币

3. 民国 2 年四川造币厂造"双旗图"贰百文铜币

民国 2 年（1913年），四川都督尹昌衡率军入西藏平叛，代其继任的军政府都督胡景伊为满足日益庞大的军费，在继续铸造大面值"汉"字四川铜币的同时，开始铸造重七钱的贰百文大面值铜币。1917 年以后，四川境内军阀混战，逐渐形成了大小军阀割据的局面，各地军阀为筹措军饷及牟取暴利，纷纷自设造币厂，开机制造"汉"字四川铜币和贰百文铜币。

民国 2 年，四川造币厂造贰百文铜币，正面中心圆环内竖书"贰百文"面值，两侧及下部分列嘉禾图案，面值两旁依偎的两个麦穗非常醒目，高高耸起；环外上缘环书年号"中华民国二年"，下缘环书厂名"四川造币厂造"，左右分列大十字花星。背面中心珠圈圆环内为交叉的两面五色旗，双旗交叉处有旗绳形成的饶，下有旗穗；环外上缘环书英文国号"THE REPUBLIC OF CHINA"，下缘环书英文面值"200 CASH"，两侧有间隔圆点。该币俗称双旗贰百文或大贰百文。贰百文铜元的图案设计和"汉"字四川铜币已完全不同，它是按照中华民国南京临时政府参议院在 1912 年 6 月 8 日决定的"开国纪念币以国旗嘉禾图案为主，以后各省依式铸造"来设计的。它体现了武昌起义胜利后，革命党人提倡汉族、满族、蒙古族、回族、藏族"五族共和"的中心思想；它背面采用了五色旗作为主图，该旗是中华民国的正式国旗。此外，它还是民国期间四川铜币中唯一在币面上使用英文的。

由于民国期间四川各地大小军阀滥铸的铜币与成都造币厂和重庆铜元局所铸铜币混合流通的历史背景，贰百文铜币有着许多版式，差异明显的版式就有数十种。贰百文铜币按其背面交叉双旗下垂之旗缨不同可分为两大类版式，一种是"直缨版"，即旗缨垂直下垂者；一种是"曲缨版"，即旗缨环绕旗杆下垂者。"曲缨版"根据旗绳的交叉与否，又分为"交叉曲缨"和"不交叉曲缨"两种较小的版式。所用币材有黄铜、红铜两种（图1-5）。

（a）民国2年四川造币厂造贰百文铜币　　　（b）民国2年四川造币厂造贰百文铜币
　　　　　　（直旗缨）　　　　　　　　　　　　　（交叉曲旗缨）

（c）民国2年四川造币厂造贰百文铜币
（不交叉曲旗缨）

图1-5　四川造币厂造铜币

（1）直缨版。文字规整，笔画细而均匀，字体小而结构紧凑，英文书写规范；图案清晰，嘉禾叶脉清楚，麦穗颗粒饱满，芒短；双旗飘动自然，五色宽度均匀，旗帜的上沿呈自然波动状；两面马齿清晰均匀。所见者以黄铜质者制造最为精美，红铜质者少而制造粗劣。直缨版约占双旗贰百文铜币存世量的百分之一左右，目前已不多见。黄铜质者因其正面的麦穗大小差异和背面旗穗离绳与否，又可分为几种版式，应为四川造币厂的最初产品，红铜质者则为小军阀所出。

（2）曲缨版。① 交叉曲缨式：整体制作工整，图案清晰，嘉禾叶脉清楚，麦穗颗粒饱满，芒稍长，为典型的小麦形态；文字字体变大而结构松散，背面双旗飘动自然，旗帜上沿呈自然波动状；由旗穗离绳与否分为几种版式，所见多为黄铜，也应为四川造币厂或大军阀的产品。② 不交叉曲缨式：黄铜质者，整体制作一般，图案不太清晰，嘉禾叶脉不清楚，麦穗颗粒混在一起，芒特长，为典型的大麦形态；文字字体变大而结构松散，背面双旗飘动不自然，僵直，五色宽度不均匀；由正面麦穗的差异、旗穗离绳与否及和旗杆交叉处的节是否相连分为多种版式。黄铜质者约占曲缨版的三分之一，应为军阀混战时期滥铸的产物。由于当时各处大小军阀粗制滥造者颇多，所以出现了多种因机械故障、制作工艺水平低下或工人素质低及粗心大意而产生的错版、破版、烂版、叠版和复打铜币。红铜质者为所见双旗贰百文之大宗，版式繁杂，图案及制作与黄铜质者相类。仅从正面的麦穗有无芒、长短芒就可分出数十种小版别；一般的麦芒中间最长的一根多指向"贰"字的第一横，极个别超出"贰"字头，特长，有的则指向"贰"字点，等等；此外，由正面"贰百文"字体的差异、背面旗穗离绳与否及和旗杆交叉处的节是否相连，可分为多种版式。常见的双旗交叉处旗绳形成的双饶多为等高或左侧饶稍高，也有少量的右饶高。

以牟取暴利、筹措军饷为目的的无序滥铸，导致了双旗贰百文铜币数量的猛增和迅速充斥市面，造成恶性通货膨胀，小面值铜币多被收购回炉改铸以牟利。1924 年前后，四川境内流通使用的基本上都是双旗贰百文铜币。由于民间交易缺乏小面值铜币找零，无奈只有将贰百文铜币一切为二或一切为四，当一百文和五十文使用，四川民间俗称"宰板"。1925 年 12 月军阀邓锡侯进驻成都，接收了成都造币厂，邓锡侯自兼厂长。因当时再铸双旗贰百文铜币已无厚利可图，遂假借《国币条例》名义，开始制造新的四川铜币系列。[1]

4. 民国 15 年四川造币厂造"川"字铜币

1925 年 12 月，军阀邓锡侯进驻成都后开始制造新的四川铜币系列。由于新币中心有一"川"字，故俗称"川花 × 文"，这种新的贰百文铜币直径和厚度大大减小，重量仅为四钱（14.9 克）；回收一枚"双旗贰百文"就可改铸两枚"川花贰百文"，牟利近一倍。这种贰百文铜币被称为"川花贰百文"或"小贰百文"。在暴利的驱使下，"双旗贰百文"铜币被大量回收改铸，土豪劣绅也纷纷参与，甚至用手动机械造币。据有关资料统计，1926～1928 年，仅成都造币厂所生产的"川花贰百文"就达到 4 亿多枚，基本是当时全中国老百姓平均每人一枚；而其他四川各地大大小小数十家造币机构所生产的铜币则根本无法统计。

（a）民国 15 年四川省造"川"字五十文铜币　　　（b）民国 15 年四川省造"川"字"一百文"铜币

---

① 喻战勇：《漫谈 1913 年四川造币厂造双旗 200 文铜圆》，《江苏钱币》2006 年第 3 期。

（c）民国 15 年四川省造"川"字"二百文"铜币

图 1-6　四川省造"川"字铜币

　　从回收小面值铜币改铸"双旗贰百文"铜币到回收"双旗贰百文"铜币改铸更小的"川花贰百文"，民国期间的四川军阀上演了一场以牟取暴利为目的的轮回闹剧，四川百姓深受其害，而大小军阀却中饱私囊，四川地区的经济发展和百姓的日常生活受到严重影响。[①]

5. 民国 19 年"边铸"壹百文铜币

　　民国 19 年（1930 年）铭有"边铸"100 文的铜币版别富有特色，存世量少显得尤为珍稀。该币为红铜质，重 6.8 克，直径 28 毫米，厚 1.7 毫米。币的正面左右两边分列铸有"边""铸"二字，中心圆圈内套有一朵海棠花，花心中镌刻有一"川"字，上半环内左旋"中华民国十九年"，半环内右旋"每枚当一百文"六字；背面则铸有"生活过高地方请求铸此平价"十二个篆字分四行直列（图 1-7）。该币被认为"熔书法艺术、社会经济现状与民意为一炉，实在是一枚不可多得的铜币妙品，无怪乎国内外收藏家竞相寻觅"[②]。

　　该币的最大特点是：用文字直接标明"生活过高地方请求铸此平价"的字样，客观地反映了通货膨胀致使货币贬值，给当地人民的生活带来了诸多不便，急切希冀币值恒稳的愿望。不过，仅从这十二个字中，不难看出以下三种信息：一是因"生活过高"，导致物价上涨；二是地方能借此铸币为"独立"建省而埋下伏笔；三是以"平价"为借口，为实行地方金融割据并做好准备。这种在币面上直接标出"生活过高地方请求铸此平价"的做法，不啻是一个别出心裁的创举，且在中外钱币史上也实属罕见。这种铜币的大小及重量均与当十文铜币无异，而面值却为其十倍，也反映了四川地区通货膨胀的情况。该币铸量比汉字铜币要少得多。

　　关于铸造机构，有学者认为，民国 19 年，康定造币厂成立，并从成都运入机器，同时雇了技术工人，于该年 5 月 4 日正式开工。这个时间恰与中华民国 19 年边铸"川"字当一百文铜币的铸造时间相吻合。尽管从目前掌握的有关史

---

　　① 喻战勇：《漫谈 1913 年四川造币厂造双旗 200 文铜圆》，《江苏钱币》2006 年第 3 期。
　　② 祖应萍：《近代铜币中的奇葩——民国十九年边铸"川"字当一百文铜元》，《西南金融》1989 年第 A1 期。

料来看，尚缺乏康定造币厂当时铸过这种铜币的记录，然而，从此币的"边铸"二字和"川"字，以及制造工艺等因素推测，此币非康定造币厂鼓铸莫属，因当时川边地区仅此一个拥有机械设备的造币厂。据此认为，边铸"川"字当一百文铜币是康定造币厂在民国19年鼓铸主币四川藏洋时，同时铸造的一种辅币。从民国19年建厂至民国22年初这段时间，康定造币厂由川康边防军第二旅旅长马斌凡主管，此币就是在他主管期间铸行。只是由于铸行时间较短，铸数可能不多，加之一些人为销熔，所以时至今日，存世的已不多了。①

何以特别在此币面上标明"边铸"二字？原来该币所铸之"边"，是指当时四川西部与西藏接壤的川藏高原地区，即现今的雅安市、甘孜藏族自治州、阿坝藏族羌族自治州，以及凉山彝族自治州的大部分地区。所谓"边铸"，就是特指当时该地区所在地自铸的铜钱，亦即当时该地区流通的主要货币之一。在近代历史上的不同时期，相继也曾有过川边地区、川滇地区和川藏地区等名称。民国时期将该地区划为"川边特别区域"，并由政府专门指派镇守使官员，设辖三十个县，其中包括今四川康定、泸定、德格等十七个县，一设治局，受四川省节制。民国24年该地区改为西康行政督察区。民国28年1月1日该地区又被改建为西康省，省治康定市。1955年10月该省被撤销，其中一部分划归西藏自治区，而另一部分则并入了四川。

民国19年边铸"川"字当一百文铜币是试铸币或是流通过的货币。这从近几年从各地陆续发现这种铜币的事实可得到论证。例如，广元、绵阳、广汉、成都、简阳、资中、泸县等地都有人收集过，且至少存在两种版别以上，分为大字版和小字版，可见该币模具的制作是作过批量生产的准备。这些都足以说明，民国19年边铸"川"字当一百文铜币是流通过的货币。

民国19年四川省造"川"字边铸一百文铜币

图1-7 四川省造"川"字边铸铜币

6. 民国19年四川造币厂造"梅花国民党党徽图"铜辅币

"梅花国民党党徽图"壹分、贰分铜辅币，材质为红铜，机铸。其图案：正面正中为一小圆圈内切，圆圈之外有一同心圆，此圆与边圆的环内，中部右边的梅花内铸一"四"字，左边梅花内铸一"川"字，上半环内铸有左旋"中华民国十九年"七字，下半环内铸有右旋"每壹百枚当壹圆"或"每伍拾枚当壹圆"七

① 祖应萍：《近代铜币中的奇葩——民国十九年边铸"川"字当一百文铜元》，《西南金融》1989年第A1期。

字。背面正中为国民党党徽，其外由下向上开展的左右两枚梅花枝干环抱，上方铸有"1 CENT"（1分）或"2 CENTS"（2分）字样（图1-8）。

（a）民国19年四川"梅花国民党党徽"　　　（b）民国19年四川"梅花国民党党徽"壹
　　　壹分铜辅币　　　　　　　　　　　　　分铜辅币（错版）（正面错印为2分辅币）

（c）民国19年四川"梅花国民党党徽"　　　（d）民国19年四川"梅花国民党党徽"贰
　　　贰分铜辅币　　　　　　　　　　　　　分铜辅币（错版）（下错印每壹佰枚当壹圆）

图1-8　四川党徽梅花图铜辅币

　　这两种铜辅币是我们研究中国近代货币史乃至整个中国近代社会经济史的珍贵文物。鸦片战争以后，帝国主义列强对积弱积贫的中国社会，在政治、经济、军事和文化等领域推行着全面的殖民化统治。当时，在我国上海、香港等中心城市，帝国主义列强以经济开发为手段，紧紧地掌握着包括资源产业、货币金融在内的社会经济命脉。当时仅在上海一地，各帝国主义国家先后在外滩一带设立了如汇丰银行、花旗银行和远东银行等一系列操纵中国经济命脉的金融机构。中国的金融产业，由此带上了严重的殖民地经济色彩。

　　这两种铜辅币，其背面铸有"1 CENT"（1分）或"2CENTS"（2分）的英文字样。这一铸币形态，毫无疑问是为了满足西方殖民主义者市场流通的政治需要。因此，这种铸币正是当时中国金融事业依附西方列强殖民主义经济体系的一个鲜明的例证。尤其值得人们注意的是，这种铜币的产地属于我国西部地区内陆省份的四川。这就有力地说明，20世纪30年代的中国内陆省区，也同中国东部沿海一带一样，其社会经济受到了西方列强殖民主义经济体系的控制。我国近代史上的这类金融文物，无疑可以成为我们认识中国半殖民地、半封建社会历史苦难的教材。①

---

①　李伦：《民国十九年川铸铜币两种》，《洛阳工学院学报（社会科学版）》2000年第2期。

四、四川马兰钱——中国铜币家族中的一朵奇葩

1. 马兰钱概述

"马兰钱"是四川机铸铜币中的特殊品种，中华民国成立以后，四川军政府接管造币厂，铸行"军政府造四川铜币"。当时四川省已经有了省长和督军，但是全省各地的实力派纷纷割据，在政权上、军事上、经济上都有各自的防区，成为军阀的地盘，在防区内甚至有自己的造币厂，马兰钱就是在这个年代产生的。

马兰钱是四川铸币的一种独特造型，钱币正面是一匹"马"，背面是一束"兰花"，因此称为"马兰钱"。

马兰钱拥有一个大的家族，除了有各式各样的骏马、兰花作图案外，还有以鸟、牛、蝴蝶等动物作正面图案的，背面除了千姿百态的兰花叶，还有梅花、菊花、嘉禾等图案。马兰钱仅有极少数铸有文字和数码，个别铸有年代。四川大学历史系教授成恩元（已故）的论著中，有"马兰钱不仅是骏马和兰花图案的铜币，凡属于四川军阀防区时期，具有货币形式的馈赠钱或纪念币，都属于马兰钱系列"的总结。四川军阀防区时代，军阀们创造财富的主要途径，就是大量铸造低银质的半圆银圆和用废铜烂铁铸造小五十、小壹百和小贰百的铜币，这是牟取暴利的捷径。至于铸造精美的马兰钱，是军阀们作为婚嫁、祝寿、乔迁、奖赏的赠送品[①]，因此每次铸造数量不多。

马兰钱在当时市面上，可按其直径大小，与小五十、小壹百、小贰百同等流通，成为无面值的货币。但是在流通的瞬间，就被人们收藏了起来，这是劣币驱逐良币的规律，也是马兰钱到今天品相都很完好的原因。

马兰钱是个大家族，种类繁多。成都市钱币学会收藏的马兰钱，有 74 个品种共100余枚。《四川铜元》一书中，有"马兰钱"一章，共有不同品种的马兰钱拓片图 94 幅。众多不同种类的马兰钱，从钱面图案造型可以分为下列几类。

（1）以骏马为正面图案的马兰钱，共有 79 种。其中有作奔跑状的马、卧马、昂首前视马、昂首回视马、低头马等。在群马图案当中，多数马匹是头向左的，只有少数是头向右的。另外还有带马鞍和无马鞍之分。在鞍马当中，有的是小头小眼驯马，有的是大头大眼烈马。正面马图周边，又分为齿边、光边和珠圈多种。

---

① 关于马兰币属性，黄家辉先生列举了四种观点："日本造"说，"压胜钱"说，"赌场筹码"说，"纪念币、流通币"说，参见《四川马兰钱属性初探》，《四川文物》2001 年第 3 期。

（2）以其他动物作正面主饰图的马兰钱，共 15 种，其中有飞雁、青蛙、春牛、蝴蝶、折技花叶、松鹤图等。

（3）马兰钱背面图案，以兰花作图案的最多。其中有蟹爪兰、石束兰花、插枝春兰、五瓣兰花等。此外还有少数其他图案的，如嘉禾、芙蓉、牡丹、秋菊、棉桃、腊梅等。

（4）个别马兰钱中，有中华民国早期的五色国旗和后期的青天白日旗。也有数码，如"1""2""5""10""100"等。

（5）马兰钱不铸文字，极个别刻有"古今君子""中华民国七年""某某人赠"字样，如"德淳制赠"马兰币是 1924 年春至 1926 年夏杨德淳任重庆铜元局局长时期所铸，"方舟制赠"马兰币是 1926 年夏王陵基（字方舟）任重庆城防司令兼铜元局局长时所铸。

（6）背面无图无文的光面，有 4 种。

2．马兰钱的型制与材料

马兰钱没有统一的型制，主要是以直径及厚度的大小来决定其面值。大体是按照当时流通铜币小五十、小壹百和小贰百三种规格铸造，也就是五文型、十文型和二十文型的尺寸。有个别是特大型的。尺寸大小如下。

五文型：直径 20.5～23.5 毫米，厚度 0.9～1.1 毫米；

十文型：直径 26.0～28.0 毫米，厚度 1.1～1.2 毫米；

二十文型：直径 30.0～33.0 毫米，厚度 1.2～1.3 毫米；

特大型：直径 36.0～41.0 毫米，厚度 1.5～2.0 毫米。

马兰钱使用的金属材料，分为黄铜、红铜、白铜、银质、鎏银和鎏金等多种，其中黄铜最多，银铸和鎏金银的稀少。

马兰钱的轮边，光边的最多，齿边的较少。

马兰钱有少数光背的和个别合背的。

马兰钱还有珐琅质景泰蓝的材质。

3．马兰钱铸造时间和地点的探索

马兰钱铸造时间和产地的问题，由于缺乏历史文献，学术界多有不同意见。在《钱钞辨伪》一书中《铜元辨伪》文中，认为"马兰钱是取悦于收藏者的伪制品"。《四川铜币图录》附录中称，"有的钱币收藏家认为马兰钱系日本所铸"。《成都钱币》总第 7 期中《试谈四川马兰钱》文中提出"民国时期经历了三个马年，即戊午马年（1918 年）、庚午马年（1930 年）、壬午马年（1942 年），这三个马年的到来，成渝两造币厂分别铸造了不同类型的马兰钱"[①]。

---

① 易念仲：《试谈四川马兰钱》，《成都钱币》1995 年第 1 期。

　　马兰钱是四川铜币的一族，是无可争议的事实。民国时期，四川各地军阀混战，形成割据。"……但使之形成制度，则是1918年熊克武在任四川靖国各军总司令时，令各师饷款就地划拨确定的。"

　　在这段时间里，各地军阀在自己的防区内，铸造铜币、银币、纪念币、证章等。马兰钱就是在这个时期各处铸币厂制造出来的。

　　马兰钱的产地，除了重庆和成都两家造币厂外，众多品种的马兰钱，是在军阀们的防区内铸造的。根据黄君奎老先生回忆，他在童年时候，有一年他伯父黄隐生日，95军各级军官为他们的上司黄隐军长祝寿，曾在灌县铸造银质马兰钱。稚安机械厂铸造过"川康军御边纪念币"上铸有刘文辉正面像，也铸造过黄铜的马兰钱作为赏赐官兵之用。通过这些实例，说明马兰钱在四川各处都能够制造。

　　品种众多的马兰钱，从设计造型艺术来看，水准是有高低之别的。从图形雕刻技巧来看，技术是有粗细之别的。特别是在生产流程当中，有很大的区别，首先金属原料的配制成分，碾压成板的抛光，冲压印花冲床压力大小，都影响成品的颜色、光洁度和图像的清晰程度，这都能够说明不同铸造厂家生产出的产品不同。市场上有个别粗糙的马兰钱，有人认为是伪造仿制品，实际上是当年打制的劣质产品。

　　马兰钱随四川军阀防区制度的形成而产生，也随防区的瓦解而消失。1935年11月国民政府发布"金融改革令"，实际法币制度，全国各地再没有铸造杂币的地区了。

　　马兰钱光灿华美，在四川钱币史上留下永久的纪念[①]（图1-9）。

（a）四川马兰五文型（背蟹爪兰）　　　　（b）四川小马兰五文型（背兰花）

（c）四川马兰五文型（背枝叶双花）　　　（d）四川马兰十文型（背蟹爪兰）

---

　　①　夏详烈：《四川马兰钱》，《中国钱币》2000年第4期。

（e）四川马兰单面

（f）四川马兰十文型（背"德淳制赠"）

（g）四川小型马兰钱（背"德淳制赠"）

（h）四川马兰十文型（光背）

（i）四川马兰二十文型（背党徽梅花）

（j）四川马兰二十文型（背嘉禾）

（k）四川马兰（卧牛）

（l）四川马兰仙鹤苍松（背牡丹）

（m）四川马兰"青蚨飞去复飞来"（背牡丹）

（n）四川马兰二十文"古今君子"
（背"方舟制赠"）

（o）四川马兰十文型马兰红铜　　　　　　（p）四川马兰五文型（背"万"字）
（背梅花"10"）

（q）四川方舟制赠大叶杜鹃花马兰当二十　　　（r）四川马兰钱十文型（背牡丹花）
铜币

（s）四川马兰五文型（背菊花）

图1-9　四川马兰钱

五、铜、镍辅币

　　民国 3 年（1914年），国民政府公布《国币条例》，规定使用小面额金属辅币。民国 6 年 2 月，天津造币厂开始铸造一分、五厘两种铜辅币。至民国 18 年 1 月，共铸 1 分币 12 396 278 枚，五厘币 1 789 490 枚。折合本位货币 132 910.23 元。因各省多滥铸旧式铜币，加之新辅币铸数少，故流通地区及少。民国 25 年 1 月 11 日，国民政府颁布《辅币条例》，规定铸造权归中央造币厂。是年上海造币厂开始铸造二十分、十分、五分三种纯银辅币；一分、五厘两种铜辅币。2 月 14 日，财政部通令正式发行。抗日战争期间，上海造币厂停产，改由武昌、桂林、成都、昆明、兰州各分厂铸造辅币。民国 27 年 6 月，重庆铜元局开始铸造。7 月，成都分厂亦开工铸造。至民国 28 年底，共铸造 177 905 518 枚，其中纯镍币二十分币 47 199 298 枚；十分币 84 606 670 枚；五分币

3 296 517 枚；一分铜币 42 803 033 枚。总计折合本位币 18 193 332.78 元。民国 28 年 11 月 10 日，中央银行通电各行、处，停止发行镍币。12 月 30 口，财政部制订《修正辅币条例》，改铸铜、锌、镍合金辅币，减低重量，另配成分。民国 29 年 4 月 1 日正式发行新辅币。至民国 31 年年底，成都分厂共铸铜、锌、镍合金辅币 400 144 476 枚，其中五十分币 28 580 000 枚，二十分币 18 380 000 枚，十 分 币 151 901 492枚，五分币 109 880 988 枚，二分币 58 751 088 枚，一分币 32 650 908 枚，总计折合本位币 4 015 172.44 元。民国 32 年，财政部以"各地物价继续高涨，各种金属辅币实值超过面值甚巨，且货币购买力降低，市场交易已不需要辅币，为防止敌人套购充作兵工之用"为由，规定自 4 月起，一律停止发行，成都分厂亦停铸辅币。市面流通的金属辅币，多被藏匿。发行金圆券后，中央银行宣布，原版铜、镍辅币，一律按面额作金圆券辅币行使。藏匿区间购销镍币，突然涌向市场，导致了四川省的第一次镍币风潮，由于金圆券贬值的速度较之法币更快更猛，旧版铜、镍辅币很快又被藏匿。民国 37 年 10 月 25 日，成都中央银行发行了新铸一分铜币。1949 年，省内各地自发地恢复使用银圆，各版铜、镍币也自发地充当银圆的辅币行使。当年 7 月，国民政府再次改革币制，发行银圆和银圆兑换券，中央银行奉财政部令公布各版镍币按面值作银圆辅币行使，再次引发了镍币风潮，财政部电中央银行收回原令后，风潮始平息。[①]

六、四川代用币

20 世纪初叶，民国 5～15 年，四川各地曾流行过种类繁多、发行广泛、用于市场交易的代用币。当时人称为"钱牌"，儿童叫它"钱牌子"。

钱牌的出现至今已百年左右。尽管像昙花一现，很快消逝得无踪无影。可是在当时各地市场缺乏小面值钱币的情况下，它曾鼎盛一时，代替钱币起到兑换和找补作用。

1. 钱牌的产生与衰落

辛亥革命成功后，民国元年四川军政府成立。四川成都造币厂奉令铸造民国铜币供市面流通，起名"军政府造四川铜币"。当时以"文"为基本钱币单位，造币厂在民国元年和民国 2 年，铸造有一十文、二十文、五十文、壹百文和贰百文的铜元。对于一文的小钱，依然使用清代的方孔制钱。但因铸造五十文及五十文以下的低面值铜币，成本高而利润低，所以从民国 2 年以后，造币厂尽量减少小额铜币铸造，甚至停止一十文和二十文铜币的生产，致使小面值铜币难以满足市场流通的需要。发生了钱荒，给钱牌的产生留下社会需求空间。

---

① 四川省地方志编纂委员会：《四川省志·金融志》，四川辞书出版社，1996 年版，第 125～126 页。

　　根据史料记载：民国成立到民国 14 年，四川物价较平稳，"一文制钱可以买葱，四文制钱可以吃碗素面"①。又据资料记载，清朝末年民国初期物价情况，成都的高级茶楼价格，"香片每碗三十二文，白毫六文，春茶六文，芽茶四文……"②从当时物价看来，市面对于低面值的钱币十分需要。特别在交易频繁的工商企业，如茶馆、酒店等，为了解决交易中的收款找补问题，也许最初曾经采用"打欠条"的办法，后来才考虑采用自制代用币在有限范围内行使。至于钱牌始于何时、何人首创则难以稽考：一方面是小额货币的铸量不足；另一方面是市场有大量的需求。钱牌正是在这种背景下产生的。

　　商家为了营业时的找补，工矿为了工资余额的发放，都需要代用币去处理。于是由自己发行、自己兑换、在有限范围流通行使的代用币——钱牌产生了。这种自制的钱牌，对于企业来说，也起着宣传的作用。钱牌上刻有企业的名称和金额，有的还刻上企业地址，钱牌在金额一项都注明"欠钱"二字，以区别于政府发行的正规货币。

　　钱牌的出现解决了市场交换的零星找补，群众乐于使用，于是各地的企业，都制作自己的钱牌。民国 5～14 年是钱牌流通的极盛时期。到了民国 15 年，钱牌走下坡路，两三年后消失得无踪影了。

　　钱牌被淘汰，主要是因为各地军阀铸造高面值的劣质铜币以牟取高额利润。"在四川境内流通者，仅小贰百文铜币一种，四川成为小贰百文铜币的天下，货物交易最起码亦以贰百文为基本单位。"③任意发行劣质铜币的后果，引致通货膨胀，物价不断升高，钱牌就逐渐失掉用场。根据李良电老先生的回忆：他十二岁到成都时，在走马街"宣华茶楼"当学徒。宣华茶楼在当时是成都著名经营旅馆茶楼的商号，老板喻栋梁是一位多种经营的商人，商号自己发行铜质钱牌代用币，计有二十文、十文和五文三种。民国 15 年时李良电在宣华茶楼，用钱牌对顾客作为找补，到民国 17 年时，茶资曾多次涨价，后来一碗茶要四百文以上，喻老板生意失败，李良电也离开宣华茶楼了。

2．四川钱牌特点归纳

　　（1）四川钱牌，不是政府金融机构或造币厂铸造和发行，而是民间在急需货币情况下，企事业机构自己制造、自己发行、自己兑换，并在有限范围内使用的代用钱币。它和货币的性能有所不同。

　　（2）钱牌上的文字，注明企事业名称、地址。金额一项，注明是"欠钱"，

　　①　中国人民政治协商会议四川省委员会、四川省省志编辑委员会：《四川文史资料选辑》（第 9 辑），四川省新华书店，1963 年版，第 168 页。
　　②　中国人民政治协商会议四川省成都市委员会文史资料研究委员会：《成都文资料选辑》（第 3 辑），内部资料，第 151 页。
　　③　成都市钱币学会：《四川铜元研究》，四川人民出版社，1999 年版，第 54 页。

有时还注明"随时兑换"或"信用兑换"的文字，和货币不同。

（3）钱牌的目的是找补，面额只有五种，即五文、十文、二十文、三十文和五十文。

（4）钱牌外形，由设计者自定，有长方形、圆形、方形、尖顶、荷叶边等，以椭圆形最多。

（5）钱牌材料多用黄铜，捶成薄片钱坯。

（6）钱文书法多用楷书，个别采用隶书。

（7）钱牌厚度为 0.4～1.2 毫米。

（8）钱牌流行年代，从民国 5 年起，到民国 16 年止。

（9）钱牌重量，最轻的为 0.7 克，最重的达 6.3 克。

（10）部分钱牌，雕有装饰图案，如"双龙池"钱牌，有"二龙戏珠"图案。

3．钱牌铸造工艺的探索

四川各地的钱牌，都是手工加工的。原因之一，需求钱牌数量不大，也无力找造币厂或机械厂加工。据李良电老先生介绍：民国 15 年，他在宣华茶楼当学徒时，喻老板柜上的钱牌，也仅有五六百枚。李老先生还说，据说钱牌是在成都东御街铜匠铺加工的（按：当年东御街是铜匠铺一条街）。

钱币学前辈四川大学历史系教授陈恩元，收藏有钱牌 300 多枚。陈恩元曾说过"钱牌的边沿粗糙、厚薄不一，手工制作是无疑的"。

所见有"慈善会"铜牌两枚，厚度分别为 0.5 毫米和 0.4 毫米，足见手工打制铜片钱坯，厚薄不一致。又有尖顶钱牌，"洪顺居"两枚，厚度分别为 0.8 毫米和 0.7 毫米，也是手工制作钱坯。

为了进一步了解钱牌加工工艺，据四川大学机械系教授刘祖列和四川电影机械厂模型制作技师焦启明介绍："在当时条件下，手工制成钢模，模具上有定位销钉两处，再将手工捶打而成的薄铜片放在上下模具之间，虽然没有冲压设备，但一次性用重锤打击，是能完成钱牌工艺的。钱牌取出后，用锉刀修去毛边，即成一枚钱牌。"[①]

4．几种四川代用币介绍

（1）代用币"犍商"，是四川省犍为县商会铸造。据《四川近代史》记载"犍商"流行于 20 世纪 20 年代，流通于当时的犍为、井研等地区，作为小贰百文铜币的零星找补。该币铸造精致，质量良好，钱文隶书蚕头燕尾，美观大方，应是书法家所为。币面书"犍商"二字，背面书"欠卅""欠廿""欠拾"。"欠卅"直径 28 毫米，重 11.7 克；"欠廿"直径 26 毫米，重 10.2 克；"欠拾"直径 24 毫米，重 8 克。该币版别较多，有币背"欠"字下面带点的，有币面"犍"

---

① 李亮、夏详烈：《绝迹的四川代用币》，《中国钱币》2002 年第 4 期。

字的"犍"字底无点的。该币信誉最高，在四川流通较广[①]（图1-10）。

（a）"犍商"代用币"欠卅"　　　　　　（b）"犍商"代用币"欠廿"

（c）"犍商"代用币"欠拾"

图1-10　"犍商"代用币

（2）代用币"溪厂"，是犍为县清水溪茶厂铸造。币直径24毫米，重6.6克。币正面书"溪厂"二字，背面倒置书"欠拾"二字。书法与"犍商"代用币如出一辙，为隶书。据说版别有背字正置版。该币铸造精良，在厂内外和所设茶叶店流通使用[①]（图1-11）。

"溪厂"代用币欠拾

图1-11　"溪厂"代用币

（3）代用币"思商"，是溆浦县思蒙商号所为。币直径24毫米，重4.8克。币面为"思商抵十"，中心有七点星。币背面为共和双旗。该币铸造一般，在溆浦县商贸活动中流通[①]（图1-12）。

① 谌永万：《民国四川代用币》，《收藏界》2013年第9期。

"思商"代用币抵十

图1-12 "思商"代用币

（4）代用币"如川号"，由乐山市商会铸。该币铸造特别，形状像一片柳树叶，十分漂亮。币长 26 毫米，宽处为 13 毫米，重 4.7 克。币面书"如川号"三字，背面书"一分"二字。该币不仅在乐山商贸中流通，还在乐山市轮船上使用（图1-13）。

"如川号"代用币一分

图1-13 "如川号"代用币

（5）代用币"青市通用"，是青神县商会铸造。币直径 23 毫米，重 5.7 克。币面为"青市通用"四字，中心有七点星，背面有"抵欠十文"四字，铸造比较粗糙。该币在青神县内流通[①]（图 1-14）。

"青市通用"代用币抵欠十文

图1-14 "青市通用"代用币

① 谌永万：《民国四川代用币》，《收藏界》2013 年第 9 期。

（6）代用币"宜宾市"，由宜宾市工会铸造。币直径26毫米，重6.4克。面有"宜市""贰拾文"字样，两旁是双龙纹饰，背有"宜宾市工会代铸"和"20"字样及双龙纹。该币流通时间长，磨损大[1]（图1-15）。

"宜宾市"代用币

图1-15

（7）"富顺"代用币，由富顺县商会铸造。币直径20毫米，重2.4克。面有"富顺"二字，双旗珠圈纹饰，背有"商会代十文"，边有珠圈和边廓[1]（图1-16）。

"富顺"代用币十文

图1-16　"富顺"代用币

（8）茂市锡币十文。此币圆形，直径20毫米，重2.8克。钱正面是珠圈嵌周，上下左右各配四瓣花一朵，又一道珠圈内是双旗交叉，彩绳结扎于中心，左为七星旗，右为五色条形旗。双旗上有一"茂"字，下部是一"市"字。钱币背面，有同样图案装饰着"暂作十文"四字。钱币图中的五色条形旗，系采用民国元年公布的以代表中华民族的"汉、满、蒙、回、藏"而用的红、黄、蓝、白、黑五色条形纹样组成的国旗。另一侧由六个星点围绕中心一星点构成旗子。此币灰色无光泽，有坠手的重感，掷地有"噗噗"声，不及铜、铁的硬度，手指甲就可刮破其表层，并可看见光亮的银白色。

这枚锡币的面文"茂市"二字，应该就是制造这种锡币的地方或单位。经笔者考察，原来"暂作十文"锡币，就是现在的内江市中区白马镇，当年名

① 谌永万：《民国四川代用币》，《收藏界》2013年第9期。

"茂市镇"时制造的，在当地流通了十多年。这种茂市锡币，是属于特定的地方，经过当地政府批准制造的代用币，它起着大面额分零的找补、调换作用，暂时性地方便群众，搞活流通。可见，"暂作十文"锡币，在内江的经济、金融、货币史上，是不可缺少的一页（图1-17）。

茂市锡币是一种币材低廉、币质很软的钱币，经流通挤压碰撞，失去了它应有的美观，所以群众叫它"锡巴儿钱"。它见证了那个畸形的时代。[1]

茂市锡币"暂作十文"

图1-17　茂市锡币

第二节　纸　　币

甲午战争后，四川开始发行纸币。到了民国初年，四川金融市场上不仅流行中央金融机构发行的纸币，还有四川地方金融机构和非金融机构发行的纸币或代金券。

近代四川乃至全国币制发展的一个规律，就是纸币逐渐代替硬币成为主要流通货币。而纸币的发行机构——银行，逐渐崛起，成为重要的金融机构。

一、国家银行发行的纸币

1. 中国银行兑换券

甲午战争后，在西方国家在华设银行、发纸币的影响下，清政府的一些重要官员也积极倡导自办银行。1897年，盛宣怀在清政府的批准下在上海设立中国通商银行，该行除了经营放款业务之外，还获得了纸币发行权。这是近代我国银行发行兑换券的开端。1905年，清政府设立户部银行，1908年又改为大清银行，同年创设交通银行，这是两家具有国家银行性质的金融机构。中华民国成立后，大清银行改组为中国银行，交通银行修订了章程，继续享有国家银行的特权，两行分支机构遍及全国大中城市。在发行钞票方面，大清银行在四川共发银两98 119 717两，银圆76 761 839元。[2]

---

① 张麟：《茂市锡币探源》，《内江日报》2011年8月15日。
② 宋晓琴：《近代四川币制的演变及特点》，四川师范大学硕士学位论文，2008年，第2页。

中国银行于民国 4 年 1 月 18 日在重庆设立分行，并发行"四川""重庆"地名兑换券。随后，成都、万县、泸州、自流井等地分支行处相继设立，又有"成都""自流井"地名，以及"湖北""湖南""河南""陕西""四川"等地名的兑换券（简称川中券），面额有"壹圆""伍圆""拾圆"三种（图1–18）。中国银行实行分区发行制，其发行行自负收兑之责，准备充足，随时兑现，故币值稳定，商民乐用。与此同时，中国银行还和四川省政府签订借款合同，其中规定：四川军政各机关凡收征集各税既发饷薪，一律通用，征收时概不扣水（即折价行使），并委托征收机关代理兑换事宜。[①]民国 5 年 5 月，国民政府下令暂停兑现，引起挤兑。中国银行渝、蓉两分行倚仗准备金充足，在军政当局支持下，宣布照常兑现，挤兑乎息。后因军方多次强提、勒借银行库款，准备金减少，致使中国银行信誉受损，挤兑复起。重庆分行被迫于 6 月宣布执行停兑令。停兑后，川中券币值迅速下跌。民国 7 年 11 月，在重庆、自流井等地竞跌至三四折行使。川中券在四川发行最高额达 592 万元，停兑时市场流通尚有 570 余万元。

民国 5 年，滇军入川，护国讨袁，携带印有"云南"字样的中国银行兑换券（简称滇中券）240 万元，设"护国军中国银行"于成都，在全川各地发行，并在兑换券上加盖"总司令"关防。滇中券以截留的粮赋税款充作兑换基金，币值较川中券高。滇中券在川发行额达 183 万余元。民国 6 年 10 月，滇黔军相继败退，护国军中国银行撤销，滇中券无处兑现，币值急剧跌落，几成废纸。

民国 7 年，熊克武主持川政，决定采取税款搭收办法，将业已贬值流通的川中券、滇中券按 5 折收回销毁。至民国 9 年共收销川中券 460 余万元（未收回者后以中国银行七年公债换回）；滇中券 162 万元，尚有约 20 万元流散民间。

民国 17 年，川政稍趋稳定，各界商民一致希望中国银行恢复发行钞券，以利工商。中国银行重庆分行于次年 7 月发行可随时兑现四川通用银行的兑换券，全省通行无阻。[②]

（a）民国元年中国银行兑换券"壹圆"（四川重庆）

　　① 四川档案馆藏：《省财政厅关于在川使用中国银行、重庆、成都、自贡兑换券不收帖的通饬令》，全宗号 193，目录号 1，1916 年，案卷号 680。

　　② 四川省地方志编纂委员会：《四川省志·金融志》，四川辞书出版社，1996 年版，第 126 页。

（b）民国元年（1912 年）中国银行兑换券伍圆（四川）

（c）民国元年（1912 年）中国银行兑换券拾圆（四川重庆）

图 1-18　中国银行兑换券

2．交通银行兑换券

交通银行亦于民国 4 年（1915 年）4 月在重庆设分行。12 月，重庆交通银行发行印有"重庆"地名的"壹圆""伍圆""拾圆""伍拾圆""壹百圆"五种面额的兑换券。民国 5 年 5 月，因执行北京政府停兑令，信誉受损，币值下跌，发生挤兑。至民国 7 年，币值跌至 3～5 折。交通银行在川仅有重庆一分行，兑换券发行量不大，该券在川发行额 90 余万元，停兑时市场流通 50 余万元。民国 8 年，熊克武令交行自行收回。至民国 11 年，重庆交行撤销，只有 69 000 余元未收回，以换购交通银行股票或归还旧债方式了结[①]（图1-19）。

（a）民国 3 年交通银行（重庆）"壹元"券

---

①　四川省地方志编纂委员会：《四川省志·金融志》，四川辞书出版社，1996 年版，第 126～127 页。

（b）民国 3 年交通银行（重庆）"伍圆"券

（c）民国 3 年交通银行（重庆）"拾圆"券

（d）民国 3 年交通银行（重庆）"伍拾圆"券

（e）民国 3 年交通银行（重庆）"壹百圆"券

图 1-19　交通银行兑换券

3. 中央银行兑换券

民国 24 年 3 月 25 日，中央银行在重庆设分行。重庆分行在川发行印有"上海"地名和无地名的兑换券（时称"申钞""本钞"）；5 月，发行印有"重庆"地名兑换券（时称"渝钞"），面额有"壹圆""伍圆""拾圆""贰角""壹角"五种，可随时兑现四川通用银币。发行初期，在四川省一些边远县有折价行使情况。经各级政府强令执行，得以顺利流通。到 11 月实施法币政策时，中央银行在川发行的兑换券已近 3000 万元，为当时主要的流通纸币。[①]民国 29 年 2 月 1 日，中央银行重庆分行将原来印就的铜圆券三种，分别加盖"伍分"、"壹角"和"贰角伍分"和"四川省通用"等字样，作为法币的辅币发行流通。（图1-20）

（a）民国 24 年中央银行四川兑换券（重庆）"壹圆"

（b）民国 24 年中央银行四川兑换券（重庆）"伍圆"

（c）民国 24 年中央银行四川兑换券（重庆）"拾圆"

---

① 四川省地方志编纂委员会：《四川省志·金融志》，四川辞书出版社，1996 年版，第 127 页。

（d）中央银行"当拾铜元贰拾枚"改四川省通用"壹角"

（e）中央银行"当拾铜元伍拾枚"改四川省通用"贰角伍分"

（f）中央银行"当拾铜元"拾枚改四川省通用"伍分"

图 1-20　中央银行兑换券

4．中国农民银行流通券

民国 24 年 7 月，中国农民银行在重庆设立分行，在川发行"壹圆""伍圆""拾圆"三种流通券。7 月 5 日，省府电令各专地县，对中国农民银行以四省农民银行名义所发之钞票，应与中央、中国、地方银行之钞票同样行使，不得歧视。农民银行入川后，迅速在各地设立机构，其钞票则随之流入城市乡村。然行用之初，各地仍有拒用和折价行使情况。后省府发布告晓渝民众，始按面值行使。其在川发行数不详。

民国 24 年11 月 3 日，法币政策实施，财政部规定以中央、中国、交通三行钞票为法币。次年，又规定农民银行钞票视同法币。中央、中国、交通、农民所发之原兑换券即停止兑现，以新发行之法币遂逐步换回① （图1-21）。

（a）民国26年四川省政府建设库券改中国农　　　（b）民国26年四川省政府建设库券改中国农
　　　民银行重庆"伍拾圆"券　　　　　　　　　　　民银行重庆"壹百圆"券

图1-21　四川省政府建设库券改中国农民银行流通券

5．国币的流通

1）法币

民国 24 年 11 月 3 日，国民政府财政部颁布《法币政策实施办法》，规定自 11 月 4 日起，以中央、中国、交通三银行所发钞票定为法币（次年又规定农民银行钞票视同法币），所有完粮纳税及一切公私款项收付，概以法币为限，不得使用银圆，违者全数没收；除中央、中国、交通三行钞票外，曾经财政部核准发行之钞票，准照常行使，发行数额以截至 11 月 3 日止的流通数量为限，不得增发，由财政部酌定限期以法币换回；凡银行商号、公私机关和个人持有之银圆、生银等，均应交由发行银行兑换法币；为使法币与外汇比价稳定，由中央、中国、交通三行无限制买卖外汇；设立准备金保管委员会，负责法币发行准备金保管事宜。至此，基本结束了中国长期通用银币的历史，使全国货币趋向统一。

法币政策公布之初，由于商民从未使用过不兑现的纸币，心存疑虑，加之市场通货缺乏，故政策实行阻力尚大。11 月 7 日，四川省政府召集成渝等地金融界人士商讨如何推行法币的问题。次日，四川省政府主席急电各地称，财政部同意，川省法币为数不多，暂准各地通用银圆。之后财政部同意：①川省法币数量少，不敷收换，原有市面流通的货币继续通用。②川省过去铸造的各版银圆，除铜版、铅版伪造的银币外，其他银圆均可以 1 元兑换法币 1 元。③四川善后公债按面额 7 折，四川建设公债按面额 6 折计价，作为领钞保证准备。④四川省银行可发行辅币券 1000 万元，包括已发的 100 万元辅圆券在内。

由于川省发行的地方债券可作为领钞保证准备，原来陷在债券上的资金变活了，而且领得的法币还可无息运用两年，因此银钱业都积极领用法币。民国27 年，国民政府新颁领用一元券法币和辅币券的规定，放宽领钞的保证准备条件，除公债外，附有仓单、提货单的定期的商业或农业票据均可作保证准备，并可占保证准备总额的半数，这些优惠条件鼓励银钱业多领用法币。同时，几家国家银行积极在内陆县城添设网点推行法币，于是法币在川省境内得以广泛行使。

抗日战争开始后，大片国土相继沦陷，赋税减少，物资短缺，军费加大，加上经济政策的失误，使国民政府越来越靠印发钞票弥补财政赤字，法币随之而加速贬值。民国26 年6 月，法币在全国的发行量为14.1 亿元。民国28 年12 月法币发行额计42.9 亿元，发行指数为3004，而重庆物价指数为1.77，物价上升幅度低于法币发行的增加幅度。抗战中期，通货膨胀速度加快。民国29 年年底，法币发行量累计为78.7 亿元，发行指数为5.58，而重庆物价指数升为10.94，物价上升幅度开始超过法币发行的增长幅度。民国30 年底法币累计发行151 亿元，发行指数为10.71，而重庆物价指数上升为28.48。抗战后期，法币进入严重膨胀阶段。民国31 年4 月1 日，财政部决定将海关使用的关金券每一单位的含金星由60.1866 公毫提高为88.8671 公毫，每一海关金单位折合法币20 元，并令中央银行将这种原只限于海关征税用的证券，当作法币使用。与此同时，100 元、500 元、1000 元大钞也随即发行。

民国30 年12 月8 日，太平洋战争爆发。次年2 月，英美两国给国民政府5000 万英镑和5 亿美元的贷款。6 月，国民政府宣布实行黄金自由买卖。9 月，中央银行将其原有存金委托农民、国货两行逐渐在市场抛售。10 月从美借款中拨2 亿美元向美国购买黄金568.7 万两，陆续运回国内销售，借以吸收游资回笼货币，稳定日益下降的法币币值。但是，几年来大量货币投入市场，社会上游资泛滥。由于大量游资抢购黄金，金融市场银根趋紧。民国33 年9 月，中央银行黄金现货告缺，改售期货。11 月，中央银行将黄金每两提高为2 万元，并附加乡镇公益储蓄券二成。民国34 年6 月，法币购买黄金的官价由3.5 万元提为5 万元。7 月30 日财政部公布，预约购买黄金及储存法币折合黄金存款的客户，从8 月1 日起兑取黄金时，在一两以上的须献金40％。抛售黄金确实回笼了一定数量法币，但这项政策的实施使黄金成为市场上争相抢购的商品。结果黄金价格大大超过官价。黄金价格猛涨，带动物价狂升，影响了战时经济的稳定。至民国34 年8 月，法币累计发行量为5569 亿元，发行指数达394.84，而全国物价平均指数增长1630 倍，四川全省零售物价指数增长2978 倍。法币币值已跌至100 元只相当于战前的3 分3 厘多。

抗日战争胜利后，物价普遍下降，法币信用相对提高。蒋介石发动全面内战后，继续靠印发钞票支持庞大的军事开支，物价很快回升。民国35 年，5000 元面额的法币出笼。2 月，国民政府宣布降低法币汇价，1 美元兑换法币由原定20 元猛降为2020 元。同时，外汇市场再度开放外。人民对法币失去信心，纷纷将手持法币尽快变为物品，市场现钞紧缺，本票泛滥。民国 36 年 1 月 26 日，重庆中央银行发行 250 元、500 元面额关金券，5 月 2 日发行 1 万元面额的法币，12 月 10 日，又发行 1000 元、2000 元、5000 元面额的关金券。年底，重庆黄金的黑市价格每两高达法币 925 万元。民国 37 年 7 月 18 日，重庆中央银行发行 1 万元、2.5 万元、5 万元、10 万元、25 万元大额关金券，物价更是疯狂上涨，人民完全对法币失去信心。民国 34 至 37 年 8 月，法币发行量由 5569 亿元增为 6 636 946 亿元。重庆主要商品批发物价指数由民国 34 年年底的 1404.00 增至民国 37 年 8 月 21 日的 1 551 000.00。法币终于在民国 37 年 8 月 19 日宣告崩溃了。[①]

2）金圆券

民国 37 年 8 月 19 日，国民政府宣布实行币制改革，发行金圆券，以 1：300 万的比率收回法币，并颁布《财政经济紧急处理办法》。金圆券主币有 1 元、5 元、10 元、50 元、100 元 5 种；辅币有 1 分、5 分、1 角、2 角、5 角 5 种。每 1 元法定含金量为 0.22 217 公分，以黄金、白银、外汇及有价证券、国有资产作发行准备。总发行量以 20 亿元为限。其与金银外汇的比价为：金圆券 200 元折合黄金 1 市两；3 元折合白银 1 市两；2 元折合银元 1 元；4 元折合美钞 1 元。金圆券在四川发行之初，因辅币券严重不足，按政府通知，原由中央银行发行的所有铜、镍辅币，不分年限、版别，一律按面值作金圆券辅币通用，导致了一次严重的镍币风潮。

1949 年中央银行重庆分行金圆券"伍拾万圆""壹佰万圆""壹仟万圆"本票

图 1-22　中央银行重庆分行金圆券

---

① 四川省地方志编纂委员会：《四川省志·金融志》，四川辞书出版社，1996 年版，第 139~141 页。

金圆券发行不到 3 个月，重庆物价已上涨 5 倍。11 月 11 日国民政府鉴于金圆券发行额已无法控制，于是宣布《修正金圆券发行办法》，取消原定的发行限额，改为金圆券发行总额以命令决定，等于宣告以后金圆券可无限发行。同时将每枚金圆的含金量减为纯金 4.4434 公毫，准许人民持有金、银、外币，并把金、银、外币的兑换价提高 5 倍。金圆券发行限额取消后，其发行量逐月成倍成 10 倍地增长，物价因之一日数变。民国 38 年 3 月 "伍佰圆" 和 "壹仟圆" 大钞发行。4 月，又发行 "伍仟圆" "壹万圆" "伍万圆" "拾万圆" 的大钞（图1-22）。4 月 21 日，重庆发生全市学生反政府示威游行。5 月，"伍拾万圆" "壹佰万圆" 大钞也发行了。在钞票迅速贬值的情况下，现钞越来越不敷需求，中央银行大面额的定额本票相继大量发出。4 月末本票面额高达 "壹仟万圆" "伍仟万圆"，市场上本票换钞票，内扣贴水高达 4 成以上。物价每天成倍地上涨。5 月上海解放，金圆券大批流入四川，市面已拒用金圆券。重庆商店纷纷用银圆标价，公用事业按银圆计价收费，报纸每份银圆 5 分，合金圆券 900 万元。

全省市场贸易或 "以物易物"，或以银圆、大米、棉纱等为交换手段。四川省政府于民国 38 年 6 月 12 日公开宣布银圆一元等于金圆券 5 亿元行使（国民政府 6 月 22 日公布此比率）。7 月 2 日，国民政府行政院宣布停止使用金圆券。金圆券从发行到停止使用，仅 10 个月。[①]

3）银元券

1949 年 7 月 2 日，国民政府在广州正式宣布恢复银元本位制度 15 条，4 日，重庆中央银行公布发行银元、银元兑换券、银元辅币券办法，要点是："（一）银元以民国 23 年所铸造帆船银元为标准，下列各种银元一律等价流通行使：国父像银元、袁头银元、龙版银元、墨西哥银元、澳洲银元、川滇等版银元的重量成色合于上述标准者。（二）银元兑换券分 1 元、5 元、10 元、100 元 4 种面额，辅币券分 1 分、5 分、1 角、2 角、5 角 5 种。（三）银元券的 1 元券及辅币，以及印有广州、重庆字样的 5 元、10 元、100 元 3 种兑换券均可在广州、重庆、福州、衡阳、桂林、昆明、贵阳、成都、兰州等地中央银行兑换银元。"在宣布恢复使用银元之前，市面已经使用银元，兼之中央银行及时办理银元券兑换银元工作，故初期市面比较平稳。7 月 25 日，中央银行传达财政部通知，镍币按面值流通使用，四川又一次发生镍币抢购商品，以镍币向中央银行挤兑银元券的镍币风潮，物价普遍上涨。8 月，长沙、福州相继解放，搬迁至广州的国民政府机关人员，向重庆转移，大量银元券随之流入四川，抢购物资。银元券贬值，四川各地普遍拒用银元券，市场交易多用银元。重庆中央银行门前以银元券兑换金银的人群越来越多，日夜不散。中央银行不断兑出银元和黄金，但挤兑现象仍然严重。中央银行黄金牌价一再调高，10 月 2 日上午黄金牌价每

---

① 四川省地方志编纂委员会：《四川省志·金融志》，四川辞书出版社，1996 年版，第 145～146 页。

两 93 元，下午为 98 元，3 日升为 110 元。黄金牌价步步升高，市场动荡，人心惶惶，挤兑现象更严重。于是政府采取种种措施，限制银元券兑换金银。兑换黄金初无限制，11 月 19 日限每人兑黄金 5 两，26 日限每人每天兑 1 两。银元券兑换银圆初亦无限制。但 11 月份，军人与市民分开兑换。军人按级别，将官 25 元、校官 20 元、尉官 10 元、士兵 3 元，每月限兑一次。市民每人每次限兑 10 元，26 日又减为每人每次限兑 5 元。限制越严，挤兑的人越多，银元券贬值速度越快。据中央银行称，当时流通中的银元券共 26 426 408 元，大部分在四川境内。11 月 30 日，重庆解放，人民解放军先头部队代表向重庆工商界宣布，银元券可继续流通。12 月 10 日，重庆军管会宣布人民币为统一合法货币，禁止银元券流通，并按旧人民币 100 元折合银元券 1 元的比率，收兑银元券[①]（图1-23）。

（a）1949 年重庆中央银行银元券"壹圆"　　（b）1949 年重庆中央银行银元券"拾圆"

（c）1949 年重庆中央银行银元辅币券"壹角""贰角""伍角"

图 1-23　重庆中央银行银元辅币券

---

① 四川省地方志编纂委员会：《四川省志·金融志》，四川辞书出版社，1996 年版，第 146～147 页。

二、四川地方金融机构发行的纸币

1. 四川濬川源官银行发行的纸币

濬川源官银行（简称濬行）是四川的省立银行，濬行在我国30余家省立金融机构中有两个特点：一是称官银行的仅此一家（其他各省大都称官银钱号或官钱局）；二是濬行发行的钞票，存世甚少。

濬行成立于光绪三十一年（1905年），总行设在成都，先后在北京、上海、汉口、重庆、宜昌、五通桥、自流井等地设立分行。四川省设濬行的原因，主要是库藏充裕，川地各票商每以微利通融款项用作资金，如果设立官银行贷款于川地商办金融机构和工商业，既可得较高的利息，又能促进工商业活跃。且当时适逢创行新政，各省自谋建树，川省藩司以设立官银行为施行新政。濬行聘请票号旧人主其事，开设以来，营业尚佳。前清时濬行有否发行纸币，史书无记载，亦无实物存世。

辛亥革命后，蜀军政府提用行款52万两，使蓉渝两行均致无法维持而停业。

民国元年（1912年）年底濬行复业。民国2年，二次革命爆发，濬行被各军提款75万两而致周转不灵，营业不振。民国3年濬行经理黄云鹏，鉴于官办的濬行每因政治变动而动摇基地，乃建议改为官商合办，官四民六。濬行于民国4年5月改组完毕，改组后的营业颇为活跃。时适新任四川巡阅使陈宧莅任，陈认为濬行官商合办，政府不能支配，即电部撤销官商合办，并将已收的商股分别退还。

濬行改为官办后，印制"四川濬川源官银行兑换券"，以收回蜀军政府发出的军用票。此票横型，长15.7厘米，宽10.3厘米，四周印花纹边框，框内上端横列"四川濬川源官银行"八字，中间三个圆圈内直书币值"壹圆"，其右旁印一袁世凯头像的银圆，上书"中华民国四年"字样表示发行年份，左旁印银圆的背面，图案为嘉禾中"壹圆"两字，票的四角为四颗圆形图章，上右角为"将军之印"，上左角为"巡按司印"，下右角为"财政厅印"，下左角为"银行总理"章。背面印山水桥屋图景，其上印"濬川源银行发行银行兑换券章程：一、此项兑换券奉大总统特许，由濬川源银行发行，为收回四川军票之用。一、此项兑换券总额五百万元，随时均可兑换现圆，凡有本行分行地方，一律照此办理。一、此项兑换券凡在本省，无论完纳正副杂税厘捐以及支发俸饷，商民交易，一律照现银圆通用，不得稍有折扣。一、此项兑换券不得签字盖印，任意涂污，倘有私造，按律严惩不贷"。正、背一侧盖有骑缝章，章的另一半应是留在存根上（图1-24）。

民国 4 年四川濬川源官银行"壹圆"券

图 1-24　四川濬川源官银行纸币

民国 5 年，护国军兴，蔡锷在云南起义，讨伐袁世凯，军锋北指，四川首当其冲。战争期间，行款再被提用，从此总理一职，随政治影响、军事胜负而转移，事权难以统一，信用不佳，营业寥落。蓉渝两行，无形停顿，京汉等各行，追讨旧欠，并无营业，且沪行又遭经理携匿款项簿据事故。直至民国 9 年，财政厅接管，一律暂行停业，其中汉口、重庆、五通桥、自流井等四行，因清欠外债，一时不能结束，各暂派一人为督收员，分行名义，一律撤销。

濬行是清代早期银行之一，经历了辛亥革命、二次革命和云南起义等，在每一次变革中濬行损失巨大。但濬行很少发行纸币，其正式流通票，仅见一种。民国 4 年时为兑换蜀军政府军用票而发行的"四川濬川源官银行兑换券"，此票遗留至今的很少。[1]

2．大中银行及其发行的纸币

大中银行（Tah Chung Bank Ltd.）原名大中商业银行，1919 年 6 月 29 日（一说是 7 月 21 日）在重庆开业，9 月 19 日获得北洋政府核准注册。该行由汪云松、王墨园、何鼎臣、袁治齐、杨国屏、李星樵、尹瑞卿、周凤翔、孙仲山、刘映奎等重庆商人发起，总行设在重庆，在成都设有分行。1920 年 3 月 4 日，该行筹足 100 万元资本，开办了储蓄业务，并正式改名为大中银行。原定资本为国币 100 万元，实收 30 万元。1911 年增资本为国币 400 万元，实收 160 万元。1929 年又收资本国币 100 万元，至时大中银行已共实收资金 260 万元。大中银行在开创初期就成立了银行股东会，首期股东多为四川籍人士。当时公推孙仲山等人在北京筹组创建，但是总行设立在重庆。北京、上海、汉口、成都等地均开设分行。由于重庆地区交通不便，又无出海口岸，给大中银行的业务运转影响很多。为了扩大自己的业务范围，新吸收了大量沿海地区的资金。1928 年，大中银行总行迁至天津，由阎廷瑞任总经理。同时增设大连、哈尔滨、奉天等地的分行。1931 年冬，大中银行首次进行改

---

① 吴筹中、吴中英：《濬川源官银行及其发行的钞票》，《中国钱币》1993 年第 2 期。

组，由河南省的同裕银号王晏卿投资接办。因提款风潮影响，后由李赞侯投资维持。同时增设开封、济南两分行。

1933 年 12 月，大中银行再次改组，由张慕先任董事长，李赞侯任总经理，孙仲山任协理。资本仍为 260 万元。1934 年，改组后的大中银行向财政部和实业部注册登记，成立大中银行总管理处并迁至上海（图 1-25）。总管理处和上海分行都设在河南路（今河南中路）501 号大楼。当时保留上海、天津、

图 1-25 大中银行营业执照

哈尔滨三分行。1935 年张慕先辞去董事长职务，由李赞侯兼任董事长。1940 年，李赞侯辞去董事长职务，由孙仲山任董事长兼总经理。

1946 年后，在上海的大中银行总管理处，全行职工共 238 人。1947 年 1 月 24 日，大中银行在上海再次进行增资改组，由原资 260 万元增至法币 2600 万元，同时增加额定资本为法币 6 亿元，并成立新一届股东会。1949 年 7 月 10 日上海票据交换所发函：关于停止大中银行等票据事致上海市银行行业会。大中银行从此结束了所有银行业务。

1921 年，经国民政府财政部币制局准许，大中银行享有纸币发行权。

1921 年，大中银行总行在北京财政部印刷厂开始印制无地名券，北京、天津、汉口、青岛、重庆等地的辅币券、兑换券，并在以上各地发行（图1-26）。1934 年，大中银行总管理处在上海发行由北京财政部印制厂印刷的 1932 年版的上海地名"壹圆、伍圆、拾圆"三种国币券和天津地名辅币券。据大中银行 1934 年 12 月 31 日和 1935 年 12 月 31 日的两份资产负债表统计：1934 年的兑换券制造费为 466 936 元，1935 年的兑换券制造费为 1 712 521 元。两年内在北京财政部印刷厂印制的兑换券共用去成本费达 200 多万元。1935 年 11 月 4 日国民政府宣布实行法币改革。财政部公布法币政策后，上海大中银行遵照该项法令，以 1935 年 11 月 3 日之大中票券流通额为限，不再增加发券额，并自行以中央、中国、交通三行的法币回收旧发大中钞。根据 1935 年发布的"钱字 20433 号"训令，大中银行开封分行封存有河南地名的"壹圆券"499 198 元，"伍圆券" 2 998 800 元，共计 3 997 998 元；济南分行封存有山东地名的"壹圆券"399 928 元，"伍圆券"999 910 元，共计 1 399 838 元；郑州分行封存有部分地名券。以上三家分行所封存之大中银行券均于 1936 年 1 月 6 日截角销毁。1938 年又在北京财政部印刷厂印制了最后一批北京地名券。可在北京、天津两地同时流通，票面上注明"京津通用"。抗日战争全面爆发后，大中银行的哈尔滨分行、大连分行和沈阳分行先后撤退，并回收大中

钞。上海分行在日占时期的所有业务，均以中国联合准备银行之钞券来结算，直至抗日战争结束。1945 年以后，大中银行在上海的业务基本以信贷、储蓄为主体。前后因形势突变，国统区的金融全面瓦解，上海的大中银行只能多次以改组集资的形式维持生存，从此以后再没有发行大中银行券的机会。直至 1949 年上海解放。[①]

（a）民国 10 年大中银行通用银圆重庆"壹圆"　　（b）民国 10 年大中银行通用银圆重庆"壹圆"

图 1-26　大中银行通用银圆

3．四川美丰银行发行的纸币

美丰银行（The American Oriental Banking Corporation）是中美合资的集团性银行，在我国境内设有上海、四川、福建三个独立银行，天津美丰银行原为上海美丰银行的分行，1924 年改为独立经营，这样就有四个独立的美丰银行。虽然名称相同，但都独立经营，独立核算，自负盈亏，且各自独立发行纸币。

四川美丰银行（The American-Oriental Bank of Szechuen）成立于 1922 年 4 月10 日，是由美国商人雷文与四川商人邓芝如、康心如、陈达璋等合资创办的。1921 年，上海美丰银行董事长、美国商人雷文的代表麦利来到北京访晤康心如，目的是在京筹募中方股款，并准备在直隶省（今河北）开设美丰分行，但没有成功。时值重庆商人邓芝如、陈达璋也来北京为在重庆设立银行之事而四处奔走，于是康心如从中斡旋，由美商雷文等与重庆商人共同出资建立了四川美丰银行，并在美国康涅狄格州注册。额定资本为 100 万美元，实收资本时改为国币银圆 25 万元，其中雷文出资 13 万元，重庆商人出资 12 万元，前者占 52%，后者占 48%，总行设在重庆。董事为雷文、赫尔德、白东茂、胡汝航、周云浦，总经理为雷文，经理赫尔德，协理邓芝如、康心如。

四川美丰银行开业第一年就亏损 3000 多元。主要原因：一是美方管理人员挥霍无度增大了开支；二是大量资金调往上海，影响了银行资金周转；三是不顾国情，生搬硬套美国的经营方式；四是重庆商界对其缺乏信任，不愿与其往来。

---

① 王炜：《大中银行及上海分行》，《钱币博览》2009 年第 4 期；季愚：《关于大中银行辅币券发行疑点的说明》，《中国钱币》1996 年第 4 期；王小龙：《大中银行纸币玩穿越》，《中国收藏》2012 年第 7 期；王小龙：《大中银行纸币探微》，《收藏》2012 年第 10 期。

面对如此情况，担任协理的康心如在与华股董事邓芝如、胡汝航、周云浦等人商议后认为，必须约雷文来渝商讨对策。1923 年春，雷文来到重庆，康心如力陈利弊，提出两点建议：一是采取中西结合的经营方式，以适应中国国情和商界习惯；二是裁员减薪以节省费用开支。雷文采纳了康心如的建议，并告诉新任美方经理鄂赓诗要"一切听从康协理的安排"。于是很快由亏转盈，不但股东分得了红利，还向美国政府缴纳所得税 10 000 美元，至 1926 年仅纯利就达58 210 元。

1926 年，北伐战争开始，帝国主义公开进行武装干涉，激起了全国人民的反帝怒潮。1927 年，四川人民反帝爱国运动如火如荼，外国商人纷纷离境。美丰银行的美方经理打算关闭银行寻机溜走。康心如得此消息后立即召集华股董事商量对策，认为美方经理一走，美丰银行的债务必将落到华商头上，只有出资收买美方股份方能避免，而此时雷文见势不妙也愿出让股份。可此时又苦于无钱收买，于是公推当时驻重庆二十一军军长兼四川善后督办公署督办刘湘的同学、董事周建三找刘湘商量，由刘湘出面邀集部署及重庆商界凑足现洋 13 万元买下美方的股份。这样，四川美丰银行便全部转为华资银行，改向四川督办公署注册，康心如任经理，行名仍沿用"四川美丰银行"。此后该行即由中美合资经营转为华人独资的银行，直至 1949 年清理停业。

四川美丰银行在 1927 年前中美合资时代就发行了重庆地名银圆券 50 万元，面额目前发现有 1922 年版的"壹圆""伍圆""拾圆" 3 种，加盖"重庆"地名，设计风格与上海美丰银行发行的 1919 年版钞票完全相同，除行名改成了"四川美丰银行"，并在票券正面下方加印了"一千九百二十二年造"字样外，其他图案完全同上海美丰银行纸币（图1-27）。

（a）1922 年四川美丰银行重庆"壹圆"样票

（b）1922 年四川美丰银行重庆"拾圆"样票

图 1-27　四川美丰银行纸币

　　四川美丰银行虽然在 1927 年以前是中外合资银行，但并未向中国政府注册，不应享有纸币发行权。但该行在 1922 年成立后即在重庆发行纸币 44 000 余元。当时，财政部呈请外交部"向美公使交涉，饬知该行停止发行"。然而外交部却答复："如向美使交涉停止营业，恐该使借口各口岸先例，未必就我范围，不如仍由当地官商阻止较为妥善。"①后来，东川道尹和重庆海关以该行未向中国注册申请纸币发行权，曾禁止其流通；重庆商民也一致拒绝使用该行纸币。在此情况下，该行发表声明表明系向美国注册，并由美国驻汉口领事出面作证，事后虽允予发行，但所发行纸币在市面上未能得到广泛流通。至同年 9 月被迫收回，不再发行。②

4．重庆市民银行与重庆银行

　　民国 18 年（1929 年）重庆正式建市，刘湘派其师长潘文华兼任市长。民国18 年冬，渝地的潘昌猷、温少鹤、李劲知、傅友周等，拟在重庆开办一金融机关，乃仿照南京市民银行的组织形式，呈请重庆市当局召集商民共同发起和设立重庆市民银行，定资本额为 50 万元，分为 1 万股，每股 50 元。先由重庆市政府认股 5 万元，其余 45 万元，向重庆市商民募足，实收资本 12 万元。民国 20 年1 月 5 日开业（另一说 1 月 4 日），邓子文为董事长，潘昌猷任总经理，总行与妇女储蓄所都设在重庆。开业之初，为拓展业务起见，由川康督办公署特批，发行"壹角""伍角"辅币券，这在当时铜币携带不便的情况下很受欢迎。次年，又获公署批准发行"壹圆""伍圆""拾圆"三种钞票，一度流通至内江、璧山、宜宾、泸县、长寿、涪陵等地，发行额最高达到 130 万元。

　　民国 22 年（1933年）9 月，重庆市政府收回官股，该行另募新股补足。同年 12 月在成都春熙路 56 号设立分行，又在重庆都邮街设支行。民国 23 年 3 月，设汇兑所于自流井太平街米行内。4 月，资本银增加到 100 万元。是年夏，万县市民银行因挤兑风潮而停业。8 月 29 日因受万县市民银行同名的影响，潘昌猷提出改组银行，收买官股，另招新股，资本总额仍定为 50 万元，8 月 29 日，重庆市民银行正式公布更名为重庆银行，并向财政、实业两部变更登记、换发执照。该行因有军方作后盾，业务发展十分迅速。11 月在内江南街喻家祠增设办事处。此外，成都、上海、天津、北平、南京的汇兑业务，委托上海商业储蓄银行代理，汉口亦委托金诚银行代理。③民国 30 年，该行奉财政部令，改名为重庆商业银行。

　　① 《财政部等为美丰银行在重庆善发纸币商议阻止办法有关咨电稿》，《北洋政府财政部档案》第465 号，1923 年 6 月。转引自中国第二历史档案馆：《中国第二历史档案馆资料汇编》，（第三辑·金融）第 1097 页，江苏古籍出版社，1991 年版。
　　② 乔传义：《中美合资银行：美丰银行在我国发行的纸币考略》，《黑龙江金融》2008 年第 11 期。
　　③ 吴篆中：《重庆银行与四川地方银行的钞券》，《西南金融》1989 年第 A1 期。

　　重庆银行仍继续发行纸币，并以之换回重庆市民银行钞券。纸币的实物，有民国23年版"贰角""伍角""壹圆"等面额，但流通不及一年，即因法币政策实施而奉令收回，所以目前存世均甚是罕见（图1-28）。

（a）民国19年重庆市民银行"壹角"纸币

（b）民国19年重庆市民银行"伍角"纸币

（c）民国19年重庆市民银行"壹圆"纸币

（d）民国19年重庆市民银行"伍圆"纸币

（e）民国19年重庆市民银行"拾圆"纸币　　（f）民国23年重庆银行"壹圆"纸币

（g）民国23年重庆银行汇票、本票

图1-28　重庆市民银行与重庆银行纸币

5. 四川地方银行发行的纸币

1）四川地方银行成立的历史背景

四川地方银行为国民革命军第二十一军军长刘湘一手创建，该行素有二十一军军银行之称。军长刘湘（1888～1938），字甫澄，四川大邑县安仁镇人。1896年刘湘初在家读私塾，后入安仁镇光相寺县立高等小学就读。1906年考入四川成都牟目队，毕业于四川陆军速成学堂，不久又入四川陆军讲武堂学习。清末，刘湘在四川新军中任排长，辛亥革命推翻清王朝后，刘在军中任上校差遣。1913年升任川军第一师营长，由于其战功卓绝，很快升任团长。

护国战争后，时任四川督军的蔡锷任命刘湘为四川陆军混成旅旅长。1920年秋，因"速成军"反击滇黔军入川有功，刘湘被提升为川军第二军军长兼前敌总指挥。1921年，刘湘被四川各军推举为川军总司令兼四川省长。

北伐战争开始后，国民政府将所辖军队统一改编成国民革命军，刘湘被任命为国民革命军第二十一军军长，1921年10月又被南京国民政府委任为四川省主席兼裁军委员会委员长。1933年，闻名全国的四川"二刘之战"结束后，国民革命军第二十四军刘文辉部被刘湘击败退入西康，至此，刘湘统一四川。

二十一军在四川的防区主要是重庆及川东一带。由于该军连年不断地扩军，其军费、军饷开支浩繁庞杂，虽然在自己的防区内加征各种捐税，发行短期公债，短期透支，长期贷款，甚至于聚兴城银行（当时重庆最大的私营商业银行）结伙贩运现洋去上海谋取渝申高额汇水，但仍然无法弥补该军巨大的财政亏空。

时任二十一军财政处长的奚致和，为解该军财政困境的燃眉之急，运用商业票据的方式，以该军应分得的盐税（川军各部摊分的部分川盐税款），借用重庆商人孙树培经营的"均益公字号"钱庄名义，代立发行三个月一期的"均益公期券"（短期债券），并以高额利息引诱重庆商家贴现，官商勾结在市面搜刮现洋去上海套汇。但此举非但没有改善二十一军面临的财政困境，反而增加了该军400万元的巨额累赔（图1-29）。

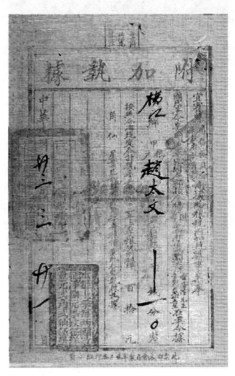

图1-29 民国23年国民革命军第二十一军附加执据

2）筹建四川地方银行

1932年12月，中国工农红军第四方面军从陕南进入川北的通江、南江、巴中一带作战，蒋介石为围剿红军和红色根据地，任命刘湘为四川"剿匪"总司令。为筹措巨额的军费、军饷开支，刘湘决定筹建四川地方银行，于是年8月委派唐华、康宝志、周俊、汤壶峤、李鹄人、任师尚、邹汝百、王汝舟等8人为四川地方银行筹备员，开始着手组建四川地方银行，并饬令该军财政印刷所负责印制四川地方银行钞券，由二十一军财务副处长康宝志全权负责印钞事宜。

3）四川地方银行的成立开业

经四川善后督办公署核准，四川地方银行于1934年1月14日在重庆陕西街正式成立挂牌。唐式遵（第二十一军第一师师长）代表刘湘军长致词说："……本行今后使命，是缘刘督办鉴于四川币制紊乱，小至布摊，亦可以竹片、铜片作货币使用，故毅然下令筹办四川地方银行，以为经济机关、救济之道；虽非一个时期可奏效，然本行今日成立，自可谓已经开始。过去政府银行流毒社会，一般民众，自会深思，犹存疑惧，以往官办银行失败于不健全；本行组织非昔日

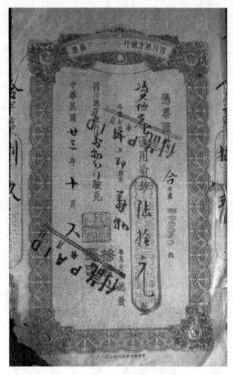

图 1-30　民国 23 年四川地方银行汇票

可比……"[1]四川地方银行开业资本总额500 万元，银行性质官办。该行的主要业务是经营商业银行的存款、放款、贴现、汇兑、储蓄、代立公债的还本利息（图1-30）。再就是发行二十一军财政印刷所印制的四川地方银行兑换券（以下简称地钞）。

四川地方银行开业之初，随即发行由二十一军财政印刷所早已印好的民国22 年（1933年）版，票面印有"四川地方银行"的"壹圆""伍圆""拾圆"三种本币券。此三种纸币票面均加盖地名"重庆"（另有在票面直接印刷"重庆"的地名票），票背加盖英文"重庆"地名。除发行三种本币券外，还发行有民国 22 年版加盖"重庆"（有直接印刷地名票）字样的直型"伍角"辅币券一种。次年又发行民国 23 年版加盖重庆的横式"贰角"辅币券一种（图1-31）。

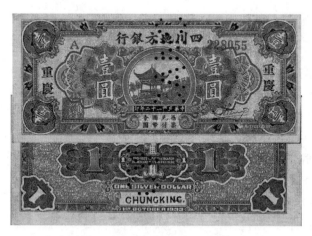

（a）民国 22 年四川地方银行"壹圆"纸币

① 《四川经济月刊》1934年第 1 期，转引自白兆渝：《刘湘与四川地方银行》，《文史杂志》，2002 年第 6 期。

（b）民国 22 年四川地方银行"拾圆"纸币

（c）民国 22 年四川地方银行辅币券重庆"伍角"

（d）民国 23 年四川地方银行辅币券重庆"贰角"

图 1-31　四川地方银行辅币券

　　1934 年 4 月，四川地方银行首次设立成都分行，随即发行民国 22 年版"壹圆""伍圆"两种本币券。两种本币券的票面均加盖地名"成都"，票背加盖"成都"英文。按四川地方银行总行规定，重庆地区使用的地钞戳"A"字头，成都

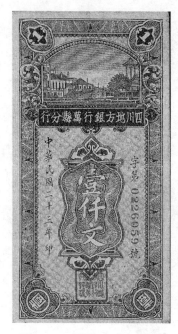

图 1-32　民国 23 年四川地方银行万县分行铜圆券"壹仟文"

地区使用的地钞戳"B"字头。为示兑现地域区别，均以票面戳盖的字头、地名及票背戳盖的行庄编码，分别在渝、蓉两地兑现。

四川地方银行在成都设立分行后不久，随即又在万县设立分行，以二十一军驻万县财政特派员毛百年任万县分行经理。除万县地区使用三种加盖地名"重庆"本币券外，该分行还发行民国 23 年版票面印有"四川地方银行万县分行"字样的直型"伍佰文""壹仟文"两种铜圆辅币券（实物仅发现"壹仟文"一种），规定仅在万县地区兑换铜币（图1-32）。

四川地方银行自开业后所发行的纸币，截至 1935 年 4 月 9 日，在短短的一年多时间内，其印制发行地钞的数额高达 33 076 841 元。截至地钞宣布停止使用时，其发行总额为 3723 万元。在此期间，四川地方银行纸币成为四川唯一的本币，由此基本结束了四川货币的混乱情况。

1935 年 9 月 15 日，蒋介石在重庆所设的行营发布命令，停止使用四川地方银行纸币，一律改为中央本币"申钞"行使，并规定以票额的八折收销四川地方银行钞券。颁布收销地钞的条令主要有以下四条。

（1）四川地方银行发行的钞票停止使用，一律改以中央本币使用，公私收缴均以代表国币的中央本币为单位。

（2）地钞按照八折，以中央本币"申钞"收销，凡军民人等持票 10 元，即掉换中央本币"申钞"8 元，票额大小按此推算。

（3）自 1935 年 9 月 20 日起，在重庆、成都、万县的中央银行，暨委记的各地银行在钱庄就地掉换。

（4）限 1935 年 11 月 20 日地钞掉换完毕，逾期作废。

四川地方银行纸币截至停换之日，前后总计两个月时间，按该行印制发行的总额 3723 万元，共计换进地钞 3716 万余元，币面尚有 6 万余元（包括民间自然损毁）以限期已至宣布作废。

收换进库的四川地方银行纸币，经国民政府财政部批示，集中在重庆地区的 3000 余万元地钞，加上 471 张四川地方银行印钞钞版在内，皆于 1937 年 1 月 27 日运抵重庆夫子池体育场（今重庆市解放碑侧大众游艺园）。集中在成都地区的 700 余万元地钞，均于同年 2 月 7 日运抵成都少城公园球场内（今成都市人民公园演讲大厅），由国民政府财政部特派员关吉玉分别到两地主持公开销毁。中央财政部派往监督销毁的监视员王文尉在重庆地区，谢霖在成都地区，分别监视地钞的销毁。

四川地方银行钞券销毁之日，四川军政机关及相关部门均派有代表参加，计有重庆行营代表叶元龙，四川绥靖公署代表景浦山，四川省政府代表蒋南斗，中央银行代表潘益民、刁培然，四川省银行代表刘泗英、单汝玉、何兆青、康宝生等人，以及蓉、渝两地各大报纸的记者，皆分别在两地采访观察，监督四川地方银行钞券销毁的实况。

四川地方银行钞券除 6 万余元在民间自行消失作废外，钞券的销毁可谓比较彻底。这是各种面值的四川地方银行纸币流传至今皆极为罕见的根本原因，有的地钞票种甚至成为四川地方银行纸币中的孤品。[①]

6．四川建设银行无息存票

四川建设银行成立于民国 23 年（1934 年），原已呈报财政部和二十一军军部批准发行"壹圆""伍圆"两种面额的无息存票。民国 24 年 2 月，"壹圆"面额无息存票发出 40 万元，而"伍圆"票正待发出时，适逢财政部特派员来渝，下令重庆各商业银行停止发行纸币，已发行者并应限期收回。该行的"壹圆"无息存票只有短暂的两个月寿命就自行收回了（图 1-33）[②]。

图 1-33　1934 年四川建设银行无息存票"壹圆"

7．四川省银行发行的纸币

1935 年 2 月，四川省政府重新组成，刘湘任省主席。经过省务会议决议，将四川地方银行改组为四川省银行。1935 年 11 月 1 日，四川省政府将原四川地方银行改组后，成立"四川省银行"。原有地方银行总分行处一律改换名称，债权债务由省银行接收。总行仍设在四川地方银行旧址（后迁到成都）。国民政府财政部未加强控制四川地方金融，由中央银行直接注入资本 120 万元，再由四川省政府拨款 80 万元，凑足四川省银行开业资本 200 万元，并委以刘航琛为该行总经理，康宝生任协理，周绰任理事长。

① 袁克林：《四川地方银行及四川省银行纸币发行始末》，《东方收藏》2012 年第 9 期。
② 重庆金融编写组：《重庆金融（上）》，重庆出版社，1991 年版，第 54 页。

　　四川省银行的组建，可以说基本上还是二十一军的原班人马。除此以外，中央财政部部长孔祥熙的亲信谭光，被委以该行常务理事，驻该行参与监督日常行务，省银行的重大决策皆听命于"四大家族"。

　　按规定，地方金融机构可以发行辅币，时正值国民政府实行币制改革，废除银本位制，改以纸币为本位的法币政策。经国民政府中央财政部特许，四川省银行可发行法币辅币券 100 万元，在省行成立之后即赶印红色竖式、票面有总经理刘航琛签名的"四川省银行"法币辅币券"伍角"券一种（图 1-34）。

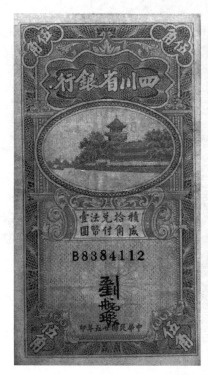

图 1-34　民国 25 年（1936）四川省银行法币辅币券"伍角"

　　在法币辅币券未正式印就之前，四川省银行曾以收销待毁的原四川地方银行印制的蓝色竖式"伍角"辅币券，加盖"四川省银行"字样 30 万元，又借用重庆银行绿棕色横式"伍角"券（具体数额不详），加盖"四川省银行"字样，两种加盖的"伍角"券皆临时流通于市面。嗣后，省行的法币辅币券正式印就，在全省范围内广泛发行流通，两种加盖券即被全数收回销毁。目前所发现的实物，仅见有重庆银行改盖"四川省银行""伍角"样本券一种。两种加盖券的正票，迄今无实物发现，可谓回收销毁非常彻底。

　　1948 年，随着时局剧变和法币的不断贬值，国民政府不得不承认法币政策失败，行政院于是年 8 月 19 日公布公告，决定废除法币，改以施行金圆政策（即以黄金为本位货币），并于同日公布金圆券发行办法。

　　随着解放战争的隆隆炮声，国民政府为浩繁巨大的军费忙得焦头烂额，财政部为巨大的军费解危救急，不顾后果，超越常规地赶印高额的五十万元、一百万元金圆券（已印就的五百万元未来得及发行），导致全国性的物价暴涨。金圆券在市面的信用几乎形同废纸，商民拒用，购物结算皆以银元计价。

　　为稳定币值，国民政府财政部于 1949 年 7 月 3 日经总统令，颁布《银元及银元券发行办法》，并于同日起施行。恢复银本位的要点主要有以下五项。

　　（1）国币改以银元为本位。

　　（2）中央银行发行银行兑换券及辅币券与银元同时流通。

　　（3）上项兑换券及辅币券，由本部（财政部）指定地点兑现。

　　（4）银元兑换券购买外汇，仍依照管理外汇条例办理。

　　（5）各省银行经本部核准，得发行银元一元券及辅币券。

　　四川省银行经国民政府财政部核准，曾印就一组"四川省银行银元辅币券"。目前发现的实物计有"壹分"券，棕色竖式；"伍分"券，绿色竖式；"壹角"券，蓝色竖式；"伍角"券，红色竖式。四种辅币券的背图皆为民国元年四川军政府所铸的四川银币"汉"字币背，印刷年份为 1949 年。发现的实物均为未参与流通的全新票品，实际上这组银元辅币券还没有来得及发行，全国就已解放（图 1-35）。

　　新中国成立后，四川省银行停止发行纸币，结束其历史使命，该行的债权债务皆被中国人民银行接收，更名为"中国人民银行四川省分行"[①]。

（a）1949 年四川省银行银元辅　　　（b）1949 年四川省银行银元辅币券"伍分"
　　　币券"壹分"

① 袁克林：《四川地方银行及四川省银行纸币发行始末》，《东方收藏》2012 年第 9 期。

（c）1949 年四川省银行银元辅币券 　　　　（d）1949 年四川省银行银元辅币券"伍角"
　　　　　　"壹角"

图 1-35　四川省银行纸币

8．西康省银行发行的纸币

　　1936 年秋，西康建省委员会鉴于西康省尚无银钱行庄，金融周转呆滞，汇兑不便，人民借贷时要受到喇嘛头人的高利贷盘剥，因此拟设立西康省银行以发展经济，即指派干员，规划进行。1937 年 3 月，筹备工作完成，由建省委员会派定董事监事，成立董监会，以筹备主任李先春为董事长，沈月书为常务董事，杨永浚、唐永晖、王师曾、叶诚一、张敬熙、程仲良为董事，任乃强、刘衡如为监察人。由董事会决定，以程仲良为总经理，沈月书为协理，总行设在康定，资本额定 50 万元，先收足半数 25 万元，于 1937 年 8 月开业。

　　该行成立后，为使康藏人民习惯使用纸币，于 1938 年 10 月呈准财政部发行为期三年的藏币券 210 万元（原计划发行 200 万元），在 1939 年与 1940 年 10 月分两次发行。该券由财政部成都印刷所承印，分"半圆""壹圆""伍圆"三种。藏币券一元兑换四川藏洋一元，折合国币四角四分八厘。

　　西康省银行藏币券半元，长 11 厘米，宽 6.2 厘米。正面以红色为主，略有黄色，上端中间横书"西康省银行"，下有"中华民国廿八年印"字样，其两旁印号码。一面印"藏币""半圆"，另一面为山边的喇嘛寺庙图案，签名在中间略下，其下印"财政部核准"五字，四角印汉字"半圆"与藏文半元。背面系黄底红色的字和图，中间印藏文三行，两旁有"藏""币"二字，四周印美观的花纹，四角印汉字"半圆"和藏文半元。

　　西康省银行"壹圆"藏币券长 12.7 厘米，宽 6.7 厘米，正面为黄底绿色的字和图，上端中间印"西康省银行"五字，两旁有号码。中央印西藏布达拉宫图案，左右印汉字"壹圆"两字和藏文一元，总经理章在左下角，下端中间有"财政部核准"和"中华民国廿八年印"字样，四角印汉字"壹圆"和藏文一元。背面黄底蓝色的字和图，中间印藏文三行，其第二行两旁有号码，下印"藏币"二字，左角有签字，两边中间印"壹圆"二字，四角印汉字"壹圆"和藏文一元。

西康省银行藏币"伍圆"券长 14.4 厘米，宽 7.3 厘米，蓝色底深黄色的字和图，上端中间印"西康省银行"名称，两旁有号码。中间印绥远锡拉图寺白塔，下端有"财政部核准"和"中华民国廿八年印"字样，右旁有汉字"伍圆"，左旁印藏文五圆，总经理章在左下角，四角印汉字"伍圆"和藏文五元。背面为深黄色，中间有三行藏文，两旁印号码，签字在左下方，四角印汉字"伍"字和藏文五元[1]（图 1-36）。

（a）民国 28 年西康省银行藏币"半圆"

（b）民国 28 年西康省银行藏币"壹圆"

（c）民国 28 年西康省银行藏币"伍圆"

---

[1]　吴筹中、吴中英：《西康省银行及其发行的藏币券》，《中国钱币》1995 年第 1 期。

（d）1949 年西康省银行银元辅币券"壹角"

图 1-36　西康省银行银元辅币券

第三节　四川的军用票据

军用钞票，顾名思义就是因军事目的而发行、使用的钞票，其主要用于筹措军饷等战争经费。

清朝末期民国初年，战争频繁，为军事目的而发行、使用的军用钞票更是层出不穷。初步统计其种类超过 800 种，近代军用钞票已成为纸币收藏的一个重要门类。

因为军用钞票是为了军事需要而发行的，所以军用钞票上大多带有明显的军用标志。如直接在钞票上注明或加盖有"军用"、"军用钞票"、"军用票"、"军用银行兑换券"和"战时流通券"等字样，或者在钞票上印有"军事平定，即筹备现金陆续收回"和"军事稍定即行兑现"等字样，这些特征都是我们判断一张钞票是否为军用钞票的重要依据。但有一些军用钞票上无明显的军用标志，研究纸币上的发行告示等也可以确定其是否属于军用钞票。

军用钞票都与军事行动有关，见证了历史，具有重要的历史价值和收藏研究价值。因军事行动持续时间大都较为短暂，涉及地域也较为有限，因此近代发行的军用钞票流通时间都不长，流通范围也不广。加之军用钞票一般无发行准备，信用度不高，如发行该钞票的军事集团败亡，该军用钞票立成废纸，老百姓对其多不认可，避之"唯恐不及"，很少长期持有、保存的。因此，近代发行的军用钞票存世数量均极为稀少，"物以稀为贵"，如今市场价格都已不菲了。[1]

---

① 叶伟奇：《漫谈近代军用钞票》，《东方收藏》2010 年 9 期。

一、大汉四川军政府军用银票

1911 年 1 月 27 日，四川成立大汉军政府，蒲殿俊任都督、朱庆澜任副都督，尹昌衡为军政部长。1911 年 12 月 8 日，赵尔丰在成都挑动兵变，巡防军在城内抢劫 2 天 3 夜，将藩库、盐库、造币厂、济川源银行及公私金融机关商店洗劫一空，藩库（包括恒字、丰字、萃字、益字四小库）存银三百五、六十万两，概被劫尽。尹昌衡带兵入城平息了兵变，随后改组了四川军政府，尹昌衡、罗纶为正副都督，董修武为财政部部长。劫后的成都工商业一时恢复不起来，军政府财政非常困难。军政府决定在原濬川源银行旧址成立“四川银行”，任唐宗尧为经理，马似兰为总务科长、王炳元任副科长，王茂如管库。于 1911 年 12 月 21 日开张，并决定印发军用银票。从此发行军票就成了军政府维持政权的主要手段。由于该银票设计印制简单，发行不久就出现了大量假票。当年伪造的假军用银票大量流传至今，目前在收藏市场上发现的大汉四川军政府军用银票假票很多即为当年的老假票。[①]实物见印发两版三种。

1. 黄帝纪元四千六百有九年十二月版

该军用银票分“壹圆、伍圆”两种面额。由四川官报局制版，石印字是清朝翰林颜楷所写，文伦书局承印（四川官印刷局已被破坏），用川汉铁路公司印股票的道林纸印制。大汉四川军政府军用银票长 12.4 厘米，宽 7.8 厘米。票面上端用“汉”字旗交叉形，“汉”字周围以 18 个小圈象征当时中原地区的 18 个省，寓有内地 18 省人民团结战斗的意思，而辛亥革命使用的革命军军旗正是 18 星旗，意义深远。票右书“财政部部长”，并盖“财政部长”印一枚；票左书“四川银行总理”及朱色小方印一枚。票下端写明“四川银行发行”。银票的左侧边上盖有骑缝印章及编号。纸张及图案都很粗糙。[②]票面采用“黄帝纪元”，也显示了鲜明而强烈的“反清复汉”革命色彩。由此可见，军用银票具有鲜明的时代烙印。这同当时许多省发行的纸币一样，废除清帝年号，标明黄帝纪年，成为中华大地弥漫辛亥革命精神的体现。[③]

军用银票背印“军用银票通行章程”：

第一条：此项军用银票由军政府所属四川银行发行，并负完全责任；

第二条：此项军用银票第一次发行以三百万元为总额，自宣布发行之日起，一年内不得兑现银，但经过一年后即作为兑换票，在四川银行兑换现银；

---

①　叶真铭：《“大汉四川军政府军用银票”见证辛亥风云》，《东方收藏》2011 年第 10 期。

②　［美］丁张弓良、张永华：《中国军用票图录》，浙江大学出版社，2003 年版，第 2 页。

③　潘连贵：《辛亥革命时期四川银行发行的军用银票》，《钱币博览》2011 年第 4 期。

　　第三条：此项军用钞票凡在四川境内，无论丁厘税及人民交易均一律通用，不得稍有留难折扣等情，其有不收用者，得呈请军政府或地方官查明处罚；

　　第四条：此项军用银票通用时，不得将签字盖印任意涂污。

　　第五条：私造军用银票一经查出，即处以死刑。

黄帝纪元四千六百有九年十二月造

2. 民国元年版

　　此券实物仅见"壹圆"券，银票正、背面与黄帝纪元四千六百有九年改民国元年布告十二月版一样，只是在票背面"军用银票通行章程"最后日期"中华民国元年十二月造"有所区别。史料有"1912 年 12 月四川银行继续增发军用票"的记录。

3. 背盖"铁道银行之印"

　　此券实物均见在黄帝纪元四千六百有九年十二月版"壹圆"券背面加盖"铁道银行之印"章。1912 年 12 月，川汉铁路公司召开临时股东大会决议，开办四川铁道银行。熊敦隶任总办，曾笃斋任总理，后由张森楷接任。1913 年 6 月张又被股东大会解职离去。原定资本一百万银票，开业时仅拨军票一十万二千元[①]（图 1-37）。

　　1912 年年底，在帝国主义和封建势力强压下，孙中山辞去临时大总统一职，袁世凯窃据政权，全国局势随即发生重大变化。由于四川军政府开支浩繁，多次重复印发"军用银票"而一发不可收拾。时逢西藏叛乱，川督尹昌衡率师川边平乱，调走"四川银行"库存现银，军政府无法履行一年后现银兑换"军用银票"的承诺。"四川银行"被逼到绝境，于 1913 年被迫停办，宣告结束为期一年多的历史使命。此状况导致"军用银票"信誉严重受损，时有贬值风潮迭起，市场流通曾跌至四折五折使用。当初宣布独立后的四川新政府，在财政极度困难的情况下，发放几百万银票，既无现银储备保障和兑换基金，又无准确限额发行计划，加上军政不分、政令不一、白银外流、各税难收等多种原因，造成该票发放失控，各款流来转去只见该票，不见现银。商民恐慌，备受其困，很大程度上给该票持有者造成了灾难。

　　1914 年，四川军政府首脑迫不得已，对"军用银票"采取了整理措施，直接以自流井盐务稽核所征收的盐税款搭收"军用银票"300 万元（等于该票首发之时公布的总额）。次年，经盐务稽核总所会办德国人斯泰来川确认，分别在重庆、泸县两地将回收封存的 300 万"军用银票"当众焚毁，此举无不令全川商民

---

　　① 张小杰：《大汉四川军政府军用银票的发行与回收》，《中国钱币》（纪念辛亥革命一百周年）2011 年第一期增刊。

百姓拍手称快。[①]

（a）大汉四川军政府军用银票"壹圆"（黄帝纪元版）

（b）大汉四川军政府军用银票"壹圆"（民国元年版）

（c）大汉四川军政府军用银票"壹圆"（背盖"铁道银行之印"）

图1-37 大汉四川军政府军用银票

二、四川兑换券

四川兑换券于民国12年（1923年）发行，有"壹圆""伍圆""拾圆"3种面额。

---

① 魏永康：《记录一段辛亥革命之四川风云史：大汉四川军政府军用银票》，《自贡日报》2007年06月07日。

民国 12 年，重庆联军与成都省军首开战端。重庆联军为筹谋军饷，于 3 月底开设四川银行，杨森委派前师长曾述孔为四川银行总理，行址在重庆朝天观街。6 月下旬，联军将领决议将民国 10 年早已印就的"四川兑换券"提取 100 万元，临时在重庆石印公司加印"此票由四川银行兑现"字样予以发行。该票分"壹圆""伍圆""拾圆"三种，票上所盖官章，正面为"四川银行""总理之章"，背面为"曾述孔印"。10 月 16 日省军攻入重庆，成立六个多月的四川银行便关闭了，所发钞券有 60 万未能收回。

当四川省边防军总司令赖心辉攻克重庆后，饬令设立"重庆官银号"，以联军的四川银行朝天观街旧址为行址，委派梁正麟为总办，并将成都的四川官银号纸币随军带至重庆，因不敷用，又将未发行之四川兑换券提取 100 万元加印"此票由重庆官银号兑现"字样予以发行。定于民国 13 年 3 月以后，每月抽签兑取 20 万元，逐步收回。所发亦分"壹圆""伍圆""拾圆"三种，票上所盖为"刘成勋印""熊克武印""赖心辉印"私章。同年 12 月 14 日，杨森在吴佩孚的支持下，率所属联军反攻重庆，重庆官银号仅成立 1 月余即告结束[①]（图 1-38）。

（a）民国 10 年四川兑换券重庆"壹圆"（"重庆银行兑现"版）

（b）民国 10 年四川兑换券重庆"壹圆"（"四川银行兑现"版）

---

① 蔡小军：《〈中国军用钞票史略〉补正》，《中国钱币》2000 年第 4 期。

（c）民国 10 年四川兑换券重庆"伍圆"（"四川银行兑现"版）

（d）民国 10 年四川兑换券重庆"伍圆"（"重庆银行兑现"版）

（e）民国 10 年四川兑换券重庆"拾圆"

图 1-38　四川兑换券

三、四川官银号

　　四川官银号于民国 12 年（1923 年）9 月成立，银号设在成都，是四川总司令刘承勋及四川"讨贼军"总司令熊克武为军饷之需而设立。发行"壹圆""伍圆"竖版两种，以及"壹圆"横版一种（图 1-39）。先发行 200 万元，后又增发 99 万元，交成都总商会兑现，但必须再 6 个月后才可兑现。兑现的办法是由四川造币厂每月供给 15 万元铜币，按月由商会保管，每 10 天兑出 10%。当时造币厂铸出二百、一百、五十的各种铜币充斥市面，普通百姓的心理都认为军票不可靠，有了军票就得赶快兑现铜币，因此军票贬值，铜币涨价，有时"壹圆"券还换不到一枚"当二百"的铜币。①

（1）横版"壹圆"券。幅 145 毫米×83 毫米，面黄底蓝花。中间花符内横书"壹圆"；左右同为稻穗图案内竖书"壹圆"红字；上方"四川官银号"红字；下方 5 位数编码。从右到左钤有"四川省长之印"、"川军总司令印"、"四川讨贼军总司令印"和"四川官银号总理"4 枚红色篆书印；右侧骑缝"□字第□号"，加盖"四川官银号"骑缝章。无发行年月。券背蓝色，无文字，绘蜀相诸葛亮批阅奏章图。右上角加盖红色篆书"成都总商会章"。

（2）竖版"壹元"券。幅 75 毫米×161 毫米。正面蓝色，底纹篆书"四川官银号"5 空心字。上端横书"四川官银号"，中间竖书"凭票取银圆壹元正"。其右"□字第□号"（5 位数用号码机打印）；左"民国十二年□月□日"；右下方加盖红色篆书"川军总司令印"；左下方加盖"四川讨贼军总司令印"；左下角加盖"四川官银号总理"印；中间"银圆壹元"；上斜盖篆书"四川官银号"押数章；右侧骑缝"□字第□号"处加盖篆书"四川官银号"方印及隶书椭圆"成都总商会章"；年月日旁有"此票便期无息交兑"；右下角有"污毁涂改概作无效"。券背蓝色，无文字，绘才子佳人故事（夫妻观两儿采果）。下方加盖紫色篆书"成都总商会章"；上方加盖楷书"此票依发行条例第三条六个月后兑现"方印；左侧骑缝处斜盖红色篆书"四川官银号发行"长条章。

（3）竖版"伍元"券。幅 93 毫米×174 毫米。正面紫色。版式设计、盖章与竖版"壹元"券相同。只是上下增加花饰，边框花饰有别。"四川官银号"5字改为弧形排列；"污毁涂改概作无效"8 字移至右边。券背紫色，绘有唐代女诗人薛涛井的故事。②

（a）四川官银号"壹圆"券（横版）

---

①　［美］丁张弓良，张永华：《中国军用票图录》，浙江大学出版社，2003 年版，第 67 页。

②　吴进、李玉清：《四川官银号银元券和四川官钱局制钱票》，《安徽钱币》2007 年第 3 期。

（b）民国 12 年四川官银号"壹元"　　　　（c）民国 12 年四川官银号"伍元"券
券（竖版）

图 1-39　四川官银号票

四、四川官钱局制钱票

1923 年 10 月 16 日联军被省军逐出重庆后，在北洋军阀吴佩孚支持下，重新组成援川军进行反攻。12 月 14 日，重新占领重庆。黔军总司令袁祖铭以保护重庆铜元局为名，派兵进驻，并派其亲信任铜元局局长，收购废铜、制钱，熔铸铜币，专作黔军军饷。同时，又设四川官钱局，发行制钱贰百文、伍百文、壹千文制钱票，强行在其驻防区 18 县行使。1924 年 3 月发行的四川官钱局壹千文制钱票，可能即袁部所发行。制钱票发行之初，声言用铜元局所铸铜币兑换。时间稍久，兑换常常误期，信用渐失。1926 年 5 月，在刘湘、杨森两军攻击下，袁祖铭撤回贵州。四川官钱局遂告停止，制钱票一文不值。该官钱局 3 种制钱票发行计 300 余万串，流通两年时间（图1-40）。

（a）四川官钱局制钱"壹千文"（背面加盖印章有"四川官钱局"）

（b）四川官钱局"壹千文"（背面加盖"重庆官钱局"）

图 1-40　四川官钱局制钱

　　此票系由黔军军阀袁祖铭于 1924 年发行，分贰百文、伍百文、壹千文 3 种。现仅见"制钱壹千文"券一种，背面加盖印章有"四川官钱局""重庆官钱局"两种，其中以重庆官钱局为稀少，四川官钱局流通票少见，多见未打印号码的半成品票。横式，幅 138 毫米×80 毫米，券面绿黑色。上方弧形排列"四川官钱局"5 字，中间花符内竖书"制钱壹千文"5 字；两侧分别是阁、塔图案，左右印"凭票即付""不挂失票"。券背绿色，全英文（4 排），首行"四川官钱局"，中行大字为"壹百枚铜元"。其上下各一行小字，意"政府批准支付持票人当地通用的公认的价值"。正中加盖红色篆书"四川官钱局印"（或"重庆官钱局"）。有的券背下方印有 1924 年 3 月。另见该制钱"壹千文券"印张残品，总幅 224毫米×234 毫米，计五张半券，估计是横六竖三版式。[①]

五、"钧益公期票"

　　民国 15 年（1926 年）夏，盘踞重庆的黔军袁祖铭部被川军击走，刘湘率部进驻重庆。是年冬，放任国民革命军二十一军军长，这时，人枪已有三四万，而防地只有七县。每月收入包括所驻防地自订的各种税捐连国家规定的重庆定额盐税 24 万元共仅四五十万元，而每月军政费用，共需七八十万元，入不敷出，财政十分困难。只有将每月定额盐税、向盐帮加征的税额及各种税捐作保证，由该军军需处长与已经停业的钧益公字号负责人孙树培协商，用钧益公旧图记代军部提前出立期票。军部发纳各部队的军饷多以此项期票支付，由各部队军需自行在外觅贴。发行之初，期票到期能付现，信用尚能顾全。

　　是时，重庆利率较正常时期为高，月息一般在二分以上，该军军需往往为了满足急需，不惜加利求贴，最初每千元每月贴息三四十元，继而增至五六十元，最高时竟增至 130 元。且该期票贴息，于贴现时顶扣，期限多为三个月，扣除三

　　① 吴进、李玉清：《四川官银号银元券和四川官钱局制钱票》，《安徽钱币》2007 年第 3 期。

个月的利息后，1 万元实得不过 6000 余元，贴息归军部军需处承担。由于利息支出甚大，军部财政乃愈形困窘，对钧益公期票的到期支付日益困难。

至民国 16 年 6 月底，军部对钧益公期票，欠累愈深，终于突然宣告停付。而当时发出期票总数已达 400 万元，重庆银钱业无一不受其累。后来所有失信的期票，改发内地税债票及丁卯军需公债票，照额掉换。这两种债票，才兑现十分之二三，后因到期又无款而停付，迟至民国 21 年始，以川东金融公债掉换，在 100 个月内分期还清本息，至民国 29 年了结。这次金融风潮所遗留问题，拖了 13 年之久才解决，重庆金融业及商民在经济上的损失很大。[①]

六、重庆中和银行无息存票

重庆中和银行成立于 1922 年 6 月 1 日，总行设于重庆，为二十一军前身川军第二军创设，资本 60 万元，以重庆商会会长温友松为总经理，刘湘军部秘书周季梅为副总经理，在沪汉蓉宜等商端口设有分支机构，由于有军款往来，营业兴旺。该军军需出入款项，皆归该行经收经支。1926 年年初，黔军袁祖铭进入重庆，该行停业；5 月，刘湘驱袁出境，该行又复业，赵资生为总经理，孙树培为经理。1926 年 4 月，该行在上海订印"拾圆""伍圆""壹圆"三种兑换券共 320 万元，定名"重庆中和银行无息存票"。券到后，呈准军部发行。从民国 15~19 年，均照章收兑。

1930 年 5 月，因重庆铜元局借垫巨款及内部作弊，多印重号钞票 20 万元，引起挤兑，以致该行歇业清理，已发钞券七折收回。1930 年秋冬，二十一军总金库组建，该军的收支事宜亦移交该库。中和银行资金无法周转，遂告歇业。对该行尚未收兑之 170 万元无息存票，正尽力收回时，却发现大批伪券。但此时，已十足收回者，其券数已达 158 万元。就账面而论，流通中不过十一二万元，因掺杂伪券，致未兑回者尚有数十万元，只好不分真伪，一律七折收兑，于 1932 年 7 月焚毁，该行关闭。此三枚票现均少见。[②]

"壹圆"票长 14.3 厘米，宽 6.7 厘米，颜色正面绿色，背面洋红，票的四周有花框，上端中间横印"重庆中和银行无息存票"，中间直印"收到来人""银圆壹元整""右金额见票无息支付"，右面横印"壹圆"币值，左面印房屋风景图案，票的右边直书"此款经存款人要求，概不挂失止兑"，左边直印"中华民国十九年"的年份，下边中间横书"此票兑取通用银元"四角印币值"壹"字和"1"字。背面除币值"1"字外，其他都是英文。

"伍圆"票长 15.6 厘米，宽 7.2 厘米，颜色正面红，背面绿，此票四周花框

---

① 重庆金融编写组：《重庆金融（上）》，重庆出版社，1991 年版，第 350~351 页。

② 张海燕：《1911—1935 年四川纸币简述》，《西南金融》1989 年第 A1 期。

内上端横印"重庆中和银行无息存票"，中央直书三行"收到来人""银圆伍元整"，"右金额见票无息支付"，其右旁直书"此票经存款人要求概不挂失止兑"，左旁直书"中华民国十九年"七字，此票的右边横印"伍圆"面值，左边印风景图案，下边中间横印"此票兑取通用银元"，四角印币值"伍"字和"5"字。背面除币值"5"字外，其余都是英文。

　　"拾圆"票长 16.4 厘米，宽 7.7 厘米，颜色正面青绿，背面蓝色，四周印花框，框内上端横印"重庆中和银行无息存票"，中间直书"收到来人""银圆拾元整"，"右金额见票无息支付"，右面印风景房屋图景，左面横印币值"拾圆"两字，票的右边直书两行"此票经存款人要求"，"概不挂失止兑"，左旁印"中华民国十九年"字样，下边中间横印"此票兑付通用银元"，四角印币值"拾"字和"10"字。背面除币值"10"字外，其余都是英文（图 1-41）。[1]

（a）民国 19 年重庆中和银行无息存票银圆"壹圆"

（b）民国 19 年重庆中和银行无息存票银圆
"伍圆"

（c）民国 19 年重庆中和银行无息存票银圆
"拾圆"

图 1-41　重庆中和银行无息存票

七、二十一军粮契税券

　　二十一军总金库的成立，是由于 1928 年刘湘击败杨森、李家钰、罗泽洲部的联合进政后，军费收支日趋频繁、庞大，中和银行代办已不能胜任，加之中和

---

① 　吴筹中、吴中英：《重庆中和银行及其发行的纸币》，《中国钱币》1995 年第 3 期。

银行无息存票有时发生挤兑，则影响军费收缴，因而采纳刘航深的建议，设立总金库。总金库除办理军费收支外，更重要的是发行粮契税券。粮契税券共印制二千万元。二十一军通令防区各税收机关征收税款时，只限于收粮契税券，纳税人必须先用银圆兑取税券，始能完粮纳悦。

粮契税券本为完粮纳税之代现品，但设所随时兑现，则在市面流通无阻，实为一种通用纸币。待发行至八九百万元后，兑现困难，改为每日限制兑现数目。①

粮契税券伴随军事力量流通于川东和川南的自贡、内江等防区，甚至越出省界远及湖北的宜昌一带。因为二十一军有部队在宜昌，它又是川盐的集散地，总金库在此也设有分金库。

粮契税券越发越多，券面也越发越大。开初只发"壹圆""伍圆""拾圆"三种；民国 22 年（1933年）又增发"伍拾圆""壹百圆"两种，根据国外文献 *Kann's* 报导，还发有壹千圆的券面一种。到 23 年发行总额达到了高峰的一千万元（图1-42）。

开始发行时，曾指拨辖区各县的粮契兑收入充作基金，这是一种尚待实现的预期收入，现金准备更没有明确的来源，但在重庆地区又不能不设点兑现，终因现金不多，逐渐限制每天的兑现时间和金额，影响极坏。②

1934 年 1 月，四川地方银行设立后，二十一军粮契税券不再发行，逐步以地钞及公单收回此券。计收回粮契税券 958 020 元，未收回 41 980 元。

（a）民国 19 年二十一军重庆总金库粮契税券"壹圆"

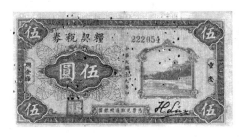

（b）民国 19 年二十一军重庆总金库粮契税券"伍圆"

---

① 张海燕：《1911—1935 年四川纸币简述》，《西南金融》1989 年第 A1 期。
② 王哲人：《浅谈刘湘在重庆发行的纸币和信用工具》，《西南金融》1989 年第 A1 期。

（c）民国 19 年二十一军重庆总金库粮契税券"拾圆"

（d）民国 19 年二十一军重庆总金库粮契税券"壹百圆"

（e）民国 19 年二十一军重庆总金库粮契税券"壹千圆"

图 1-42　二十一军重庆总金库粮契税券

八、邹汝百墨条

所谓的"邹汝百墨条"，就是"钧益公期票"的招牌换记和重演。只是出票人不同，但发行金额比"钧益公期票"大一倍以上。吴晋航所著的《四川防区制时期金融货币混乱情况》中提到："中和银行歇业后，改由军方出面设立总金库经营粮契税券，但以发行不能太多，运用不能自如，乃由总金军经理邹汝百私人出具'墨条'，交由各师、旅自行向银行、钱庄、商号或私人贴现。"这就是"邹汝百墨条"的由来。

邹汝百本是总金库的收支主任，后升经理。总金库初期，对所发的支付书还能勉强兑现。"二刘"之战前夕，军部拨付的军火购置费用日益增多，而税收机关的税款已经拨充了向金融界和商号的借款保证，余款入库不多，常常收支不平衡。各军需人员所持支付书只能得到部分款项，余则逐日来总金库坐等付款。总金库乃采取于"比期"当众公开摊成付款办法来应付，不足部分则由总金库出立"期票"听其到市场贴现，但到期时又往往发生无款支付的种种麻烦。有的军需人员急于得到现款，就凭私人关系找总金库收支主任出立字据，到期反能领到款项。这种私人字据（墨条）竟比总金库出的"期票"还顶用些。邹汝百原是唐式遵师部的军需，熟人很多，因此，找他出票的人不少。经过总金库收支官的同意，他开出的"墨条"在民国19年的重庆金融市场上广为流通。

军需人员一般都照邹汝百的示意，到1930年9月才开业的、由刘航琛掌握、刘湘占有股权百分之六十的川康殖业银行和邹本人有股权的久大、和济、信通和安定四家钱庄贴现。时间半个月到三个月不等，贴息大小也不同。军部鉴于以前"钧益公期票开时期的利息过高、负担太大，便限定只贴息二分"。实际上各师、旅部只求款能到手，自愿再贴息二至三分。这样，就把市场贴息提高到四至六分。上述川康殖业和久大等行庄的当年纯益60余万元中，贴息收入占了半数以上。

民国23年4月，邹票没有付款的总额高达1090万元，总金库无款周转，宣布停止支付，在重庆金融界引起的轩然大波，市场动荡，金融紊乱，又经军、商协议，一律推迟三个月后偿付。但到期仍无资金来源，直到民国24年才以六折换成"四川善后公债"来结束。[①]

九、联合公库公单

民国23年，刘湘为了调剂重庆金融以便于他筹款，乃令银钱业于5月底组成"联合公库"，以二十一军财务处长刘航琛为主席，各行庄经理为委员。上海《银行周报》称它为"银行之银行"。6月，重庆银根奇紧，同业间的收支差额得不到现金，遂倡议以公库名义发行一种类似大额纸币形式的"定额公单"，分五百元、一千元、五千元和一万元四种，行庄均可以各种有价证券作抵，照评价委员会的证券价格领用公单来代替现金行使，暂不取现，只能向联合公库交换抵解。最初限额为每行庄5万元，以后逐渐增至24万元。

该年上期，二十一军预计全年军费尚差700余万元，遂于年初向重庆银钱业借款720万元来平衡收支。9月，在川省财政非常困难的时候，刘湘既感川陕边境红四方面军的威胁，复感由湘入黔的中央红军进逼川境，军事紧张、军费无着。他再次"以退为进"，故伎重施，通电辞去本兼各职，经南京国民政府的

---

①　王哲人：《浅谈刘湘在重庆发行的纸币和信用工具》，《西南金融》1989年第A1期。

"慰留"和各方的"敦劝"，刘湘又于年初金融大借款之外续借二三百万元，在行庄无力再事负担的情况下，他就从九月起，改用"公单"以济急需，以未经售出的公债向联合公库借款 400 万元，以公库为中心，前后达 800 万元之巨。于是市场信用工具骤然膨胀，金融恐慌，当局见公单政策濒临绝境，几度延集金融业筹商，决定于 11 月把公单全部收回。行庄领用的由行庄自收，军部借用的则由行庄借现洋 800 万元，另再向中国、聚兴诚两银行各借 150 万元才把公单收回。

公单是以行庄借款收回的，但重庆金融业的资力有限，刘湘以"四川地方银行"成立后发行"四川地方银行兑换券"提前归还。于是"重庆的公单筹码，遂变为地钞"（见《银行周报》19 卷 36 期）。[①]

十、二十八军总金库粮契税券

1926 年 7 月，邓锡侯任第二十八军军长。同年，邓部在成都设立康泰祥银号，发行钞票。1932 年成立二十八军总金库，设在康泰祥银号内。1935 年 1 月 20 日，新川银行成立，是 1933 年二十八军将造币厂交与二十四军后，财政筹措面临很大困难，故将康泰祥银号更名而生。新川银号代二十八军总金库仿刘湘发行粮契税券，共印 120 余万元，分"壹圆""伍圆""拾圆"三种。券面印明由二十八军总金库发行兑现，另由总金库委托新川银号代兑。在发行时，二十八军军部通令防区各县税收机关一律收低现金，不得歧视。发行以来，信用良好，在地钞挤兑时也未受到影响。1935 年 5 月，川政统一，防区制取消。6 月，四川督办公署饬令全数收回粮契税券，未收回者仅 10 余元。这实为军阀金融机构发行妙券之罕见。此粮契税券均罕见[②]（图 1-43）。

（a）民国 23 年二十八军总金库粮契税券"壹圆"（成都）

---

① 王哲人：《浅谈刘湘在重庆发行的纸币和信用工具》，《西南金融》1989 年第 A1 期。
② 张海燕：《1911—1935 年四川纸币简述》，《西南金融》1989 年第 A1 期。

（b）民国23年二十八军总金库粮契税券"伍圆"（成都）

图1-43　二十八军总金库粮契税券

十一、各军阀银行的执照票

1925年1月后，成都为二十四军、二十八军、二十九军三军共管。他们在各自的防区内铸造铜币、银币，设金融机构发行执照票。二十四军刘文辉在成都开设"裕通银行"，并在其防区宜宾、泸县、自流井设立分支机构，其总分行共发执照票190万元，其资本不过20万元；二十八军邓锡侯的康泰祥银号，其资本仅5000元，却发行五十元、一百元、二百元三种执照票30万元；二十九军的西北银行，还发行"壹圆""伍圆""拾圆"的银行兑换券。他们利用军政权力通过购材料、货物，支拨军政费等，搭配一些执照票，商民不敢不接收。其他大小军阀也照此榨取民财，开设银号、钱庄，发行执照票，以攫取现银，弥补收支不足。当时，半元杂板泛滥，厂板、杂板漏合流通，商民辨别困难，而执照票则标明厂详，无须鉴别，这也促成了执照票的使用。不仅钱庄、银号发票，商号、烟、茶店，乃至鞋铺都发票；既无保证准备金，又无发行限银，因而挤兑不断发生，给四川民众带来不少损失，也增加了四川纸币的复杂性[①]。

1927年春，第二十四军军长兼四川省主席刘文辉部各将领集资设立裕通银行，总行设在成都，并设分行于重庆等地，该行发行民国20年版钞票，计有"壹圆""伍圆""拾圆"三种（图1-44），地名有成都、重庆、泸县、自流井、叙府等，票背加印二十四军司令部批注，也有的未加印。1932年，刘文辉被刘湘打败，退至西康，裕通银行结束。该银行纸币均罕见。

川军二十九军于民国14年在四川设立四川西北银行，纸币流通区域有限，红军入川后该银行即关闭，所发行纸币存世甚少见，目前仅发现"潼川""广元"两地名无年份券（图1-45）。

---

① 张海燕：《1911—1935年四川纸币简述》，《西南金融》1989年第A1期。

（a）民国20年裕通银行"壹圆"券（泸县）

（b）民国20年裕通银行"伍圆"券

（c）民国20年裕通银行"拾圆"券

图1-44　裕通银行执照票

（a）四川西北银行银元票（潼川）

（b）四川西北银行银元票（广元）

图 1-45　四川西北银行银元票

第四节　红色票据

川陕革命根据地建立于 1933 年年初，是第二次国内革命战争时期，中国共产党建立的重要根据地之一，它包括四川东北的大部及陕西南部的一部分，面积四万二千多平方公里，人口七百多万。

毛泽东同志在中华苏维埃共和国第二次全国苏维埃代表大会的报告中指出："川陕苏区是中华苏维埃共和国的第二个大区域，川陕苏区有地理上、资源上、战略上和社会条件上的许多优势，川陕苏区是扬子江南北两岸和中国南北两部间苏维埃革命发展的桥梁，川陕苏区在争取苏维埃新中国伟大斗争中具有非常巨大的作用和意义。"[1]川陕苏区在 1933～1934 年发行了许多货币，有银币和铜币，有纸币和布钞，据说还有锡钱的铸造。该区发行的货币种类繁多，版别各异，内涵相当丰富，因此川陕苏区的革命货币是值得研究的一个专题。

川陕省苏维埃政府于 1933 年 2 月成立后，即着手进行经济建设，其首要措施是建立财政领导机构——财政委员会。继之于 1933 年 12 月正式成立川陕省苏维埃政府工农银行，亦称中华苏维埃共和国川陕省工农银行，行长由财政委员会主任郑义斋同志兼任，副行长是张琴秋同志。当时工农银行的主要任务是"统一苏维埃币制，加强苏维埃货币的流通，印刷川陕省自己的货币，以达到统一货币、调节市场、流通苏区金融"的目的。工农银行设有两个造币厂，一个铸造金属货币，一个印刷纸币和布钞。[2]

一、川陕苏区布币

中华苏维埃共和国川陕省工农银行（简称川陕省苏维埃政府工农银行）在川陕根据地发行的布币，是红军用币，又称"红军布币"。发行布币的主要原因是

---

① 泽东：《中华苏维埃共和国第二次全国苏维埃代表大会的报告》，《江西社会科学》1981 年第 S1 期。
② 吴中亚、吴筹中、金诚：《川陕革命根据地铸币的版别与辨伪》，《中国钱币》1984 年第 2 期。

苏区环境艰苦，行军时携带纸币易被雨水浸湿损坏。

1933 年 12 月 4 日，中华苏维埃共和国川陕省工农银行在四川通江县成立，行长郑义斋。据史料记载，该行发行布币面值有 6 种（铜币券 5 种，即壹串文，贰串文，叁串文、伍串文、拾串文；银币券 1 种，即壹圆），一串相当于一串铜钱。票面时间为 1933 年，颜色为白色、红黑、蓝黑、绿黑、灰黑、白棕（拾串）、白绿（壹圆券），票型为直票（串票）和横票（"壹圆"券）两种，票幅长宽不等，宽为 78～90 毫米，长为 116～160 毫米。1935 年 4 月，红四方面军撤离根据地后，布币即停止发行流通。

川陕省苏维埃政府工农银行的布币的票样是依据中华苏维埃中央临时政府主席毛泽东指示，国家银行行长毛泽民组织领导，由黄亚光设计出来的。据黄老回忆，在设计货币图案过程中，毛泽东曾对他说过，设计苏维埃政府货币，一定要体现工农政权的特征。因此他在设计货币时，都绘有镰刀、锤子、地图、五角星等图案，并把这些图案有机地组合起来，给人以既美观大方，又突出共产党领导下的根据地货币的特点。[1]

布币、串币票面内容丰富，正面背面均有文字和图案。正面文字第一行为"全世界无产阶级联合起来"，第二行为"川陕苏维埃政府"，第三行为"工农银行"。中间有党徽（即镰刀锤子），党徽上面有五角星，五角星内有紧握的拳头。下书票额面值，如壹串、贰串、叁串、伍串、拾串（从右至左书写），底书年号，如"一九三三年"。票额面值上钤红色印章，椭圆形，印章从右至左层弧形排列隶书"中华苏维埃共和国川陕省财政委员会印"，两边各有一个五角星，中间竖排四行字：右两行隶书"工农货币，不折不扣"；左楷书"市面行税，照价兑换"。下边右方是行长签字"郑义斋"，左方是行长英文签字。布币的底纹从右至左也书有"增加工农生产，发展社会经济"宣传语（很多资料认为文字部分为"增加生产，发展经济"，此有误）。拾串布币的周围还框有 22 枚党徽标志。布币背面底纹从右至左也书有"增加工农生产，发展社会经济"宣传语。中间有齿轮，齿轮中有表示票面数额的阿拉伯数字，如 1、2、3、5、10。齿轮上面有红色方章，篆书"川陕省工农银行"。整个票面有诗、书、画、印俱全。[2]

中华苏维埃共和国川陕省工农银行"壹圆"布币。此票系在白细布上印制，呈横型。正面上端弧形横列"中华苏维埃共和国"的字样，两角印有两个"1"字，中央印斯大林头像，像下左右印交叉的镰刀、锤子，以及工人、农民图像，其两旁分别列有"壹圆"币值。此票下端中间印有"川陕省工农银行"发行和被砸断的链条的图案，下边有"一九三三年十二月"字样，其左右两边印有号码。背面上端呈弧形横列"全世界无产阶级联合起来"十一个字，中央有一深色

① 唐武云：《一张珍稀革命根据地贰串布币》，《金融经济》2012 年第 7 期。
② 刘宇：《川陕红军布币探微》，《收藏》2004 年第 2 期。

圆形，其中有一颗五角星，两边印有持枪握手的工人、农民各一人，其两旁各印"один"俄文"一"字，下端印有"1933"年份，左印"政权归苏维埃"，右印"土地归农民"，左角盖有"川陕省工农银行印"的长方章（图1-46）。

川陕省苏维埃政府工农银行"壹圆"布票。此票只有无颜色布一种，呈横形。正面上端呈弧形横列"川陕省苏维埃政府"八个字，下书"工农银行"四个字，中间印两个大齿轮，右齿轮中为"壹"字，左齿轮中为"圆"字。齿轮的左右两边印马克思、列宁伟人像，右边直书"增加工农生产"，左边直书"发展社会经济"，上边和下边有花色边框，下边中间印有"1933"年份，四个角的五角星中都有一个"壹"字，底纹为"壹圆"两字所组成。背面上端横列十一颗五角星，星中分列"全世界无产阶级联合起来"十一字。左右两角各有一个"壹"字，中间印工厂和机器图案，其左右各有一颗五角星，星中都有一个"1"字。下端中间印有"ONE DOLLAR"英文字，其两边各印镰刀、锤子图案和"全国通用""凭票兑现"八个字。此票的正面和背面都无号码和印章。值得注意的是，革命根据地的这种货币，还特地标有英文面值，说明当时已经考虑到扩大它的流通面，考虑到今后革命事业的大发展，所以是有相当远见的。[①]

布币——作为川陕苏区主要流通货币，它是苏区经济生活中不可缺少的一个角色，其重要性不言而喻。占川陕革命根据地货币发行额总量一半左右，对根据地的建设起到了重要的作用。

首先，布币成为根据地的主要货币后，代替了原有各种混乱币种，减弱了国民党对根据地经济的控制。为确保新货币顺利流通，逐步扫除旧货币，川陕苏区规定："苏维埃区域内的旧的货币，得由苏维埃区域应用，并消灭行市的差别，但苏维埃对这些货币加以清查，并即盖图记，以资监督。苏维埃政府应发行苏维埃货币，并兑换旧的货币，外来之货币须一律兑换已盖苏维埃图记之货币或苏维埃自己发行的货币，使能在苏维埃区域通用。"[②]在兑换过程中，逐步对旧币加以回收，基本将其清除出苏区。川陕苏维埃政府将兑换来的旧银元和旧纸币，用于根据地以外购买所需物品，在一定程度上缓解了军阀对根据地经济封锁的压力。

其次，通过发行布币，筹集到了部分资金，促进了根据地农业和工商业的发展，满足了军需民用，对根据地的巩固起到了非常重要的作用。通过整顿金融财政，发行布币，还解决了很大一部分财政支出，以保障政府和红军的正常运转，对根据地的巩固起到了至关重要的作用。

再次，布币还有宣传作用。川陕苏区发行的布币都印有"增加工农生产，发展社会经济""全世界无产阶级联合起来"等字样，而钞票又是人民生活中普及面广、使用频率高的工具，利用它作宣传，无疑是一种绝佳的载体[③]（图1-46）。

① 朱肖鼎、吴筹中：《光彩夺目的川陕革命根据地货币》，《财经科学》1988年第7期。
② 刘昌福、叶绪惠：《川陕苏区报刊资料选编》，四川省社会科学院出版社，1987年版，第354页。
③ 肖高林：《川陕革命根据地的布币》，《四川师范大学学报（社会科学版）》2004年第1期。

（a）1933 年川陕省苏维埃政府工农银行"壹串"布币

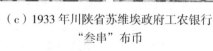

（b）1933 年川陕省苏维埃政府工农银行
"贰串"布币

（c）1933 年川陕省苏维埃政府工农银行
"叁串"布币

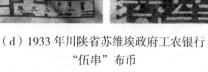

（d）1933 年川陕省苏维埃政府工农银行
"伍串"布币

（e）1933 年川陕省苏维埃政府工农银行
"拾串"布币

（f）1933年川陕省苏维埃政府工农银行"壹圆"布币（斯大林头像）

（g）1933年川陕省苏维埃政府工农银行"壹圆"布币（马列头像）

图1-46 川陕苏区布币

二、川陕苏区纸币

川陕革命根据地的纸币共有五种，其中三种为横型，两种为直型，均采用厚实的道林纸印制。"壹圆""壹串""叁串"分别印有马克思、列宁、斯大林头像。票面的年份，有一种印有"中华苏维埃共和国一三年"字样，此票或许是较早印制的。

1. 川陕省苏维埃政府工农银行"壹串"纸币

此币呈横型，上端横列弧形"川陕省苏维埃政府"八个字，其下为"工农银行"四个字，正中椭圆形框内印有列宁头像，其左右两旁有两颗红色五角星，星上分别印有"壹""串"两字，右方飘带书有"增加工农生产"，左方飘带书有"发展社会经济"，下端横列"THE BANK OF SOVIET"英文字，其下有"中华苏维埃共和国三年"字样。四角的四个圆圈中，各印有一个"壹"字。背面中间印有一个自右向左下方作猛击状的拳头，拳头上印"苏联""经济建设"两行字，拳头下有一群狼狈逃跑的人物。左上角印有飘扬着的旗帜和工厂图景，旗帜上绘有镰刀和锤子图案，右下角盖有"川陕省工农银行"的长方印章。此票正面为蓝色，背面有蓝色和绿色两种。这种纸币的特色及珍贵之点是：面值为"壹串"，是沿用我国古货币制度的计值单位，是中国货币史上的"串"（或贯）当面值的最后为数不多的钱币的一种；运用漫画形式出现在钱币整个版面上似乎是独见的，当然是难得的；最大特点在于使用的纪年为"中华苏维埃共和国三年"。在中国共产党所领导人民政府的历史上从未有过这样记载在钞币上的纪年，在土地革命战争时期一直都是单用国际通用纪年标准，即公元纪年。这张"壹串"纸币的纪年，应是我国钱币史上非常少见的纪年方式，十分珍贵[①]（图1-47）。

图1-47　中华苏维埃共和国三年（1933年）川陕省苏维埃政府工农银行铜元券"壹串"

2. 川陕省苏维埃政府工农银行"壹圆"纸币

此币为横型，正面上端横列"川陕省苏维埃政府"八个字，其下为"工农银行"四个字，中间并列两个齿轮，齿轮中分书"壹""圆"两字。其右的长方形框内印有马克思头像，其左侧的长方形框内印有列宁头像。右边直书"增加工农生产"，左边直书"发展社会经济"，上端和下端都印有边框，下端边框中间印有"1933"年份。此币的四角有四颗五角星，星中都印有"壹"字，底纹是由许多"壹圆"字样组成，直行九字，横行十六字。背面上端横列十一颗五角星，星中分别印有"全世界无产阶级联合起来"十一个字。左右两角各有一个"壹"字，中间有工厂和机器图案，左右为五角星，星中各有一个"1"字，下端中间印有"ONE DOLLAR"，其两旁各印镰刀、锤子头图案和"全国通用""凭票兑现"八个字。此票以黑为主色，套红印制，但正、背面都未盖印章（图1-48）。

图1-48　1933年川陕省苏维埃政府工农银行"壹圆"纸币

[①]　万德贵：《川陕省苏维埃政府工农银行发行的"壹串"纸币》，《钱币博览》2003年第1期。

3. 中华苏维埃共和国国家银行川陕省工农银行"壹圆"纸币

此票为横型，正面上端呈弧形横列"中华苏维埃共和国"，其两角有两个阿拉伯数字"1"字，中间印有斯大林头像。像下左右印有交叉的镰刀、锤子图案及工人农民图像，两旁分列"壹圆"币值，其间隐现"国家银行"四个字。此票下端中间横印"川陕省工农银行发行"和已砸断的链条图案，下边印有"一九三三年十二月"字样，其左右两边印有号码。背面上端呈弧形横列"全世界无产阶级联合起来"字样。中间有一深色的圆形，其中有一颗五角星，两边印有持枪握手的工人、农民各一人，两旁各印"один"俄文"1"字，下端印有"1933"年份，左侧印有"政权归苏维埃"，右面边上印有"土地归农民"，左角盖有"川陕省工农银行印"的长方印章（图1-49）。

图1-49 1933年中华苏维埃共和国国家银行川陕省工农银行"壹圆"纸币

4. 中华苏维埃共和国川陕省工农银行"三串"纸币

这种纸币为直型。正面双线边框内的上端印有"中华苏维埃共和国川陕省"字样，下有"工农银行"四个字，下面有一颗红色五角星，中央是三个战士分别骑三匹骏马，中间一匹为红马，马上战士高举红旗，右面骑蓝马的战士手执红缨枪，左边骑蓝马的战士手持钢枪。其下横印三行红字为"土地归农民""政权归苏维埃""八小时工作"，再下面印有"三串"币值，其右为行长"郑义斋"方章，其左为"工农银行"方章。下端印有英文"THE WORKER AND PEASANTS BANK"，下边中间印有"1934"

图1-50 1934年中华苏维埃共和国川陕省工农银行
铜元券三串

年份，四角各有蓝套红的阿拉伯"3"字。背面粗细线框内的上端，印有半圆形的"全世界无产阶级联合起来"字样，其下为较大的镰、锤子交叉图案，再下有列宁身穿西服的半身像，右手握拳，左手持文件。下端印有"坚决保卫赤区"六个字，再下边印有号码，从上到下的底纹由若干镰刀、锤子和五角星图案所组成。此票由红、蓝、黑、褐四色印制而成（图1-50）。

5．川陕省苏维埃政府工农银行"拾串"纸币

此币为直型，四周边框由二十四个镰刀、锤子图案组成，框内上端呈弧形横列"川陕省苏维埃政府"字样，其下有"工农银行"四个字。中间有大五角星一颗，星中印一拳头，星在镰刀、斧头图案之上，星下横书"拾串"两个字，其下印"一九三三年"字样。底纹由"增加工农生产"、"发展社会经济"十二个美术字组成。背面中间印有一个大齿轮，上印阿拉伯数字"10"字，底纹由"增加工农生产""发展社会经济"十二个阴文美术字组成。此票正、背面都无图章。由此可见，早在革命战争年代，中国共产党当时就对发展生产、繁荣经济给予高度的重视。[①]

三、川陕省造苏维埃银币

1934年中华苏维埃共和国川陕省造币厂造银币，是中国共产党在中华民国时期开辟"中华苏维埃共和国的第二疆域——川陕革命根据地"的历史见证。该银币铸造时间短、铸额小，存世极罕，是历史价值很高的革命历史文物。

1932年10月，红四方面军在总指挥徐向前同志的领导下，率部由鄂豫皖苏区向西转移，进入四川，与当地革命武装汇合，于次年2月在四川通江成立了川陕省苏维埃民主政府，大力开展土地革命斗争。10月，红军歼灭了四川地方军阀刘存厚的主力部队，缴获了绥定府造币厂的大批先进设备。12月4日，中华苏维埃共和国川陕省工农银行成立，该行1934年利用缴获的设备铸造发行了大批精致的银币和铜币等，这些钱币比起1933年以前铸造的银币要整齐划一、漂亮得多。川陕省银币（包括面值"壹圆"的主币和"壹角""贰角"等辅币）的铸造，很快改变了当时苏区金融市场上各种货币混杂、金融秩序混乱的局面，成功地挤走了国民党的金圆券、民国的铜币及其他银币甚至当地商会、钱庄的私票等，不仅稳定了根据地经济，巩固了民主政权，而且还为红军筹措了大量经费，有力地支持了革命战争，因此很受根据地军民的欢迎。

"川陕省造苏维埃银币壹圆"的正面图案中见珠圈内为大写面额"壹圆"字样，外围上环是"中华苏维埃共和国"八个字，下环是"川陕省造币厂造"七个

---

①　朱肖鼎、吴筹中：《光彩夺目的川陕革命根据地货币》，《财经科学》1988年第7期。

字，两侧分列有五角星；背面图案中间是地球，地球正中缀有镰刀、锤子；外围上环是"全世界无产阶级联合起来"十一个字，下环有"一九三四年"年份字样，两侧分列有四瓣花星。该币直径为 39 毫米，重 26.2 克～26.7 克，含银量为 75%～88%，这种银币版式较多，正面五角星有实星、空星、线星三种，币文中的"陕""共""四"有不同书写特征，锤子、镰刀、地球图案也有多种区别。市面上所见的另一种纪年为"一九三三年"的"川陕省造苏维埃银元"，系后人伪造的臆造品，没什么收藏价值。（图 1-51）

（a）1934 年川陕省造苏维埃银币"壹圆"　　　　（b）1934 年川陕省造苏维埃银币"壹圆"
　　　　　　（小实星）　　　　　　　　　　　　　　　（大实星）

（c）1934 年川陕省造币厂造"贰角"银辅币　　（d）1934 年川陕省造币厂造"伍角"银辅币

图 1-51　川陕造币厂造银币

　　目前，我国国内邮币卡交易市场中已很少能觅到这种"川陕省造苏维埃银币"了。据《中国银币图鉴》等书介绍，该币的各种版式均定级为"四级"（四级在老银币中属较珍稀品种），视品相优劣，目前市场参考价 3 万～4.5 万元，而品相特好的，价格更高。[1]

　　与"壹圆"银币相配套的还有"伍角"和"贰角"银辅币。川陕省造贰角银币，正面珠圈内为大写的"贰角"字样，外围上圈自右至左排列着"中华苏维埃共和国"八个大字，下环为"川陕省造"四个字，两侧分别有一个五角星。银币的背面主图为地球，地球的中央设计有苏维埃的标志——锤子和镰刀，上圈弧形排列着"全世界无产阶级联合起来"，下圈为年代落款："一九三四年"。从银币正反面的文字的笔体来看，似乎为楷书和隶书的结合体，既清秀挺拔又沉稳

---

① 吴伟忠：《川陕省造苏维埃银元》，《牛城晚报》2012 年 7 月 19 日第 8 版。

有力，别具一格。"伍角"银辅币与"贰角"银辅币大致相同。铸造"伍角"和"贰角"银辅币的时代背景，是苏区创建之初和新开创地区，饱受军阀混战和劣币之苦的群众，在当时只相信银币。正如时任江西省苏维埃副主席余洪远回忆说："他们的心理是，还是拿着银币好。"根据川陕省苏维埃政府《经济政策草案》"发行苏维埃货币，并兑换旧货币，外来货币一律兑换成自己发行的货币"的规定，在铸造川陕省苏维埃"壹圆"银币之后不久，就着手试铸配套的"伍角"和"贰角"银辅币，以备根据地之需。然而"伍角"和"贰角"银辅币只是试铸，然未流通，存世较少。[1]所以有学者认为，"从其来源分析，这种川陕苏区"贰角""伍角"金属辅币均是非正道产物"，是"臆造品"。[2]

四、川陕苏区铜币

1933 年三四月间，红军在通江县城郊西寺设"造币厂"，用古老的"熔铸法"铸造带"镰刀锤子五角星"图案的铜币。由于敌人封锁，只能利用废旧炮弹壳和打土豪收缴的废旧铜器铸造铜币，所以币面凹凸不平，工艺粗糙，品相较差，大多币文图案模糊不清晰。据有关文献记载，川陕造币厂在没有机器设备的情况下，采用人工打铸，以钳子夹住上币模，下币模放在铁砧上，将烧红的铜片放在币模中间，再用铁锤重击上币模，锤击用力难以均衡，容易造成铜币文图模糊的现象。1933 年 10 月底，红军打败国民党军阀刘存厚，缴获其造币厂全部机器设备和原料，并将该造币厂较为先进的造币机器运到通江，铸造革命货币（即 1934 年版银币和 1934 年版铜币），这才解决了红军银币、铜币的质量问题。为了粉碎敌人的经济封锁，川陕省造币厂还仿铸白区通用银币、铜币，用来购买苏区急需之物质。钱的正面和反面都绘有"苏维埃"、"全世界无产阶级联合起来"和"镰刀锤头"等革命性的文字和图案，它标志着一个新时代新型政权的诞生。铜币总体设计严谨端庄，其铸造工艺尤为精美，反映出当时革命根据地人才云集的盛况。这些铜币，由设在川北革命根据地军政中心通江的川陕造币厂所铸造，由川陕工农银行监制发行，它主要流通于通江、南江、巴中、广元、平昌等十多个县的地域。1934 年年底，由于红军的战略转移，川陕省造币厂也就停产了。从此，四川省此结束了铸造铜币的历史。[3]造币厂铸币前后 16 个月期间，先后铸有大"二百文"、小"二百文"和"五百文"三种铜币。

川陕苏维埃铜币的特征。

第一是质地特征，苏维埃铜币版别很多。

---

① 苏国治：《鲜为人知的川陕苏区红军银辅币》，《东方收藏》2012 年第 1 期。
② 金诚：《川陕苏维埃"贰角"、"伍角"金属辅币质疑》，《中国钱币》2001 年第 1 期。
③ 高文、袁愈高：《四川历代铜币图录》，四川大学出版社，1988 年版，第 5 页。

　　第二是文字风格特征。特殊的生产环境，导致钱币制作不精，文字书写独特、字间距不均等现象普遍，纹饰多出现模糊粗率特征，再加上流通中的磨损，真品铜币中品相完美者较少。特别体现在川陕省苏维埃造币厂造1933年版"二百文"铜币，以"粗糙"为其风格，不具有1934年版的钱币风格。川陕省苏维埃造币厂造1934年版"五百文"机制铜币和川陕省苏维埃造币厂造1934年版"二百文"机制铜币，使用了缴获国民党军阀刘存厚先进的造币设备和原料，大部分较精美。

　　第三是形制特征。川陕省苏维埃造币厂造1933年版"二百文"铜币，几乎无全齿，大部分边齿是半齿，这是苏维埃独有特征。与机制真铜币相比，特征明显。这是当时艰苦条件下熔铸铜币的独有特色。川陕省苏维埃造币厂造1934年版"五百文"机制铜币和川陕省苏维埃造币厂造1934年版"二百文"机制铜币。绝大部分边齿整齐划一，字体正规，布局设计合理。

　　第四是数据特征。川陕省苏维埃造币厂造1933年版"二百文"铜币。19种手工版别，重量在16.4～24克，直径34～37毫米；川陕省苏维埃造币厂造1934年版"五百文"机制铜币14种版别，重量在9.4～16.4克，直径32～36毫米；川陕省苏维埃造币厂造1934年版"二百文"机制铜币8种版别，重量在8.2～12.4克，直径在28～30毫米。[①]

1. 川陕省苏维埃造币厂造 1933 年版"二百文"铜币（大二百文）

　　川陕苏维埃政府造币厂铸"二百文"铜币，直径35.2毫米，厚2.2毫米，重16.9445克。面左右嘉禾环阿拉伯数字纪值"200"，上缘"川陕苏维埃政府造币厂"；背中镰刀、铁锤党徽图案和三颗五角星，上缘"全世界无产阶级联合起来"，党徽下面排列俄文"CCZC"（中国苏维埃）。此币系川陕造币厂早期（1933年）铸币，人工打造，俗称大二百文（图1-52）。

　（a）1933年川陕苏维埃造币厂造"二百文"　　　　（b）1933年川陕苏维埃造币厂造"二百文"
　　　　铜币（镰刀把向右类）　　　　　　　　　　　　　铜币（镰刀把向左类）

图1-52　川陕苏维埃造币厂造"二百文"铜币

---

　　① 冯明杰：《川陕苏维埃铜币特征与鉴定技巧》，《收藏快报》2010年5月5日第18版。

2. 川陕省苏维埃造币厂造 1934 年版 "五百文" 铜币

川陕省苏维埃造 "五百文" 铜币，直径 32.6 毫米，厚 1.6 毫米，重 11.4725 克。面线圈内阿拉伯数字纪值 "500"，上缘 "川陕省苏维埃造"；其下左右各列一颗五角星，再下为 " 五百文"；背空心大五角星内为镰刀、铁锤及嘉禾图案，上缘 "全世界无产阶级联合起来"，左右各列一颗五角星，下纪年 "一九三四年"。此币系机器铸造，与大二百文相比，质量明显提高。分为刀压斧类和刀压平交类两个版式（图 1-53）。

（a）1934 年川陕省苏维埃造五百文铜币　　　　（b）1934 年川陕省苏维埃造五百文铜币
　　　　　　（刀压锤类）　　　　　　　　　　　　　　　　（刀压锤平交类）

图 1-53　川陕省苏维埃造五百文铜币

3. 川陕省苏维埃造币厂造 1934 年版 "二百文" "赤化全川" 铜币（小二百文）

川陕省苏维埃造币厂造 1934 年版 "二百文" 铜币，属于机制币，现发现 8 种版别。质量均为红铜，铜元正面中心圆圈内为阿拉伯数字 "200" 字样。圈外左右对称位置右为 "铜" 字，左为繁体 "币" 字。其上，从左到右弧形排列 "川陕省苏维埃" 六字。其下，从左到右弧形排列 "二百文" 三字，币轮有齿轮纹。背面：中心镰刀、锤子交叉组成党徽形，锤镰外以单线连成五角星，单线将整个币等分成钝角向内五格，每格隶书自左起分别为 "赤"、"化"、"全"、"川" 和 "1934" 年或 "1934" 年反 "4" 版。该币俗称 "小二百文"（图 1-54）。

（a）1934 年川陕省苏维埃 "赤化全川" 铜币　　　（b）1934 年川陕省苏维埃 "赤化全川" 铜
　　　　　　 "二百文"　　　　　　　　　　　　　　币 "二百文"（"4" 字反书版）

图 1-54　川陕省苏维埃 "赤化全川" 铜币

另附：

四川善后督办署发行定期兑换券：红四方面军和川陕根据地的迅猛发展，震撼了国民党的统治。1933 年 10 月，蒋介石委任刘湘率四川各路军阀 110 团约 20 余万人，对川陕苏区进行"六路围攻。"此时，为围攻红军，刘湘发行"定期兑换券"400 万元，背面文字为"四川善后督办公署发行定期兑换券条例"（图 1–55）。

图 1–55 民国 22 年四川善后督办署发行定期兑换券"壹圆"

第五节 民国时期的股票

一、聚兴诚银行股份有限公司股票

聚兴诚银行是中国近代有影响力的民营商业银行之一，系重庆富商杨文光及其族人出资创办，为川帮中唯一无军政背景的纯民族资本的商业银行，是四川早期成立的一家商业银行，其业务范围遍及国内外，在全国开设了 32 家分支机构。它成为西南地区金融业巨头，以致有"无聚不成行"之说。它创建于 1915 年，结束于 1952 年，经历了北洋军阀和民国政府时期，是在封建社会解体、外敌入侵、内忧外患的环境中曲折发展起来的。1913 年，重庆有名的商业资本家杨文光的次子杨希仲从日本留学归来，力主仿照日本三井家族财团的做法，发展杨氏家族事业。第二年即着手在聚兴诚商号的基础上进行组建银行的工作。为了保证杨氏家族对银行的控制权，决定采用两合公司的制度。经北京政府财政、农商两部批准，聚兴诚银行 1915 年 3 月 16 日在重庆裕泰来巷开业。1917 年迁入新丰街（今解放东路）新楼营业。

聚兴诚银行股份两合公司的额定资本为 100 万银元，分为 1000 股，每股 1000 元。全部股本中，无限责任股与有限责任股各 50 万元。无限责任股全部由杨氏家族持有，有限责任股中杨氏家族占有的股份也有 23.2 万元。这样，杨氏家族占有的股份占全部股份的 73.2%。该行的最高权力机构是由无限责任股东事务员组成的事务委员会（类似后来银行的董事会）。总经理、协理也由事务员中选任。另外，还设有代表有限责任股东利益的股东会。

银行开业不久，又组建国外贸易部，经营猪鬃、桐油出口业务，并受美、英、德商十多家洋行的委托，代理区域性商品经销。1922年，设立航运部，发展航运事业。1923年，该行为摆脱四川军阀无休止的摊派勒索，将总行迁往汉口。这一时期，业务有较大发展。但好景不长，由于主要负责人意见不一，指挥失当，加之政局动荡，商业萧条，聚行外贸、航运相继亏折，北京、天津、哈尔滨等分行连遭倒账亏损，部分族人又强行退股，以致资金周转不灵，业务陷入困境。1924年，主要负责人杨希仲忧愤自杀。杨灿三遂成为杨氏家族事业的主要负责人。他集中全力重整银行业务，并于1930年冬把总行迁回重庆，着力开展西南地区业务。在业务经营上，坚持以汇兑为中心，存款放款都配合汇兑业务的开展。因此，其汇兑业务很有成效，1928～1932年的5年间，在全国20家规模较大的公私银行中，该行的汇费收入仅次于中央银行、中国银行、交通银行，名列第四。

杨灿三成为该行主要负责人后，深感无限责任股东的责任过重，加之受到以刘航琛为首的地方官僚势力的胁迫，乃于1937年3月召开两合股东大会，提出方案，并报财政部批准，于当年7月1日将聚兴诚银行改组为股份有限公司，额定资本为200万元，计2万股，每股100元。1940年3月，因业务日益发展，为充实资力，经股东大会议决增资为400万元。1943年，按财政部新规定，经临时股东大会议决，再增资为1000万元，分为10万股，每股仍为100元。1949年11月30日，重庆解放。1952年，聚兴诚银行参加公私合营，从此结束了长达40年之久的家族经营[①]（图1-56）。

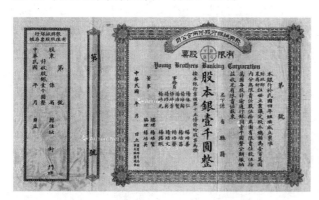

（a）聚兴诚银行股份两合公司有限股票　　　　（b）民国26年聚兴诚银行股份
（无年份，早期版）　　　　　　　　　有限公司股票

---

① 梁恒孝、张凤春：《民国时期的聚兴诚银行股票》，《安徽钱币》2007年第1期。

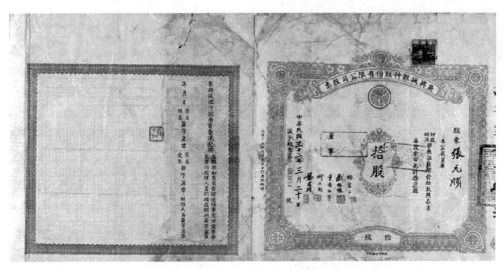

（c）民国32年（1943年）聚兴诚银行股份有限公司股票

图1-56　聚兴诚银行股份有限公司股票

二、四川美丰银行股票

四川美丰银行经历了中美合资时期（1922～1927年）和华商独资时期（1927～1950年）两个阶段。涉及这两次股份变动有两份合同文本（图1-57）。

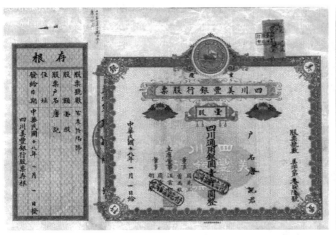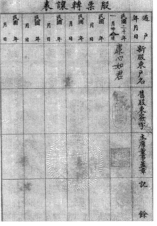

（a）民国18年四川美丰银行原始股票

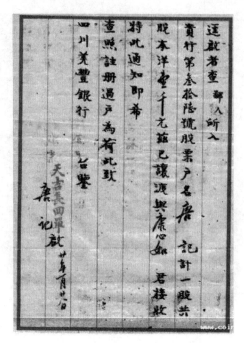

（b）唐先生转让给康心如股票信件

图 1-57　四川美丰银行原始股票及唐先生转让给康心如股票信件

第一次是四川美丰银行的建立，银行性质为合资。1921 年 6 月 6 日，康心如和邓芝如、陈达璋三人代表华股，雷文代表美股，在北京美国公使馆正式签订了合同。合同要点如下。

（1）行名定为四川美丰银行，由中美两国人集资合办。总行设于重庆，得设分行于各通商口岸。

（2）经营普通银行各种业务，并发行纸币。

（3）资本定为 100 万美元，以 1 美元折合华币 2 元。股份分为普通股与特别股，普通股 50 万元，特别股 150 万元（在中美两国内招募）。普通股的分配：华段占总额的 48％，应作 2400 股，计银 24 万元；美股占 52％，应作 2600 股，计银 26 万元。合约签字时，中国股东应交股款 6 万元，美国股东应交股款 6.5 万元，均寄存上海美丰银行。开幕前，第二次股款（应交股款与第一次相同）由四川美丰银行收存。

（4）设经理 1 人，以美国人充任，主持行内一切事务；协理 2 人，以中国人充任，襄理行中一切事务。

（5）以不少于 7 人的董事组织董事会，其中美国董事只能多于中国董事 1 人，占普通股 40 股以上者，始能被选为董事。

（6）本银行系公司性质，与其他各地美丰银行分离独立。

（7）本银行依照美国银行法办理。

（8）本合约制成中英文各 1 份，如有疑义，其解释以英文本为准。[①]

从该合同可以看出，美方拥有绝对控股权；董事成员席位中，美方占有 1 席优势；高级管理阶层中，最高权力控制在美方手中。由此观之，中美双方在实力对比上，美方占优势，但是中方也有相当实力，所以，四川美丰银行纯系中美合资银行。

美丰银行创办后希望请当时并不富裕的康心如先生任中方经理，同时银行规定非股东不能任经理这一职务，在这种情况下由当时的美丰银行大股东唐先生出让一股与康心如（前附股票及信件即是证明）。合约签订后，邓芝如担任第一协理，康心如担任第二协理，陈达璋任营业主任。

第二次是四川美丰银行转变为全华资性质。变更合同是在 1927 年签订的。是年，随着全国政治局势的剧变，美方意图撤资。3 月 30 日晚，美方海翼德与华商临时组成的新财团的代表曾禹钦签约。1927 年 3 月 31 日，美丰华股承受人曾禹钦向董事会办理让受美丰银行全体股份及产业的转移手续，与董事会的代表胡汝航签订合同。曾禹钦（以下简称甲方）与胡汝航（以下简称乙方）双方议定的条件如下。

（1）根据中美股东让渡合同，将美股 1300 股计银元 13 万元与其他一切权利及中国各股东之 1200 股计银元 12 万元与其他一切权利让与乙方接受。

（2）乙方接受前项股份及权利后，应即废弃以前美丰所译用之英文名词，将 THE AMERICAN—ORIENTAL BANK OF SZECHUN 改为 THE MEI FENG BANK OF SZECHUEN。以后乙方即以英文 THE MEI FBNG BANK OF SZECHUEN，中文四川美丰银行，向中国政府立案取得法人资格。

（3）甲方自让渡股份及一切权利之后，关于以前一切债权债务，除已由乙方表明愿意接受者外，其他一切均归甲方自理，与乙方无关。

（4）乙方自接受股份及一切权利之日起，所有对内对外一切行为，按照中国法律进行办理，如有纠纷，与甲方无关。[②]

4 月 3 日，美丰银行召开了纯系华股的临时股东会，决定康心如为协理并暂代经理，周见三暂理金库，继续营业。4 月 9 日和 12 日，又分别举行了第一次、第二次股东临时会，通过美丰章程，选出汪云松、周见三、曾禹钦、胡汝航、周云浦 5 人为董事，周克明、杨梦侯为监察。新一届董事会推选汪云松为主席董事，聘康心如为总行经理，任期两年，李星桥为副经理，周云浦为洋文秘书，马

① 康心如：《回顾四川美丰银行》，参见中国民主建国会重庆市委员会，重庆市工商业联合会文史资料工作委员会：《重庆工商史料第 7 辑·重庆 5 家著名银行》，西南师范大学出版社，1989 年版，第 4~5 页。

② 康心如：《回顾四川美丰银行》，参见中国民主建国会重庆市委员会，重庆市工商业联合会文史资料工作委员会：《重庆工商史料第 7 辑·重庆 5 家著名银行》，西南师范大学出版社，1989 年版，第 23~24 页

季端为营业主任。至此，改组后美丰的内部人事，初步定了下来。

　　1931 年，美丰银行呈准财政部注册。1932 年经股东会议议决增加股本总额为 100 万元，收足半数。11 月，添设代理部，后改称信托部，并另设保管部及仓库。1934 年又增设储蓄部。1936 年先后两次召开股东会议，增加资本为 120 万元，全数收足。1943 年激增为 2000 万元。此后，美丰曾相继投资于重庆华丰地产公司等企业。抗日战争爆发后，又开设德丰、华丰等数家公司及投资于数十家企业，形成了"美丰银行"资本系统。四川美丰银行所设分行遍布全国各大城市，成都、昆明、贵阳、汉口、上海、南京、广州、西安等都有它的分行。四川各县如宜宾、遂宁、沪县、万县等也都设立了它的支行及办事处，形成了以四川为主体、向中国西部和南部广大地区辐射的庞大的金融网①（图 1-58 ）。

图 1-58　1937 年和 1942 年四川美丰银行股份有限公司股票

　　1949 年年底重庆解放，此时的美丰银行处于风雨飘摇的艰难经营中。1950 年年初，中国人民银行西南区行经商定，决定由聚兴诚银行负责人杨受百出面，给美丰银行透借旧人民币 20 亿元以资周转。但康心如认为，做下去肯定被拖垮吃光。其次，他明白共产党掌权，不是一般意义的政权更替，而是社会结构、社会性质的根本性变化，一切资源都必须归于国家所有制的社会结构中，美丰银行事业的性质也必须随之改变的深刻道理。与其徒耗资金勉强经营，不如称早关闭，还可留存部分私产。1950 年 4 月 4 日，美丰银行自动宣告停业，退出其活动了 28 年的历史舞台。②

　　① 戴建兵、史红霞：《美丰银行及其纸币发行》，《中国钱币》2003 年第 3 期。
　　② 张仲：《康心如与四川美丰银行》，《重庆与世界》2010 年第 9 期。

三、四川省合作金库股票

20 世纪 30 年代，因为自然灾害频繁，加之兵连祸结，四川农村经济濒临破产。在这种情形下，为了维护统治，稳定社会秩序。国民政府下令救济四川农村。1934 年春，国民政府首先办理了川西北"匪区"农贷。1935 年中国农民银行又在川北之通、南、巴等 8 县组织预备社，办理农村救济贷款。1935 年 10 月 10 日。四川省农村合作委员会成立，这是负责全川合作事业的行政主管机关。同时，四川省政府还指令各县设置"合作指导室"，负责指导组织各县区的农村合作社，对于应行救济的县区，先组织预备社或利用登记社发放救济贷款；对非救济县区，则直接组织正式合作社，发放生产贷款。到了 1936 年 11 月 22 日，专门的合作金融机构——四川省合作金库于成都成立，直至 1949 年停业。

四川省合作金库成立后，自 1937 年春开始积极辅导设置县市合作金库。当年，先后组织达县、灌县、威远、合川、遂宁、泸县、丰都、广安等 8 县库，资本额都定为 10 万。除了省合作金库之外，县合作金库的辅设工作还受到了中国农民银行、经济部农本局、中国银行、交通银行等金融机构的大力支持。1938 年，省总库与经济部农本局等单位协资辅设县库，四川省县合作金库的发展由此进展更快。到 1944 年为止，全省共成立了 121 个县合作金库及省库重庆办事处、自流井汇兑所。其中，由省总库辅设后交由中国农民银行监督辅导的有 83 库，农本局辅设的有 22 库，交通银行辅设的有 8 库，中国银行辅设的有 10 库，全省有 84% 的县区，设有合作金融机构。

四川省合作金库的资本来源，按《合作金库规程》规定，"省合作金库以县市合作金库及以省为范围之合作联合社认股组织之"。在试办期间。"各级政府、农本局、农民银行、地方银行及办理农贷各银行及其他不以营利为目的之法团，得酌认股额提倡之。"1936 年，四川省合作金库成立之时，"资本额定为 1000 万元。分为 100 万股，由省府及本省各级合作社各认购半数，并由省府先拨一部分股本，开始营业"。按照设想，应该由省政府认股 50%，以示提倡；其余 50% 的股份由合作社及联合社认购。但是，直到 1939 年，省府认购之股本，却只陆续拨足 214 万元，温江等县合作金库也只缴纳股金 4.6 万元，资金严重不足。为了弥补资金的严重不足。1939 年 7 月，四川省合作金库与中国农民银行约定，农行参加辅设工作，以提倡股方式认购剩余部分，凑足 1000 万资金。1941 年 7 月 20 日，省政府将股权转让与农民银行，抽回全部资金。合作金库之资本几乎都由中国农民银行提供。

县合作金库的资本，按章程规定，应由各合作社集股。但在初建时，合作社认股很少，多由辅导设置的机关先认提倡股。如前文所述，四川省内各县合作库的设立，受到中国农民银行、经济部农本局、中国银行、交通银行等金融机构的帮助。各县合作金库由于辅导设立的机构不同，其资本来源亦相应不同。由四川省合作金库辅导设立的达县、大竹等县之合作金库，其资本主要来源于四川省合作金库和中国农民银行；由农本局辅导设立的新都、德阳等县之合作金库，其资本主要来源于经济部农本局；由中国银行辅导设立的巫山、城口等县之合作金库，其资本主要来源于中国银行；由交通银行辅导设立的长宁、兴文等县合作金库，其资本主要来源于交通银行。根据 1939 年的省总库辅设的 67 个县库统计，共有资本 1390 万元，属于合作社及地方认股者共 67.8 万元，占总额的 4.9%；省总库认提倡股 680.2 万元，占 48.9%；农民银行认股 642 万元，占 46.2%，合作社及地方认股所占比重很小。①

1937～1940 年，四川省合作金库辅设各县合作金库呈现出一种蓬勃发展的趋势，但是到了 1942 年，四川省合作金库的发展却停滞不前。推其原因，主要有如下三点：1. 1941 年太平洋战争爆发以后，海上交通受阻，向内运送物资困难，此时，国民政府为谋求经济上的自给自足，因而对国内资金运用采取了较为紧缩的政策，所以农贷政策由扩大而变为紧缩。2. 物价高涨，各县合作金库的开支入不敷出，其他银行所辅导的各县合作金库，十有九亏，因此不愿意再继续辅导。3. 中央合作金库开始筹备，但又迟迟不能成立，中央无统筹的中枢机关来推进各县合作金库的发展，而各县合作金库的辅导行局又因中央合作金库已在筹备，观望不前。1942 年，实行银行专业化之后，合作贷款即由中国农民银行统筹办理，四川省政府为便于中国农民银行统一辅导各县合作金库的业务，便将四川省合作金库的提倡股 300 万元完全收回，该库随即结束，其业务遂全部移交中国农民银行办理。四川省合作金库遂成为中国农民银行独办的金融机构，因此，四川省合作金库所辅导设立的各县合作金库库也改由中国农民银行直接指挥，至此，四川省合作金库宣告停业②（图 1-59）。

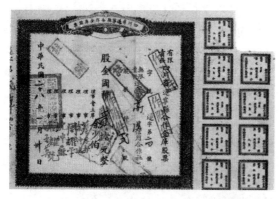

（a）1939 年四川省遂宁县合作金库股票　　（b）1940 年四川省忠县
　　　　　　　　　　　　　　　　　　　　　　合作金库股票

---

① 汪辉秀、朱艳林：《民国时期四川省合作金库史略》，《巴蜀史志》2005 年第 5 期。
② 冯航空：《四川省合作金库研究（1936—1942）》，西南大学硕士学位论文，2013 年。

（c）1942年四川省潼南县合作金库股票　　（d）1949年四川省忠县合
作金库股票

图1-59　四川合作金库股票

四、成都启明电灯股份有限公司股票

成都启明电灯股份有限公司是四川电力工业史上的第一家公用电力企业，亦是民族工业的先驱。它成立于1909年，是清朝工商部总共批准的410家企业之一，是成都当时唯一的一家电力公司享受25年垄断专利（清政府赋予）。创建人陈养天[①]，入选中国电力百年人物录，其履历如下：陈养天就读四川高等大学，贡生，后补通判，先后担任四川省特派日本考察员、四川官日报总编、四川官印刷局会办、四川巡按署秘书、财政部顾问、清史馆编修、甘肃财政厅长、甘肃银行总办、全国烟酒事物署署长等职。额定资本30万元，分成6万股，每股5元，实收开业资本6万元，后增至232 000余元。拥有锅炉3台、发电机2台。全年发电62余万度。1930年用户2900余户，电灯共6540余盏，全年收入电费128 000余元，盈利18 000余元。[②]

在现存成都市档案馆之《成都启明电灯公司档案》中，保存着陈养天等人宣统元年（1909年）"呈请集股创办成都电灯公司"之禀文。其文大略曰："川东候补知府孙建中、候选通判陈嘉爵、候选府经历（同知衔）舒绍芳、贡生舒兴渭、舒兴镇等，宅心国事，蒿目时艰，每痛商业式微，利权旁溢，提（倡）者既鲜成功，投资者多怀观望，举凡商务繁盛之区，种种需要，仰给外人，耗国民之脂膏。受彼族之挟制，爱国之士引为深忧，伏读近年谕旨，注意振兴实业，以为

①　一说是陈雍伯于1906年创办，陈雍伯与陈养天是父子关系。
②　杨立强、刘其奎：《简明中华民国史辞典》，河南人民出版社，1989年版，第156～157页。

富强之源……兴办成都电灯公司，先由职等认股十万，以为开办之用……计划一万盏，除劝业场外，合成都全城为止。一切公司章程，均遵商律办理……按川江轮船有限公司成案，专办二十五年。期内他人不得踵设与此同类公司，惟许本公司附设股，庶免竞争而两败。……每年如有红息，议以二十分之一报效国家。"①表明了创办公司的初衷。该股票存世极为稀有（图1-60）。

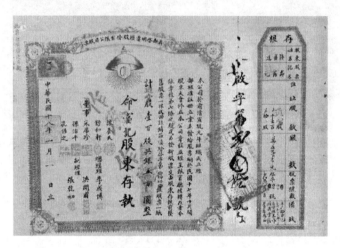

图1-60　民国18年成都启明电灯股份有限公司股票

第六节　四川的公债

公债作为一种财政范畴，其财政功能和作用主要是弥补财政赤字及筹措建设资金；由于具有有偿性和流通性，公债也是一种特殊的金融商品，具有强大的金融功能，如对于中央银行来说，公债是其实施货币政策的主要操作对象，公债市场是其贯彻实施货币政策的主要渠道和场所。对于金融机构来说，发达的公债市场是其实施流动性管理的一个基础。此外，公债还具有广泛的宏观调控功能，如政府通过发行公债，可以积聚社会闲散的资金，投入经济发展需要的地方去通过资金来源和使用方式的不同，可以促进投资和消费的相互转化等。以上都是对于公债的积极作用而言的，公债政策的制定和实施发行是需要一定的政治经济条件的，如稳定的政治环境、可靠的政府信用、灵活完善的金融体系等。公债政策发行泛滥，政治经济条件欠缺，其积极作用就难以发挥，反而会极大地阻碍经济的发展，扰乱金融秩序，给社会发展带来不利的后果。

---

① 成都市档案馆藏《成都启明电灯公司档案》111—1，"四川劝业道关于本（司）集股创办的批示、传单、禀文"。

四川素有"天府之国"之称，其物产之富，实为全国之冠，但在1935年前，其政治、财政情形之紊乱，亦非其他省所能比拟。近代四川省公债的发行自1920年始，至1941年结束，达18次，仅次于当时的福建省（22次），且公债发行的社会历史背景极其复杂，有着其自身的一些特点。

一、防区制时期（1920～1934年）的四川省公债

这段时期是四川省政治、经济和财政状况最为混乱的时期。驻川各军划定防区，就地筹饷，在擅征苛捐杂税、截留中央税款、滥发纸币之余，还发行了大量地方公债。四川省共发行公债12种18次，总额达7300万元。其中，1920～1921年发行公债3种680万元，1932～1934年发行公债9种6620万元。这些公债的发行，一方面助长了军阀间的混战，刺激了四川省金融行业的畸形繁荣；另一方面也阻碍了地方经济的发展，扼杀了产业资本，最终成为广大人民沉重的经济负担。

1. 民国9年（1920年）军事有奖公债

1917年8月，孙中山在广州召开非常国会，并成立中华民国护法军政府，讨伐北洋军阀段祺瑞。在西南，云南军阀唐继尧组织"靖国军"入川，在四川将领熊克武的支持下一举击败依附于段祺瑞的刘存厚。四川护法之役后，熊克武以四川靖国各军总司令的名义统摄全川军民两政。1918年9月，唐继尧在重庆召开川、黔、滇三军联合会议，名为商讨北伐方案，实则妄图征服全川，与熊克武的矛盾激化后，即组织了"倒熊"运动。熊克武则笼络川中军阀，积极备战，于1920年5月22日首先发难，向驻川的滇军、黔军发起进攻。但时值防区制已经确立，统一的省财政已经不存在，由于滇军、黔军占据着四川的富庶之区，熊克武筹措军费十分困难。无奈之下，他便令省财政厅发行"军事有奖公债"以济军需。此次公债原定发行额为200万元，分三期发行。第一期发行80万元，第二、第三两期各发行60万元，以本省国税及契、肉两税为担保，利率按年六厘，收期一年后，本息同付，并于公债正额内提扣百分之六作为奖金。所有第一期债票，于1920年6月发行，第二期债票于同年9月发行，第三期债票于同年10月发行。嗣因军饷不敷，续发100万元，作为四、五两期，每期各发50万元，均于1921年1月发行，使此次公债的发行总额达到300万元。1920年12月，第一期公债票开签给奖，其未中奖的债票，于1921年5月准予税款项下搭收八三成，本息并算。[①]

---

① 甘绩镛：《四川防区时代的财政税收》，《重庆文史资料选辑》第八辑，中国人民政治协商会议四川省重庆市委员会内部出版第56页。

1922 年 1 月，军事有奖公债奉令停收，自此以后搁置未理。由于防区制时期四川军阀战事不断，政局混乱，各军防区的范围和位置经常变动，且这一军阀也根本不会去理会上一军阀留下来的问题。因此，四川近代史上的第一次公债——"军事有奖公债"的募集额及偿本付息情况没有详细的材料可查。据万必轩的《地方公债》所载，本次公债"自发行之日起，一年后分别清偿收回，但仍结欠 30 万元，未偿清"①（图 1–61）。

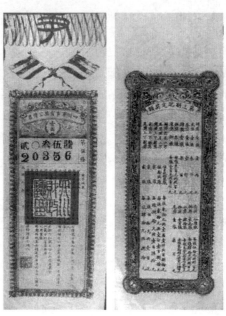

（a）民国 9 年四川军　　（b）民国 9 年四川军事有奖公债票
　　　事有奖公债票　　　　　　　　　"壹圆"
　　　　"壹圆"

图 1–61　四川军事有奖公债

2. 民国 10 年临时军事公债

1921 年 2 月，熊克武、刘湘等联合驱逐了反对四川自治的刘存厚。之后，以熊克武为核心的第一军与以刘湘为首的第二军为控制川政摩擦不断。时值直皖战争终止，虽然直系取得胜利，但是北方内部仍然不稳定。熊克武欲团结川军，并联合湘军出兵湖北，湘军直趋武汉，川军攻取宜昌奠定北伐的初基。刘湘则想借此削弱一军，便同意出兵援鄂，并自兼援鄂军总司令。

9 月，为筹集援鄂的军事费用，兼以统筹经费及整理财政，川军总司令兼省长刘湘召集各师旅将领及各师代表，在重庆开会并决定发行临时军事公债 300 万

---

① 万必轩：《地方公债》，大东书局，1948 年版，第 59 页。

元。本次公债以全川的烟酒税为偿还本息的基金，利率为年息八厘，于债额募足后，扣满一年，开始偿还，两年还清。①公债的募集方法规定，自包括总司令兼省长在内的各级官吏分别划等，分配全川各县，统限一月内如额筹解。

本次临时军事公债的各项债票，发交重庆及附近各县后，刘湘借援鄂之名消灭一军的阴谋即被识破，随后便爆发了一、二军之间的大战。二军战败丢失大部防区，刘湘辞职下野。临时军事公债因政变的发生而终止，详细的募集过程和偿还本息等情况也不得而知。②

3. 民国14年临时军费六厘公债

1925年8月，省财政厅行署奉川康督办署的训令，清理江巴两县的临时军费公债。因为在1923年巴县曾办理过六厘公债，所以此次公债仍名为临时军费六厘公债，发行额为80万元。需清理的原因是，1923年江巴两县举办六厘公债时，巴县知事兼公债局长吕心孚在离任时将办理公债的一切清册、收条、存根全部携去。各债户人等仅持有原领收据，而未领债票，计有四川东防督办但懋辛于1923年在重庆筹借房捐25万元，同年10月四川督理杨森在重庆募集公债50万元等，均准许各债权人持收据换取此种债票。此次清理，事前虽经指定以盐税作为本公债的担保，并限定以六个月为一期进行偿还，共分四期清偿，但之后却未能履行。

4. 民国15年四川教育公债票

民国前期，四川军阀混战连年，由此酿成兵匪交织为害，横征暴敛不已。工商凋敝，财源枯竭，金融紊乱，再加上灾荒频仍，瘟疫烟祸流行。在此种政治背景下，教育经费毫无保障。即便是十分有限的一点教育经费，也免不了遭受军阀和地方贪官污吏的盘剥和截留挪作军费。省城各学校教职员的薪水每月只能领到二三成，有时一两个月分文领取不到。在这种情势下，爆发了由四川省社会主义青年团和王右木领导的全川性革命运动——教育经费独立运动。

1920年9月1日，四川省教职员联合会集会。此次会议决议三条：1. 要求拨款解决开学一个月的经费；2. 清偿旧欠；3. 要求教育经费独立。之后，全体会员曾到四川省政府质问。1921年成都学生为争取教育经费独立而罢课。1922年3月1日，四川教职员联合会员召开紧急会议要求补发欠薪，迫使四川省长刘湘同意划拨全川肉税作为教育经费，并拟于1922年4月起实行，通令各军防区照办。然而在当时被各派军阀控制下的四川，刘湘的电令、四川省署的公文，仅是一张废纸而已。为稳定局势，收拾残局，尽快偿还各校历年欠薪，四川省政府训

---

① 甘绩镛：《四川防区时代的财政税收》，《重庆文史资料选辑》第八辑，第56页。
② 潘国旗、赵天鹏：《论防区制时期的四川省公债》，《民国档案》2011年第4期。

令四川省教育厅于 1925 年发行了第一期教育公债票。1926 年发行第二期。发行教育公债票，不过也是废纸一张，还是没有解决省立学校教职工的实际问题。在这种情势下，又引爆了四川省第二次争取教育经费独立运动。在强大的舆论压力、广泛的社会同情、师生的一致斗争下，四川省政府刘文辉、邓锡侯和田颂尧三人才联衔通电，请四川省各防区支出肉税，并表示接受教育经费独立条件。至此，教育经费独立运动取得实质性胜利，"教育公债票"也得到兑现。

四川教育公债票发行范围：民国 25 年以前，四川省政府对各地教育经费没有进行统筹，四川省教育厅经管的教育经费只负责省立学校的各项费用，各县教育局经管的教育经费只负责县教育局及中心区直辖学校的各项费用。该票是由四川省教育厅和专管教育经费的四川省教育经费收支处发行，以此推测该票发行范围只是省立各学校教职员工。

教育公债票伍圆券：该票为竖式，票面主色为粉红，四周边有边框，四角分别印有"教育公债"字样，票面上方印有"四川省教育经费收支处公债票"票名，票名下面依次横印"中华民国十五年发行""字第号"（此票上加盖有"调"和"01679"号流水号）和"第五条"字样 。票面中下方椭圆形花纹中印有"伍圆"面额，椭圆形两侧分别盖有"四川教育厅印"和"四川省教育经费收支处关印"篆书印章 。票面顶部印有花纹和半边隶书"收"字，左角盖有一枚方印作为骑缝章。票下部边框外有一排小字"成都聚昌印刷公司代印"字样；票背面有边框，框内印有绿色字"省教育经费收支处发行教育公债票细则：第一条，本处遵奉省署训令发行教育公债票偿还各校历年欠薪；第二条，各校欠薪由各校长庶务切实清理分年详造确实数目呈报省公署核准发行交本处核对清楚制定公债票额；第三条，各校长造具欠薪清册须取具各教职员印条粘贴成册呈报省署备案发行债票，即以印条清册为标准以昭核实；第四条，公债票兑现准备金专案另定；第五条，公债票为十元、五元、一元三种平均配搭，以五千元为一组，每组一字用千字文顺序编号，每次抽出一字兑现五千元；第六条，公债抽签收足五千元由本处于前三日具报，省署教育厅派员监视一面函知各校长到场监察，临时推举校长一人为抽签员以杜流弊；第七条，中签之票于三日内在指定银行或商号兑现收回票据由处截角呈缴教育厅毁销；第八条，此项债票准其转售兑现以债票为凭免滋纠纷；第九条，本细则自呈准省署教育厅后即日实行。附记：此券总数共为伍拾万元，分印拾元票叁拾万元，伍元票拾伍万元，壹元票伍万元，每字伍十元分配拾元票叁千元，伍元票壹千伍百元，壹元票伍百元。"

教育公债票"壹圆"券：该票为竖式，票面主色为浅黄色，四周也有边框，四角也分别印有"教育公债"字样，票面上方也印有"四川省教育经费收支处公债票"票名，票名下面依次横印"中华民国十五年发行""字第 号"（此票上加盖有"树 "和"07222"号流水号）和"第九条"字样。票面中下方椭圆形花纹中印有"壹圆"面额，椭圆两侧也分别盖有"四川省教育厅印"和"四川省教育经费收支处关印"篆书印章。票面顶部已剪裁破坏，但左右角盖有方印作为骑缝章还残留。票下部边框外也有一排小字"成都聚昌印刷公司代印"字样；票背面也有边框，框内印有浅棕色字"四川省教育经费收支处发行教育公债票细则"，内容与"伍圆"券一致（图1-62）。[①]

（a）民国15年四川省教育经费收支处公债票　　（b）民国15年四川省教育经费收支处公债
"壹圆"　　　　　　　　　　　　　　　票"伍圆"

图1-62　四川省教育经费收支处公债

5．民国21年整理重庆金融库券

1932年，四川全省税捐为2200万～2300万元，二十一军防区内的税捐收入即达1100万元（仅计重庆、万县两地），约占全省的1/2，但重庆、万县两地的收入情形比较复杂，即有淡、旺月之分。大约冬、春为淡月，夏、秋为旺月；旺月两地收入为40万～50万元，淡月则仅有20万～30万元。这就造成了财政收入的失衡，军费及行政费的支出没了保障，威胁到了二十一军的安全。为了调剂淡、旺月之间的收入差、平衡财政收支，二十一军财政处特发行整理重庆金融库券3期，共计750万元。第一期"整理重庆金融库券"于当年4月发行，券额为200万元，有一千元、五千元、一万元三种面额，月息一分二厘。由重庆、万县两地的税捐及禁烟项下的禁运罚金之收入每月拨出27万元作为基金担保。该年11月，第一期金融库券发行完毕并全数偿清后，于12月又继续发行了第二期300万元，债券种类有一千元、五千元两种，月息仍为一分二厘，重庆、万县两地税捐局全部收入项下月拨30万元作为基金担保，分十次偿清。1933年9月，第二期整理金融库券发行完毕，并全数偿付。此时，刘湘与刘文辉之间的大战正

醐，军费支绌。因此，该年 10 月仍发行第三期整理重庆金融库券 250 万元，月息八厘①，重庆、万县两地税捐局项下月拨 25 万元作为基金担保，每月偿还本息。但直至大战结束，第三期整理金融库券的本息都未能全数清偿。

6. 民国 21 年整理川东金融公债

就在整理重庆金融库券发行的同时，为整理债务及偿还旧债，二十一军又发行了两期"整理川东金融公债"。第一期整理川东金融公债于 1932 年 7 月开始发行，计 500 万元，以重庆地方附加税收入项下月拨 7 万元作为担保，月息四厘，发行面额有十元、一百元、五百元、一千元四种，分一百次偿还（每月一次）。同年 11 月，又发行了第二期整理川东金融公债 120 万元，月息四厘，债票有十元、一百元、五十元、五百元四种，以重庆地方附加税收入项下除去拨发第一期整理川东金融公债基金 7 万元所余收入，另拨 16 800 元作为偿还基金，分一百次偿付本息（每月一次）。这两期整理川东金融公债分别于 1940 年 10 月及 1941 年 2 月到期，但最终都没有全数偿还。

7. 民国 21 年盐税库券

盐税库券共发行 4 期，计面额 1550 万元，利率均为月息一分二厘。除第二期分 50 次清偿，发行债票有十元、五十元、一百元、五百元、一千元等五种外，其他三期均分十次偿付，发行种类有一千元、五千元两种。第一期于 1932 年 9 月发行 150 万元，以盐税正税项下每月提 17.5 万元作为担保基金。1933 年 6 月，第一期全数发行并偿付之后，即于 7 月继续发行第二期 500 万元，以川南和川东盐税票厘收入项下每月拨 14 万元作为担保。1934 年 1 月发行第三期债票 300 万元，以盐税收入项下每月拨 33.6 万元作为偿债基金，6 月，又追加发行第四期 600 万元。这 4 期盐税库券只有第一期全额募足，并全数付清，二、三、四期库券均未能募足，亦未还清。

8. 民国 21 年军需债券

为调节军需之不足，21 军于 1932 年 12 月发行军需债券 100 万元，债票计有十元、五十元、一百元、五百元、一千元等五种，月息八厘，以川东税捐总局税收项下提拨 20.8 万元作为基金担保。此次公债票按九八折实收，分 50 次偿付（每月一次），但至 1937 年 1 月期票到期时，由于实际税收不足并未全部还付。

9. 民国 22 年印花烟酒库券

该库券于 1933 年 6 月发行，定额 500 万元，有一百元、五百元、一千元等

---

① 中国银行重庆分行：《四川省之公债》，中国银行重庆分行，1934 年版，第 10～12 页。

三种债票，月息八厘，以烟酒、印花税收入项下提拨 14 万元作为担保基金，分 50 次偿付（每月一次）。本公债票于 1937 年 7 月到期，但实际并未偿付。

10. 民国 22 年军需短期库券

该库券系于 1933 年 11 月至 1934 年 1 月期间，每月月半、月底各发行 50 万元，计 6 期，共 300 万元，指定 1934 年应收粮税项下拨足 300 万元作为担保基金，月息一分，债票有一千元、五千元两种。原定于 1934 年 4 月及 10 月分两期平均摊还，但实际并未还清。

11. 民国 23 年年统税库券

该库券为二十一军于 1934 年 1 月发行，计 300 万元，月息 12%，以重庆、万县两地统税局收入按月提拨 5000 元作为担保基金，定于 1934 年 8 月起至 1935 年 7 月偿清，但实际拖延未还付。

12. 民国 23 年田赋公债

二十一军为调剂军需之不足，于 1934 年 3 月发行田赋公债 1500 万元，月息八厘，从戍区各县每年应纳粮税内提 210 万元作为偿还基金。公债票自发行起分十次偿付本息，每六个月一次，但至 1938 年 9 月到期时，并没有全数偿还（图 1-63）。

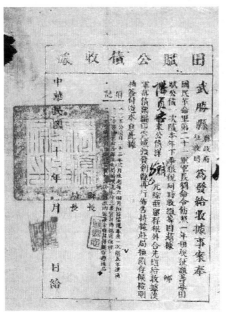

图 1-63　民国 22 年国民革命军第二十一军田
赋公债收据

13．民国23年"剿赤"公债

　　二十一军为筹集"围剿"红军军费，于 1934 年 6 月发行该项公债 1000 万元，月息 8 厘，指定以印花、烟酒、禁烟、盐税附加十分之一的"剿赤"捐为担保，定自 1935 年 1 月起至 1939 年 2 月还清，但实际未还清。[①]

二、川政统一后的四川省公债（1935～1941 年）

　　1935 年，防区制被打破，四川省实现了新的统一。正常的财政管理制度逐渐得到恢复，社会经济发展也开始复苏。但是，南京国民政府为加强对四川省的控制，一方面扶持四川省经济发展、整顿财政金融秩序；另一方面又加紧对四川省进行政治渗透，严密控制和监视党政组织的活动，并逐步将其推向"剿共"的前沿。为维持军政费用的庞大开支，国民政府曾在四川省一度实行国地税的联合预算，并通过发行公债补给财政之不足。抗战前夕，四川省的经济发展已被连年的军事行动推向了崩溃的边缘。抗战爆发后，随着东北、华北及东南沿海城市的沦陷，国民政府退至西北、西南边疆地区，四川省成为战时主要的战略后方，为发展地方经济，支持抗战需要，国民政府开始对四川省的财政管理体制进行比较认真的整顿，并发行公债募集款项需推进战时地方建设。这一时期的四川省公债发行，由于其政治背景的迥然不同，公债的用途及性质也发生了变化，其发挥的作用和社会影响也是不同的。

　　1935～1941 年，四川省曾发行各种公债 7 次，除 1938 年未发行公债外，几乎每年一次，且数额比较庞大。

1．整理四川金融公债

　　四川防区制时期，各军阀为筹集战争经费私设银行，滥发纸币且在防区间不能自由流通，导致金融极其紊乱，更为惊骇的是，银行金融机构均与军阀有牵连并随军事消长而消长。如 1933 年"二刘"大战后，刘文辉败退，裕通银行随之倒闭，宣布清理结束，全部存款只按二成兑换，由此就拖垮了有往来的信成、信义、志合、兴泰、隆泰、福庆、钧义、合益、颐丰登九家商号。[②]四川金融在川政统一之后始终没有得到及时的整理。1934 年 10 月，刘湘基本统一川政后即被蒋介石委为"四川'剿匪'总司令"，阻击长征过川的红军。刘湘在率领川军进攻红军的行动中屡遭惨败，财政极度枯竭。无奈之下便于 11 月 12 日由重庆启程到南京向蒋介石乞援。至此，四川财政的支绌已经到了崩溃的边缘，并危及统治。

　　① 潘国旗、赵天鹏：《论防区制时期的四川省公债》，《民国档案》2011 年第 4 期。
　　② 四川省文史研究馆：《四川军阀史料》（第五辑），四川人民出版社，1988 年版，第 118 页。

与南京方面协调后，四川省政府原定发行的整理四川省金融公债 12 000 万元，予以整理换偿旧债及整理地钞，定月息 4 厘，以盐税为担保，分各月偿清。在债票印发之先，予以登记，并发给临时收据作为兑换时的凭证。但是，本公债最终没有得到财政部的全额核准。国民政府财政部以川省金融紊乱，其所设地方银行未呈准中央核准而发钞票即达 3300 余万元之巨，又没有准备金由此导致的挤兑事件时有发生，申渝汇价也常受之影响为由准予发行整理四川金融公债 3000 万元。具体办法是，由中央银行在重庆设立分行，停止地方银行发行钞票，并经四川省府咨请财政部代向中央银行重庆分行商借 1500 万元用于整理地方钞票，指定川省税款按月拨 50 万元作为担保基金。发行国库重庆分库凭证，2640 万元交由中央银行重庆分行借款本息担保，其 2300 万元以外的地钞由四川省政府自行筹集准备金，并交中央银行重庆分行一并整理。财政部以中央银行承借此项整理地钞之款颇巨，恐中央银行负担繁重，支配为难，便由财政部部长孔祥熙提请中政会，由中央发行"整理四川省金融库券"3000 万元，用于整理四川金融以便"剿匪"的进行，自 1935 年 8 月 1 日发行，按照票面九八折发行，利率按月 5 厘，分 64 个月偿付。每月末偿还本息总数为 55 万元，息本虽减，至 1940 年 11 月 30 日本息全数偿清。以中央所设四川部分统税及印花、烟酒税月拨 55 万元作为担保基金，由财政部税务署按月照数拨交中央银行收入国债基金管理会管理。

本次整理四川金融库券最后乃由财政部代发 1935 年四川善后公债，所有整理四川金融库券所发的临时收据一律六折收回清结。[①]

2．民国 20 年四川省建设及换偿旧债公债

四川防区制时期，各驻军在防区内曾掀起一股修路热潮。1925～1934 年近 10 年间，筑路机构如雨后春笋般出现，委官任吏，抽捐加税，有的还视修路为"新政"而推广之。从 1923 年成灌公路正式修建，至 1933 年初成渝公路完工，各防区修筑的公路共 43 条，长 2775 公里，从而形成了四川近代公路的基本格局，此间通车的县市有 65 个，为 1935 年四川省行政区划 170 各县市局（包括西康在内）的 38.2%。然而这一时期所修筑的公路，由于各防区各自为政，很难形成统一的筹划和指挥，所以各公路标准不一致，多数公路工程质量低下，且缺乏维修而难以通行。对于铁路建设，四川省在战前仅有江北县一条十余公里的运煤轻便铁路——北川铁路。

1935 年，新的四川省政府成立后，省政府主席刘湘为改善本省交通落后的状况及发展生产事业，同时弥补 1936 年度预算收支之不足，于 1936 年 5 月呈请国民政府财政部发行四川省建设公债 4500 万元，年息 6 厘，以省田赋正税为担

---

① 赵天鹏：《民国时期四川省公债研究（1920–1941）》，杭州师范大学硕士学位论文，2011 年，第 49～50 页。

保，自 1936 年 7 月开始发行，分 15 年还清。经国民政府行政院核定，准予先行发售 3000 万元，以 1300 万元办理交通建设，其中铁路建设费 850 万元，公路建设费 450 万元；以 700 万元办理生产建设，其中合作金库 250 万元、植物油厂 25 万元、丝厂 50 万元、糖厂 175 万元、线厂 100 万元、卤盐厂 30 万元、□厂70 万元；其余 1000 万元用以弥补预算，清还借款；半年以后，再发行 1500 万元，以 500 万元增拨交通建设，500 万元作生产建设，其余 500 万元，弥补预算，交由财政部拟具条例及还本付息表，转送立法院审查核定，债名改为"建设及换偿旧债公债"，改自 1936 年 9 月发行。全部债票实际均系拨充建设事业经费及换偿四川省政府短期借款凭证（系由四川行营财政监理处代发）。截至 1943 年 6 月，尚负债额 2340 万元，由国民政府财政部接收换偿。[①]

3. 民国 26 年四川省贩灾公债

1935～1937 年，全国大部分地区出现不同程度的旱情，而四川中、东、北部旱情突出，特别是东部地区发生了数十年所未见之旱灾。1937 年，四川省旱情持续时间之长、受灾范围之大、灾情之严重为川省历史罕见。据统计，全省 111 个县市受灾，灾民达 3000 余万人。灾区草根树皮食尽，采挖白泥充饥的灾民不绝于路，死者填沟壑，生者四处逃荒。据记载，南江县两日饿死 2000 人，万源全县人口灾后骤减 1/3，纂江县人口原 50 万人，灾后减至 37 万人。《资中县志》载"丙子（1936 年）米贵如珠，迨丁丑（1937 年），市场断五谷，原野无瓜果，哀鸿遍野，嗷嗷待哺者不可胜数"。"饥民摘桑叶，采柏实，挖丝茅草根、灰苋菜根、面根藤、构树叶、水苋菜、鱼鳅串、蛇毒果、狗尾巴草籽，切碎捣绒，杂合糠粑饕餮，更有掘仙米（观音土）磨细作饼吃者……"沿途灾民弯腰弓背，蓬头垢面，直射视人，"悲哀乞讨，惨不忍睹"[②]。

1937 年的川省旱灾奇重，国民政府财政部在四川省政府的一再请求之下曾拨发公债 100 万元，用以赈济，但数额太少根本无济于救灾荒。随着灾情的不断扩大，所需灾款也甚巨。后由四川省政府呈请国民政府财政部准予发行"四川省贩灾公债" 1200 万元，定年息 6 厘，以省救灾准备金为担保，分 15 年还清，国民政府财政部经商讨，核定分两期发行，第一期发行 600 万元，并将其用途确定为移垦水利等工赈，于 1937 年 7 月发行。四川省政府依照核定用途，以面额 200 万元拨交省农田水利贷款委员会，办理农田水利贷款；以其余 400 万元面额，拨交省农村合作委员会及合作金库，分别贷放。截至 1943 年，尚负债额 450 万元，由国民政府财政部接收换偿，其第二期债票，后未发行。[③]

---

① 赵天鹏：《民国时期四川省公债研究（1920–1941）》，杭州师范大学硕士学位论文，2011 年，第 50～51 页。

② 赵春明：《世纪中国水旱灾害警示录》，黄河水利出版社，2002 年版，第 101～102 页。

③ 赵天鹏：《民国时期四川省公债研究（1920–1941）》，杭州师范大学硕士学位论文，2011 年，第 51～52 页。

4．民国26年四川"救国公债"

1937 年 8 月 17 日，国民政府电告全国拟发行公债，由于"爱国民众毁家纾难之热忱，自当加以鼓励"[①]，故定名为"救国公债"。对该公债的定性，宋子文说："纯为供给政府一般经费，与其他公债性质类似，皆在予个人以报国之机会共同建立强固国家之基础，抵抗侵略，免受敌袭犯。"[②]"当此国难极度严重关头，凡我国民，对于政府，希望尽其分内之职，殆为同一心理。"[③]同年 8 月 24 日，上海成立了救国公债劝募总会，由宋子文担任会长一职，副会长为陈立夫。总会下设江苏、南京、浙江、安徽、四川等 26 个分会，各省分会下设各县支会。是年 9 月 1 日，国民政府发行救国公债 5 亿元，均按照票面十足发行，票面有万元、千元、百元、五十元、十元和五元等六种，凡个人或团体以现金或有价物品缴充救国之用者，按照其缴数额以本公债给予之。本公债年息四厘，自民国 27 年起，每年 8 月底一次付给，分 30 年付清。

1937 年 9 月 18 日，四川救国公债分会在省政府大礼堂举行成立大会。刘湘任主任委员，刘航琛任副主任委员，委员由何北衡、胡文澜等 12 人担任。该会的任务是在三个月内，即在 12 月底募足 1700 万元上交财政部。为了统一部署起见，川分会制定四川救国公债办事大纲，规定"各县市设支会，以县长为主任委员，征收局长、地方财政委员长为副主任委员，并由主任委员遴聘地方正绅九人为委员"，同时对各个县市及各个行业实行分配计划。计划将全省 150 个县按富裕程度分为 14 等，每等级的摊额从 4000 元到 16 万元不等。

四川分会还对各个行业进行了细节规定。对租谷以新斗计，自一百石起为标准摊购，不及者自由认购；对房地产，无论在一处或数处，与用一个名字或数个名字登记，应合并算，以五千元为限，进行摊购；对银钱业及其他商业，"本省银行钱庄照实收资本百分之五，摊购公债"；至于其余公司、工厂、商店、娱乐场、饭店、旅馆、澡堂等，资本在一万元以上按千分之三，三万元以上按千分之六摊募之，五万元以上者摊购千分之十，不及者自由认购；对存款，也以五千元为限；还规定公务员或其他薪给人员，每月薪额实得一百元以上者，应以一月所得，承购公债；至于不在摊派公债之人民，应激发抗战救国之热忱，各尽其力，无论多寡，自由购买；对于特别殷实官绅，应由各地长官邀请尽量特别承购；各校学生，应由各校执事提倡募集；各界妇女，应由军政界妇女，提倡组织团体，劝导将各项金银饰物自由换购救国公债。其实这些条例不尽翔实，故又对公务员，实得薪额在一百元以下者，将原来自由认购改为"九十元以上者，应购四十元；八十元以上者，应购三十五元；七十元以上者，应购三十元；六十元

---

① 《中央日报》1937 年 8 月 17 日。

② 《新新新闻》1937 年 9 月 2 日。

③ 《新新新闻》1937 年 10 月 14 日。

以上者，应购二十元；五十元以上者，应购十元，并分四个月摊扣"。对于银行钱庄业以三千元为起点，进行摊购，并提高了摊派数额。如成都分会摊募八十万元，其中商会承担三十万元，房产业认购五十万元。由于资本在三千元以上者很少，故也有所调整，无论资本是多少，一律摊派。而对于商店、娱乐场、饭店、澡堂等业的摊购金额有所调整，"对商店，资本自三百元起，以百分之二累进摊募，不足者概个摊购；对于房产，五千元以上者，照省分会原定之千分之二……每十万摊购一万四千元。"四川分会实行了奖惩并用的原则，除了中央颁布的奖励法规外，另制定了各个县市劝募救国公债奖惩规则，将奖励分为五等，分别是升等、晋级、记大功、记功和嘉奖；与此同时也实行了惩处，如撤职、降级、记大过、记过和申斥五等。

此次认购救国公债中，四川分会将教育机关人员和公务员认购的数目划在各个县市摊派数额之外单独计算，并分别颁布了一系列的条令。1937 年 9 月 11 日，四川省教育厅颁布了" 各级学校教职员应认购救国公债一次……专科以上教职员，按月薪认购百分之五十，均照月薪实发数计，中小学教职员按月薪认购百分之三十；外籍教员不加强制，此项认购额得分一个月募足"；对"专科以上学生每自购或劝募至少十元，中学生自购或募讨，每人至少五元，小学生不作限制"。由于时间有限，募集的数目不变，后期的募集工作变得紧张起来，所以在 10 月 18 日四川省教育厅又发文规定：专科以上学校教职员按月薪实得数认购50%，中小学教职员按月薪实得在五十元以上者认购 30%，四十元以上者认购十元，三十元以上者认购五元，三十元以下者自由认购或照救国储金办法每月储金一元以上，以充足五元认购债一张。此公债分三个月来缴清。对于川中学生，大学生认购十元；各中等学校或职业学校学生认购五元；各小学学生由校长劝其自由储金购债，不拘多寡，储有成数，即由学校汇集，以团体名义向中央银行购债。与此同时，妇女在此次募集活动中的表现很显眼。"女界同胞约占全省人口至半数，同为国民，当仁不让，竭尽所能贡献国家……川省诸姑姊妹开明大义，公而忘私，爱国之心，当不后人，集腋成裘，众擎易举，取之既分，在个人本无大碍，合而为一，在国家收效甚宏。"[①]四川妇女救国公债劝募会于 1937 年 10 月25 成立，" 以劝导妇女将所有金银饰物器具及财币购买救国公债以尽妇女救国之责任为宗旨，设主席一人，副主席一人，设劝募队十队至二十队，队长一人，副队长两人"[②]。预期募足 100 万元，并公推刘主席夫人刘周书为主席，邓秘书长夫人邓胡智群、蒋所长夫人蒋蔡绍敏为副主席。各劝募小分队聘军政首长夫人及热心爱国女士担任队长。刘主席夫人当时即购债一万元，捐银八百元；邓秘书长夫人捐五百元……

---

① 四川省档案馆档案，全宗 60，案卷号 4。
② 四川省档案馆档案，全宗 60，案卷号 4。

　　四川救国公债劝募、发行的意义同全国一样，表现于在一定时间内和一定程度上筹集到一定经费，在抗战财政中发挥了一定的作用，支持了伟大的抗日战争。它在国民政府救国公债发行中的效果是显著的。诚如蒋介石在 1944 年对四川人民的贡献作出的评价："川省同胞，遵奉国家至上、军事第一之要旨，忠诚奋发，同心戮力，以收动员人力财力之功……输将慷慨，缴纳必先，丁壮从戎，踊跃恐后。推而至于增产、运输、募债、现金等一功有关抗战之工作，莫不有优良之表现。"①

　　不过，就全国来看，救国公债拟发行额为 5 亿元，实际发行额则为 2.225 亿元，从总体而言是失败的。其主要原因：一方面是抗战公债发行的客观环境很差，物价上涨，人民生活水平下降，无力购买公债；另一面，抗战时期国民政府为取得较好的募债成绩，虽然在主观上做了一些努力，但由于国民政府工作人员的畏难情绪，公债在民间的推行断断续续；而每遇到困难时，便转而向银行等金融机构求助，同时还发生一些勒令摊派现象，以致国民政府宣布于 1937 年 12 月底终止劝募。在四川，强行勒派、中饱私囊的事情也多有发生。由于推行上的强制性、摊派上的不公平性及政策的不稳定性，使得这次发行匆匆结束②（图 1-64）。

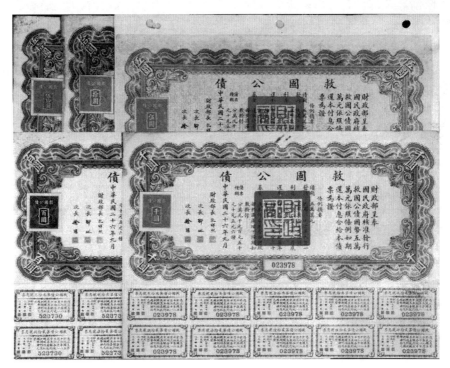

图 1-64　民国 26 年救国公债"伍圆、拾圆、伍拾圆、百圆、千圆"各一枚

---

① 转见周开庆：《四川与对日抗战》，台湾"商务印书馆"，1971 年版，第 267 页。
② 汪小琴：《1937 年四川"救国公债"发行初探》，《文史杂志》2007 年 06 期。

5. 民国 28 年四川省建设公债

四川省政府为发展交通及生产事业，并偿还旧债，曾发行 1936 年建设公债 4500 万元，经行政院核准先发 3000 万元，余额 1500 万元，曾请续发未准；至 1939 年再申请，经奉核准分两期平均发行，乃于是年 9 月发行本公债 750 万元，年息仍为 6 厘，并仍以田赋正税为担保，至 1954 年 6 月偿清。其用途分配，原拟以 200 万元办理交通建设，以 300 万元办理生产建设，以其余 250 万元，弥补预算之不足；但实际系由该省按照票面五五折作抵，由省银行转向四行抵押借款 4 125 000 元，用以弥补三十年度预算之不足，故财政部仍责成川省在省库结余内，自行清偿，未接收换偿。[①]

6. 民国 29 年四川省兴业公债

四川省政府为兴办各项经济建设事业，需款甚巨，时兼任四川省政府主席的蒋介石，提出发行兴业公债，给各项经济事业建设提供资金支持。后经国民政府立法院审核通过并发行，计面额 4000 万元，年息 6 厘，以省营业税为担保，分 15 年偿清。全部债票，由四川省政府以面额 2900 万元，依五五折向省银行抵押借款，并由该行向四行转抵押借款 1595 万元，拨作公路局事业费 100 万元，地政局土地清丈费 260 万元，公教合作社购米费 100 万元，增设无线电台 242 049 元，公立矿化企业社投资 20 万元，内江糖厂 2 万元，川黔铁路 180 万元，矿业公司股本 200 万元，基本机械工厂 250 万元，工业试验所 160 万元，无线电制造厂 60 万元，万县水电厂资本 30 万元，整理成都至青城电话线 118 471 元，涪江柳林滩航道工程 17 万元，煤矿投资 50 万元，公立药厂股本 5 万元，偿还公路借款 70 万元，公立医院 35 万元，合计 15 750 520 元。尚余债票 1100 万元，亦向省银行抵押借款 700 万元，拨作兴业公司股本，因本公债全部用于抵押，财政部未予换偿，由该省自行清结。[②]

7. 民国 29 年四川省建设公债

四川省政府以所请发行 1936 年建设公债之余额 1500 万元，奉准分两期平均发行，第一期 750 万元，已于 1939 年发行；其余 750 万元，拟于 1940 年发行，其利率、基金担保、用途等项，均与 1939 年建设相同，自 1940 年 10 月发行，实际亦由四川省政府交四川省银行转向四行抵押借款，用以补充 1949 年度预算之不足，其借款亦由省政府在省库结余款内清偿。[③]

---

① 赵天鹏：《民国时期四川省公债研究（1920—1941）》，杭州师范大学硕士论文，2011 年，第 52 页。
② 赵天鹏：《民国时期四川省公债研究（1920—1941）》，杭州师范大学硕士论文，2011 年，第 52 页。
③ 赵天鹏：《民国时期四川省公债研究（1920—1941）》，杭州师范大学硕士论文，2011 年，第 52 页。

8. 民国29年四川"节约建国储蓄券"

"节约建国储蓄券"是中国近代货币发行史上由政府推出的准货币，它产生于民国政府财政收支极大悬殊、举债度日和中华民族浴血抗战这一特定的历史背景下。1937年，抗日战争开始后，国民政府及直属各大金融机构，先后移驻重庆。国民政府开支浩繁，币制混乱，法币发行额量逐年增加，票额面越发越大，造成货币的急剧贬值和物价的不断飞涨。截至1940年年底，整个财政赤字的百分之八十，都靠发行钞票来弥补。

民国29年，民国政府为维持政局稳定，颁布了《节约建国储蓄条例》。财政部以吸收游资、调节金融、充裕抗战资金的名义，委托中央信托局、中国银行、交通银行三家直属金融机构联合发行"节约建国储蓄券"，并通过邮政储金汇业局在全国所属一千多个地方邮局，具体办理推行发放手续。四川省政府亦根据当时"全国节约储金运动委员会""劝储委员会"等机构的设置情况，组建相应机构，具体负责宣传说明，广发文告，号召全省民众强化抗战意识，厉行节约，开展储蓄，以改善国民经济，积极支援抗日战争。

同年9月，国民政府行政院副院长孔祥熙致电四川省政府秘书长贺国光，要提前推进"节约建国储蓄券"发放。根据这一电令要求，四川省政府组建了"四川省节约建国储蓄团"（以下简称"省储蓄团"），团长由省主席张群兼任，同期在全川区域内扩大开展工作。各市、县先后成立分支团，按"省储蓄团"的统一安排布署，宣传动员当地团体、民众认储该券。

10月，由贺国光签署下发的"省储蓄团"信字第76号函明确称，奉蒋介石电令，四川全省确定推行"节约建国储蓄券"总额为两千五百万元（法币单位）。具体由该团与有关机关商洽办法，详细分配数额下达至全川各地。为发动全川各界民众依限储足，该函还重申"节约建国储蓄券"在川发行，有别于向人民摊派捐税，并列举欧美各国，无论战时和平时均发行巨额储蓄券，收益显著，于国于民有利的情形。

11月，为在全川各地扩大推行"节约建国储蓄券"，依照中央限定的数额储足下达给四川的指标，"省储蓄团"团长张群与"邮政储金汇业局"（以下简称"邮局"）局长刘攻芸订立《合同》，其主要内容如下。

（1）"邮局"委托"省储蓄团"在全川各市、县区域内代售该券。

（2）"省储蓄团"代售该券，不负代兑之责，其代售券种类、面额数量及领取退换等不受限制，"邮局"方面应尽量给予办事上之便利。

（3）双方就有关代售该券的程序、填注手续、交接时间等细节问题作了具体规定。各市县分支团代售该券所需之各种单据、表册及宣传品，均向当地"邮局"领取。

（4）"省储蓄团"代售该券，由"邮局"每月月终按发放券额实收数的千分之五拘结，作为补助开支（自9月起，该券发放的全部数额均作为"省储蓄团"一方的代售数额）。

（5）"邮局"视察员或当地"邮局长"随时得向各地分支团索阅该券发放账目，核算券款是否相符，并将查核报告送"省储蓄团"，双方即根据账目反映的情况互相核算。如有不按照规定办理或舞弊者，要追究并报四川省政府责令照数赔偿，依法论罪。

以上《合同》全部内容共十三条（本文从略），另附有双方商定的详细《办事细则》二十三款（从略）。该券在四川各地发行期间，主要是根据由"省储蓄团"与"邮局"双方签订的以上《合同》条款细则，具体实施办理发放业务的。

《节约建国储蓄券说明书》明列："节约建国储券"分甲、乙两种，券额分为"伍圆""拾圆""伍拾圆""壹佰圆""伍佰圆""壹千圆"和"壹万圆"额七类（四川所发"宣传提纲"无"壹万圆"额，实为六类）。甲种按照面额储蓄领购，期满后另给付红利，兑付表由财政部定之。乙种储蓄券于储款领购时预计利息，期满按照面额兑付，购额表由财政部定之。甲种为记名，不得转让赠予。乙种不记名，可自由转让赠予。甲种可在半年后兑付部分或全部，部分兑付为伍圆或拾圆的倍数。乙种要到期方可全额兑付。储蓄券之兑付由原发行局负责。甲种券存满六个月给周息六厘，满一年给周息七厘，自第二年起周息给七厘五。第五年年终加给红利每元五分，每十元加给红利每元一角，如过十年不再计算利息。乙种券为一年周息七厘，二年周息七厘半，三至五年周息八厘，五年以上周息八厘半。发行局办理储蓄券的资产、负债之会计，独立处理，不得与其他资金混营，每半年向财政部报表一次。储蓄券投资之资产作为支付保证准备，政府担保本息安全，储蓄券的资金运用同建国储金条例之规定（图1-65）。

尽管文告宣传该券直接由政府担保，到期可向全国各地邮局申请兑付，利息由原定的八厘提高到而后的一分二厘，但民众对该券存有害怕蒙受损失心理，仍有推行不畅现象。有关档案资料记载：四川推行该券之初，多数市、县致电省府争先认储，也有个别县推诿无钱可储。此况为省方所不准，严厉指责其县绅士不明大义，该县支团长领导无方，应予以申斥撤办。明示要求民众务须体念时局艰难，共喻斯义，各尽其力。实则不准违延该券的推发，强制该券在四川各地依限遵办。①

（a）民国33年"节约建国储蓄券""伍圆"（盖乐山）　　（b）民国29年"节约建国储蓄券""拾圆"

①　魏永康：《"节约建国储蓄券"在四川及自贡地区推行发放记实》，《中国钱币》1992年第1期。

（c）民国 32 年"节约建国储蓄券""伍拾圆"
（盖奉节）

（d）民国 33 年"节约建国储蓄券""壹佰
圆"（盖叙永）

（e）民国 32 年"节约建国储蓄券""伍佰圆"
（盖开县）

（f）民国 30 年"节约建国储蓄券""壹仟圆"

图 1-65　"节约建国储蓄券"

9. 民国 30 年四川省整理债务公债

四川省财政厅长甘绩墉，以省政府自 1935 年 2 月改组成立，至 1938 年 5 月前任厅长刘航琛交卸时止。除公债券外，负债达 4000 余万元。他曾遵令组织清理债务委员会，负责整理。经整理结果，除中中农三行及重庆市各银行透支或押借 4100 余万元，其中除紧急债务，由省政府以现金偿还 500 余万元，并将其余各债，商减速息金 100 余万元外，尚负 3500 余万元。于 1939 年 4 月发行本公债 3500 万元，予以清理，年息 6 厘，以重庆市营业税为担保，分 13 年偿清。原定于 1940 年 1 月发行，但因与各债权人往返磋商，延至 1940 年 12 月。始由国民政府核准公布，改自 1941 年 1 月发行，并以省田赋年拨 400 万元为偿还基金，以昭确实。其后因债票赶印不及，以预约券先行换偿旧欠，依照债权人及截欠本息数填给，故预约券面额大小不一，与临时收据无异，共计发出预约券总额 26 230 014 元，由财政部接收换。[1]

---

① 赵天鹏：《民国时期四川省公债研究（1920—1941）》，杭州师范大学硕士学位论文，2011 年，第 53 页。

第七节　四川的钱票

一、各市县发行的铜圆票及其他票据

清代后期四川就有钱票的发行。

1914 年 2 月 28 日，四川民政厅长下令各县查禁官私银钱行号私印私发纸币，已印好的纸币全数呈文销毁。石印局、印书馆等承印纸币，应呈报该官厅，由其转呈财政部核准，再交五道观察使、军事警察厅转令所属，严行查禁。当时四川省内 38 个县，已报财政部入案的官私银钱行号共计 167 家，资本总额 8 427 805 元。

1916 年，四川护国军兴，反对袁世凯称帝，四川的社会经济动荡，省政府财政极度困难，各地军阀开始铸造大额铜币，更使四川经济近于崩溃，一时间，各行业纷纷发行一些代用币券，在川内各地行用。成都的一些钱币爱好者收集了很多当时的代用币，易念仲、李亮发表了《试谈四川地方代用币》（参见《苏州钱币》1995 年总第 11 期）一文，文中披露了 130 多种金属代用币。如："帅鸿春·欠钱十文"，'中纱帽衔·欠钱十文"，"饮食行业·四门内外·暂欠二十"，"大邑通用·乐普局·城内·当十"，"绵竹通用·暂抵十文"，"崇商通用·抵欠十文"，"富顺商会·代十文"，"蒙顺南会·代十文"，"蒙阳市场·抵十"，"竹市·欠十文"，"唐市·欠二十文"，"宜华茶楼·欠钱二十义"，"德昌铁厂·欠钱拾文"，"荣禄轩·欠钱二十文"，"自流井李·兴记·和顺"，"全兴长·玉泉茶社·借用十文"，"恩市欠十"，"德城暂行·信用二十"，"蒲·抵十"，"夹江县商会·五文"，"安乐缎帮·暂欠二十"，"大北街·太和翔记·欠钱二十文"，"本铺找补·暂作十文·信"，"河谷·欠十文"，"繁江·栈二十文"，"永川·拾文"等，这些钱币均为金属铸造，作为代用币在市场上流通。

1918～1927 年，四川因军队众多，社会动荡，物价上涨。当时各商号、茶铺多发行注有数目的铜、铁、锡、铅、竹、木、纸片充作辅币。1935 年，四川各县政府和商会由于地方辅币不足多发行角票与铜圆券。1935 年 11 月后，省政府下令禁止。1939 午，因奸商囤积铜圆，硬币缺乏，四川省政府一方面制定《救济辅币缺乏办法》，一方面下令严禁各县发行辅币券。1948 年后，金圆券崩溃，四川物价飞涨，各私立银钱行号，大发本票，财政部下令成立中央银行成都分行，取缔私人发行本票流通，制定了《取缔空头票据》等六条办法。6 月，四川省政府下令各县查禁商业行庄滥发本票。1949 年，国民党政权即将崩溃，金融混乱，四川在 1～2 月，不断下令各地绝对禁止发行地方券或辅币券，但成效不大。4 月，中央银行重庆分行统一发行本票，下令其他行庄所发行的本票一律收回。

1. 成都

据北洋政府农商部的统计，民国 4 年，成都钱业发行纸币 16 000 元。1920～1924 年，重庆商会发行铜元票。1922 年，成都市面小额纸币缺乏，找零不便，各茶铺用长约 1 寸的木牌，上书不同面额，作为辅币之用。1923 年，四川内战，刘成勋发行成都官银号银元票。由于市面不用，钱店多数停业。商会为了维持市面兑换，组织了公济钱庄，呈准发行面额为壹百文、贰百文、伍百文、贰仟文、伍仟文的铜元纸币，但流通不足 1 个月，就发现伪钞，不久停用（图 1-66）。

（a）民国成都公济钱庄"伍百文"

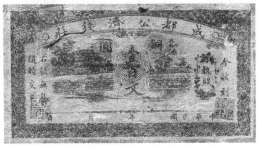

（b）民国成都公济钱庄铜元"贰百文""壹百文"

图 1-66 民国成都公济钱庄铜元

1924 年，成都市市政府公所发行当十文铜圆 1 枚、当二十文铜圆 1 枚，当制钱十文等纸币。1927 年 5 月，成都银行业发达，多任意发行纸币，政府不加干涉，甚至一些商号、盐店、字号也发行纸币，称为"执照"，各种各样，其基金与发行额多少，无人过问。当时成都有裕通银行，发行壹圆、伍圆、拾圆面额的纸币约 15 万元，上面加盖有成都、自流井、崇庆、叙府等地名。1927 年 12 月 13 日，成都报纸载：乾丰荣商号执照用的是簸箕街公厕的门牌号码，天源号执照用的是书院西街的门牌号码，一时间成都纸币大乱。民国时期，成益银行、中和银行、榕通银行、仁和银行等也发行纸币，恒裕银号发行流通存票，鼎裕聚钱庄发行钱票。1928 年 3 月 15 日，成都市政公告，奉 24 军、28 军、29 军三军之命，限全市商号于 7 天内收回所发铜圆执照。5 月，成都市公所、四川财政厅、省会警察厅联合公告，准成都信诚等 54 家银号、钱庄发行的执照暂时行使，对于所有未入银钱帮会的商号所发行的执照一律严禁。1929 年，成都市政府公益经理处发行面额为 50 钏、200 钏的铜圆票。1931 年，裕丰字号发行"壹圆""伍圆""拾圆""贰拾圆"纸币。恒裕银号也发行 5 元的存票。鸿蔚亨字号发行 5 元的纸币。1932 年，德和银号发行纸币，其中有"伍角"券。1935 年，成都新川银行发行的纸币发生挤兑（图 1-67）。

（a）民国 21 年德和银号"伍角"

（b）成都恒裕银号存票"伍圆"

（c）民国 20 年成都裕丰字号"拾圆"

（d）民国 20 年成都裕丰字号"贰拾圆"

图 1-67　成都各银行银号票据

2. 重庆

1920 年，重庆商会发行铜圆票。重庆聚兴诚银行及稍大的钱庄，发行 5 元、10 元、20 元、30 元等面额的本票，每家多至数十万元不等，可随时兑现，商民乐用。1924 年 9 月至 1926 年 9 月，重庆市面小钱缺乏，物价上涨，市政公所上报省长公署批准，印发当十文、二十文、五十文 3 种铜圆票，实发 15 万串，于 1926 年兑回时，价值已大跌。1928 年 10 月，21 军为调剂银荒，由重庆总商会发行信托券 40 万两，券面分 500 两、1000 两两种，1 个月后收。1930～1934 年，重庆平民银行发行面额为 1 角、2 角、5 角，1 元、2 元、5 元的银圆票。该行原为张子黎于 1928 年创办，资本 10 万元，初时发行面额 5 角的儿童礼券，流通市面。1931 年，重庆惠通商业银号的市票停止发行。重庆建业银行曾发行纸币，为银圆券。1934 年 8 月，重庆市民银行改组为重庆银行，资本 20 万元，发行纸币的面额有1角、2角、5角和1元、5元、10元6种。1938年，重庆银钱业以旧历年关正送此期，现金枯竭，决定仍用旧额发行代现券600万元，利率为4.5％。1949年6月15日，西南长官公署以滥发本票，违法营业为名，勒令重庆同心、重庆商业、福华、聚丰、永成、大夏、益民、民丰、同丰、怡丰等10家行庄停业。五通桥合作社发行银圆辅币券，凑足10角即可兑现川版银元1枚，在市上流通。重庆江北的兵工厂内部使用的职工福利券，因能十足兑现，在该地市面作货币流通。金圆券发行后，市面辅币缺乏，有将2000元法币改为金圆券1元使用者，有用牛皮纸书写金圆1角盖章使用者，有以竹筹烙印后作辅币使用者，也有用旧铜圆作为辅币使用者。市长杨森请求由重庆市银行发行银圆辅币券，面额为1角、2角、5角。

3. 南江

1934年，县商会发行了铜圆票，农贷经理处发行布钞。1935年，县财务委员会发行面额为壹仟文、贰仟文的钱票3万串，但流通不畅。民国年间，南江县政府曾发行铜圆流通券，面额为"壹仟文"、"伍仟文"两种。县商会会还发行过布质的通用券，有面额1串的（图1-68）。

（a）民国初期南江县政府铜圆流通券"壹仟文"　　　（b）民国初期南江县政府铜圆流通券"伍仟文"

图1-68　南江县政府铜圆流通券

4. 彭水

1935年，彭水市商会团法币大钞太多，小票缺乏，由商会发行面额为1000文、500文的钱票2000元。民国年间，江口镇孙长顺发行市用钱票面额为1串。

5. 黔江

1935 年，因中央军进入该地，一时间辅币缺乏，县财政科发行纸币 1000 张，面额 1 角，以该县土纸造成，委托县内商号兑现。1949 年，县银行发行金圆辅币券，面额为金圆 1 角、2 角、5 角，总额在 5 万元以上。

6. 青川

1935 年，青川白水市场缺乏辅币，商号瑞兴永遂发行油布帖，面额分 1 吊、2 吊两种，在白水、天隍两地流通，不到两年发现伪造，该号收回。1949 年，县银行想发行面额为 5 分和 1 角的辅币，但未果。

7. 宣汉

清末民初时，宣汉城内的恒兴当铺发行钱票，1 张面额 1 钏，民国初期当铺关门。1924 年，县商会也仿照恒兴发行了钱票，但流通不畅。1930 年，县商会又发行当二百文铜圆 50 枚和 100 枚的铜圆券，不久作废。1934 年 8 月，刘湘的大军来到。10 月，县政府请准刘湘发行铜圆券，面额 1 串的 10 万张，只印发了 99 900 串。1935 年年初，又发行了面额 1 串、2 串的铜圆券 15 万串，用 10 万串收回旧票，加发 5 万串，1935 年年底时收回了 89 743 串。1936 年又一次收回，还有 28 123 串没有收回。1934 年 10 月，唐式遵的第五路"剿赤"总指挥部来到了宣汉南坝，下令商会发行了当二百铜圆 5 枚，也就是面额为 1000 文的票子 10 万串。1934 年，宣汉的洋烈场协商会也发行了面额为 1000 文、2000 文的铜圆券。七里镇发行当二百的铜圆券 2000 张。此外东林、上峡也有发行。

图 1-69　民国 22 年珙县绍清源布质钱票"拾仟文"

8. 珙县

1933 年，绍清源发行油布帖，"凭票兑市钱拾仟文正"（图 1-69）。

9. 忠县

1949 年，四川省银行忠县办事处以无现金为由，发行面额为 1 元、2 元、5 元的定额本票。当时一些镇长也印发本票。如乌阳镇发行金圆 2 角、5 角券，印刷极差，票名为发票，竖版。

10. 长寿

1941 年 1 月 1 日，长寿县银行开业，资本 10 万元，发行 1 角、2 角、5 角的辅币。1943 年 9 月 16 日，长寿县决定设立农村经济合作社，为方便零星找零，发行 1 角、5 角两种辅币券 3 万元，在县内流通，3 个月后收回。

11. 开江

1933 年年底时，因军队云集开江"剿赤"，县财政科发行了面额当二百文铜圆 10 枚的铜圆券 1.8 万张，50 枚的 1800 张。1934 年 8 月，县政府委托利厚生发行了当二百文铜圆 10 枚的铜圆券 10 万张。11 月，县财政料又发行了当二百文 20 枚的铜圆券 15 万张。后这些钱票有 11 046 串没有收回。1934 年 9 月，开江县政府以军队"剿赤"需款。发行面额为当二十铜圆 10 枚和 50 枚的铜圆券各 1 万元，1800 文合银元 1 元，由县内巨商利厚生负责发行兑换。

12. 梁山

据北洋政府农商部的统计，该县民国 2 年钱业发行纸币 8230 元。据民国初年日本同文会调查，当地发行钱票的钱铺有天道生、恒通号、德兴号、源丰号、丰益号、同福银、文心堂、时兴号、厚记号。1934 年 3 月，梁山（今梁平）农村银行发行纸币 20 万元，专供该县购办"剿赤"军米，在市场上流通。1935 年，该县华泰商号因发行过多而倒闭，由此引发裕民等发行纸币的商号也发生挤兑。1 月 17 日，该县政府下令严禁滥发辅币。

13. 彭山

1922~1924 年，彭山县商会铸造了一批锡钱计 4000 串，1924 年 5 月时又铸造了 100 串，流通市面。

14. 资中

据北洋政府农商部的统计，该县民国元年至民国 2 年钱业发行纸币均为 5000 元。1923 年 1 月，因田颂尧、赖心辉两部驻在资中，滥发石印票，商会又发行面额为 1 串及 500 文的铜圆券，流通市面。1943 年 1 月，资中县银行开业，资本 50 万元。1948 年 12 月，该行发行临时找补券，面额 1 元。

15. 乐至

1923 年，该县纸币充斥，县城使用那些交通要道的村镇制造的锡钱、镔铁钱以为辅币，后因滥发无度，县商会用石印钱票 2 万余串将之收回。

16. 遂宁

1924 年 9 月，遂宁各大商铺只要向县知事备案，就可以发行锡钱，以为找补之用，面额有当十文、二十文的，凑足 100 文可向发行铺户兑现。

17. 南川

1926 年 2 月至 1927 年 9 月，该县铜圆缺乏，由商会印发面额为 10 文、15 文、20 文、50 文的钱票，总额 10 000 串在县内流通。1927 年 9 月，该县将之收回。

18. 懋功

1915 年，四川懋功裕华矿务公司发行过三类银圆券（图 1-70）。

（a）民国4年裕华矿务公司兑换券"伍圆"

（b）民国4年裕华矿务公司票存通
用银圆兑换券"伍圆""拾圆"

图1-70　裕华矿务公司兑换券

19. 通江

1934年9月，通江县军政机关，趁红军一度收缩阵地，决定在县内鸣盟、得盛、涪阳各设平民银行一处，并印制面额1000文的蓝色油布钞10万张发行。

20. 开县

1934年12月，开县县政府因该县接近根据地，所需粮钱甚多，遂决定发行铜圆券50 000串，由财政科负责，为不兑现纸币。

21. 雷波

1934~1935年，雷波县内铜圆缺乏，各机构大发铜圆票。其中四川垦殖公司发行面额为5串、10串共3万串左右，黄琅镇公所发行2万串，县商会发行6000串。8月，该县发生民变、县长破驱逐后，善后维持会发行5400串，县团防为防红军又发行3万串。1935年后，因发现伪券而收回。

22. 彭县

据北洋政府农商部的统计，该县民国元年钱业发行纸币为2400元。1935年1月时，该县彭益银行开业，基金约2万元，发行1角至5角纸币，在县内流通。

23. 江安

1935年1月，因大钞充斥，江安县财政科发行地方辅币5角券1种，在全城流通使用，数量为5000元，一时间该县物价大涨。

24. 大竹

1935年1月，大竹因市面大钞充斥，县商会发行5角找补券1万张，2角找补券2万张，用以找补。1935年4月14日，该县收回了地方临时调剂券。当时该县农民银行也发行纸币。

25. 达县

1919年，县商会会长创办了一家叫信义的钱庄，并设立了一个文粹印刷社，发行了面额为百文、千文两种钱票。

　　1932 年，刘存厚在县城设立了一家汉通银行，印刷了面额为 1 元、5 元、10 元的纸币 30 万元，但未及发行就被红军政占了县城，纸币作废。1933 年年初，徐向前率领红四方面军进入川北，建立川陕革命根据地。1933 年 3 月，川陕边防督办刘存厚受蒋介石之命，在达县一带防堵红军，因军饷不足，而发行了达县借垫券，该券正面印有"川陕边防督办署临时军费"的字样，实质上是一种军用票。计有 3 种面额，发行额为 60 万元，分两期发行，第一期 245 万元，第二期 36 万元。正面左侧有督办"刘存厚印"。这两版纸币，均印有"达县"地名，且图案甚是接近。同年 10 月，刘部被红军击溃，几被全歼。11 月，刘存厚被蒋介石免去军职，从此退出军界，隐居简阳桂思山庄。其所发之借垫券亦随刘之下野而无人过问、无从收回，最终沦为废纸（图 1-71）。

（a）民国 23 年川陕边防督办署临时军费借垫券"壹圆"

（b）民国 22 年川陕边防督办署临时军费借垫券"伍圆"

图 1-71　川陕边防督办署临时军费借垫券

　　1933 年年底，红军离开了达县，县内铜圆一时紧张，县财政科、县团务委员会也印发了面额为 1 串、2 串、3 串的钱票 36 万串。一些乡镇也开始照此办理，一时货币大乱。1933～1935 年，达县财政科和团务委员会发行钱票数分别为 601 652 串和 799 089 串，1936 年 1 月收回销毁。1934 年，该县发行团粮钱票。年底时，盘石乡的国民党军队发行过面额为 1000 文、2000 文、3000 文、5000 文的钱票。1935 年，该地有面额为 1000 文、5000 文的钱票流通。1000 文称 1 钏。4 月 11 日，该县钱票发生风潮。

26. 灌县

1932 年后，该县石羊镇有周勉之钱庄，资本约 6000 元，发行"暂存单"，在县城和各场镇通行。

1949 年 5 月，该县一家燃料公司发行面额为 5 分、10 分、20 分的银圆辅币，十足兑现，商民乐用。

27. 武胜

1949 年，武胜县公教人员原每月发给公粮若干，4 月、5 月改发抵粮券，只抵粮，不能买其他实物，价值低下。

28. 邛崃

1949 午 8 月，县银行滥发米票 10 万石，不能兑现，商民大哗。

29. 新繁

1926～1927 年，新繁镇南衔煦永和绸布店由政府批准发行铜圆和银圆票，面额有 1 吊、10 吊，5 角、1 元。当时该县 1 枚银币合铜圆 14～15 吊，1 吊合制钱 1000 文。

30. 广汉

清末至 1932 年，该县服城镇钱庄达 61 户，其中祥和、中和、信和三家开具"红飞""墨票"，在镇内当现金使用。据北洋政府农商部的统计，该县民国元年（1912 年）钱业发行纸币 6000 元。1935 年，该地通行公泰字号发行的无息存票，县商且发行制钱票，有 1000 文、2000 文、3000 文 3 种，在县内流通。1938 年.广汉和新都共同发行纸币，面额分半元、1 元、2 元、5 元 4 种，称为执照，由公台字号发行，在两县内流通。

31. 简阳

1917 年年底，川军云集简阳，市面现金缺乏，县商会为此发行面额为 1 串、300 文、500 文的 3 种钱票，1919 年 2 月收回。1923 年 9 月，该县因遭兵灾，县知事下令石桥镇商会发行 100 文、200 文、500 文的铜圆票，在全县通行。后地方收支所会同县城商会组成银票兑换所，刊印皮纸钱券。简阳县钱券面额有 100 文、200 文、500 文 3 种。1924 年，又因军队云集，再次印制 25 000 串，共发行 25 000 串。1927 年 10 月后收回。但因该县硬币缺少，商民以锡铅、镔铁制造椭圆形的面书"欠钱十文"小钱，后又用竹片、木片制造辅币，这些均被县政府下令收回。

32. 绵阳

据北洋政府农商部的统计，该县民国元年钱业发行货币 5260 元。1928 年至1930 年 6 月，第二十九军在绵阳设立龙绵银行，资本 12 万元，于 1930 年结束。

33. 乐山

据北洋政府农商部的统计，该县民国元年和民国 2 年钱业发行纸币 8500 元和 8800 元。1949 年 7 月，乐山县商会及各乡、保都自发银圆辅币券。

34. 峨眉

1949 年 7 月，峨眉县银行自发银圆辅币券。

35. 西昌

20 世纪 30 年代，西昌的奴隶主给奴隶的工资是一种用竹或木条制成的签子，奴隶可以用之购买一切用品。

36. 宁远

20 世纪 30 年代，宁远的奴隶主给奴隶的工资是一种用竹或木条制成的签子，奴隶可以用之购买一切用品。

37. 巫溪

1935 年 1 月，因市面大钞太多，县商会发行 5 角及 1 元券，券面注明作补购物用，不能兑现，交由各商店发行，日后也由各店收回。

38. 万县

据北洋政府农商部的统计，该县民国元年和民国 2 年钱业发行纸币 5000 元和 3000 元。1927 年，该县成立"长江银行"，资本 80 余万元，发行"长江银行兑换券"。总行设于万县，并在重庆、宜昌、沙市三地设办事处。该行之性质纯属二十军之军用银行，主要以代二十军在川东防区内收纳军米捐税，兼营普通银行业务，但营业状况不佳。同年 12 月，杨森发动"下川东之战"，旋被刘湘击败，杨在下川东防地尽失，其驻地万县亦于 1929 年 1 月为刘湘部队所攻占，长江银行也随之结束。长江银行存世不足一年，为时短促。1930 年，王陵基驻防此地并任万县市长，集资 16 万元成立万县"市民银行"，发行面额为 1 元、5 元、10 元钞票 100 万元，铜圆辅币券 100 万串。1934 年，因经营不善而停业，纸币后由商会等借款于 1935 年 7 月 8 日兑现。抗日战争时，军统局局长戴笠密报万县兵工署私印代用券，后被查禁（图 1-72）。

（a）民国 16 年长江银行兑换券"壹圆"

（b）民国19年万县市市民银行无息存票"伍圆""拾圆"样票

图1-72　万县市市民银行无息存票

39. 綦江

民国年间，县商会发行过钱票。

40. 泸县

清末民初时，该地有乾昌永、大河行泉府通、东门内乾利享、太福和、天太祥、源通钱庄小河街裕兴永发行钱票。据北洋政府农商部的统计，该县民国元年和民国2年钱业发行纸币13 000元和8500元，民国4年发行纸币2500元。1915年，该县公益钱庄发行钱票，由知县下令通行，不久倒闭。1923年，赖心辉等人组织讨贼军与北军混战，失败后在泸县发行"四川讨贼军第一军总司令部辅助券"，面额"壹角"，计2万元。1925年2月，该县衣锦镇团务发行临时钱票，面额为200文、500文和1000文，1000文为1钏，共发行了12 000钏。1931年，裕通银号发行银圆票（图1-73）。

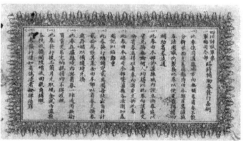

图1-73　民国12年四川讨贼军第一军总司令部辅助券"壹角"

41. 荥经

1935年，通行雅属税捐局发行面额为2角、5角的流通券。

42. 汉源

1935年，通行雅属税捐局发行面额为2角、5角的流通券。另外本地有面额50文的钱票。商会发行5000文的钱票。

43. 阆中

1935年，该地通行谦益公司发行角票。

44. 宝兴

1935 年，有面额 100 文、200 文的钱票流通。

45. 遂宁

1924 年，该地有面额 10 文、20 文的锡钱流通。1948 年 11 月，遂宁县商会印发小额欠票流通市面。

46. 潼南

1924 年，该地流通面额 10 文、50 文的钱票。

47. 合川

据北洋政府农商部的统计，该县民国元年和民国 2 年钱业发行纸币 12 600 元和 13 600 元，民国 4 年发行纸币 4650 元。1924 年，该地流通面额为 10 文、50 文的钱票。

48. 江津

1914 年，该地流通面额为 10 文、50 文的钱票。1925 年该县九龙场发行代制钱钱票 10 文券，共发行了 4 万张。1926 年七星镇永安场发行代制钱 10 文券。

49. 永川

1924 年，该地流通面额为 10 文、50 文的钱票。1926 年，该县钱票大盛，县商会发行存"规定各商行使"字样的钱票，面额为 10 文、20 文，亚光石印所发行钱票 10 文，大安场发行商业钱票 20 文，九龙场团练办事处发行钱票 10 文，马银场有通用兑换钱票 10 文，茶条店有通用钱票 10 文、20 文。陈贪新场裕丰泰药房发行 20 文的钱票，协盛昌有 20 文的钱票。1948 年 12 月，该县双凤乡唐竞成私发币券，票面为 1 角、2 角，计值金圆券 1000 余元。1949 年，该地乡长用乡公所的名义印发辅币代用券。

50. 彭明

1948 年，县商会印发流通券在市面流通。

51. 广元

1948 年，该地以邮票代辅币流通。

52. 雅定

1935 年，该地有面额为 100 文、200 文的钱票流通。

53. 芦山

1935 年，该地有面额为 100 文、200 文的钱票流通。

54. 石柱

据北洋政府农商部的统计，该县钱业民国元年和民国 2 年发行纸币 16 000 元和 22 000 元。1935 年，该地同济公司发行铜圆券。1949 年，该县银行发行本票流通，面额为 1 角、2 角和 1 元，共计 3 万元。

55. 崇庆

1935 年，当地通行宝通钱庄、庆康字号发行的银元票，此外义利钱店发行铜圆票。

56. 金堂

1935 年，该县通行雅属税捐总局发行角票，成都经义字号发行银圆票。

57. 三台

1930 年 10 月，第二十九军在该地成立了四川西北银行，资本总额 20 万元，发行了 30 万～40 万元的纸币，在阆中、南部等县有分行。红军进入该地后，四川西北银行随着田颂尧部的失败而失败。

58. 雅安

据北洋政府农商部的统计，该地钱业民国元年发行纸币 3200 元。据民国初年日本同文会调查，当地发行钱票的钱铺有天并同、鸿恩祥、积玉和、聚昌庆、安贞古、聚成福、文永兴、开泰号、郭恒兴、荣华号、乾顺祥、周恒发、槐庆号。1921 年，川边镇守使陈遐龄在西康发行藏洋纸币共达 30 万元，合大洋 12 万元，商民不乐使用，不得不收回。1934 年 4 月，第二十四军退至该地。因军费支细，发行面额为 1 元、2 角、5 角的流通券各 1 万元，在该地流通。1935 年该地商会发行角票，面额分 1 角、2 角两种，达 4 万元之多，后被勒令收回。

（a）隆昌县南街义亨昌凭票发钱"壹千文"

（b）1925 年四川隆昌商华川隆质"伍拾文"会票

图 1-74　民国时期四川隆昌钱票

59. 甘孜

四川甘孜的大金寺曾发行纸币在寺内及附近地区流通。大金寺全名为扎西大金寺，发行的纸币即可在寺内流通，也可以在寺外流通。纸币为木板刻印，纸币分为 1 元券和半元券两种，发行制度十分完备，10 元可换 4 斤茶。

60. 江北

据北洋政府农商部的统计，该县钱业民国元年发行纸币 3800 元。1938 年，该县发行粮税抵借券，面额有 1 元的。

61. 隆昌

民国初年，该县义亨昌发行面额为 1000 文的钱票。1925 年，该县华川隆质发行 50 文、100 文的钱票。1926 年县商会发行"找补券"有面额为 50 文的，其背面"找补券条例"有"全县各种钱票一律收清，以后交易补找为艰，议由商会发行找补券当贰拾文、当伍拾文两种共钱贰万钏，行使市面"。表明此举是为取代"滥钱票充塞"而发行的，有统一全县票券流通之功效①（图1-74）。

62. 巴县

据北洋政府农商部的统计，该县钱业民国元年时发行纸币 123 450 元。1926 年，该县石板场第五区第五队发行面额为 50 文的找补券。

63. 双流

民国年间，县教育局发行现款券，有面额为 1 元的。

64. 德阳

报北洋政府农商部的统计，该地民国元年钱业发行纸币 11 200 元。

65. 南充

据北洋政府农商部的统计，该地民国元年和民国 2 年钱业发行纸币 2000 元和 2500 元。

66. 内江

据北洋政府农商部的统计，该地民国元年和民国 2 年钱业发行纸币 8600 元和 87 620 元，民国 4 年发行 5130 元。

67. 荣昌

民国年间，安富镇商会发行钱票，有面额为 50 文的。1926 年，该县仁义镇民团发行了仁义镇周转钱票，面额 10 文，有两种

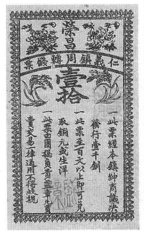

图 1-75 荣昌仁义镇周转钱票

版别，一种发行了 1000 钏，一种发行了 2000 钏。临江场发行周转钱票，有两种，共 600 钏，由团正负责发行（图 1-75）。

68. 涪陵

图 1-76 民国 37 年涪陵县金圆辅币临时找补票
"贰角"

1928 年，因现金日少，该地第二十军下令县商会发行临时兑换券，面额 1 元，背面有文字："此券谨奉二十军军长杨（森）命令，因涪陵现金缺乏，周转困难，饬商会召集商号制发壹圆券以便流通。此券票额以叁万张为限，避免浮烂滥。此券由十四家商号

---

① 陈晓荣：《民国时期的商会票概论》，《中国钱币》2009 年第 4 期。

认制，自行联号签字盖章，由商会查核注册，加盖检验图记，以示保证。"这是
军阀借商会媒介向各商会摊垫军费的一种手段。[1]1948 年 12 月，该县又发行涪陵
县金圆辅币临时找补券，面额有"壹角""贰角"两种，以该县收入为准备发行
（图 1–76）。

69. 资阳

据北洋政府农商部的统计，该地民国元年钱业发行纸币 7400 元。

70. 绵竹

据北洋政府农商部的统计，该地民国 2 年钱业发行纸币 10 200 元。

71. 江油

据北洋政府农商部的统计，该地民国元年和民国 2 年钱业发行纸币为 3000
元和 4000 元。

72. 荣县

据北洋政府农商部的统计，该地民国 2 年钱业发行纸币为 2350 元。

73. 威远

据北洋政府农商部的统计，该地民国元年和民国 2 年钱业发行纸币为 1840
元和 1280 元，民国 4 年时发行了 1290 元。

74. 古蔺

据北洋政府农商部的统计，民国元年和民国 2 年钱业发行纸币为 1400 元和
700 元。

75. 剑阁

据北洋政府农商部的统计，该地民国 2 年钱业发行纸币 800 元。

76. 南溪

光绪二十年（1894 年）时，该县钱店发行过面额为 1000 文的钱票。

77. 酉阳

清末时，该县濯河坝烟房发行面额为 1000 文的钱票，有光绪二十九年
（1903 年）、光绪三十年（1904 年）、光绪三十一年（1905 年）版。据民国初年
日本同文会调查，当地发行钱票的商号甚多，有百余家。发行钱票面额从 1 吊至
3 吊数种。1936 年，由于该地辅币太少，各商店滥发角票达数万元。

78. 叙府

宣统元年（1909 年），该地福星荣号发行过面额为 1000 文的钱票。

79. 自流井

宣统二年（1910 年），西秦公所富厂发行面额为 1000 文的钱票。民国 6 年
富厂萃丰乾计也发行 1000 文的钱票，民国 7 年又有寓厂钱票，面额 1000 文。

---

① 陈晓荣：《民国时期的商会票概论》，《中国钱币》2009 年第 4 期。

80. 自贡

1918 年，该县商会发行面额 1000 文的钱票。

81. 叙永

据民国初年日本同文会调查，当地发行钱票的商号为开泰荣钱庄、吴达发烟庄、金长发杂货店、岳长发杂货店、悦丰福杂货店、懊椿荣盐店、泰顺隆布府、审泰藩钱庄、易德发杂货店、天福玄布店、雷洪春杂货店、吉和镇盐店、许占辉布店、鸿春号布店。1935 年 6 月 7 日，叙水商会发行铜圆券。

82. 绥定

1935 午 1 月 16 日，绥定发行铜圆辅币券。

83. 丹棱

1935 午 6 月 11 日，丹棱发行钱票。

84. 南部

1935 年 7 月 17 日，南部发行钱票。

85. 龙潭

1936 年 11 月，龙潭由于辅币少，各商店滥发角票达数万元。

86. 宜宾

据北洋政府农商部的统计，该县钱业民国元年时发行纸币38 100 元。民国初年，该地为叙州府。据日本同文会调查，当地发行钱票的店铺为叙商公记、兴顺和、聚成和、谦益源、万发号、泰源祥、五福公、复权永、谢衡益、正昌样、水盛号、鼎记、德厚长、永庆样、仑益源、周洪顺、福昌公、廖荣兴、发顺长、马福春、财盛公、洪发财、廖广顺、周供昌、天佑恒、杨洪发、列荣升、锡炳享、裕昌新、李治策、德顺样、万兴源、孙福恒、源盛公、广丰荣、张兴盛、蒲玉泰、莫万发、三兴荣、黄永胜、艾永发。1928 年，该县发行执票，第二十四军以追收历年欠粮为由，竟以 1933 年的欠粮抵借发行。

87. 渠县

1923 年，县团务局发行了面额为 100 文、200 文、500 文和 1000 文的临时纸币。1936 年 3 月，县政府财务委员会发行了抵粮券，面额为银圆 1 角、2 角、5 角和 1 元，共印了 101 926 张，1937 年收回了 100 901 张。

88. 巴中

1934 年，红军离开巴中后，县治安维持会决定发行面额 1 元和 5 角的纸币 5 万元。

89. 奉节

据民国初年日本同文会调查，当地发行钱票的有 40 余家，其中永泰源广货铺、廷发永山货铺、保泰银行、福春钱铺信用较好，发行量较大各在 1 万～2 万吊。其他发行钱铺有福春、王万福、同福泰、福裕会、福昌隆、同福祥、亿成永、义盛祥、永合、陈祥盛、牟双发、福新顺。①

二、重庆地方金融机构票据

1. 重庆官银号铜元票

民国 12 年 10 月省军攻入重庆后，在发行重庆官银号兑换券的同时，还出了当 20 文、10 文和 100 文的铜圆票 12 万串。彼时为维持银圆兑换券和铜圆票的信用，曾按日将铜元局所出的铜圆提五千串作兑现之用。12 月省军失败退离重庆时，官银号兑换券虽然不能行使，但上项铜圆票由于市面上小面额铜币稀少，小商贸以铜圆票找补颇便，市上仍可流通使用②（图 1-77）。

图 1-77　民国 12 年重庆官银号铜圆票"当值拾铜圆贰枚"

2. 重庆官钱局铜元票

民国 12 年，黔军袁祖铭部以援川军名义进驻重庆时，霸占重庆铜元局，大肆滥铸大面额劣质铜圆外，还在市内设置重庆官钱局大量印制 200 文、500 文和 1000 文三种面额的铜圆票以充军需并强迫市场行使。该项铜圆票发行之初，也曾规定以铜元局所铸铜圆作为兑换，时间稍久，兑换每每误期，票信渐失。且该项铜圆票亦从未公布过发行数字。民国 15 年 5 月，袁祖铭黔军在刘湘、杨森两部联合夹击下，被驱逐出川，该项铜圆票流在市场上 300 万串之多，无人理会，等同废纸。③

3. 重庆市政公所兑换券

民国 13 年 10 月，重庆流通的铜圆多系当 100 文和当 200 文者，市上零售商品常因小钱缺乏尾数找补不易，不得不以物品迁就价格，由是物价越来越高。重庆市政公所为了方便市民，仿照成都市政公所成例，发行当"拾文、贰拾文和伍拾文"三种面额的小钱票（图 1-78），并呈报当时四川省长邓锡侯批难。是项钱票最先发行数为 5 万串。同时在市政公所内设置钱票经理处，办理发行与收兑事项。

---

① 戴建兵：《中国钱票》，中华书局，2001 年版，第 291～303 页。
② 重庆金融编写组：《重庆金融（上）》，重庆出版社，1991 年版，第 54 页。
③ 重庆金融编写组：《重庆金融（上）》，重庆出版社，1991 年版，第 54～55 页。

　　重庆市政公所是项小钱票先后共发行了 15 万串，其间曾陆续收回 93 386 串零 500 文。民国 15 年，重庆市政公所由重庆商埠督办公署接办，并于同年 7 月起，继续回收了钱票 15 913 串，留在市上流通的只有 4 万余串。但是项小钱票印制欠精，极易仿造。在回收过程中就不断发现伪票，重庆商埠督办公署乃决定限于 9 月 27～29 日三天内全部收清，过期不再收兑。最后又回收了钱票 51 475 串，其中一部分为伪票。[①]

（a）民国 13 年重庆市政公所兑换券"当制钱拾文"

（b）民国 13 年重庆市政公所兑换券"当制钱伍拾文"

图 1-78　重庆市政公所兑换券"当制钱"

4. 重庆川康平民商业银行

　　川康平民商业银行，原为川康殖业银行。1930 年 9 月设立于重庆，至 1937 年 9 月，它兼并了重庆平民银行、四川商业银行，改称川康平民商业银行，简称川康银行。川康银行崛起以后，和聚兴诚、美丰、川盐三家银行并列，号称为"重庆四大行"。

　　重庆平民银行，创立于民国 17 年 7 月，总经理为张子黎。当时资本万元，旨在融通资金，便利市民。重庆平民银行成立时即称"关于大都市平民生活之黑暗，益唯天职之未尽，又查国事之日弱、由于平民生计之日蹙，更知国事未必，政府尚不暇及此，而平民自身方面求生不暇，焉有余力以求自助助人，长此以

---

①　重庆金融编写组:《重庆金融（上）》，重庆出版社，1991 年版，第 55 页。

往，岂仅老弱之专于□壑而已哉。□同志，决议牺牲往昔之优美生活，而为启发平民自助之企图，毅然决然，誓以全力为之后盾，不避艰险，不为暴力，闲苦在所不辞，牺牲更所不计，务必达到目的而后已。"虽有夸大溢美之成分，但从中我们可以很清楚地看到，重庆平民银行成立的初衷正如其名，真正是为了百姓的日常生活。特别是在国内动荡的年代，其民生取向可见一斑，因而"初成立时，颇获社会人士之欢迎"。

川康殖业银行由卢作孚、何北衡、刘航琛、周季梅等发起。于 1930 年在重庆成立。川康殖业银行成立的时候，重庆的金融业还处于比较混乱的地步，政局不稳，城市和农村的经济都比较衰落，商业也较为低迷。重庆金融业一般交易多以划条支付，与发达地区的金融业尚有较大差距。在这种情况下"刘航琛氏，以负责地方财政之故，筹谋安定金融之计，乃联合何北衡、卢作孚、周季梅诸氏，发起组织川康殖业银行，宗旨在于调剂金融，扶助川康生产事业，资本 400 万元，收足 1/4，开始营业"。但事实上，在这 100 万元的资本之中，有 85 万元是刘航琛利用二十一军财政处处长的职权，临时向盐帮预借 3 个月盐税期票贴现、调拨禁烟特税及挪用购买枪弹的军款筹集起来抵充的。刘航琛后来回忆他创办川康殖业银行时说道："当时四川有四家银行，皆小适用于我们运用。中国银行是中央的银行，不能转为地方使用。聚兴诚与中和银行，虽系民营，然身负重创，不堪肩负开创局面之任务。美丰银行既为美商所营，自不论矣。我决心自办银行，川康银行就是我们刻意经营下成长起来的。"

四川商业银行是由汤子敬、甘典夔、唐棣之、范绍增、刘航琛、夏仲实、汤壶峤等发起，1931 年 6 月开业，资本 60 万元。初由唐棣之任董事长，汤子敬任总经理。而后总经理为罗震川，协理为戴矩礼。四川商业银行在资本数额上比较小，仅在年增值至万元，以发展川渝的商业为宗旨，而在具体的业务中"着重在申渝两地进行申汇投机和多头公债等活动"。

1937 年，"七七事变"爆发后，全国的政治呈现出极大的不稳定性，政治上的波动随即带来金融上的动荡。重庆作为长江上游的中心城市，金融市场顿时呈现出强烈的波动状态。公债危机首当其冲，"重庆公债暴跌，刘湘发行的四川善后公债由 85 折降至 65 折，四川建设公债由 75 折再打 6 折，统一公债由 85 折降至 69 折"。当时的重庆银行业中，尤其是以握存四川善后公债和四川建设公债最多，如若困难不能得到迅速圆满的解决，则可能殃及整个银行业。对于此种情况，重庆市银钱业召集临时联席会议，潘昌猷、康心如、康心之等金融界实力派人物纷纷出席，财政厅厅长刘航琛希望各界人士尽力维持公债价格，维持国家信用。并且组织了以刘航琛为首的重庆市公债买卖临时委员会，对战时特殊环境下的买卖公债实行监督管理。但上述措施并未迅速改善四川善后公债和四川建设公债的跌势，重庆市面上的两种公债一路狂跌，以致市面上人心浮动，投机充斥其间。

原本三家银行对公债的依赖程度就较大，尤其是川康殖业银行和四川商业银行，最害怕的就是公债危机。而如此猛烈且持续时间如此之长的危机更是将之置于死地。正因为如此，在这次危机中，三家银行均遭到重创，特别是川康殖业银行和四川商业银行。川康殖业银行虽然遭受重创，但是其底子很厚，再加上刘航琛东拉西扯，尚且可以勉强维持。四川商业银行遭受的打击则更甚于川康殖业银行。在这次风潮中，四川商业银行自身投资的公债和在上海赌的多头公债均因行情吃亏，短期之内难以脱手，而这时其正在修筑打铜街新行址，资金周转遇到了极大的困难，头寸一直难以轧平。重庆平民银行的资金运作较为灵活，虽然也受到影响，但因其投资公债有限和新近增资扩充，受到的影响相对较小。但由于其本身资力尚浅，在如此险恶的环境中独自生存下去也有相当的困难。如若重庆的金融危机迟迟得不到解除，则很可能将牵一发而动全身，殃及全市的银行等金融机构。在这种情况下，趁三家银行均有困难求助于他之际，一直就想执四川金融界牛耳的刘航琛便开始谋划三行的合并。

在一切准备妥当之后，三家银行于 1937 年 9 月 21 日在重庆合并成立川康平民商业银行。"所有上述三行总分支行处，债券债务自开业之起完全由敝行接收办理，除备文呈报财政部及本地官厅，并在三行总分支地登报公告。"由此可见，三家银行至此实现了真正意义上的合并。川康平民商业银行综合了三家银行原有之名字，突出体现是三家银行合并组建而成，而非资力大者强行兼并而成①（图 1–79）。

（a）民国 19 年四川川　（b）民国 23 年重庆平民银行儿童储金礼券　　（c）民国 27 年四川商
　　康殖业银行无息存票　　　　　　　"伍角"　　　　　　　　　　　　业银行定期存单
　　重庆银圆"壹元"

①　辜雅：《川康平民商业银行研究》（1937—1945），西南大学硕士学位论文，2014 年。

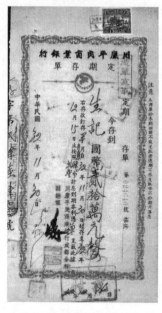 

（d）民国 32 年川康平民商业　　　（e）民国 28 年川康平民商业银行礼券
　　银行定期存单

（f）民国 32 年川康平民商业银行礼券　　　　（g）民国 34 年川康平民商业
　　　　　　　　　　　　　　　　　　　　　　　　银行本票

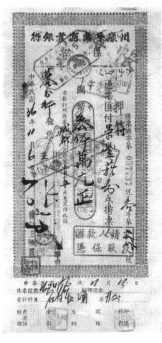  

（h）民国 36 年川康平民商业银行汇票　　　　　（i）民国 37 年川康平民商业
银行支票

图 1-79　川康平民商业银行票据

5. 重庆川盐银行

重庆川盐银行是当时四川著名的三大商业银行之一，是为扶助四川省盐业于
1930 年 9 月 1 日成立。由盐商集资并向盐业公会借入部分资本，由盐商集资 32
万元，合盐业公会借资 4 万元，共为 36 万元，作为原始股本。民国 25 年增资为
200 万元。初名盐业银行，开业不到一年因亏损严重停业。1932 年 6 月复业时更
名为重庆川盐银行，总行设重庆，分支行设上海、汉口、宜昌、昆明及省内成
都、自流井、泸县等城市。1937 年刘航琛任董事长后，遂为四川军阀、官僚所
控制。抗战前业务以川江盐运业为对象，对盐商发放贷款，对盐船低利贷款，还
举办川江盐运保险，出资整修盐运航道。抗战期间，四川盐务为四大家族所垄
断，业务遂转向买卖金银、债券、货物和房地产。抗战后，以大量外汇投入利济
轮船公司，终因经营不善于新中国成立前夕宣告破产。新中国成立后由政府代管
审查，以产抵债，清理停业（图 1-80）。

  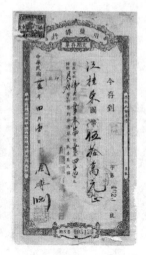 

（a）民国 32 年川盐银行比期存款存据　　（b）民国 35 年川盐银行　　（c）民国 38 年
　　　　　　　　　　　　　　　　　　　　　定期存单　　　　　　川盐银行支票

图 1-80　重庆川盐银行票据

6．和成银行

　　和成银行是"川帮"商业银行之一。1934 年 5 月吴晋航邀约川康军政官吏 10 余人创立和成钱庄，为股份有限公司。1938 年 1 月，和成钱庄改组为和成银行。和成银行改组成立时实行总行制，1947 年改总行制为总管理处制。该行改行总管理处制后，其内部设置有总经理秘书室、稽核室、经济研究室、业务部、储信部，当时该行辖有分行 10 家、支行 1 家、办事处 13 家，分布于重庆、武汉、广州、南京、昆明、宜昌、成都、万县、南充、泸县、西昌、长沙、贵阳、乐山、宜宾、合川、广元、北碚、会理、雅安、遂宁等处。重庆解放后，该行于 1952 年参加公私合营（图 1-81）。

图 1-81　民国 37 年
和成银行贵阳支行
本票

7．重庆四大钱庄

1）同生福钱庄——重庆最早钱庄

　　同生福钱庄建于 1896 年，由江西抚州人汤子敬在陕西街创办，这也是重庆最早的钱庄。同时，同生福钱庄还率先将商业和金融资本相结合，生意越做越大。10 年时间，汤子敬已在重庆拥有了源远长钱庄、正大昌钱庄、德大永钱庄、正大永钱庄、聚福厚布店、德大合布店、裕生厚布店、大昌祥盐号、聚福长山货号、协太厚米丹粉作坊及永美厚银行，成为重庆市银钱业和纱帮中鼎鼎有名的"汤百万"。1917 年，汤子敬以日货换国货的方式，创利40 多万元，逐渐成为重庆商界泰斗，资本积累占重庆总额的 1/3，继而大量投资房产，被人们称为"汤半城"。然而后来，他由于人地生疏、放款项太多，渐入困境，连连亏损。1937 年，抗战爆发，国民政府法币大幅贬值时，同生福只剩下 1 万元资金。1939 年，汤子敬不得不将同生福钱庄转让（图 1–82）。

图 1–82　民国 6 年同生福钱庄"壹百文"

2）信通钱庄——首涉证券交易

信通钱庄是 1924 年由信和钱庄老板王汝舟和参与集资的卢仲良等 12 人共同创办的，选址在下半城曹家巷 52 号，也就是如今的重庆饭店附近。跨入证券交易界，是信通钱庄的一大特点。当时，重庆已是西南地区最大的商埠和金融中心，刘湘控制了川东各地，为筹措日益浩繁的军政费用，除增加赋税、强行借垫外，还发行了地方债券 10 余种，因此，重庆证券交易所应运而生，交易所的各种买卖都要通过经纪人来完成，当时有正规牌号的经纪体 50 家，信通钱庄编号第八。作为钱庄，这在当时的经营思想中是很前卫的，也极具挑战性。

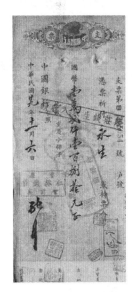

1942 年，信通钱庄正式成立股份有限公司。抗日战争胜利时，该钱庄已拥有折合银圆 670 元的存款。1947 年，其集资在陕西街余家巷口修建了"信通钱庄大厦"，然而修建过程中却遇火灾，房屋、财产及文书账册等毁于一旦。从此，信通元气大伤，之后虽然换了地方勉强营业一段时间，但最终还是于 1950 年宣告停业。

3）永生钱庄——创贸易部先河

1939 年开创的永生钱庄也选址在陕西路，位于 217号。主要股东有王伯康、刘闻非、蔡鹤年、王竹君、黄云卿等。永生钱庄从起步、立足、成长到发展、壮大、辉煌，不得不提的是曾到同生福钱庄拜师、日后成为重庆金融界重量级传奇人物的蔡鹤年（图 1–83）。

图 1–83　中国银行支票（永生钱庄印鉴）

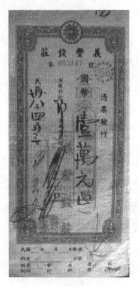

图 1-84　民国 38 年
义丰钱庄本票

战乱时期，商品供应紧缺，物价上涨，商业利润攀升。蔡鹤年立即抓住时机，跟各大股东商量，决定成立贸易部。当时的钱庄贸易部主营山货，兼营药材、生丝、盐、糖、烟叶，后来还涉及布匹、棉纱、五金、杂货等，钱庄建贸易部，这在当时的重庆算开了先河，因此赚得了不少利润。1947 年，重庆商会换届改选，蔡鹤年当选为重庆市商会理事长，永生钱庄的发展也随之达到高峰，一直延续到内战后期，国民党政府财政金融彻底崩溃，永生银行于是也走到了尽头。

4）义丰钱庄——打社会上流牌

同样在陕西路落户的义丰建于 1935 年，选址 35 号。这是四大钱庄中唯一一家军警商勾结、大肆进行黄金、美钞投机买卖的钱庄。义丰大打社会上流牌，充分利用人际网络施展经营（图 1-84）。

从抗战胜利到重庆解放期间，义丰钱庄在上海设置了分庄开展业务，其交易数额在上海的川帮行庄里位居第二名，仅次于聚兴诚银行。1947 年，义丰又分别在成都、武汉开设分庄，在民权路也增设了办事处，面向市区内外。当年，义丰的创始人刘兆丰担任过国民党江北区区长，参加其军阀特务的核心组织并任重要职务，还在钱业公会内拉帮结派，发展"袍哥组织"。因此，重庆解放后，刘兆丰受到镇压，义丰钱庄从此也就无法继续营业，1950 年年初宣告关闭。①

三、抗战时期四川粮食库券

抗战时期，国民政府于 1938 年内迁重庆，重庆成了"陪都"，四川成为大后方。1940 年 7 月，蒋介石下达了"以后征粮，应以谷米为准，而不以货币为主"的手令。财政部于次年 6 月拟定了《战时田赋征收实物暂行条例》，经行政院第525 次会议通过，于 1941 年 7 月颁发施行。并决定田赋征实时，随征带购部分粮食，以解决抗战军需民食。1941 年，随着沦陷区范围的不断扩大，厂矿企业、学校等流亡人员大量迁川，西南后方粮食供需矛盾日益突出。战时军公粮的配发，以及后方重要城市民食之调剂，所需粮食数量甚巨，田赋征实所得尚感不敷之用。为确保军需供应，维持公教人员及城市居民的民食、平抑物价，国民政

① 陈筱莹：《渝中早期金融圈的四大钱庄》，《重庆晚报》2009 年 9 月 10 日第 39 版；重庆金融编写组：《重庆金融（上）》，重庆出版社，1991 年版，第 104～106 页。

府于 1941 年 6 月 16～24 日在重庆召开了第三次全国财经会议，会议决定自民国 30 年下半年起，将各省战时田赋一律改为征收实物，由中央直接办理。民国 30 年，田赋改征实物后，自上而下设置征收机构，依靠政府力量，推进粮食征收工作。民国 30 年 8 月，中央成立粮食部，各省、县设置田赋管理处，各县田赋管理处处长由该县县长兼任。

1941 年 8 月 4 日，国民政府公布了《粮食库券条例》。这种由国民政府财政部、粮食部两部联合印制发行的"粮食库券"，1941 年 9 月至 1943 年 9 月间，前后发行 3 次，种类分稻谷券和小麦券两种（四川是稻谷）。民国 30 年面额有壹市升、贰市升、伍市升、壹市斗、伍市斗、壹市石、伍市石、拾市石、壹佰市石九种。民国 31 年、32 年面额有壹市斗、贰市斗、伍市斗、壹市石、伍市石、拾市石、壹百市石七种。稻谷券主要流通于四川、西康、云南、贵州、湖南、安徽、广东、广西、福建、江西等省；小麦券主要流通于陕西、山西、河南、宁夏、青海、甘肃等省。本库券于民国 30 年 9 月 1 日发行，自民国 32 年起分 5 年平均偿还，即自是年起，每年以面额五分之一抵缴田赋应交实物，至民国 36 年全数抵清。利率为周息五厘，自发行之日起，以实物计算，利随本减。

在发行"粮食库券"的同时，还发行了两种辅券。一种是在民国 30 年 8 月 31 日，行政院公布了《粮食库券领换凭证领换办法》，于 9 月 1 日发行"粮食库券领换凭证"，该凭证为在征购粮食不足壹石或粮食库券已发完请领未到时，发给这种小额的领换凭证。待百姓交粮凑足壹市石以上粮食库券面额后，向该县代理换发库券机关，领换粮食库券。该凭证含稻谷券和小麦券两种，面额有壹市升、贰市升、叁市升、肆市升、伍市升、壹市斗、贰市斗、叁市斗、肆市斗、伍市斗十种。

另一种是"征借粮食临时收据"。抗战期间，国民政府专为部队作战途中向百姓或沿途仓库临时借粮调剂、保障军需而发行的"征借粮食临时收据"。该收据与粮食库券不同的是，其征购借粮偿还日期由粮食库券的 5 年平均偿还改为 5 年后再分 5 年平均偿还。1944 年 9 月后，更将各省征购粮食一律改为征借，不发库券，不计利息。但到了 1949 年，国民政府已经崩溃，偿还借谷，实际成了一句空话。

四川省政府专门成立了四川省田赋征粮实施办法研究委员会，提出了具体的征购方案，并经国民政府财政部、粮食部两部核定，根据《粮食库券条例》之规定，发行了民国 30 年、31 年、32 年三年粮食库券（四川稻谷券），并在券面上标明省份名称及加盖县名戳记，委托中国农民银行和四川省银行代理发行。具体包括三大类别。

（1）民国 30 年发行粮食库券，面额有壹市升、贰市升、伍市升、壹市斗、伍市斗、壹市石、伍市石、拾市石、壹百市石九种。其中壹市升、伍市升、壹市石较多（图 1-85）。

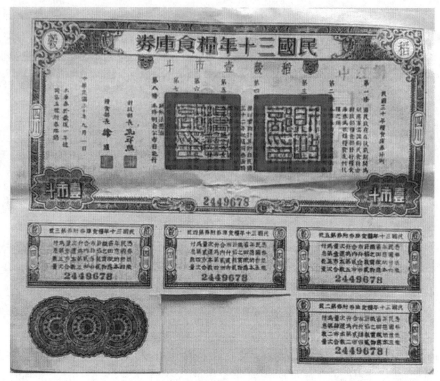

（a）民国30年四川粮食库券壹市斗（盖中江县）

（b）民国30年四川省粮食库券领换凭证伍市升（横版）

图1-85　四川省粮食库券领换凭证

（2）民国31年发行的粮食库券，面额有壹市斗、贰市斗、伍市斗、壹市石、伍市石、拾市石、壹百市石七种。其中壹市斗、壹市石较多（图1-86）。

（3）民国32年发行的粮食库券，面额有壹市斗、贰市斗、伍市斗、壹市石、伍市石、拾市石、壹百市石七种。其中壹市斗、壹市石较多（图1-87）。

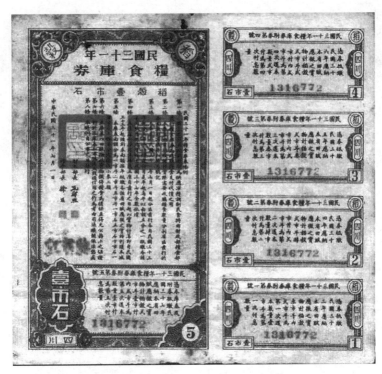

图 1-86 民国 31 年四川粮食库券壹市石

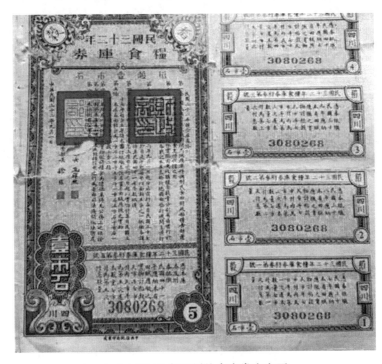

（a）民国 32 年四川粮食库券壹市石

（b）民国 32 年四川粮食库券领换凭证壹市斗、贰市斗

图 1-87　四川粮食库券领换凭证

根据条例，"粮食库券"于 1941 年 9 月 1 日发行，自 1943 年起分五年平均偿还，即自本年起，每年以面额五分之一，抵缴田赋应交之实物，利率为周息五厘，自发行之日起，以实物计算，利随本减。这种还本付息收据，目前仅四川才发现有实票，其他省还未见。

为什么四川发行的粮食库券品种齐全，而且数量也比较多？因为国民政府内迁重庆后，重庆成了"陪都"，四川成为抗战大后方，四川作为抗战的大后方和中华民族复兴之地，四川各族人民、各界同胞为抗战胜利作出了巨大贡献：在四川共征兵 340 余万人，占全国同期兵源的五分之一；川籍军人伤亡 64 万余人，占国民党军队伤亡总人数的五分之一左右；川内动员支战民工近 300 万人，八年抗战中，国民政府总支出 14 640 亿余元法币，四川就担负了 4400 亿元法币，占总支出的三成以上。根据国民政府粮食部 1945 年 4 月 12 日粮政工作报告记述：1941～1944 年，全国征实、征购、征借合计稻麦 231 038 944 市石，其中稻谷 213 321 773 市石，仅四川就征收粮食 8228 万市石，是抗战时期征收粮食总量的 38.75%，达三分之一以上。1945 年 10 月 8 日，《新华日报》曾就此发表了《感谢四川人民》的社论（图 1-88）！

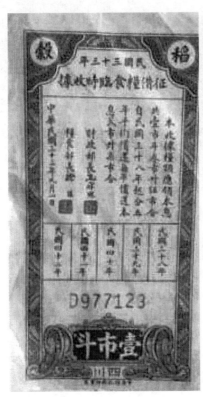

图 1-88　民国 33 年四川征借粮食临时收据

第八节　人民币发行与占领市场

1949 年 7 月以后，四川各地都先后恢复行使银圆、铜圆，大中城市以银圆为主要通货，县乡集市多行使铜圆或以物易物，在成渝等大中城市黄金、银圆、外币的投机活动极为猖獗。这对在四川推行人民币带来很大困难。

四川解放后，各地军管会都发布布告，明文规定人民币是唯一合法通货，严禁伪币、金银、外币计价和流通。1950 年年初，成渝两市军管会相继发出《关于实施金银管理办法的布告》，严禁银圆继续流通，全面开展禁银工作（图 1-89）。

1950 年 1 月 15 日，以重庆为重点严禁银圆，川东、川南各主要城镇于 15 日以后的一周内配合行动。2 月 1 日，又以成都为重点，在川西、川北地区。第一，加强金融市场的管理与缉私，打击买卖银圆行为，取缔黑市交易，对群众持有的银圆，允许保存但不予收兑；第二，在全省范围内进行广泛深入的宣传动员，大造声势，做到家喻户晓；第三，强制所有金店、银楼转业，已停业者不准复业；第四，在已宣布禁银的地方，一切机关、团体、部队、企事业单位的一切收支均使用人民币，不得收付银圆；第五，大力组织人民币下乡，各国营贸易公司均以人民币收购农副产品，并组织工业品下乡，及时回笼货币；第六，银行积极发放农贷，支持生产；第七，教育农民改变以物易物的交易方式。采取上述措施后。各地交易市场均杜绝使用银圆，金银买卖被严格禁止。据统计，1950年上半年，在川西、川南破获的重大投机违法金融案件达 10 余起，共缴获黄金292 两，银圆 26 142 枚。1951 年以后，除少数地区因查禁不够深入仍有金银走私活动外，各地市场上的金银黑市交易已基本消灭。

1950 年 1 月，中国人民银行西南区行决定："在严禁银圆计价行使和黑市交易时，银行一概不予收兑。"同时，把银圆和人民币（旧）的比价定为 1∶6000元，黄金每两合人民币（旧）40 万元，而且只挂牌不收兑，也就是硬性冻结的方针。但是，为照顾部分群众的困难，西南区行又规定必要时可考虑在某一地区用压低牌价的办法进行有限制的兑换，但必须报经西南财委批准。

1950 年 1～2 月，四川各地银行按照西南区行通知，以人民币（旧）100 元折合银圆券 1 元的比价限期收兑了部分银圆券。由于各地间银圆与银圆券的比价及其流通数量悬殊较大。因此，对兑换比价并未强求一致。如果市场上银圆与银圆券比价超过 1∶50 时，人民币兑换银圆券的兑换价可压低至 1∶80 以下，兑换期限也可由 5 日缩短至 3 日。截至 2 月 15 日，据重庆、川东、川南三个分行统计，共收兑银圆券 1091 余万元，兑出人民币（旧）107 723 万余元。

1950 年 3 月，国家对黄金、银圆、外币又分别采取了不同的政策：对银圆仍然是挂牌定价，暂不收兑；对黄金准许群众持有，由中国人民银行挂牌收兑；对外币禁止私人持有，由中国银行限期收兑。在此期间，四川人民银行调整黄金收兑牌价，由 1949 年 12 月的每两 40 万元调增至 72 万元，并积极进行收兑，银行相应举办黄金折币存款。

1951 年年初，西南区行规定"黄金申兑数量不加限制，白银（银圆）除以农民在减租退押中所得为限外，一般不予收兑"。对此，四川人民银行及时调整黄金收兑牌价为每两 100 万元人民币，而银圆牌价仍维持每元兑 6000 元人民币不变。

为贯彻党的民族团结政策，照顾少数民族习惯，1950 年对四川省、西康省藏、彝等少数民族地区采取允许人民币与银圆短期混合流通，迫使银圆逐步退出流通领域的方针。①对经济比较发达的地区，主要依靠政治力量，加速人民币的发行，对经济比较落后的地区，则多用经济方法，明确银圆持有者的政策界限。建立人民币与银圆混合流通的市场，实行无限制的兑换，兑换价格以市场的自然比值为准，并积极开展存放汇等业务。②凡国营贸易的销货收入与各项财政税收均规定一律收受人民币，原则上不收白银，国营贸易部门向少数民族收购农副土特产品，只支付人民币，如少数民族拒收，可用以货易货方式，或以白银（银圆）支付。③在无银行机构的地区，少数民族要求以白银购货的，其白银可由贸易公司代兑，对新开辟的人民币与银圆混合流通地区，为了避免货币投放过多，影响当地物价，对人民币的投放数量严格按批准控制。①

（a）1948年中国人民银行第一版人民币"拾圆"（"灌田矿厂"）

（b）1948年中国人民银行第一版人民币"贰拾圆"（"驴子与火车"）

（c）1948年中国人民银行第一版人民币"伍拾圆"（"矿车和驴子"）

图1-89　中国人民银行第一版人民币

---

① 四川省地方志编纂委员会：《四川省志·金融志》，四川辞书出版社，1996年版，第148～149页。

第二章 贵 州 票 据

贵州在解放前是一个交通不方便又较为贫穷的省份。省内不但缺乏现代工业，农业也停留在自然经济的状态下。商品流转的支付手段，清代以前是靠银锭、银块，以后才由银块转而为铸币、纸币。

货币应由国家统一发行，作为物价支付手段，既便于国家的金融管理，又方便人民使用。自辛亥革命以来，我国在长期分裂的局势下，货币成了军阀官僚等祸国殃民的工具。贵州军阀上台，都要靠发钞票扩军筹饷，挥霍浪费，垮台了就把倒票扔给老百姓。从唐继尧的"花票"到周西成的"香炉票"，最后到蒋介石的"银圆券"，发行量都无法统计。有人说，这些倒票叠起来，比黔灵山还要高，它们不知吸去贵州人民多少血汗，是"人无三分银"的罪证和根源之一。① 所以说，贵州的货币流通史也就是一部当时劳动人民因货币混乱受尽压榨的惨痛史。

民国时期，贵州陷入长期的混乱局面：宪政派与自治学社纷争，滇军入黔，护国讨袁，护法之役，滇军再次入黔，袁祖铭、周西成、毛光翔、王家烈先后主黔，中央军入黔，国民政府统治贵州……

第一节 黔滇军阀治黔时期的票据

在国民政府统治贵州之前，军阀长期统治着贵州。主黔的省内外军阀紧抓金融大权，滥发钱币，大肆搜刮百姓钱财——嗣统通宝。然而，风云变幻、弱肉强食，这些军阀政权走马灯似的，转瞬即逝。他们发行的钱币，随着政权的更替成了一堆废纸。

民国时期，贵州货币的发行种类很多，仅 1949 年 6～11 月，贵州就发行了四种货币。贵州货币不仅具有浓厚的乡土气息，又有时代的风韵，是中外货币市场上的一朵奇葩，十分珍贵。1913～1935 年，贵州二十年的军阀战乱史，催生了多种珍贵的货币。这些琳琅满目的"土特产"货币，以其鲜明的民族风格和地

---

① 王昭浦：《回忆贵州解放初期的银行工作》，《贵州文史资料选辑》第 19 辑，贵州人民出版社，1985 年版，第 250 页。

方特色、不可复制的特殊土壤和社会环境，成为货币历史上的瑰宝。

一、庞鸿书的官银票

贵州开始行使纸币，约在光绪三十四年（1908 年）。当时，贵州巡抚庞鸿书发行了官银票 20 万两。1908 年 1 月 14 日贵州地方财政日益困难，巡抚庞鸿书整顿地方币制，依沿江各省先例，奏请设立贵州官钱局。光绪三十四年三月四日，贵州官钱局在贵阳钟鼓楼街正式营业，资本十万两。除设立总局以外，先后在省内军事重镇和商务繁忙之所广设分局。光绪三十四年印拾、伍、壹两银票计225 257 两，宣统元年（1909 年）印 220 985 两，宣统二年印 382 485 两。奉准经营发行银钱票、兑换、收放款、短期拆借、票据贴现等各项金融业务。该局筹组期间，即往上海商务印书馆订印铜版彩色银两、制钱、银圆票。"兑换用银，单位计两，基金充足，民间有求之不得者"，因信誉好，遵义、安顺、毕节、铜仁、镇远等地普遍使用。宣统三年九月，计印"贵州官钱局壹两银票"，"拾、伍、壹两银票达 554 055 两"；并规定："每张兑换十足票银一两，五张兑换十足票银五两中锭一锭，十张兑换十足票银十两大锭一锭"。该票发行时，正值辛亥革命前夕，清政权岌岌可危。1912 年 3 月 3 日，入黔滇军与刘显世勾结，武装颠覆贵州军政府。次日，滇军司令唐继尧被举为临时都督，统管军民大政。此项官银票仍在市面流通。当时政务处周沆为维持官银票，曾于 1912 年春初，约集贵阳富商借款 27 万两作为基金，由政务处给予借据，年息五厘。此项借款到 1915 年张协陆任财政厅长时，以银两折合银圆，本息如数还清。1915 年 1 月 1 日，巡抚使龙建章下令停用"官银票"，以银圆折还债务。1 月 15 日，中国银行贵阳分行正式营业，旋发中行兑换券数百万元。庞鸿书发行的官银票，至此即告结束，自发行至收回销毁，从未贬值。[①]在贵州省旧政府时期发行货币的历史上实为仅见，在全国范围内也为数不多。

贵州官钱局壹两银票，纸质，立式，沿袭咸丰户部官票和大清宝钞，以及旧式私帖，以墨绿色为主色，两侧有双龙戏珠图案。正面上端的"贵州官钱局"为汉字篆书体，下端为满文。正中央印有楷书"凭票发公估平足银壹两"字样[②]，其上还盖有"贵州官钱总局"小方朱红印章。右边文字为"刚字肆佰零伍号""此票准完纳本省丁粮及土税厘金"。左边印有"光绪戊申年三月　日"和"如有私造假票者照例治罪"的文字。大边框上墨印双龙戏珠，下印金竹图案，小边框为黄色细纹花边，边框四角为"壹"和"1"（图 2-1）。

---

① 赵惠民：《贵州货币流通史话》，《贵州文史资料选辑》第 2 辑，贵州人民出版社，1979 年版，第194 页。
② "公估平"为清代贵州行政当局规定用以衡量银两的标准，含银量约为 37 克。

图 2-1　贵州官钱局光绪戊申年壹两

整个图文，古朴典雅，具有时代风范，又以"金竹"象征贵阳，具有地方特色。背面上端印有英文"CHINA"，下端也印有英文"THE KWEICHOW GOVERNMENT BANK"，正中印贵州巡抚庞鸿书谕告，加盖了官印。

庞鸿书谕告，全文如下"陆军部侍郎兼都察院副都御史巡抚、贵州等处地方提督军务兼理粮饷厅，为晓谕事，照得本部院，奏明在省城设立官局印造银钱信票，盖用藩司印信发局行使，以资周转而便商民。凡本省完纳钱粮关税、土税、矿课厘金及官款、兵饷、商民交易，准一体行用。局虽官设与钱店无异。不论何人持票到局，均照票面所载银两，以公估贵平为准，制钱以九九七钱为准，立即如数兑付，决不减平、短扣，亦不片刻为难。倘有奸商把持阻挠及匪徒伪造谎骗定即严拿治罪。合行晓谕，此示，亦仰商民人等一体遵照，特示。贵州省官钱局示。"背面下沿有"商务印书馆制造"字样。①

二、唐继尧的"黔币"（"花票"）

1911 年 11 月 4 日凌晨，在武昌起义成功消息的鼓舞下，贵州自治学社与新军宣布起义，宣布脱离清王朝的统治。然而大汉贵州军政府成立后，自治学社与宪政派为领导权而明争暗斗，视如水火。宪政派寄望于在云南手握重兵的蔡锷，于是假借贵州父老之名，向蔡锷诉说贵州"公口（帮会）林立，竟成了匪国"，要求滇军乘北伐之机，"代定黔乱"。

1912 年 1 月 27 日，蔡锷命军政部、参谋部次长唐继尧为司令，率三千北伐滇军，挥师入黔。唐继尧于 2 月 27 日率部抵达贵阳近郊，一举颠覆了贵州军政府，登上了贵州临时都督的大位。唐继尧来黔时带来了大量云南造半元大洋，与官银票同时并用。唐继尧将贵州官钱局改名为贵州银行，于是，贵州省出现了第一个以"银行"命名的专业金融机构。都督府财政司司长华之鸿任总理，文明钰任协理。原设在安顺、镇远、黎平、铜仁、遵义、榕江、毕节、正安及省外的代

---

① 黄成栋：《贵州官钱局银两票》，《贵州都市报》2013 年 5 月 18 日。

理机构，均相继改称为分银行。为填补滇黔军事开支和行政费用之不足，唐借口收回贵州官钱局发行的钱币，致电"大总统（袁世凯）请印发钞票一百万元"。这种纸币因系贵州地方政府发行，故简称"黔币"，老百姓则根据其印制的色泽与票面的花纹称之为"花票"。1913 年 5 月，唐又咨请财政部添印两百万元。次年 9 月，唐继尧调任云南都督，黔币每元跌至三角左右。

　　贵州银行纸币，俗称"花票"（票的正面有双凤图案花纹），总额 300 万元。1912 年 9 月至 1914 年 5 月，先后两批印制。正面为"双凤、牡丹"图案及网状花边，配以花纹，上沿有隶书"贵州银行"及面值□元、□角字样，下沿印"贵州文通书局印刷"字样；背面印有简章五条（图 2-2）。截至 1918 年 5 月该行停止营业时，在市继续流通部分约为 2 596 476 元。这些黔币均由贵州官钱局发行。因当年印刷技术低劣，纸张质量很差，浸水即坏。当年文通书局还没有号码机，每张票面上的号码，还需人工以毛笔填写，共编列六个大写数字。[1]因为这是没有准备金的空头纸币，所以不得不用行政手段来维持发行，并强制规定与银圆等价行使，商民交易一律通用，因此在市场上得以与银圆等值使用。花票计分拾圆（绿褐紫三色）、伍圆（黑蓝绿三色）、壹圆（黑绿黄）和壹角、贰角票五种版面，所有边纹和双凤牡丹图案均用绿色印刷。因该行发行制度极不完善，所用的印章非常混乱：黔币壹圆、伍圆、拾圆券背面均印有年款及编号，年款上印"贵州省长之章"的朱文印。但壹圆券在正面右边盖"贵州财政司长之章"、左边盖"贵州银行总理之印"（亦有盖黔丰银行行长印者），伍圆、拾圆券则正面盖"财政司长之章"及"贵州黔丰银行行长印"，此外还盖有财政厅骑缝斜角等印记。壹角、贰角正面盖有用"贵州财政司长之章"外，左边还盖有用"贵州银行总经理之章"；更不同的是，贰角背面年款上盖用"贵州民政长章"。壹角券背面年款上盖"贵州都督之章"，均为朱文印。[2]花票背面有一小方印"唐谕"，文曰"贵州都督之印"。开头为"贵州都督唐谕，本都督呈表大总统袁电准在黔印造银元纸币，以便军民而资周转，为此开列

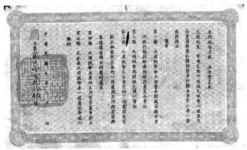

图 2-2　花票

　　①　冯程南：《解放前贵州的货币和货币贬值》，《贵州文史资料选辑》第 15 辑，贵州人民出版社，1984 年版，第 194 页。
　　②　钱存浩：《贵州的几种历史货币（上）》，《贵州地方志通讯》1984 年第 3 期。

简章，仰各省军民人等，一律遵照，特示。"下面是简章五条，规定纸币与银圆同一价格，完纳丁粮厘税及官款兵饷，商民交易一律通用。但发行后，既未提供任何发行保证，又不负随时兑换现金之责任，纯属强制行使，不久币值即告低落。谕文"以便军民"是幌子，而"指定完粮纳税非黔币不可"才是目的。[①]

1923 年 5 月，唐继虞任贵州军事善后督办兼省长期内，授意"集信公"等商号联民呈请另发新黔币 120 万元，以之收换旧黔币，于次年 1 月 28 日实发 1 194 700 元，连同前发旧黔币总共约为 4 197 000 元，陆续收回并销毁共计约 226 846 148 元。截至 1925 年滇军再次撤离。彭汉章接任省长后，公开宣布停止使用新、旧黔币时止，仍有 180 余万至 200 万元流散民间，贻害百姓。没有银行提供保障且又完全依靠滇军武力支持的黔币遂成为废纸。[②]

三、戴勘的抽签票

唐继尧 1913 年 10 月回滇后，贵州军务部改为"贵州保安司令部"，刘显世任司令；政务部改为"贵州民政长官公署"，戴勘任民政长。刘、戴二人，均在 1913 年 10 月就职。那时黔币的票值，已低至每元只值三角左右。为维持票值起见，每月用抽签方法兑换一次，中签的即可照票面兑取现洋，每一次只兑换几千元，并委托商号随市收回黔币，减少流通数量，设法维持，使黔币实际价值保持在八九角。

1914 年 2 月间，张协陆就任财政厅长后，所有以前的财政司、盐务局等部门，都并入财政厅。张协陆一面继续抽签维持黔币价值，一面整顿田粮厘税，同时提议增发黔币 200 万元，连同之前发行的 100 万元，共为 300 万元，由贵州银行经理发行。发行以后，票值仍是低落，遂多方设法维持：筹集收买准备金，由金库提取现款，买入黔币归还，如金库现款不敷，即向中国银行贵州分行短期借款来收回。这样持续了一年多，到了 1916 年，黔币价值即由三角左右回升到九角以上，并稳定下来。

四、中国银行（贵州）兑换券（"国币"）

中国银行是辛亥革命后，由大清银行改组的一家享有代理国库和发行兑换券特权的官商合办银行，总行设北京，各省区设立分行。1914 年，唐士行（又名唐瑞桐）任贵州分行第一任行长，开展筹备工作。1915 年 1 月，分行正式开业。

① 黄成栋：《五花八门的民国黔币》，《贵州都市报》2013 年 06 月 19 日。
② 钱存浩：《民国时期贵州（省）银行的经营管理》，《贵州文史资料选辑》第 31 辑，贵州人民出版社，1992 年版，第 141 页。

中国银行同时发行中国银行兑换券，一般称为"国币"，由美国纽约的美国钞票公司承印。"国币"制作精美，用钞票纸印刷，经久耐用。票面绘有轩辕黄帝像与禹王庙景象，这幅庄严图景，颇能展现中国是一个具有几千年光辉灿烂的文化和历史的文明古国。钞票的背面为北京中南海图景，呈深绿色。票面分为"壹圆""伍圆""拾圆""伍拾圆""壹佰圆"五种。由于当年各省区的情况不同，工商业荣萎各异，为限制钞票超越地区使用，故在各省的票面上，都盖有地名，如限在贵州境内流通的兑换券加盖"贵州"两个红字（图2-3）。

图2-3 民国元年中国银行兑换券"壹圆"（加盖"贵州"章）

总行拨来基金银圆5万元作为兑换准备金，兑换券400万元作为运营资金。因贵州交通不便，经济也不繁荣，容纳不了大量的纸币，只发行"壹圆""伍圆""拾圆"的钞票260万元，"伍拾圆""壹佰圆"票面因面值太大不适用，因而没有发出，并在1916年袁世凯称帝时截角销毁。持券人可随时向该行及遵义、兴义、毕节、榕江等地代理机构按面额十足兑取银圆。持券交汇还可受到优惠。该兑换券发行初期颇著信誉，并未贬值。其后，贵州分行又代办贵州省总金库的业务，现金易于聚集，存款、放款及汇兑等均有发展，获得一定利润。后来，因贵州军阀滥发黔币，又随时向该行提取现款（到1925年，借款总额达160万元），造成现金不断减少，失去兑付能力，中国银行贵州字兑换券兑取银圆同时受到限制，开始贬值，市场价值急遽下落至银圆五角左右。最后，在周西成的压力下，1927年1月该行停兑。[①]

五、袁祖铭的"贵州银行兑换券"（"七日票"）

袁祖铭是贵州军事集团"兴义系"的悍将。他参加过护国战争、护法之役，以勇冠三军而闻名西南，之后投靠北洋政府，策划过刺杀王文华的阴谋，趁着黔中"五旅纷争"大乱时，率"定黔军"夺取黔政。

1920年，贵州政局发生变化，币制又乱。1922～1923年，袁祖铭任贵州省省

① 冯程南：《解放前贵州的货币和货币贬值》，《贵州文史资料选辑》第15辑，贵州人民出版社，1984年版，第195页。

长。当时全省每年财政收入不足300万元，无法支付庞大的军费开支。为解决贵州省货币短缺和军费不足等问题，1922 年 7 月，平坝人陈廷策（字幼苏）被任命为贵州省财政厅厅长、贵州银行筹建处主任，兼任贵州银行总经理。袁祖铭采纳了陈廷策的建议：一是开放烟禁；二是垄断盐业，搞食盐官购、官运、官铺；三是委令筹建"贵州银行"，发行"贵州银行兑换券"100 万元。筹建贵州银行，额定资本为 200 万元。1923 年元月，袁祖铭颁发《贵州省公署私票七日票布告》，为发行货币作准备。1923 年 3 月 4 日，在陈廷策的主持下印制发行"贵州银行兑换券"，计划发行量为 100 万元。同年 3 月 5 日，"贵州银行兑换券"由贵州银行开始发行。兑换券正面印有孔雀图案，背面印有英文行名和"凭票付给来人地方货币□元"字样，以及经理陈廷策的英文签字，总额 20 万元（图 2-4）。

图 2-4　贵州银行兑换券"壹圆"（"七日票"）

正当袁祖铭做着他的春秋大梦时，滇军打着护送"滇黔联军刘显世回黔主政"的旗号，二次武装侵黔。1923 年 3 月 10 日，袁祖铭部被唐继虞（唐继尧之弟）率领的云贵联军打败下台，袁祖铭放弃贵阳，退走重庆。在黔军已走、滇军未到期间，贵阳地区的治安由和绍孔率领的十几万巡兵维持。12 日，唐继虞、刘显世入据贵阳。"贵州银行兑换券"作废，流通仅七日，民众将这种流行 7 天就夭折的"兑换券"戏称为"七日票"，成为中国纸币历史上发行时间最短的货币。时人作了一副讥讽对联："陈幼苏七日票，和绍孔一打兵。"[①]可以想见当时的混乱情形。所幸这种纸币发行时间短，在市面流通数目 20 余万元，人民受害尚不十分严重。[②]

六、唐继虞的"贵州省公署定期有利兑券"和"尾巴票"

1."贵州省公署定期有利兑券"

1923 年 2 月下旬，唐继尧令其弟唐继虞为总指挥，以"护送刘显世回黔"

---

① 赵惠民：《贵州货币流通史话》,《贵州文史资料选辑》第 2 辑，贵州人民出版社，1979 年版，第 233 页。
② 黄成栋：《五花八门的民国黔币》（之二），《贵州都市报》2013 年 07 月 10 日。

为旗号，率滇军再次入黔，控制了贵州的政治经济。鉴于"军事善后，需款孔殷，而库藏支绌，无法应付"，决定仿照西方国家发行公债之先例，发行"定期有利兑换券"100万元。由省公署出面、财政厅主持，于是年5月18日向贵阳文通书局立约订制。票面计"伍圆""拾圆""伍拾圆"三种。议订印制"伍圆"券10万张，"拾圆"券3万张，"伍拾圆"券4000张。自6月起，先后配发都匀等65县，责令各县知事劝谕民众认购，限期收款解省。

此项定期有利兑换券长21.7厘米，宽12.2厘米。券面为立式直写。正面是绿色或青黑色纹饰，黑体隶书、框内粉红色底。上端分两行以隶书印明"贵州省公署""定期有利兑换券"，券面下端加注同义英文，边框下印"民国十二年□月发行"，上钤"贵阳知事章"朱文印；背面正中印有"滇黔联军副司令兼贵州省长刘（显世）谕告"，订明兑换券办法10条，规定"此券通行全省，商民行使与国币（指北京政府发行的银本位货币如银圆及银圆兑换券）、现洋同等价格"，但又规定此券6个月期满后开始还本付息时，可用于完纳货物通关税及盐商捐等用途[1]（图2-5）。

"债券"原为资本主义国家的一种有价证券，是政府或企业单位采取信用方式吸收资金的一种方法，也是债权人持有的一种凭证。一般是债券到期，持券人凭券向发行机关或企业单位兑取本息后即不再流通。即使债券在发行后可以在证券市场上按市场价格转让买卖，但也不能视同于货币在市场流通。贵州省公署发

图2-5　民国20年"贵州省公署定期有利兑换券"

---

① 贵州省地方志编纂委员会：《贵州省志·金融志》，方志出版社，1998年版，第37页。

行的定期有利兑换券，当权者原以为定期不长、利息不低，大可以号召，应该是群众可以接受的。无如贵州省人民饱经战祸，对当时执政者已经完全不予信任。且政府在发行后，由于急需用款，不惜勒派估索。各级政府人员又层层剥削、狼狈为奸，甚至债券尚未印妥就已经发生经手人员趁机舞弊的事情。截至民国 14 年 1 月 19 日，总计发出债券 927 000 元。在一年多的时间里，仅实收现金就有 69 758 596 元。其中 532 918.59 元在收款后随即拨支军政费用。交财政厅现款仅有 16 466 736 元。各县欠缴款达 222 616.20 元。因而在 1924 年 1 月第一期债券到期时无款偿付。行政当局为了解决财政危机所苦思冥想出来的定期有利兑换券，不得不改变原办法规定，推迟还本付息期限，甚至还通令各税收机关拒绝搭收，公开赖账。

在唐继虞兼省长期间，还曾大言不惭地向群众表明，发行上项债券业经指定专项存储，作为建立贵州黔丰银行基金之用，并由省府会议决定不准军队提用及拨支经费，但最终仍然是掩耳盗铃、自欺欺人的一场大骗局而已。[①]

2.“尾巴票”

10 月，省长刘显世通电称病辞职，唐继虞继任省长。接手之后，鉴于袁祖铭撤走时将贵州银行的现金提光，各县“亦无款可解”，加之入黔滇军倍增，军费开支庞大，为了挽救危局，唐继虞“遂决定以贵州银行的名义，将各县验契费七八十万元作为基金，发行纸币。其所用纸币，仍系前贵州银行之纸币”，俗称“花票”。但唐继虞巧立心思，把袁祖铭时期遗留的黔币加以利用，美其名曰维持币制，在每张“花票”右边贴上一张附票说明，还加盖“贵州省印”、“贵州军事善后督办印”、“贵州财政司章”和“总商会章”，表示共同负责，并规定该币不能兑换现金，可作税收，与生洋同值。这种粘贴的附票比较宽，连同原有黔币共长 23 厘米，无异于“生了尾巴”，所以人们称它为“尾巴票”（图 2-6）。然而这张有附票说明的纸币，是目前世界上独占鳌头的精品，为世界首创。唐于侵黔期间，虽用尽方法，强迫人民使用黔币，始终无法维持。唐继虞所带的多系匪兵，匪兵们拿着纸币估买估卖，巧取豪夺，社会秩序很乱，民无宁日。人们一看到“红边边军”（军帽围的红边），就把商品收藏起来，否则就会倒霉。[②]最后滇军勒令贵州中国银行经理同意用“尾巴票”掉换该行全部发行的准备基金，共约现银 60 万两。这一措施，种下了日后贵州中国银行停业清理的苦果，造成了贵州金融货币史上的一次灾难。[③]1928 年，周西成主持黔政时“整顿币制”，“尾巴票”退出了历史的舞台。

---

① 钱存浩：《贵州的几种历史货币（上）》，《贵州地方志通讯》1984 年第 3 期。
② 袁树三：《贵州银行业概述》，《贵州文史资料选辑》第 15 辑，贵州人民出版社，1984 年版，第 177 页。
③ 贵州省档案馆，第 60 宗第 1219 卷，《贵州省财政厅民国廿年工作报告》。

图 2-6　尾巴票

七、彭汉章的"贵州财政厅筹饷局定期兑换券"、"加章黔币" 和"墨戳黔币"

1. "贵州财政厅筹饷局定期兑换券"

1925 年 1 月，滇军回滇，黔军回黔。袁祖铭那时已侵占重庆，派彭汉章入黔主政，当时旧票仍在市面流通。彭汉章出任清乡司令兼贵州省省长。周西成亦被认命为善后会办。财政厅厅长覃梦松（又名静卿）接任伊始，因战乱之后，库款空虚，而善后事项，非钱莫办。财政厅厅长覃梦松乃援前任唐继虞等故伎，建议发行"定期兑换券"，即一种约定时间兑付现金的钞票（图 2-7）。经彭汉章同意，于同年 2 月 18 日由彭亲自主持召集省垣绅商各界开会商讨办法，并决定由财政厅筹饷局以各项税捐收入作为兑换基金，发行定期兑换券 50 万元。票面分为"壹圆""伍圆""拾圆""伍拾圆""壹佰圆"5 种，分配给贵阳及省垣附近大塘（现为平塘县，系大塘、平舟二县合并而成）等 16 县销售，指定作办理军事善后及整顿金融之用。同年 5 月 7 日，复由省军政联席会议决定继续发行 50 万元，令饬安龙等 49 个县遵章劝办；还因以前配售之数未能如额承购，另发 8 万元以弥补不足。[①]

定期兑换券共列简章 8 条，除说明发行缘由、基金来源、主管机构、发行总额外，规定自民国 14 年 2～5 月分 3 期发行，7 月后每隔 3 个月兑付 1 期。认购时预扣利息，第 1 期每百元准扣 5 元，第 2 期准扣 8 元，第 3 期准扣 11 元，即实收金额分别为面值的 95%、92%、89%。简章还规定兑换券到期后，可到指定兑换处兑取现金，并可作现金缴纳税捐或在市行使，未到期的只能作保证抵押

---

① 钱存浩：《贵州的几种历史货币（下）》，《贵州地方志通讯》1984 年第 4 期。

图 2-7　民国 14 年贵州财政厅筹饷局定期兑换券

品。简章第 1 条明文规定发行兑换券是处理善后事宜和整顿金融之用，但事实上只是一项解除财政危机的强制手段。[①]

　　1926 年 8 月，周西成接任省长后，指定钟景贤等人为财政厅查案委员清查。结果，两次实发"定期兑换券"1 074 155 元，各县收足现金解交财政厅部分为 232 396.32 元，各县收得现金就地拨支军政费用款为 266 084.83 元，各县拖欠未缴部分为 575 673.85 元。至于各县所欠款项则由钟景贤等六人写了一份签呈如下："各县欠缴 57 万余元，拟请令饬财政厅通令各县一律停止，不准团区再借口勒索，其已收券款应如数解缴来省，请领券票转给人民，若系挪用，应据实呈报，如未销售，应将原发收据缴还，前政府收得之券款四十九万八千余元，既系人民已出之款，目前拟请不必搭成收回，伺将来库款充裕，再行核办"，还说"因零星搭收，弊窦百出，经手人反得中饱，若有收回之必要，将来筹定现款，一次办妥，较为妥协"。这篇官样文章，深受周西成赞许，随即批示"如拟行"几个大字。也就是说，定期兑换券除了第 1 期到时商民以之抵缴了财政税收 10 729 元以外，其余的兑换券，既不能兑取现金，也不能抵缴税饷，甚至搭成缴纳税款都不行，就这样不了了之。而百分之九十九的兑换券其结局也和前任唐继虞之流主政时期发行的各种兑换券一样成为废纸。[②]

2."加章黔币"

　　1924 年 1 月，省长兼善后督办唐继虞以收回破旧"黔币"为由，增发新"黔币"120 万元。因仓促发行新"黔币"，纸质低劣、印刷工艺粗糙、号码缺漏，一经行使，字迹模糊、真假难辨，税收机关往往借口拒收，以致黔币币值每元市价跌到五角以下。"加章黔币"主要就是针对新"黔币"来说的。财政厅长詹灵枢决定收回新"黔币"，收回编号，加盖红章，重新发行。此处，他趁机向持票人索取 10% 的手续费，还规定限期办理手续，逾期申请则加收手续费若干。此

　　①　贵州省地方志编纂委员会：《贵州省志·金融志》，方志出版社，1998 年版，第 37 页。
　　②　贵州省地方志编纂委员会：《贵州省志·金融志》，方志出版社，1998 年版，第 45 页。

项加章票，群众称之为"加章黔币"。此项经财政厅盖章重发之"加章黔币"总额为 1 039 826.90 元，多半在贵阳、安顺、遵义等地流通。民国 14 年 6 月 18 日开办，至民国 15 年 5 月止，共收手续费 143 143.70 元。[①]

另附:

黄成栋先生曾撰文《加章黔币壹圆奖券》(同名同内容见《贵阳日报》2004年 10 月 11 日、《贵州都市报》2011 年 05 月 21 日)，并提供"加章黔币壹圆"券图样一组，共 5 张 (图 2-8)。

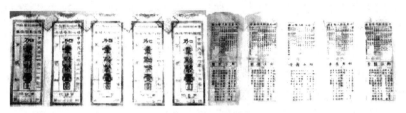

图 2-8　加章黔币壹圆券

黄成栋先生 2013 年在《五花八门的民国黔币》一文中提供两张照片 (图2-9)，又大胆推测："1924 年元月底，内外交困的唐继虞政权走到了末路，无奈将省长一职交还了刘显世。随着袁祖铭'复黔定黔'的战争压力增大，刘显世惶惶不可终日。为了扩军备战，抵御强敌，刘显世脑中又冒出印制钞票来搜刮资财的念头。在其授意下，'加章黔币'出笼了。"黄成栋将发行"加章黔币"归结为刘显世治黔时期的举措 (见《贵州都市报》2013 年 06 月 19 日)。其中有两处明显的错误。

一是"加章黔币"不是刘显世而是彭汉章时期发行的。按《贵州省志·金融

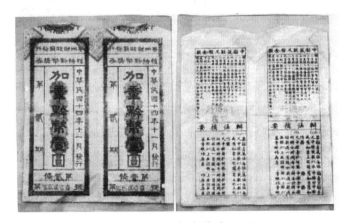

图 2-9　加章黔币

---

① 贵州省地方志编纂委员会:《贵州省志·金融志》，方志出版社，1998 年版，第 34 页。

志》记载，"加章黔币"是彭汉章治黔时期发行的。同时，在黄先生提供的五枚"加章黔币"壹圆奖券上也明确标示有"中华民国十四年十一月发行"字样（图2-9）。民国 14 年 1 月 23 日，彭汉章抵达贵阳，不费吹灰之力便夺取了管理贵州的权力，贵州进入到彭汉章统治时期。而刘显世是 1924 年 2 月 2 日接替唐继虞复任贵州省省长。刘显世不可能发行一张在第二年 11 月才实行的奖券。再者，"加章黔币壹圆奖券"有"维持黔币奖券"字样。如上所述，"维持黔币"恰恰符合彭汉章治黔时所面对的情况。

二是"加章黔币壹圆奖券"与"加章黔币"不是一回事。黄先生曾两次走访93 岁高龄的贵州钱币专家钱存浩。钱老说："这是一张好券，是真的，十分名贵，资料又没有记载，十分罕见。它是贵州地方政府正式发行的一种金融奖券，也是贵州最早发行的奖券，应该将它载入《贵州金融志》。"（其实钱老表述有误，在贵州省地方志编纂委员会编的方志出版社 1998 年出版的《贵州省志·金融志》第 34 页、第 608 页都对"加章黔币"早有叙述，其早已列入《贵州金融志》）钱老认定其是一种奖券是正确的。黄先生还指出，《贵州钱币资料·贵州历代印刷发行纸币概况》记载：贵州定期兑换券俗称"加章黔币"。"贵州定期兑换券"上，没有任何加章，不能称之为"加章黔币"，而这张"加章黔币壹圆奖券"，恰恰有四个加章，是否就是"加章黔币"？有待考证。把"加章黔币奖券"当成是"加章黔币"，这种看法是值得商榷的。所以黄先生提供的票据只能算是"加章黔币奖券"而不是"加章黔币"本身。自然也就不能把"加章黔币奖券"当成是"加章黔币"。有一点必须明确的是，1924 年（"尾巴票"）、1925 年、1926 年（"香炉红印票"），在新旧"黔币"上加盖印章已经是军阀寻常的做法，而不是加上"加章"二字。由此可以大胆推测，"加章黔币奖券"极有可能是赝品。当然，如果有朝一日，真正的"加章黔币"能够重现于世，一切都可再做定夺。

3."墨戳黔币"

"墨戳黔币"系财政厅于"加章黔币"在黔边远地区无法推行的情况下推出的。1925 年 7 月，边远地区素无黔币流通，征收官吏无视财政厅规定，仍多勒索生洋（即银元）。财政厅特于所收手续费中提出 12 万元，加盖"此币准在××地照案搭缴各税，各县不得拒绝"之墨戳（称墨戳黔币）。明确规定"墨戳黔币"1 元值生洋 5 角，主动贬值 50%，发往普定、龙里等 24 县使用，共计发出 6 万元。但结果不尽如人意，除其配发平坝、大塘（今平塘县）、关岭三县部分拒用遭退回 3 340 元外，实发 56 660 元，应收银圆 28 330 元，但实际只收15 384.25 元，尚欠 12 845.75 元，遂停止使用。[①]

---

① 钱存浩：《贵州的几种历史货币（上）》，《贵州地方志通讯》1984 年第 3 期。

八、周西成的"周大洋"、"香炉红印票"（即"盖章兑换券"）、"金库券"和"汽车银币"

1."周大洋"

周西成（1893～1929），字世杰，号继斌，别号天保山人。他出生于贵州省桐梓县黑神庙一个陇亩家族。家中的贫困与父母的劳累，促使他投笔从戎以改变家境。贵州辛亥革命时，他随黔军北伐援鄂，升为少尉，进入贵州讲武学堂，成绩显赫，被提升至旅长。1913 年，他率部征战四川，三次攻占重庆铜元局，晋升为师长、贵州军务会办。在赤水经营黔北时，他清剿土匪，安定地方，繁荣农村经济；设招贤馆，迎纳四方文武人才；办工厂，铸银币，生产枪支弹药；修建公路，购置机器，发展商业等。遂使黔北在政治、军事、经济、民心上占优势。周西成在黔北发行的主要货币是赤造银圆，俗称"周大洋"。"周大洋"指民国 14 年，时任国民革命军二十五军军长周西成驻防贵州赤水时，按照四川军政府汉字十八圈"壹圆"银币版式铸造的银币。该币主要标志是在币的正面右下方珠圈内，极其工整地打钻了一个"周"字。

据《赤水县志》人物篇记载："民国 12 年，周西成任川军十二师师长。民国 13 年率黔军第三师进驻赤水，并任军务善后会办。"周西成任川军十二师师长，负责川南的叙永、古蔺、古宋、江安、纳溪、合江 6 县防务。《四川文史资料》第 4 辑收录付友周先生所著《重庆铜元局片段》一文中说：1920～1926年，"黔军远涉川境，饷给较为困难，依赖铜元局尤甚。对铜元局的争夺也很激烈。周西成就曾三占铜元局"。"黔军主要靠收回制钱和小面值铜圆改铸当二百铜圆。"[①]1923 年夏，贵州军阀周西成部 3 次攻打重庆铜元局，把能搬走的东西全部掠走。次年，周西成部驻扎赤水时，建造币厂的机器设备基本上是从重庆铜圆局拆迁而来，还带来了技术工人，为其仿造银圆。《赤水金融志》载："周西成进驻赤水后，不久即开始自铸银圆，造币厂设在三府庙……在铸银圆的同时，由富国钱庄收进制钱熔化作原料铸造铜圆，祖模是四川铜圆的当百文、当五十文版，与四川铜圆基本不能分别；这些钱由设在工厂内的造币厂铸造，多由富国钱庄发行"。"赤造银圆"，市上称为"赤造"。共有两种版面：其一是仿中山纪念银币，毛重 25.63 克（图 2-10）。另有一种是仿四川银圆并在币面打钻一个周字，俗称"钻版"，毛重 25 克（图 2-11）。上述两种赤造银币的成色均为百分之五十。"周大洋"的发行，主要靠二十五军军部内设的金库，金库地址在今该县政府的旧大楼，原称太极楼内，其次是通过裕国钱庄发行。

---

① 付友周：《重庆铜元局的片段》，《四川文史资料选辑（第 4 辑）》，四川省新华书店，1962 年 8 月，第 31 页。

图 2-10　赤造孙像开国纪念银币

（a）赤造四川银币"周大洋"　　　　　　（b）局部放大

图 2-11　"周大洋"

　　贵州省在辛亥革命以后，基本上停止使用银两，通行机制银圆。黔西各县因鸦片产销兴旺，墨西哥、安南（今越南）造银圆和"滇半开银圆"（两个半开折银圆八角）大量流入。民国 13 年以前，本省没有铸造过银圆。贵州铸造银圆开始是周西成主持铸造"赤造银圆"。《赤水县志》还记载："民国 15 年开办造币厂，铸造周版银圆。不久即停产。"造币厂设在县城三府庙，即今纺织品公司所在地。所谓"周版银圆"，就是援用"四川银币"模具铸出成品，再在银币既定部位錾上一个"周"字（俗称"钻版"），在相应地域发行流通。民间称此币为"周大洋"（图 2-11）。银币模具来源有两种说法：一说来源于成都的"汉版十八圈"银圆模具；一说来源于周西成占领重庆铜元局（该局民国 8 年起开铸汉字版四川银币）。当时除交纳税款十足抵用外，在市场上流通一般要敷水 300 文。在毗邻的泸州、合江等地，有的拒用，有的打折流通。[①]

　　从实物上看，川造"汉版十八圈"铜币，正面珠圈内为"四川铜币"，中心有一芙蓉花饰，珠圈外两侧各有一花星间隔，上方为"军政府造"，下方为面值。背面圆圈内横纹上有一篆书"汉"字，圈外竖纹环周饰有 18 个小圆圈，两侧各有一花星，上方为民国纪年，下方留白，亦有与两侧相同花星者，但甚为少见。

　　川造铜币主要分为两大版类：成都造币厂所铸"成都版"和重庆铜元局所铸"重庆版"。这两大版类如从细微差异上区分，有百种以上。[②]

---

① 袁泽君：《贵州赤造银元——"周大洋"》，《贵州都市报》2011 年 09 月 24 日。
② 袁泽君：《赤造"汉版十八圈"铜币》，《收藏》2010 年第 12 期。

"周大洋"具有与众不同的四个特点。

（1）正面珠圈为"长线珠"，一条线将珠点连接成串，线距长。川铸银币版珠圈单珠独立，或紧靠一起或似有短线连接。

（2）正面上下小字和币背上方小字笔画均似双勾凹笔字体，即"槽型字"。川铸银币版小字均是平面字体。

（3）背面"漢"字中"口"部近似方口。川铸银币版口内下部偏圆。

（4）"中华民国元年"的年字为竖点年，点大而有型，似出洞蛇头，可称"蛇头点"。川铸银币版中年字竖点则不同。[①]

2."香炉红印票"（又称"盖章兑换券"）

周西成在黔北的成功迫使川黔边防督办袁祖铭做出"调周西成为贵州省长，调彭汉章会办贵州军务"的决定。1926 年 5 月，34 岁的周西成在没有用一枪一弹的情况下，当上了贵州省省长，这在军阀统治年代，是极其罕见的事情。同年12 月，他任国民革命军黔军后备军总司令，后又被国民政府任命为贵州省政府主席、国民革命军第二十五军军长、国民革命军第九路军总指挥。为了巩固统治地位，养活庞大的军队，周西成上任后，连放了"三把火"。他决定采取一系列整顿财政、兴办实业的措施，以摆脱经济、政治、军事上的困境。

周西成有向外扩张的野心，计划建 100 个营，横行西南。但钱从何来？一是增加各种税收，他首先打贵州缺盐的主意，实行"招商认岸"办法，预先定下税款 150 万元。二是除用法令形式征收鸦片税外，还以武力强行摊派缴纳鸦片税款的"通关票"。1927 年，周西成的财政收入为 1000 多万元，其中鸦片税收占1/2。三是重点抓金融整顿，发行货币。

民国 16 年 3 月，周西成主政贵州后，逐步限制中国银行钞票在市面流通，指定财政、税务部门一律收取"赤造银圆"。他拒绝偿还历届政府从中国银行贵阳分行所提的款项；收回贵州省政府总金库的一切权利，取消中国银行贵州分行代理金库的合约；提取中国银行发行的一元兑换券 10 万元，由省政府会同该行加盖一个红色公章负责兑现，由总金库陆续发行，其印鉴形状好似香炉，一般称之为"香炉红印票"（有人说，初盖的是一个黑方章，人们称之为"黑章票"，后来才改为红章的），强迫民众一律使用这种"香炉红印票"[②]，同银币一样在市面

---

① 袁泽君：《话说"周大洋"》，《收藏》2011 年第 7 期。

② 冯程南在《解放前贵州的货币和货币贬值》（《贵州文史资料选辑》第 15 辑，贵州人民出版社，1984 年版，第 196 页）中提到"加盖两颗黑色图章，人们所说的'黑章币'。周西成最迷信，听人说黑色不吉利，于是又改盖红章，又成了红色币"。钱存浩在《贵州的几种历史货币（上）》（《贵州地方志通讯》1984 年第 3 期）中也指出"由省府与银行会同盖章，这就是'盖章兑换票'（俗称黑章票）"。另外据《贵州省志·金融志》（方志出版社，1998 年版，第 609 页）记载，它亦称为"盖章兑换券"（俗称"盖券"或"黑章票"）。还需要说明的是：后来周西成战死后，四十三军军长李燊也发行"香炉红印章"，但二者是有区别的，周西成是在"中国银行（贵州）兑换券"上盖章，而李燊是在"贵州银行存款券"上盖章。到目前为止，笔者未能见到周西成发行的"香炉红印章"，盖章是否真正看起来像香炉从而称之为"香炉红印章"，还是只能称之为"盖章兑换券"，尚需找到实物验证后方有定论。

行使，不准歧视。每张仍作为一元现洋使用，每天由总金库拨出两三千大洋作兑换之用，往兑者，只能十元八元兑取，大额的就不能兑现。没有盖过红印公章的钞票币值，一落千丈，每天只能当六七角流通。[①]到 1929 年 4 月周西成战死后，该钞又宣告停兑，不能流通。

3."金库券"

1926 年 8 月 7 日，周西成下令成立"财政厅查案委员会"，随后又下令成立贵州"总金库"，在较大城市设置分、支金库，办理全省金库业务，执行财政厅的业务收支工作。同时还印刷发行了新版"贵州银行兑换券"壹角、贰角、伍角、壹圆 4 种票面的"贵州银行兑换券"，并在背面加盖"贵州金库之章"方印，由总金库发行，总额约为 100 万元，指定为缴纳税款之专用。

"贵州银行兑换券"的正背面均以蓝色为主色，长 13.8 厘米，宽 8 厘米。正面中央为面值"壹圆"，其一侧为贵阳的风景名胜——甲秀楼，另一侧图景因无资料考证难以断定为何处。据"老贵阳"回忆，该风景名胜可能是"梦草池"。"梦草池"建于明末清初，民国年间改名为中山公园，后为中共贵阳市委办公处。因该币背面加盖了一枚红色"贵州金库之章"，故又称"金库券"（图 2-12）。其特点有二。

（1）"金库券"是以"贵州银行"名义发行的，指定为纳税专用，事实上周西成并未组织银行实体，故"金库券"纯属财政发行。这张币恰恰保留了军阀割据特色。

（2）该币正面采用双景图案，这是贵州纸币印制的一次创新。贵阳的两处风景同时出现在一张币上，匠心独具，构思巧妙。它的文化含金量也远远超越了其他同类纸币。该设计在贵州是独一无二的，在中国的纸币史上也属罕见珍品。[②]

图 2-12　贵州银行兑换券（"金库券"）

---

① 袁树三：《贵州银行业概述》，《贵州文史资料选辑》第 15 辑，贵州人民出版社，1984 年版，第 179 页。

② 黄成栋：《贵州"金库券"》，《贵州都市报》2014 年 03 月 01 日。

4．"汽车银币"

"贵州汽车银币"，简称"车板"，系周西成主持黔政时所铸的银币。该币在中国近代机制币史上是颇有名气的，国际上称为"AUTO DOLLAR"（汽车银币），其背面的主图是汽车，图下面又隐匿"西成"人名，这在中国乃至世界钱币史上也是独一无二的。

这枚银币是 20 世纪二三十年代曾在贵州主政的军阀周西成的得意之作。1926～1929 年，周西成当政期间，由于连年军阀混战，加上交通闭塞，贵州贫穷凋敝。全省每年的财政收入仅 700 万银圆。军费开支以外，财政早已捉襟见肘。周因此对贪官污吏的惩治尤为严厉，同时，他在整肃治安、整顿金融、创办实业、发展交通等方面也作了努力：修建了贵州第一条公路；创办了贵州第一家机器工厂；购买了贵州第一辆汽车……周西成主持黔政，提出"开贵州之生路，辟全黔之利源"的口号，成立"路政总局"，管辖各县分局。在其主持下，贵阳市马路及各县公路纷纷动工修筑。经过三年的努力，共修筑公路 1012 公里，其中包括贵阳环城路与长途公路等。这无疑是交通史上的一次飞跃。

1928 年，周西成购进铸币机器，在贵阳市南郊虹桥，建立了贵州省造币厂，仿铸四川军政府银币和铜币，以此摆脱战乱造成的财政困难。1928 年，贵阳至桐梓省道竣工通车，周西成特命贵州造币厂铸造发行贵州汽车银币以示纪念，这是贵州铸造纪念币之始。显然，这枚纪念币不仅记录了贵州人修公路的辛酸、喜悦与希望，也记录了周西成的功与过。

该银币直径 39 毫米，重 26.2 克左右，齿边，成色在 78%～79%，铸量 5万枚。银币正面有内外圈各一道，外圈图形为细锯齿，内圈图形为圆粒连珠。内外圈上端，铸有"中华民国十七年"七个字；正中左右有对称的梅花花纹图各一；下端铸有"壹圆"两字，文字识读由右向左。圈中心有一个圆形较大的花纹图案，围绕图案四周有对读的"贵州银币"四个大字。银币背面有与正面图形相同的内外圈各一道。内外圈上端，铸有"贵州省政府造"六个字；正中左右有与正面图形相同的对称梅花花纹图各一；下端铸有"七钱二分"四字；文字识读由右向左。圈中心有一个汽车图形，呈长方形，两旁各有三个玻璃窗，是一辆七座有篷汽车。车下有草丛，草丛中隐现"西成"草体二字，"西"字在右、"成"字在左；草地由 28 片草叶构成，寓示银币是 1928 年铸造发行的；汽车的两个轮子，分别有 12 根辐条，前 12 根可能象征 12 生肖，后 12 根可能象征十二甲子，寓意"年年兴旺，岁岁平安"。老百姓称之为"汽车银圆"（图 2-13）。

贵州汽车银币尤其引人注意的是它与当时流通使用的银币的四个不同点。

一是有暗记。银币绝大多数没有暗记，而汽车银币的草地图案中隐藏着由草

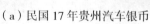

（a）民国 17 年贵州汽车银币　　　　　　（b）局部图

图 2-13　"汽车银币"

叶构成的"西成"两字暗记。这是周西成的高明之处，既作了暗记，又通过这种方式使自己"留名后世"。集黔地军政大权于一身的周西成，没有发行自己的人像币，这比同期的唐继尧、陆荣廷、张作霖等军阀发行自己的人像币，显得"谦虚"多了。这种"汽车银币"采用汽车图案，又隐藏"西成"二字，既美观，又防伪，开"暗记"之先河，因此被收藏界誉为"世界最早采用'暗记'的机制币"。

　　二是它的汽车图案。为什么要采用"汽车图案"作为标识呢？这是因为汽车是 20 世纪 20 年代最先进的交通运输工具之一，对于发展经济，进行军事活动，有着举足轻重的作用。地处云贵高原东部，拥有崇山峻岭、交通历来落后的贵州，更是对汽车渴望至极。具有近代化思想的周西成，早在经营黔北的时候就着手修建赤（水）桐（梓）公路了。主黔后，他大显身手，设路政总局，直属省长。聘请美籍工程师塔德、技工赵柔远等人，制订规划，勘测修建。在东南西北四条公路经过之县，设立路政分局，县长兼任局长，负责该县路段的修建。筑路劳工以农民为主，兵工、雇工为辅，居民、学生、军队、机关人员义务参加。省政府筹集资金，购买设备、工具、炸药，补助民工生活。民国 15 年 8 月 3 日上午，在贵阳头桥举行的公路修建开工典礼上，他讲话后挖下第一锄，全省大规模公路修筑由此开始。1927 年 6 月，他又委托前辈卢涛（广西人，曾任贵州省长）去香港购买汽车，买得美国福特牌七座有篷汽车一辆。从香港开到广西梧州后，先后雇请了 260 多个劳力，辗转十多天，才终于把这个现代化的新玩意弄到了贵阳，然后再拼装起来。银币上的汽车图案即以此车为原型。以汽车图案作为银币的标志，有着丰富的内涵：一是修公路要引进一批先进的交通工具，以此预示贵州将迎来近代文明的光明未来；二是汽车代表先进的生产力，贵州要走工业化之路，制造汽车指日可待，这顺应了民众摆脱贫困、追求幸福的意愿。用汽车作银币图案，是近代银币中绝无仅有的，它与光绪龙、大清龙相比，确是独出心裁而很受时人喜欢的设计。同时在民国时期，各路军阀盛行自铸肖像纪念银币或纪念章，如唐继尧、陆荣廷等。而周西成在图案设计上却"弃肖像，择汽车"，这一设计在中国近代银币中是绝无仅有的。因为贵州从来没有过汽车，大多数人在此之前甚至没有见过汽车，他们料想汽车一出门一定会有很多人围着看，人行路上，汽车来了也不知避让。于是，周西成就亲自拟就了一张告示。这张告示成为中国交通史上最原始、最愚昧、最蛮横也最有趣的"交通法规"："汽车猛如虎，莫走中间路。如若不信者，死了无告处！"这种通俗易懂的顺口溜布告也是"前无古人，后无来者"。同年 6～12 月，省路政局在贵阳紫林庵举办了贵阳的第一个司机技术训练班，培训了 100 人。经过 3 年努力，贵州的商行有货车 12 辆，其中雪佛兰（木轮心）4 辆、福特 8 辆，皆从广西经榕江、三合（三都）运进贵阳。1929 年 3 月，贵阳先导车运公司购进人力车（黄包车）30 辆，贵阳街上第一次出现了人力车。

三是使用了两种货币单位，即采用货币"元"单位，又使用已经废止了的清末货币单位"七钱二分"，这在民国银币中也是仅有的现象。这种不伦不类也反映了周西成虽颇有进取心，但其封建烙印依然十分清晰。

四是银币成色不足。民国 17 年，国民政府下令各地停铸"袁大头"，规定用民国元年版孙中山像"开国纪念币"旧模略改英文币铭，替代"袁大头"旧模。标准银圆的成色，按 1914 年 12 月当时政府公布的《银币铸造条例》规定每圆台银库平六钱四分八厘（23.977 公分），成色 88%，总重量七钱二分（26.86 克），银九铜一。根据以上标准权衡，"车板"显然是"偷工减料"的。据科研部门测定，"车板"实重为 25.63 克，含银量为 20.25 克，成色仅为 78.21%。其银含量低于财政规定标准的 9%～10%，达不到当时国民政府铸造条例的要求，按法规是要禁铸的。但军阀造币正是为了筹集资金支付军饷，从中获得高额利润。"车板"减重、减成色，不仅是一种政治行为，也是一种增收节支的好办法。由于周割据一方，当时中央政府自顾不暇、鞭长莫及，如要制裁、禁铸，恐会带来周的反抗，又因其铸量不多，只好听之任之，作"纪念币"在省内流通，因而流传下来。[①]

周西成在任 3 年，铸劣质银圆为主要货币，又独立发行"金库券"。两者数量不大，使用寿命也不长，却集中反映了贵州货币史上的地方特色。

九、李燊的"香炉红印票"

民国 18 年 4 月，周西成战死。5 月，国民政府四十三军入黔，军长李燊（又名小炎）决定仍照原案由省府与银行共同负责加盖红色公章（形如香炉，俗

---

① 黄成栋：《周西成与贵州"汽车银币"》，《贵阳文史》2006 年第 1 期。

称"香炉红印章"）于原贵州银行存款券上继续流通①，为期不足两个月，发行金额 1 万余元，因李燊战败离黔停发。遗存至今，已是极为罕见。票面上公章中的人像，乃是周西成的纪念铜像，解放后该铜像被捣毁。"香炉红印章"目前发现两种，一种已知存世两枚，一种加盖"大定商会之章"（民国时期的"大定"，为今日大方县）为仅见品，该币种的实物发现，填补了贵州省货币空白，是重要的金融文物（图 2-14）。

（a）"香炉红印章"　　　　　　（b）"香炉红印章"（加盖"大定商会之章"）

图 2-14　"香炉红印章"

十、"当十锑币"

"当十锑币"是 1931 年毛光翔主政时铸造、1933 年王家烈时期发行的。

光绪三十一年（1905 年）正月三十日，贵州巡抚林邵年奏请在省城设局鼓铸当十铜圆，财政处批复："凡未设厂省份，应不另设。贵州省如有需用，可由四川协拨。"故未能实现。民国初年，袁祖铭、周西成几次率部进占重庆，均自兼任铜元局局长，鼓铸铜币充饷，以致大量川版铜币，不断流入省内流通。1931年，大量当五十文、当一百文劣质川版铜币继续流入黔境。铜币币值跌落，且不稳定。②

民国 20 年，毛光翔任贵州政府主席。贵州交通闭塞，经济落后，市场辅币一度严重短缺，为了遏制四川劣质铜币在省内流通，决定用本省的锑、铅资源合铸金属辅币，以供市场使用。锑、铅均为贵州重要矿产资源，蕴藏丰富，就近调用，成本甚低，当即敲定"贵州修枪厂"（原贵州造币厂，厂址设于贵阳大南门外华家纸厂）负责铸造。由于部分程序沿用手工操作，生产效率低，加之当时黔、滇两军对垒，战斗不绝，交通运输时时受阻。直到 1933 年王家烈接任省主席

---

① 在此需要说明的是，《贵州省志·金融志》（方志出版社，1998 年版，第 609 页）和钱存浩在《贵州的几种历史货币（上）》（《贵州地方志通讯》，1984 年第 3 期）中都提及是在"中国银行（贵州）兑换券"上加盖红色公章，但据笔者目前搜集到的实物来看，可以确认的是在"贵州银行存款券"上盖章。这种叙述的出入，大抵可以归结为"香炉红印章"发行时间短、发行量少、存世少的缘故。

② 钱存浩：《民国时期贵州（省）银行的经营管理》，《贵州文史资料选辑》第 31 辑，贵州人民出版社，1992 年版，第 145 页。

后，始铸得 50 万枚，发交贵州银行在省城贵阳发行试用。

民国 22 年 3 月 8 日《新黔日报》第三版报道了新闻，题为"发行锑铅合造当十辅币，省政府布告暂以贵阳试办"，报道的内容是："省府鉴于近年来奸商由外省贩运当五十、当一百铜圆入境行使，以致本省近来生活日高。前经省府委员会议决议暂以本省生产最多之锑铅合造当十辅币，以资调剂。根据修枪厂报告，新铸锑币已造足五十万枚，特发交贵州银行，定期三月十六日于贵阳试为发行。官方决定锑币照原案规定价格，每大洋一元，兑换锑币 400 枚；唯发与钱业各商号，每次在 100 吊以上者，以大洋一元兑换锑币 410 枚，用资鼓励。……听民间自愿行使，不得故意拒绝收受涨跌法价，如违定规查究。"①

古今中外的硬币大都是用金、银、铁、铝、镍等金属制造，而贵州利用本省资源锑锡造币，这是一大创举。"听民意自愿使用"，一反民国以来贵州历任行政当局发行地方性货币硬性摊派的作风，这在中国货币史上无疑是颇有"创意"的。当然，主事者标榜的"听民间自愿行使"，实质上还必须依照规定"法价"通用，不得故意拒绝收受，否则还将受到查究处分。

"当十锑币"币面标注的年号是 1931 年，正值毛光翔主政贵州时期，何以发行时间延至 1933 年王家烈主政贵州时发布流通公告？"铸币地"修枪厂本身设备简单，当时虽然已有了电厂，但该厂基本还处于手工操作状态，生产效率较低。以 1949 年贵州造币厂每部机器每天生产 20 分银辅币 500～1000 枚为标准。估计修枪厂每天的生产能力不会超过这个标准。因此，铸造 50 万枚所需要的时间最少要 500 天，加之当时交通困难，原料运输不便，从试制到整批生产更需要一些时间，如此推迟两年发行就不难理解了。

发行量仅 50 万枚的锑币，币面虽注明"当十锑币"，但"当十"含意不清，既不是值银一角，也不是当制钱十文。按发行时的规定，是 400 枚锑币换大洋一元，即每枚锑币仅值银圆二厘五毫，50 万枚相当于银圆 1250 元。

"当十锑币"，币径为 20 毫米，厚 1.5 毫米，重 5 克，色泽灰暗，少光泽，制作不精。正面中心圆点周围铸对文楷书"当十锑币"，外是珠圈，珠圈外与币沿之间上端铸"中华民国二十年"，下端铸"贵州省造"；背面珠圈内为当时十二角星的国徽，外有布置对称的小五星两颗。该币是世界上唯一用锑铅合金为原料铸造的流通铸币。贵州当时拥有世界最大的锑矿。锑材质轻而硬，但延展性很低，印花冲压造币很容易使币碎裂。采用纯锑铸造钱币这是世界唯一的例子，而且当时贵州的造币设备落后，又受限于锑金属不耐高压冲铸，必须浅版浅模才能铸币，加之流通时间短，流通区域局限（仅贵阳市），所以铸额甚少，70 多年后已难得一见，流传至今者品相都很差。

"当十锑币"是贵州省钱币珍品之一，其重要性与珍贵程度是不言而喻的。

---

① 钱存浩:《贵州锑币考》,《中国钱币》1984 年第 2 期。

唯其十分珍贵和稀少，该币在国际、国内钱币市场上价值不低。因此，不法之徒已制造假币在市场上鱼目混珠，陈夕波指出可以从以下 8 个方面进行辨认。

（1）真币直径 2 厘米，假币直径略小。

（2）真币厚度是 2 毫米，假币厚度只有 1 毫米多一点。

（3）真币重量有 5.3 克（未用品），假币重量（全新品）只有 4.1 克。

（4）真币下面文字，一笔一画均合书法要求，每个字的结构和字与字之间的布局都安排得当。假币的字体歪东倒西，"锑"字过大，"十"字过小，"當"字的宝字盖过长，"贵州省造"四个字挤在一堆，所有字体没有毛笔字风味，倒像用圆珠笔写出来的。

（5）真币背面，国民党党徽的圆圈外径是 6 毫米，假币是 5 毫米，凭肉眼便可看出大小差异。

（6）珠圈外有 2 个小五角星，真币的五星图案规整，并且分别对准党徽的 2 个角，用一条直线将它连接，刚好在过圆心的直径上。

（7）真币灰黑色，有自然包浆，假币灰白色，在稀酸盐里浸泡后形成假锈，用手一擦便掉。

（8）真假币的唯一共同点都是用机器制造的，因此假币更具有迷惑性[①]（图 2-15）。

（a）当十锑币（贵州省博物馆藏）　　　　（b）当十锑币（赝品）

图 2-15　当十锑币

据资料记载，在国际上只有德国曾以锑作为铸币的原料，而在我国的铸币历史上，锑币也属绝无仅有的。如今，它已成为世界著名的珍稀货币之一，在美国出版的《世界硬币》一书中，特别标明此币为"RARE"级（珍贵的、稀有的）。在各大拍卖会上，其价格早已超过 10 000 元人民币。

十一、毛光翔的"盖章国币"和"贵州银行存款券"

1929 年 5 月 22 日，贵州省主席周西成在镇宁鸡公背与龙（云）李（燊）联

① 陈夕波：《"当十锑币"真伪辨》，《贵州都市报》2011 年 5 月 14 日。

军激战，受伤溺水而亡。10月，毛光翔就任第二十五军军长兼贵州省主席。此时省内比较安定，为筹措军政费用，即命马空凡、李锡祺设立贵州银行，派李锡祺为经理。该行原设在现在的省府路中段，后来迁至铁局巷公馆一所。该行资金来源是以接收中国银行的财政为基础，将接收的中国银行钞票，加盖了"贵州省政府"的大方印，印为黑色，人们称之为"盖章国币"[①]。由政府发出后，每天由总金库拨出银圆三千元交贵州银行兑现。起初尚能按票面金额十足行使，继而因基金不足，发出数字加多，于是限制每人一次只能兑换十元以内。市民闻知，反而争先恐后地挤兑。有些商号钱庄，大做投机买卖，币值下跌，每元只能作七角左右，市面金融行情较乱，因而有人乘机发"货币财"。同时该行签发面额伍角、壹圆、拾圆的"存款券"二十万元，作为银行兑换券投放市场流通，随时十足兑现，与银圆等值行使（图2-16）。

图2-16 贵州银行存款券

十二、王家烈的"贵州银行兑换券"、"贵州银行存款券"、"金库卷"和"贵州军事善后借款券"

1."贵州银行兑换券"

毛光翔政权暗潮汹涌，危机四伏，内部争斗激烈。1932年2月，王家烈率军由湘入黔，迫使毛光翔下野。王家烈任第二十五军军长兼贵州省主席后。王家烈主黔政时，提升原贵阳县县长郑先辛为财政厅长。当时市面上盖章钞票时涨时落，行情极不稳定，乃由贵州银行规定，一面用滇造半块（五角）银圆一元兑换盖章钞票一元（约合银元八角），收回后封存销毁，不许再用；一面由银行印制新币——面额"壹圆"的"贵州银行兑换券"。由省府会同派员购进钞票纸交贵阳文通书局印制[②]（图2-17）。

图2-17 贵州银行兑换券壹角

① 袁树三：《贵州银行业概述》，《贵州文史资料选辑》第15辑，贵州人民出版社，1984年版，第180页。
② 袁树三：《贵州银行业概述》，《贵州文史资料选辑》第15辑，贵州人民出版社，1984年版，第181页。

2．"贵州银行存款券"

1933 年 7 月 1 日，王家烈以二十五军军部与贵州省政府名义，签署了第 959 号命令，强行向贵州银行借走民国 19 年印刷的存款券 100 万元，其中有壹圆、壹角、贰角的票面，分摊各县自行发行，并规定自发行之日起，半年方可兑现。这种存款券上印有"贵州银行""经理之章"两枚印鉴，它有别于一般银行收受客户交存的存款单据，是由银行发行作为货币流动的钞票。因此，被称为古今罕见的票证。由于没有准备金，原定次年 1 月 1 日起开始兑换现金，因财政空虚，未能实行。之后几经周折，采取抽签兑现、贬值兑现、商会保证等方法拖延应付，以后又改为"纳税流通券"，指定纳税专用，亦无法维持。1934 年 7 月，规定持券人应于 1 个月内向财政厅办理"封存手续"，约定三个月后由银行照商会议定比价，每元实兑 2 角 5 分宣告结束。这种"存款券"最终以封存待兑而画上了句号。该券带有"存根"和骑缝章，十分罕见①（图 2-18）。

图 2-18　贵州银行存款券

3．"金库卷"

王家烈还发行"金库券"200 万元。由于总金库没有足够的大洋作储备保证，币值逐日跌落，实则变相掠夺百姓。再加战争不息，大兴土木，加速了农民的贫困和破产，使农村经济日渐凋敝（图 2-19）。

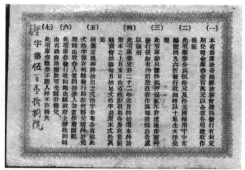

图 2-19　贵州省政府金库券"壹拾元"

① 黄成栋：《五花八门的民国黔币（之三）》，《贵州都市报》2013 年 7 月 24 日；钱存浩：《贵州的几种历史货币（下）》，《贵州地方志通讯》1984 年第 4 期。

4. "贵州军事善后借款券"

"贵州军事善后借款券"，是贵州地方军阀统治时期发行的一种具有纸币性质的借款券。1933 年 1 月 21 日，王家烈重掌贵州军政大权后，内战迭起，商业疲滞，库空如洗，在苦于应付之际，决定发行"贵州军事善后借款券"。此种"军事善后借款券"乃是直接由当地军队向地方发行作为货币流通的，更稀罕。

该券正面正中为绿色花纹，印有甲秀楼风景图案，画面左右两旁均印有竖黑体楷书"壹圆"两字，上边由右到左印有"贵州军事善后借款券"九个字，图下由右到左印有"中华民国二十二年印行"，皆为黑字楷书。下沿花边内留白处印有与花边同为绿色的"贵阳文通书局代印"字样。右边盖"二十五军军部之章"，左边骑缝处加盖"国民革命军第二十五军军部"的大公章。背面细红花框内印有"善后借券发行条例"，规定"本借券由军部印制分发各县转给纳款人，券面金额十足自由转让，不得故意低价……如有伪造本借券者处以枪毙等"七条，右骑缝处印有××县字第××号字样，且需手工加盖填发县县政府公章。券高 8.4 厘米，宽 15.2 厘米，从条例中可见它是一种可按券面金额足数流通的票证，明显是一种强行摊派且不兑现的货币①（图 2-20）。

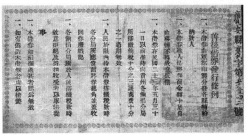

图 2-20　贵州军事善后借款券

第二节　国民政府统治时期的票据

一、国民政府统治时期的法币和金圆券

经过毛光翔、王家烈主政时期，人们都谈"纸"色变，干脆重用大洋。大洋之中，仍有等级之分。1935 年，蒋介石的"中央军"进入贵州，"中央银行"的"法币"也就随之而来。

---

① 余忠:《贵州军事善后借款券》,《贵州都市报》2011 年 4 月 16 日。

1. 法币

"法币"是中华民国时期国民政府发行的货币。国民党中央政府发行的钞票，成为"中央券"。1935 年春，"中央券"随薛岳率领的"中央军"开进贵州而流入市面。接着，中央银行在贵阳设立分行，发行的"中央券"票面为壹圆、伍圆及拾圆三种。同时发行伍分、壹角、贰角、伍角的辅币。凡国家税款的完纳、政府财政收支、市场通商交易、省内外汇兑，均以"中央券"为支付手段。1935 年 11 月 4 日，规定以中央银行、中国银行、交通银行三家银行（后增加中国农民银行）发行的钞票，作为国家信用法定货币取代银本位的银圆，禁止白银流通。1936 年中央券改称法币。同时明令禁止其他纸币和银圆流通。

1935 年，国民党部队尾随红军进入贵州，中央银行、中国农民银行即在贵阳、遵义等地设立分支机构，总揽了贵州的金融业。自 1934 年贵州银行并入省金库后，贵州省一直没有地方银行组织。1939 年 8 月，鉴于开发贵州经济的需要，贵州省临时参议会建议省政府建立地方银行，调剂地方金融。经省政府委员会第 650 次会议决定，筹组贵州银行，以弥补国家银行之不足。由于该行资本金未能迅速落实，直到 1941 年 6 月 7 日才召开创立大会。8 月 15 日，一切准备就绪，择定于中华南路 79 号正式营业。

贵州银行资本额原订为法币 600 万元，共分 12 000 股，每股为 500 元。到召开成立大会时，仅有私商戴蕴珊、赖贵山等人认购 16.2 万元，占全部股金的 2.7%。另有贵州企业公司认购 100 万元和以刘航琛为代表的四川川康、川盐两银行各投资 20 万元。至此，共有商股 156.2 万元，占全部股金的 23.33%。尚差股金 443.8 万元，应由省政府来筹措凑足。但因地方财政十分困难，无力缴付，重庆国民政府又不能拨款支持，便由省主席吴鼎昌亲自出面与行政院院长兼中国银行董事长宋子文多次磋商，由"四联总处"批复"四联总处贵阳分处"，同意由贵阳中央银行、中国银行、交通银行、中国农民四银行联合借款 200 万元，指定由贵州省政府承贷，转作贵州银行专用基金。至开业时，官商股均按认购总额先交半数，即实收股金 300 万元。

1943 年 3 月 15 日，该行董事会通过决议，在收足原订资本总额后，再行增资 400 万元，改订资本额为法币 1000 万元。其中官股为 402.95 万元，商股为 597.05 万元，于是出现商股多于官股的局面。1944 年 5 月，该行因机构增加，通货膨胀日益加剧，原有资金不敷周转，又经报请财政部核准，改订资本额为 2000 万元，其中官股增至 1002.95 万元，商股为 997.05 万元，官股占微弱多数，在股东大会上恢复了权力地位。1946 年 10 月，国民政府修正了 1935 年颁布的《省银行条例》。财政部随即电饬该行应按《省银行条例》新规定清退全部商股，改组成立贵州省银行。11 月，该行拟就《贵州省银行组织章程》报核，要求保留原有官商合办形式，维持原有股权不变，请予备案，但未获照准。1947 年 3 月，财政部再次电令该行切实按照修正后的《省银行条例》进行改组。6月底，由省政府垫付法币 39 880 万元，将商股清退完毕，并于 7 月 21 日办妥收购手续，将官商合办的贵州省银行改组为官办的贵州省银行①（图 2-21）。

图 2-21　民国 34 年中央银行法币

2．金圆券

金圆券是解放战争后期国民政府为支撑其崩溃局面而发行的一种本位货币。抗日战争胜利后，解放战争爆发，战争使得国民政府军费急剧增加，财政赤字直线上升。为了支付军费而大量印刷法币，导致物价疯狂上涨，国民党统治区社会经济面临崩溃，1948 年通货膨胀达恶性阶段，法币急剧贬值。为挽救其财政和经济危机，维持日益扩大的内战军费开支，国民政府决定废弃法币，改发金圆券。

1948 年 8 月 18 日，政府下令实行币制改革，以金圆券取代法币，强制将黄金、白银和外币兑换为金圆券。8 月 19 日，国民党政府公布《财政经济经济处分令》，改法币为金圆券，规定 300 万法币兑换 1 金圆券。20 日，法币正式被金圆券替代。从 1948 年 8 月 19 日开始发行至 1949 年 7 月 4 日停止流通。金圆券共计流通 10 个月又 11 天，但如此短短 10 个多月里，金圆券竟印制了 66 种版式（不包括字规、号码的差异），其中正式发行的主币券有 47 种，辅币券 3 种，已印就但尚未发行的有主币券 8 种，辅币券 1 种，仅见试模票或样票的 7 种（未印就）。其面值有壹角、贰角、伍角、壹圆、伍圆、拾圆、贰拾圆、伍拾圆、壹佰圆、壹仟圆、伍仟圆、壹万圆、伍万圆、拾万圆、伍拾万圆、壹佰万圆、伍佰万圆等（图 2-22）。印刷厂家分别有美国钞票公司、美商保安钞票公司、英国德纳罗印钞公司、中央印制厂、中央印制厂特约一厂（大东书局）、中央印制厂特约二厂（京华书局）、中央印制厂特约三厂（上海中华书局）、中央印制厂特约四厂（三一印刷公司）及中华书局九家。

不到一年的时间里，共发行金圆券 130 万亿元。10 个多月的时间增长了 64 万倍，其增长速度创下了世界纪录。金圆券开始发行壹角、伍角、壹圆、贰圆、拾圆、贰拾圆、伍拾圆、壹佰圆，当时规定，100 元等于法币 3 亿元，实际是在

---

① 沈飞：《贵州银行及其发行的纸币》，《收藏》2012 年第 10 期。

变相发行大面额钞票。以后继续执行通货膨胀政策，又发行了千元、万元、十万元、百万元、千万元的大钞，以刺激当时的物价，物价上涨得令人吃惊。有的商品不是几天一个价，而是一天几个价。物价的飞涨，带来的直接灾难就是国民经济的全面崩溃和国民党政府的迅速垮台。据统计，贵州省截至1949年6月22日止，共发行金圆券17 339 334亿元。据当时的贵阳《中央日报》行情统计"贵阳地区金圆券与银圆的行市，以民国38年4月1日为基数，4月10日将近翻了一番，4月20日为13.3倍，5月1日为42.6倍，到6月1日为13.4万倍。"金圆券成了一匹脱缰狂奔的野马，高速度的通货膨胀推动了贵阳物价的疯狂上涨，把贫困的贵阳百姓推向了更加苦难的深渊。①

（a）中央银行金圆券"壹仟圆"

（b）中央银行金圆券"伍仟圆"

（c）中央银行金圆券"壹万圆"

（d）中央银行金圆券"伍万圆"

---

① 黄成栋：《大额金圆券的发行与贵阳的通货膨胀》，《贵阳文史》2003年第5期。

（e）中央银行金圆券"拾万圆"

（f）中央银行金圆券"伍拾万圆"

（g）中央银行金圆券"壹佰万圆"

图 2-22　金圆券

二、"四行二局"开展的"抗战建国"储蓄

抗日战争时期，国民政府为回笼货币、稳定币值，积极开展各项储蓄，吸收社会闲散资金。储蓄业务先由"四行"经办，民国 28 年 12 月后，中央银行将储蓄业务移交中央信托局办理。次年 10 月 1 日，贵州省政府成立"贵州省节约建国储蓄团"，制定《贵州省节约建国储蓄推行办法》，同时将邮政储金汇兑业务划归"四联总处黔分处"管理。民国 30～33 年逐年均按全国分配的收储指标，对各市、县布置任务，并定期检查完成情况，积极宣传开办节约建国储蓄，支持抗战。贵州各界人士出于爱国热情，节衣缩食，参加这一活动。当时办理的储蓄种类如下。

1."节约建国储蓄券"

"节约建国储蓄券"是中国近代货币发行史上唯一由政府推出的准货币。它产生于民国政府财政收支悬殊极大、举债度日和中华民族浴血抗战这一特定的历史背景。从 1938 年 12 月至 1942 年 3 月，民国政府为维持政局稳定，打着"抗战建国"

的旗号, 以吸收游资、调节金融、充裕抗战资金的名义, 先后颁布了《节约建国储金条例》、《节约建国储蓄券条例》和《发行美金节约建国储蓄券办法》。财政部委托中央信托局、中国银行、交通银行三家金融机构联合发行"节约建国储蓄券"。

自 1940 年起至 1948 年施行金圆券币制前夕, 民国政府先后在国内推行发放甲、乙两种不同版别的"节约建国储蓄券"计有八种面额。当时正面临物价上涨、法币贬值、民众怨声载道的困境。同时, 中央财政吃紧、金融状况混乱, 钞额逐渐加大、部分地方因兑换现钞过多而发生钞荒。以新印发之"节约建国储蓄券"以改变储蓄性质, 作为透支现钞周转, 这种情形, 实际上是国民政府中央财政在特定的历史环境下迫不得已所采取的措施。此举为中国近代货币发行史所罕见。

据《贵州金融大事纪要》载, 为了推行"节约建国储蓄券", 1940 年 10 月 1 日, 贵州四联总处成立"全国节约建国储蓄劝储委员会", 并制发了《全国节约建国储蓄运动竞赛及核奖办法》推进储蓄业务。"贵州省节约建国储蓄团"同天也在贵阳成立, 省主席吴鼎昌兼任省劝储团团长, 省会各机关、团体负责人、各县县长为分、支团长。1942 年 4 月 3 日, "全国节约建国储蓄劝储委员会贵州分会"决定, 当年"节储"任务是 80 000 000 万元, 并号召全国公务员参加节约建国储蓄运动。

据《贵州省档案馆》51 宗 29 卷、79 卷统计, 从 1942 年至 1946 年 6 月, 贵阳中央信托局"节约建国储蓄券"的法币存款余额: 1942 年为 4 843 325 元, 1943 年为 628 698 元, 1944 年为 565 592 元, 1945 年为 1 466 352 元, 1946 年为 1 658 375 元。从上述统计数字看, 物价年年、月月、天天在涨, "节约建国储蓄券"实际上是在缩水, 是不得人心的。

中国农民银行贵阳支行发行的"节约建国储蓄券", 其中"拾圆"券, 长 10.8 厘米, 宽 10.8 厘米, 宽 10.8 厘米, 正面为红色图文, 背面为蓝色图文, 由"中央信托局"、"中国银行"和"交通银行"联合发行, 属"甲种"券。民国 31 年 7 月, 具体由"中国银行贵阳支行发行"。该券正面下有"依照后表兑付本息"字样, 背面印有"本息对照表"[①] (图 2-23)。

 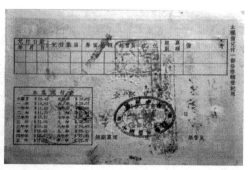

图 2-23 "节约建国储蓄券"

---

① 黄成栋:《贵阳发行的"节约建国储蓄券"》,《贵阳文史》2004 年第 1 期。

2．美金节约建国储蓄券

民国 31 年 4 月，"四联总处"公布《发行美金节约建国储蓄券办法》，由财政部一次拨付美金 1 亿元为发行基金，由"三行两局"发售，期限 1~3 年，利率为年息 3%~4%，复利 6 个月计算 1 次。储户按法币与美金 20：1 折储，起点美金为 10 元，每户储存总额不限，在全国售足美金 1 亿元时即停售。储款到期可向经收行局支取美金本息或换开美金汇票在国外付款，亦可按到期日中央银行美金牌价折付法币。截至民国 32 年 3 月，全省共收储美金 85.73 万元，折合法币 1714.6 万元，为全国收储总额 207 026 万元的 0.827%。其中绝大部分由工商企业大户、商业银行和上层权力人士购买，零星小额存户亦多辗转流入黑市，集中在少数人手中（图 2-24）。

（a）交通银行"美金节约建国储蓄券"

（b）中国农民银行"美金节约建国储蓄券"

（c）中国银行"美金节约建国储蓄券"

（d）邮政储金汇业局"美金节约建国储蓄券"

（e）中央信托局"美金节约建国储蓄券"

图 2-24 美金节约建国储蓄券

图 2-25 中央储蓄会"特种有奖储蓄券"第三期伍圆

3．有奖储蓄券

有奖储蓄券由中央信托局下属机构中央储蓄会发行，并委托中国、交通、中国农民三银行及邮政储金汇业局代销，分"特种有奖储蓄"和"同盟胜利有奖储蓄"两种。"特种有奖储蓄"自民国 29 年 12 月开始售券，初期是两个月开奖 1 次，随后改为每月开奖；面额每张为法币 10 元，可拆分为两条销售，每条 5 元，每组 100 万元，每期总额为 500 万元。以储金总额的 30％提充奖金；未中奖者 10 年到期，每张加付利息 2.50 元。截至民国 31 年 10 月止，全省销售特种有奖储蓄券 1 694 280 元，相当于同年年终全国收储总额 120 308 644 元的 1.41％。民国 32 年 8 月、民国 34 年 1 月两次修订章程，发行总额分别改为 2000 万元和 5000 万元，每张面额改为 20 元和 50 元；均以收储总额的 25％充奖金，期限均为 10 年；未中奖者到期时每张加付利息 6 元和 15 元。民国 33 年 5 月起发行的"同盟胜利有奖储券"，每张面额 100 元，共 100 万张，每期发行总额为 1 亿元，以收储总额的 20％提充奖金；未中奖者满 10 年后凭券兑取本金，每张加付红利 30 元。每次发行及开奖日期由财政部核定。上述有奖储蓄券均可作为公务上的保证金，并可自由买卖抵押；储户如持有同期未中奖储券 1000 元以上者，得于开奖后 1 年内向发售单位换开定期存单，以利于储户保存（图 2-25）。

4．乡镇公益储蓄券

民国 33 年 2 月，内政、财政两部及"四联总处"借增进乡镇公益、养成人民储蓄习惯、配合国民政府推行"新县制"的名义，制订《普通推进全国各市、县乡镇公益储蓄办法》，把"强制储蓄"推向全国广大乡镇农村。定期 3 年，利率为年息 10％，仍由"三行两局"经办，以定额储蓄券形式发行，每张面额为 10 元至 1 万元，共分 8 种（图 2-26）。明文规定以行政力量推储，要求乡镇劝储队每年至少按户"劝储"一次，平均每户每年至少认储 300 元，执行情况列入行政人员考绩项目。还规定经收行局应接收储余额的 15％拨交，经收市、县政府转发乡镇财产保管委员会，作为乡镇造产基金，另付经收政府手续费 5％。全国收储计划总颇为 200 亿元，贵州省收储指标原定 8 亿元，随后核减半数，为全国收储计划总额的 2％。截至民国 35 年年底，实销储券 286 151 890 元，为配颁的 71.5％，相当于全国收储计划总额的 1.43％。[1]

---

[1]　贵州省地方志编纂委员会：《贵州省志·金融志》，方志出版社，1998 年版，第 214～215 页。

图 2-26 中央信托局"乡镇公益储蓄券"伍佰圆

三、"赖家票"（银圆辅币券）

1949 年，国民政府继金圆券发行失败后，又抛出了银圆券。由于此时蒋家王朝已土崩瓦解，全国大部分地区已解放，金圆券已完全成了废纸。当时国统区仅剩华南、西南几省，商民拒用金圆券，而以银圆、铜、镍币代货币流通。国民政府在山穷水尽之时又故伎重施，再发行一种银本位的纸币支撑残局，搜刮民财。1949 年 7 月 2 日，为了整顿金融秩序，国民政府行政院公布《银圆及银圆兑换券发行办法》，规定"国币以银为单位，自即日起恢复银本位制：银圆一元含纯银 23.493 448 克，所发银圆券可十足兑现银圆，在银圆未铸充分时，银圆券得以用黄金兑现，各种银圆一律等价流通"。国民党中央政府以中央银行名义发行银圆券一组，用银圆券代替金圆券作为主币，并允许尚在国民党军队控制下的各省，以省银行名义发行地方性小额银圆券，在国民政府统治区发行流通。

贵州地方实力派不愿再一次像金圆券那样成为银圆券的牺牲品。在贵阳解放前夕，国民党贵州省政府为加强地方财政势力、统一货币、稳定证券，于 1949 年 4 月 29 日，以"财三卯字第 3096 号训"令贵州银行发行银圆辅币券 100 万元，由贵阳大丰印刷厂印制壹角券 253 550 元。贵州银行在"中央银行"未发行银圆券之前，于 1949 年 6 月拟抢先发行"壹圆、伍角、贰角、壹角、伍分和壹分"面额的六种银圆券，由中央印制厂重庆厂印制。[①]7 月 14 日，贵州省政府及中央银行贵阳分行发出公告，宣布"一切公私收付，各级政府税收及公营事业收费，应一律收受银圆兑换券，不得歧视"。8 月份又向重庆中央印刷厂订印 105 万元，于 10 月 20 日开始发行。11 月 10 日，省政府当局撤离贵阳，不顾持券人的利益，将全部库存现金提取一空。沉于民间的辅币券约为 85 574 元，其中多数留散在穷苦的劳动人民手中。为适应银圆兑换券的发行，方便找零，贵州省

---

① 王彦龙、王志琴：《民国末期各省发行的银圆券》，《收藏》2001 年第 1 期。

银行奉命招商铸制"当银圆半分铜圆"（参见下一个专题）。因为银圆券印制有贵州省银行董事长杜惕生、总经理赖永初的签名，俗称"赖家票"。赖在发行之初，曾向人夸口说："本人签发的辅币，到哪天都负责全部收回，绝对不留骂名。"因此，辅币券虽没有充足的基金，但因省库代理，且赖的家底较厚，头寸调拨灵活，当时向行里兑现尚不成问题，所以信用较好。[1]据《贵州省志·金融志》载：到1949年11月15日贵阳解放为止，4个月时间全省共发行银圆券339万元。新中国成立后，人民政府为照顾人民群众利益，在贵阳、遵义等地，按照银圆券同等比价，由中国人民银行贵州省分行收兑辅币券，以人民币兑换流散在民间的"中央银行"发行的银圆券和贵州省银行发行的银圆辅币券。[2]但无论如何，"赖家票"是1949年4月决定发行的，要比国民党政府的银圆券发行早两个多月，因此它是中国最早发行的银圆辅币券（图2-27）。

（a）"赖家票"壹分

（b）"赖家票"伍分

（c）"赖家票"壹角

图2-27 "赖家票"

[1] 袁树三：《贵州银行业概述》，《贵州文史资料选辑》第15辑，贵州人民出版社，1984年版，第186页。
[2] 白水：《贵州省银行发行的银元辅币券》，《贵州都市报》2011年8月27日。

四、谷正伦治黔时期的"半分铜元"、"竹枝银圆"与"黔字廿分银币"

贵州是边远且落后的一个内陆省份。因其地理和历史的特殊性，在中国近代金融货币史上留下了很多鲜为人知的奇闻，也成就了一些令今天钱币界的藏家们追捧备至的钱币珍品。诞生于国民政府倒台前夕的"半分铜元"及"竹枝银圆"，便是其中的典型。"半分铜元"及"竹枝银圆"是我国最后铸造发行并在贵州一度流通的两种货币，也是我国货币历史中（不包括新中国成立后发行的纪念币）最后发行的铜元和银圆。它在我国历史上有其重要的意义。这两种钱币不仅具有贵州钱币的独特风格，而且反映了当年国民党政府与中国人民解放军在金融货币领域进行斗争所采取的紧急措施。[①]

1949 年上半年，人民解放军以摧枯拉朽之势攻克南京，吹响了解放全中国的胜利号角，国民党政权行将土崩瓦解。国民政府将所有的金、银、外汇资金挟运到中国台湾和海外，致使贵阳的通货膨胀达到了空前绝后的程度。此时，蒋介石把最后的希望寄托在固守西南一隅，企图把西南地区作为反攻根据地。其时，贵州的地方经济、金融极为紊乱。金圆券、银圆券狂跌不止，老百姓深受其害，人心惶惶。1949 年年初，时任贵州省政府主席的谷正伦竭尽全力地支撑着风雨飘摇中的政权统治。为了另立金融货币体系，维护地方政府行政开支和军队给养，一面大开鸦片烟禁，征收"特税"，向商民收取"反共自卫特捐"，巧取豪夺，开辟财源；一面批示省财政厅长潘锡元，迅速筹组贵州省造币厂，铸造一元银圆（即"竹枝银圆"）和作为辅币的廿分银圆及当半分铜元，指望取代渐成废纸的"金圆券"和"银圆券"，以达稳定地方金融，挽救即将覆灭命运的目的。

1."半分铜元"

贵州"半分铜元"的铸造背景特殊，流通短暂，具有独特的艺术魅力和时代风韵。"半分铜元"可以说是贵州社会的活化石，留下了当时贵州社会的政治、经济、文化艺术和铸造的信息。

据贵州省档案馆第 56 宗第 668 卷第 104 页记载："奉省府卅八年（1949 年）六月九日（卅八）财字第 4053 号训令仰速招商筹铸半分铜元……奉此，遵即招商青山矿业药品工厂铸造黄铜质半分铜辅币……。"贵州青山炸药厂（又称青山矿业药品公司）与贵州省银行总经理赖永初签订合同，铸造当银圆半分铜元 100 万枚。该厂于 7 月上旬首批铸出 20 万枚交付贵州省银行，贵州省银行于 1949 年 7 月 7 日在贵阳各报刊登《贵州省发行银圆铜辅币公告》：即日起开始发行"当银圆半分"铜币。铜辅币 200 枚折银圆一元，凑足辅币 20 枚可向银行兑换银圆

---

① 钱存浩：《贵州的几种历史货币（下）》，《贵州地方志通讯》1984 年第 4 期。

辅币券一角，200 枚兑换银圆一元。后因铜价上涨，铸造费用提高，实际发行 20 万枚（折合银圆 1000 元）。该币 7 月上旬发行，11 月下旬贵阳即告解放，因流通仅两个多月，故流布不广。

此币于国民党撤退时未及使用，被整箱藏于石灰岩山洞中，大约于 80 年代初期才被发现，1983 年始见于美国的 *Coin News*。因此 1985 年以前出版的钱币目录，没有记录这一种铜币。此币大多为黄铜，红铜质较少。由于在石灰岩洞中储存长达三十几年，钱币都结成块状而且被石灰碱长期侵蚀，必须用火烧才能分开，加上当时贵州的铸造技术条件不足，浅模浅雕，币材粗糙，品相也都模糊不清。

"半分铜元"有红铜、黄铜两种，直径为 3.7 厘米，标准重量为 18.72 克，以后出现减重现象，多数为 17 克多，少数为 16 克多。币面正中楷书"铜元"二字，"铜元"二字又有"长"与"扁"之分，竖读，外圆珠圈；上缘为纪地文字："贵州省造"四个隶书字；下缘为纪值文字："当银圆半分"五个隶书字。背面正

中有篆书"黔"字及珠圈，上缘有纪年文字："中华民国三十八年"八个楷书字，下缘为嘉禾图，意为"五谷丰登"。币正、背面均为重轮（指二重外廓、外缘和外轮等）（图 2-28）。"黔"字周边缺嘉禾图，或"黔"字右边"今"的书写方法少一个点或这一点横写者，当属赝品（图 2-29）。

图 2-28　"半分铜元"

（a）赝品 1　　　　　　　　　　　（b）赝品 2

图 2-29　"半分铜元"赝品

《中国硬币标准图录·贵州硬币》称，贵州"当银圆半分"铜元是中国内地最后铸造流通的铜币。可惜该书仅刊载了一种版式。其他国内外出版发行的铜币书刊也只简单地将它划分为大字、小字或黄铜、红铜两类。每枚"半分铜元"，无论大字版、小字版，还是黄铜版、红铜版，都透出了浓厚、独特的贵州地方色彩与风格。其视觉冲击力，远远超过其他同类币种，故国内外藏友都视其为珍品，争相收藏。

从"半分铜元"的图文设计与计值方式上看，它既继承了传统铜币的基本样式，却又标新立异。它突破了传统，创新了版面形式，成了中国铜币族中的一朵奇葩。贵州"半分铜元"创下了铜币史上的几个"最"：①它是新中国成立前夕由"贵州省银行"发行的最后一枚"关门币"。1949年其他省曾发行过古泉图"五分""一分"银圆铜辅币，但都比"半分铜元"发行时间早几个月。②它是国民党政府企图盘踞西南地区，最后与中国人民解放军开展货币斗争而微光燃尽的历史物证；③它是质材最硬而成本又高的货币；④它犹如风中残烛，仅存两个多月，寿命最短，但它却成了中国铜币回光返照的见证。它为中国铜币画上句号，它的历史地位是由它的时代烙印和艺术效果所决定的。如果说，1900年广东省造"光绪元宝"每百枚换银圆一元的铜币奠定了中国铜币的"鼻祖"地位，那么，贵州"半分铜元"则是新中国成立前夕最后铸造的一枚"昙花币"。总之，贵州"半分铜元"是中国铜币的集大成者，是中国铜币的绝唱。

"半分铜元"具地方特色，是由于其诞生的历史条件所决定的：①"半分铜元"诞生于国民政府风雨飘摇之际，"兵荒马乱"之时；②市场上流通银圆，辅币严重奇缺；③铜币已被镍辅币代替了二十多年之久，当时又复用，人们的铜币意识淡薄；④在当时要求70天内铸完100万枚。"半分铜元"具有贵州的地方特色。

（1）币值的适应性。解放前夕的贵阳市，货币流通以银圆为主，为适应兑换需要，该币值为"当银圆半分"，规定200枚兑换银圆一元，这种明确以"分"为单位，直接与银圆挂钩的办法，改变了清末民国时期以"文"为单位的常规，适应了时代的需要。

（2）图文艺术性。该币的整个设计，除纪年、纪值及嘉禾图仍保留传统风格外，别出心裁地在币正面设计竖读"铜元"大楷字，十分简洁醒目，背面中心的篆书"黔"字，更是一种新的创意，突出了地方风韵。

（3）形态的厚重性。清末至民国时期的铜币，逐渐减重，面值越来越大，信用度却越来越低，而"半分铜元"则反其道而行之。其形态美，分量重。由于"个大肉厚"，除给人"诚信"之感外，还表现了朴实淳厚的地方风味。至今，很多铜币书刊均以它作封面，藏家更爱不释手。

（4）存世的稀少性。当时，制作一枚铜币的工料成本，合银圆四厘，为面值的五分之四，后铜价上涨，币材价值超过了币面价值，民间多纳不出，商人也趁机收购回炉，改作他用。特别是紫铜币，本来就不该用它铸币，即使铸些出来也极为稀少。加之，在贵州多雨潮湿的环境里，该币的锈蚀程度也高于外地，流传至今者早已是凤毛麟角，这就决定了它的稀有度和作为收藏珍品的价值。

（5）私家生产和银行发行的不协调性。"半分铜元"上虽有"贵州省造"字样，但绝非当时贵州造币厂造，而是由"青山矿业药品公司"生产。该厂设于贵阳市东郊，私人厂主胡昆山，主要产品为开山用炸药、雷管及避水引线。其专用设备都比较简陋，造币设备更差了，仅有压片机三部，马达冲机两部，电动机两部。为了发行的急需，即使在机器经常出故障和停电的情况下，也必须日产两三千枚。私家一边生产，银行一边发行。但由于资金有限，亏损较多，铜价上涨等因素，厂方单方停铸，银行也无可奈何。这种"公私合铸钱"在中国货币史上也属罕见之举。1949 年 6 月，全国很多地方已解放，贵州于 1949 年 6 月 9 日颁发了《贵州省发行铜元办法》。至 8 月底，共发行 19 万枚，9 月继续发行 26 000 枚，前后总共铸造发行 21 万枚，但流通仅两个多月，其寿命之短，堪称历史上的"昙花币"。

（6）半手工的操作性。该币铸造时，贵阳的国民党军队所留的炮弹壳成了唯一的原料，"半分铜元"的 90% 铜材是炮弹壳，经几度提炼压片后，比一般铜币要坚硬得多，但因当时电机压力不足，钢模质量差，且更换频繁，制作又靠半手工操作，以致很多铜币的花纹浮浅，再加上锈蚀的影响，"当半分铜元"的艺术效果和时代风韵均受到一定程度的损害，这是历史留下的遗憾。

（7）使用不便。"半分铜元"发行之初，颇受欢迎。可是，它的面值过低，又要与银圆挂钩兑换，每当兑换银圆时，人们就会感到不便。当时一斤猪肉要卖 60 枚"半分铜元"，如每枚以 18 克计，60 枚总重量为 1080 克，2 市斤多，真可谓"两斤铜元一斤肉"。要是换十个银圆，就将背上 2000 枚铜元（2000×18=36000 克=36 公斤=72 市斤）。可见使用的不便也是"半分铜元"退出历史舞台的一个原因。

总之，"半分铜元"是特殊年代的特殊产物，它融解放前夕贵州的政治、经济、文化、艺术因素于一身，又集楷、隶、篆书体于一体，堪称一绝，具有很高的观赏价值、收藏价值与文物价值，在中国铜币史上，占有重要的地位。[①]

2．"竹枝银圆"（或称"甲秀楼银圆"）

贵州省主席谷正伦面对金圆券的瓦解，于 1949 年 10 月另立金融货币系统，试铸"竹枝银圆"（外国人称 BAMBOO DOLLAR）。11 月，"竹枝银圆"的样品经贵州省财政厅、建设厅检验合格后，批准正式生产。所用机器设备除沿用周西成时期遗留的部分设备外，大部由贵州物产公司经理朱迈仓在广州购办。11 月 11 日，因闻人民解放军已进入贵州天柱县，造币厂大部分人员开始撤离贵阳，因此，开工生产不足一月。15 日贵阳解放，"竹枝银圆"发行仅十天就夭折了。

此币铸量至今已经无法考证，但据贵州造币厂曾参与向人民解放军军管会移交的技工回忆，该厂原计划平均日产 500 枚。据此推算，铸量应在一万枚左右。

---

① 黄成栋：《贵州"半分铜元"》，《银行与经济》2003 年第 9 期；黄成栋：《贵州"半分铜元"——中国铜元的绝唱》，《中国钱币》2007 年第 1 期；张勇：《贵州半分铜元》，《贵州都市报》2014 年 6 月 6 日；黄成栋：《铜元绝唱：贵州"当半分铜元"》，《金融时报》2012 年 04 月 06 日；钱存浩：《贵州的几种历史货币（下）》，《贵州地方志通讯》1984 年第 4 期。

该币曾由国民党贵州省政府官员于贵州解放前夕，在贵阳至云南溃逃途中，用以搭发部分薪饷和"资遣费""应变费"，流通时间不足一月。发行后绝大部分在贵州、云南沿滇黔公路的部分地区沉淀民间，也有少部分被国民党官员携往中国香港、中国台湾及国外。

"竹枝银圆"是我国发行的近千种传统老银币中，问世最晚、流通时间最短的品种。它一改我国传统银币样式，设计新颖别致、铸工较为精湛，正面中央为贵阳甲秀楼风景图案，上环为"中华民国三十八年"字样，下环为"贵州省造"字样。该币背面中央为金竹三株图案（当地人又称该币为"竹枝版"银币，因贵阳市在宋代即称"金竹府"，1942 年建市时首任市长何辑五还以金竹为市徽），左右两侧为面额"壹圆"字样。该币重量为 26.6 克，直径为 38.5 毫米，成色达88%。除以"金竹"表现强烈的地域文化特征外，其版式上的一个显著特点，就是在币面甲秀楼图案的正门中，铸有时任贵州省政府主席谷正伦姓氏的"谷"字暗记，该字很隐蔽，需仔细查看才能发现。这种做法与之前贵州地方军阀周西成主政时发行的"贵州汽车银币"铸有"西成"二字暗记一样，实为其他地方政府铸造的金属铸币中所罕见，这一特征充分反映了当时的银圆设计者极其浓厚的个人崇拜思想，也暴露了旧官僚们土皇帝式的封建专制思想和作风是何等严重，因而也客观地见证了我国货币文化中蕴含深刻的社会内涵。[①]值得一提的是，"竹枝银圆"乃地方铸币厂产品，加之为民国最后时期的产物，政权风雨飘摇、人心涣散等诸多主客观因素造成了贵州竹枝币的钢模制作和冲压生产在民国银币中相对较为粗率，圆圈圆度不足，内外圈纹饰图案不精不深，这种质量相对低下的情况，是最重要的时代特征。"竹枝银圆"因其背面有"金竹三株"而闻名于世，其发行时间短，发行量小，流通范围窄，故有"昙花一现"之美。它是国民党政府在中国大陆最后铸造、流通的一种银圆[②]（图 2-30）。

图 2-30　"竹枝银圆"

3."黔字廿分银币"

此时铸造、发行的还有二角银辅币。正面内芯铸"廿分银币"四字，上边缘铸"中华民国卅八年"，下边缘铸"贵州省造"字样，背面铸"黔"字并以"20"排列作内圈的板面，每枚毛重 17.086114 市分，含银量 88%，每五枚兑换银圆一元，只是试铸，数量极少。另一种版本是廿分银辅币（背面为

①　齐赤军：《民国货币的"关门之珍"》，《收藏界》2005 年第 6 期。

②　黄成栋：《五花八门的民国黔币》（之三），《贵州都市报》2013 年 7 月 24 日。

图 2-31 "黔字廿分银币"

阿拉伯数字的"20"与五十分银辅币（背面为阿拉伯数字"50"），两种在国外钱币市场都有出现，但可能都不是在贵州铸造的，而是有关人员把铸币钢模携往中国香港、中国台湾等地后铸，或者是海外钱币商仿铸之品[①]（图 2-31）。

五、"贵州船洋"

1948 年 11 月，蒋介石为稳定西南，急调贵州龙里人刘伯龙为第八十九军军长。刘伯龙到任后，欲扩充部队，苦于经费无着落，所以玩起了私铸银圆的鬼把戏。1949 年 8 月，他派人"从成都带来孙中山头像的钢模，即一面是孙中山的头像，一面为帆船图案，用以铸造银圆"。随后刘伯龙在龙里修械厂以小发电机、半机械化方式铸"贵州船洋"。自 8 月下旬开工至 11 月 5 日的 70 余天中，共铸银圆 3 万元左右。在此期间，该厂还仿铸云南半开银币，但成色不足 50%，铸数不详。随着刘邓大军进逼贵阳，1949 年 11 月，刘伯龙的八十九军搜索军在晴隆当着谷正伦的面抢劫了省保安司令部的枪械弹药，谷正伦十分恼怒，将其骗到县政府礼堂枪杀。刘伯龙被杀后，所造的 3 万元银币及机器材料也不翼而飞，从此，"贵州船洋"成了绝世珍品。

"贵州船洋"重量为 25.405 克，成色为 90.5%，直径 3.978 厘米，厚度 0.235 厘米。该币正面系孙中山正侧面半身像，上环楷书"中华民国二十三年"八字；背面为二帆船放洋图，船两侧楷书"壹圆"各一字。这个银币，与正版孙中山像帆船银币有出入，正版重量为 26.70 克，成色为 88%，直径为 3.95 厘米（图 2-32）。孙像帆船银币是民国 22 年 4 月 6 日，国民党政府行令"废两改元"后，由财政部定为国币，大规模铸行流通的。该币按当时的国颁标准制作，做工当然细致。刘伯龙私铸船洋，占了天时、地利、人和的条件。在风雨飘摇的战乱时期，他拥兵自重，又是蒋介石的"学生"，"校长"是他的后台。他是龙里县城的地主，有房屋和资源，所以他不仅物色到一批铸造银圆的专门师傅，而且还找到制造银圆的钢模机器等主要工具，故贵州船洋的产生是历史的机遇和选择。[②]

图 2-32 贵州船洋

---

① 钱存浩：《贵州的几种历史货币（下）》,《贵州地方志通讯》1984 年第 4 期；钱存浩：《贵州钱币发展史概述》,《贵州钱币资料》1984 年内部出版，第 33 页。
② 黄成栋：《刘伯龙与贵州船洋》,《贵州都市报》2011 年 3 月 26 日。

根据《民国铸币条例》规定，凡私铸造货币都是违法的，而刘伯龙目空一切，趁战乱时期铸银币。因其设备、工艺比较简陋，其币是减重的，线条粗犷、形象雄伟、雕工深峻、形如雕版，突出了战争货币的时代特征和地方风格。刘伯龙敢冒天下之大不韪，以军事化、工厂化的方式铸造贵州船洋，在中国的钱币史上是罕见的。如果"以币证史"，银币所铸"中华民国二十三年"虽属欺名盗世之举，然而为后人提供了国民党军队垂死挣扎的有力证据。①

六、中央银行贵阳分行经理公债

经理公债（图 2-33）是中央银行贵阳分行的一项繁重工作，该分行在省内先后发行过的公债有：民国 26 年的救国公债，民国 27 年的国防公债和金公债（包括关金债票、英金债票、美金债票三种），民国 36 年的美金公债和美金短期库券。推销各种公债、库券时，多以劝销、搭配等办法进行。如推销美金公债和美金短期库券时，要求公教人员按工资比例认购。国家行局在发放低利贷款时，亦对贷款人借款金额大小、期限长短分别"劝销"：期限一个月以内者，按 5% 计销；1 个月以上 3 个月以内者，销 10%；3 个月以上 6 个月以内者，销 15%；6 个月以上者，销 20%。②

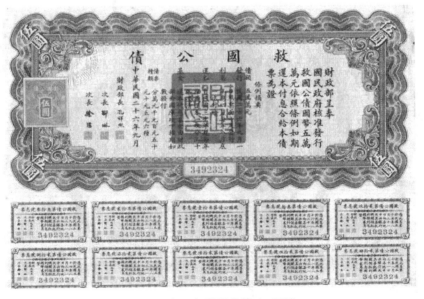

（a）民国 26 年救国公债（正面）

①　黄成栋：《五花八门的民国黔币（之三）》，《贵州都市报》2013 年 7 月 24 日。
②　胡致祥：《中央银行贵阳分行》，《贵州经济史探微》（贵州近现代史研究文集之二），贵州省史学学会近现代史研究会编，1996 年内部出版，第 136 页。

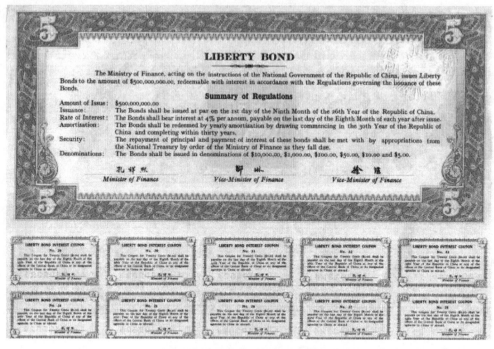

（b）民国 26 年救国公债（背面）

（c）民国 27 年国防公债

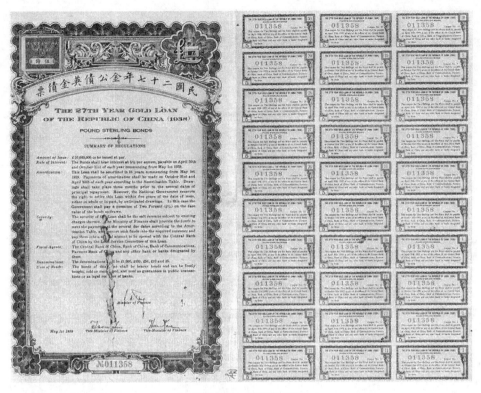

（d）民国 27 年英金债票

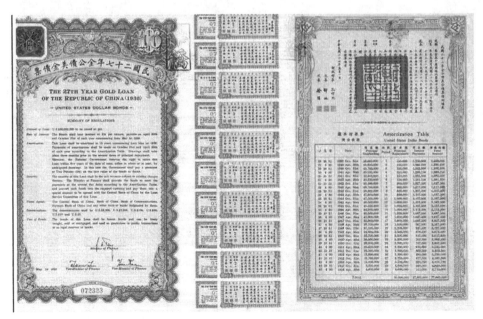

（e）民国 27 年美金债票

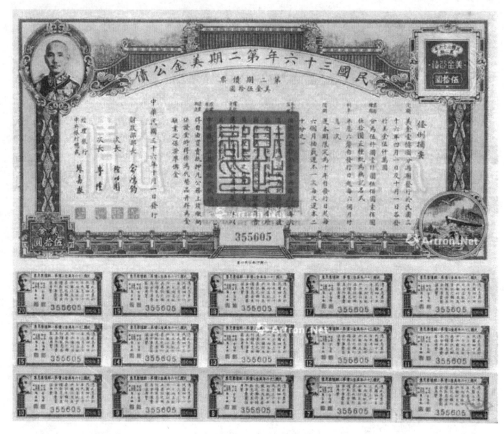

（f）民国36年美金公债

（g）民国36年美金短期库券

图2-33 中央银行贵州分行经理公债

第三节 五花八门的贵州钱票

钱票也叫钱庄票、钱票、私票、制钱票、铜圆票、银票、流通券、私帖、商钞、商帖、代价券、土票、土钞、吊票、街票等，是指未经政府法律允许，由县政府、县级机构，以及县以下地方政府机构、县地方驻军、县商会、钱庄、票号、银钱业、当铺、县银行、厂矿、企业、商店、油店、米店、寺庙甚至妓院和个人发行的，在一定范围内流通的，能体现货币的流通及价值尺度等职能的纸币。[①]

历史上的贵州，由于交通闭塞，生产力落后，商品经济很不发达，但是，钱票的印制发行却不晚，据《贵州古代史》记载，乾隆二年（1737 年），"安顺府各级官吏额外浮收，重加火耗，多索钱票"。清朝中叶，贵州钱票开始在黔东的铜仁、松桃等县流通，多为商家发行，一无准备，二无担保，发行商家，常借口倒闭，危害乡里。于是政府下令，以后出钱票的商家，由商会负责，须有 10 家富商担保，至少须 8 家担保后方能发行，并没有关于准备金的要求。光绪十年（1884 年）至民国 13 年（1924 年）是贵州钱票大盛的时期，贵州有 150 余家各种商号发行钱票，仅铜仁一县就发行钱票 10 多万吊，值得注意的是，贵州钱票的发行大多集中于黔东，这和湖南钱票大为流行不无关系。

民国初年，西南各省军阀连年混战，军队强令地方供应军饷，发行钱票的商号，成为官府摊派款项的主要对象，商号财力受损，钱票信用难以维持，被迫停发。此后，钱票多由县商会、钱庄或官方操纵的金融机构发行。法币实行之初，因辅币奇缺，交易不便，一些地方商会等为便于交易，发行了名目繁多的钱票上市流通。1931 年以后，贵州钱票由于贵州金融机构的建立和发展而日趋减少。[②]

1. 贵阳

1915 年 12 月 12 日，袁世凯不顾全国人民的反对，公然称帝。次年 1 月 25 日，云南宣布起义。27 日，贵州独立，护国军右翼总指挥戴戡率黔军第五、第六团入川，协助蔡锷讨袁；护国军东路支队总司令王文华率黔军第一、二、三团从贵阳分三路奔赴湘西，迎战北洋军。面对人数十倍于黔军的北洋军，中国银行贵州分行的熊范欲拉护国军的后腿，使黔军不战而败，下令将库存的兑换券裁角作废，断其军饷。在此关键时刻，黔中道尹王伯群（王文华之兄）当机立断，建议刘显世在遵义、黄平、镇远设立兵站兑换所。由自己的公司"贵州裕黔公司"以贵州省财政厅的名义向中国银行贵州分行借准备金 4 万元，分别运往遵义 2 万元，黄平、镇远各 1 万元使护国军无后顾之忧。

这种兑换券，是由"贵州裕黔公司"印制的制钱票，面额为 100 文和 1000

---

① 解飞:《五花八门的贵州钱票》,《贵州都市报》, 2011 年 4 月 2 日。
② 戴建兵、解飞:《贵州钱票略说》,《江苏钱》2010 年第 2 期。

文。票面为黄底蓝花纹，钱文系隶书，最上方为手书编号，正上方为"贵州裕黔公司"字样。居中有"制钱壹千文"和"凭票即付执票为据"十三字。左右上方还有贵州通用制钱"只认票不认人"的声明。左右下方篆刻有"裕黔公司"的朱红印章，下边是"贵州文通书局代印"字样。背面为黄底橙色花纹，在上下外文圈中，有一辆冒烟行驶的火车头，象征着贵州即将修筑铁路①（图2-34）。

图2-34 "贵州裕黔公司"制钱票

1923年，贵阳商会组织的贵阳商钱局也发行面额为100文、200文、500文、1000文、5000文、10 000文的制钱票。这种钱票在1924年又有发行，后因政变而停用，钱票变成废纸。1926~1928年，贵阳赖兴隆钱庄也印发了钱票。1932年、1933年，印发贵阳同德源号大洋壹百伍拾元、壹千元两种私票（图2-35）。

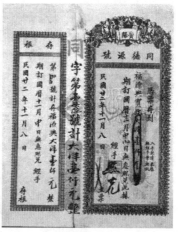

图2-35 民国时期贵州贵阳同德源号大洋壹百伍拾元、壹千元各一枚

2. 修文

民国37年（1948年），鉴于县银行境内辅币奇缺，市场交易不便，遂发行面额为1分（2200张）、5分（3400张）和1角（1080张）的"修文县税捐稽征券"300元，代替辅币流通，不到一个月，县政府下令立即如数收回。

---

① 黄成栋：《五花八门的民国黔币（之二）》，《贵州都市报》2013年7月10日。

3. 铜仁

民国初年，铜仁有 60 多家商号发行铜圆票。其中吴文茂商号因发行过多，被挤兑破产。民国 2 年（1913 年），铜仁商会出面统一商钞的发行，采用五家联保的兑付方法，发行的商钞必须由县商会加盖"商会验讫"的印鉴，方准上市流通，否则视为私票，禁止流通（图 2-36）。从而提高了商钞的信誉，有的商钞还可以跨县行使。

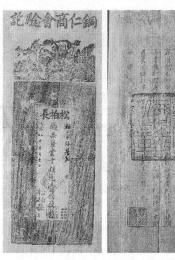

图 2-36 民国 8 年贵州铜仁商会验讫松柏长"当十铜元壹佰枚"

民国 12 年，铜仁商会发行了面额为二十枚、二十枚的铜圆票[①]。其中五十枚券背面有告示"铜仁商会：为布告事窃查铜属商民交易多以铜圆为本位。近因商业停滞，铜元枯竭，零用不便。议由本会负责暂印当拾铜圆壹拾枚、二拾枚两种小票，计伍仟串。但市面窘甚，不敷周转，复添制伍拾枚小票，借资流通，此系维持现状，不能兑现，待世局平定，即行收回"。告示中不仅说明了发行原因，还有发行总额"伍仟串"[②]（图 2-37）。

（a）民国 12 年贵州铜仁商会"当拾铜元二拾枚"

（b）民国 12 年贵州铜仁商会"当拾铜圆伍拾枚"

图 2-37 贵州铜仁商会"当拾铜圆"

---

① 因当时票据印刷混乱，币面铜圆、铜元皆有，此处为统一，正文表述用铜圆。
② 陈晓荣：《民国时期的商会票概论》，《中国钱币》2009 年第 4 期。

1924 年，川军进驻铜仁，强迫地方筹款 20 万元，商号迫于无奈，只得与第二旅合作，发行商钞 8 万元，名为"铜仁粮税抵借券"，造成纸币贬值，损害地方。20 世纪 20 年代后期，铜仁有湘西农民银行办事处、铜仁县公署、铜仁县厘税局及铜仁德泰隆钱庄发行"铜圆票"（图 2-38）。

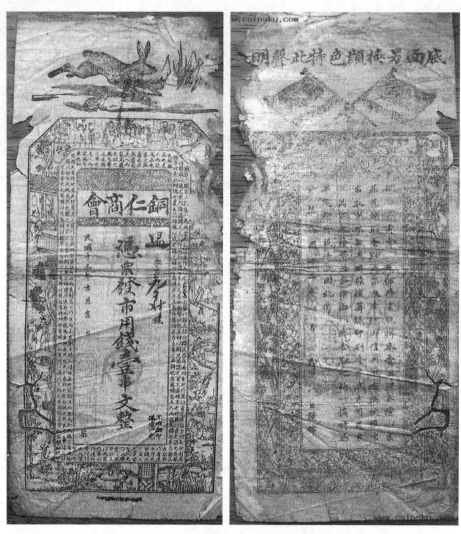

图 2-38　民国 13 年贵州铜仁商会"市用钱壹串文整"

4. 江口

民国 10 年，江口县商会为应付筹集地方军阀所派粮款，制发"墨票"（俗称墨飞），面额为制钱 1000 文，限于县城使用，为时不长。

5. 思南

据民国初年日本同文会调查，当地有恒清源、瑞升振两家商号发行钱票。民国初年，思南就有德顺和等 13 家商号发行铜圆票。其中德顺和仅有资本数百两，但发行商钞达 5000 两左右，面额为 1 串文。德顺和的老板叫张春廷，1921 年，其弟张德和也发行德顺和钱票，与兄争利，张春廷在所发行的钱票上加印"德顺和龙"四字，其弟发行的则加印"德顺和凤"四字。因发行过多，兄弟两人逃走，铜圆票成为废纸。1921 年，安茂顺、安茂和、前德源诸商号发行钱票。

民国 12 年秋季，经费局长刘云衢，商会会长张跃廷，借口为市面金融周转便利，由商会刻木板，用印江夹纸印出钱票若干在市面流通。钱票所载金额为当铜钱 1 串文、500 文两种。办法是用钱票掉换铜钱，并指定盐商将换去钱票作缴盐捐之用，其时各家盐商遵照办理。商会收到各盐商铜钱后，开始将用出钱票兑现，初期颇昭信用。①

后来，思南商号同德昌、刘凡谱、张恒升、李继兴、吕裕生、万和申、德顺和等相继发行商票。一年后大多关门拒付。1924 年，商会规定出钱票者要有资产做抵押。

谢佩生（旅长）部驻该地时，使用"飞鹰票"，1 元 1 张。不久，群众不用，谢就在钱票上贴上尾巴，盖上关防，群众喊"拖尾巴票子"。因票面大，商会发行面额 200 文、300 文、500 文的票子当辅币，作找补用。1940 年 6 月，思南县政府以辅币太少为由，印发了小额流通券 2000 元，流通时间很短。②

6. 石阡

民国 37 年，由于通用金圆券，辅币奇缺，不利于市场交易。石阡商会印刷 1 分、2 分、3 分、5 分和 1 角五种面额的纸钞，交由各家商号以找零的方式投入县城流通使用。这些纸钞系用石阡夹皮纸油印而成，因是墨黑色，俗称"墨飞"。该纸钞随金圆券的急剧贬值，使用不久便自然消失。

7. 玉屏

民国 35 年，县商会鉴于法币与关金券不受欢迎，市场上的银圆、铜圆又严重不足，为便于交易，乃发行"街票"，限于县城流通。"街票"用毛边纸印制，尺幅为 17 厘米×7 厘米，面额为 2 角、5 角和 1 元三种。

8. 松桃

民国初年，松桃有 39 家商号发行铜元票。1924 年该县又发行铜圆票。据法币改革前调查，松桃县有农村银行发行凤凰票，仅在该县流通，按九五折兑银元行使。

9. 省溪

民国 3 年，省溪县（今属万山特区）商会自印"商钞"，在市面流通。此外，

---

① 思南文史资料编辑室：《思南钱票兴废》，《贵州工商史料汇编》第 2 辑，贵州人民出版社，1985 年版，第 203 页。
② 思南文史资料编辑室：《思南商号发行钱票始末》，《贵州工商史料汇编》第 2 辑，贵州人民出版社，1985 年版，第 207 页。

松桃县饷捐局、教育局及孙裕顺钱庄还发行铜圆票。每 9500 文折合银币 1 元。

10. 遵义

1916～1917 年，当时系刘显世任贵州省长，其外甥王文华（王的姐姐王文香乃何应钦之妻）任黔军总司令，遵义属王管辖。为了搜刮民财，王文华准备修筑兴（兴义）渝（重庆）铁路，召集遵义士绅筹款 40 万元，但是只募集到 20 万元，后王文华企图将款运走而中饱私囊，遭到遵义群众反对，经交涉，最终此款用于地方事业。当即议定举办"义安钱庄"，"义安"二字取遵义地方安定之意。钱庄办理储蓄、汇兑、借贷业务，并发行"贵州遵义义安公司制钱壹千文"。最初信誉还是不错的，但不久，因王文华与刘显世争斗白热化，修路计划受阻，资金被王文华设法抽走，使义安钱庄仅一年左右时间即告收场。当初本钱票发行量少，最终成为废纸，老百姓更是气愤地将其撕掉烧毁，留存于世绝少，珍稀度大增。有缘见近百年之物，也算钱币界有幸。[①]

"贵州遵义义安公司制钱壹千文"，该钱票为"双凤"图案背面印有条文，橘黄色花边，发行人为李镜泉与张莅巨。贵州印发，纸质，长 20.08 厘米，宽 9.7 厘米，横长式。正面为普蓝色图纹，中有"贵州义安公司制钱壹千文"，"凭票即

图 2-39　贵州遵义义安公司"制钱壹千文"

付，执票为据"字样，黑色套红贵州义安公司主任、董事公章篆刻印。背面为绿色图纹，英文黑色，右为墨印毛笔填写"第×××号"，加盖"贵州义安公司"章。正面有四分之一为白页附根，墨涂"壹"字。此券系"贵州文通书局代印"，作为民国初年黔省流通的纸辅币，是研究贵州地方商会钱庄发行铜钱票不可缺少的实务资料[②]（图 2-39）。

民国 24 年，朱焕章开设全林斋印局，发行铜圆票。1935 年，中国工农红军离开遵义后，社会动荡不安。银圆被有钱人囤积起来，铜圆流通量大量减少，交易不便，市场上多为物物交换。为维护正常贸易，县经费局和县商会牵头，集资发行 100 文（蓝色）和 200 文（红色）两种面额的铜圆票，在县境内短暂流通，法币到达后即收回。

11. 桐梓

1924 年，桐梓县发行钱票 15 000 吊，1 吊为 1000 文，换银币 1 元。据法币

　　① 黄成栋：《五花八门的民国黔币（之二）》，《贵州都市报》2013 年 7 月 10 日；黄成栋：《贵州义安公司"当制钱一千文"》，《贵州都市报》2011 年 4 月 2 日。
　　② 《贵州省博物馆藏品志》编辑委员会：《贵州省博物馆藏品志》，贵州人民出版社，1990 年版，第 267 页。

改革前调查，桐梓县由财政局发行制钱票 1 种 10 000 吊。

12. 仁怀

法币改革初期，仁怀辅币奇缺，市场交易不便，茅台、中枢、鲁班等地曾发行"地方找补券"。鲁班区找补券长 3 寸，宽 1.7 寸，版面为两道圈，上方刻"仁怀县第三区找补券"字样，中间标有面额，下端为发行日期："民国 25 年 5 月"字样等。限于本区流通，持券者随时在区公所兑换，各乡村均作各种款项收缴。

13. 湄潭

1932 年，被招安的袁景文部驻扎于湄潭永兴镇，要当地政府筹款 2000 元充作军饷，地方迫于无奈，就成立了金瑞祥钱庄，发行钱票以抵军需。该票石印，面额为 1000 文，6500 文合 1 块银圆，在永兴镇流通了 3 年多。据法币改革前调查，湄潭使用铜仁钱庄发行的钱票，发行者为德泰隆、德盛隆、盛裕隆，均按票面价值九六折兑银圆 1 块。

14. 余庆

据法币改革前调查，余庆县使用铜仁县德泰隆钱庄发行的钱票，按九六折兑银圆 1 元使用。

15. 务川

晚清务川商贸日趋频繁，尤其与四川贸易较多，一些殷实商家，在土特产上市季节，因资金周转不便，"欠条"时有存在，后逐渐演变成"商钞"。清末民初，四川商人在县城南门开设"全盛昌商号"，发行兑票。民国 24 年年底，中央银行发行的纸币进入县内流通，因无辅币，市面交易不便。务川以食盐合作社名义，发行 1 分（墨色）、2 分（褐色）和 5 分（红色）三种面额的钱票共 200 元，限在务川县城及郊区流通，到民国 25 年底，因假辅币出现，限期收回，停止流通。

16. 赤水

清末，赤水有裕义公钱庄和太乙店钱庄发行纸币，民国初期歇业。民国初期，赤水庆丰昌钱铺和协义永钱铺各发行有制钱票 2000 张。1924 年，赤水猿市场发行钱票，面额 1 串文。1934 年，赤水县的义成、义太、大义祥、荣盛昌等发行的钱票 11 400 文才能兑换银圆 1 枚。据法币改革前调查，赤水县使用由义成、裕泰、大义祥、荣盛昌四钱庄发行的铜圆票，面额为 1 串，每 11 400 文折合银圆 1 元。商民乐用。

17. 黄平

民国 37 年 8 月，发行金圆券的初期，1 元以下的票券稀少，大额票券流通受阻，有的地方以贴水形式换取小钞，县境内出现以 1 张 5 元券换取 4 张 1 元券；1 张 10 元券换取 7 张 1 元券的情况。为此，县新州商会和旧州等地均发行了面额为 5 分、1 角、2 角、5 角四种面额的街票，限于城内流通。

18. 锦屏

民国 26 年国民革命军陆军独立三十四旅进驻锦屏，所领伙款，多系 5 元、10 元钞券，而市面又缺乏辅币，遂以随军合作社名义发行 5 分、1 角、2 角、5 角四种面额的周转券，俗称"街票"，作为找补之用，该部换防时即收回销毁。

19. 镇远

光绪年间，镇远就有商钞吊票在市面流通，民国 24 年 10 月，县政府财政科发行 100 文、300 文、500 文和 1 吊四种面额的临时钱票，解决市面铜币稀少，成交无法找补的困难。并规定此票在县内与银圆同时流通，"一切粮税、公款概于收受"，同年五月收回销毁。民国 38 年 1 月，中国农民银行、贵州省银行镇远办事处各发行 5 角和 1 元面额的"小额存款条"，流通于镇远市面，于同年 3 月 10 日即通告收回销毁。

20. 黎平

民国 26 年，国民革命军独立三十四旅驻黎平，曾发行过"街票"，面额有 1 分、5 角两种，次年该部调离，"街票"已全部兑换。民国 38 年 7 月 5 日，由于法币贬值很快，物价飞涨，民间为避免损失，广泛流通银圆、银毫和铜圆。为此，由县银行基金内划出 15 000 毫做准备金，发行"银毫周转券"20 000 张，面额为 1 毫、半毫两种，每种 10 000 张，十足兑现，在市场上流通。1949 年 1 月，黎平县银行成立，资本为广东毫洋 1 万枚，曾发行临时辅币流通券 1000 元，面额为 1 分、2 分、5 分、10 分四种，黎平解放前收回。

21. 天柱

民国 26 年，陆军独立三十四旅驻天柱，以随军合作社名义发行 5 分、1 角、2 角、5 角四种面额的"周转券"，在天柱县流通使用，该旅换防时即收回。

22. 从江

民国 28 年，下江县（今从江县下江镇）赖杏林"福兴祥"商号发行"街票"，总额为 10 000 毫（广东银毫），面额有 1 毫、2 毫、5 毫、10 毫四种，约一年时间即停止使用。民国 30 年，从江县丙梅寨（今属丙梅镇所在地）李连昌"和记"商号发行"街票"，有半毫、1 毫两种，在当地流通，约 5 个月即停止使用。

23. 瓮安

县政府财政局曾在县境内发行面额为 1 角、2 角、5 角的纸币，时仅半年，省政府即令停止流通。

24. 福泉

民国 37 年币制改革前夕，平越（今福泉）县银行曾一度发行一银圆为单位的"临时兑换券"，面额有 1 角、5 角、1 元三种，限在县城流通，随时可向该行兑取银圆或按市场银圆折付法币，发行量不多，不久即全部收回。

25. 黔西

1949 年年初，黔西县商会印发面额为 10 吊，总值为 500 元的 "铜圆票"，公告在黔西县城流通，每 10 张兑换银币 1 元，持票者到指定商号兑换，是年 10 月终止。

26. 兴义

1949 年，县银行鉴于市场使用银圆而缺乏辅币作零星找补，用土制白棉夹纸印制 "银圆辅币券"，面额为 5 分、角 1、5 角三种，在县内投放，以解决市场需要，但因城乡人民对纸币已失去信任，不到一个月便收回，并停止发行。

27. 安顺

泰丰字号是清末民初安顺一家十分著名的商号，该号经营中曾发行 "即兑条"，作现金支付，见条即兑，每张面额 100 元，由印刷厂印制，和现金无异。

第四节 民国时期贵州的股票

1938 年，吴鼎昌主持省政，利用当时资金内移、人才集中等有利条件，倡议开发贵州资源、发展贵州经济，以协助西南建设、安定后方，邀约经济部资源委员会，中国银行、交通银行、中国农民银行等单位参加共同筹组 "贵州企业股份有限公司"（简称贵州企业公司），于 1939 年 6 月 1 日在贵阳成立。原订资本额法币 600 万元。于 1940 年 6 月、1942 年 5 月、1943 年 2 月、1947 年 8 月，1948 年 10 月五次增资，并于 1949 年 7 月进行调整。其中国银行、交通银行、中国农民银行三行的 "特种商股" 按 3：2：1 比率投入，连同贵州银行认投部分实占该公司资本总额的 84.15%（图 2-40）。由于中国银行、交通银行两行占总额的 67.6%，超过了资本总额的 2/3，在该公司董事会、监事会内有绝对发言权，从而直接控制了该公司的经营计划、人事安排、财务管理等方面的实权，成为抗战时期大量国家金融资本深入西南地区、转化企业资本的开端。该公

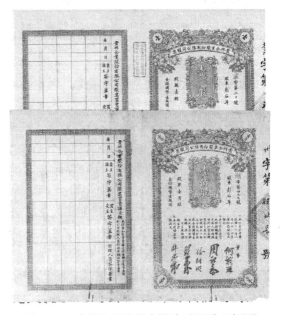

图 2-40 贵州企业股份有限公司股票 "壹股" "壹佰股"

司是为了迎合国民政府战时经济政策，加强贵州资源的开发与利用，以促成西南各省的经济建设。它的经营范围涉及化工、轻重工业、交通运输、矿产、能源、农林业、商业和金融等各项实业。该公司采取自办、合办、投资等多种经营方式，自创办后经营了 10 年，其先后所属的单位达 40 家之多。1949 年 11 月贵阳解放后，该公司被贵阳市军事管制委员会接管。

1947～1948 年，贵阳中、交两行虽然还直接投资贵州煤矿公司、提高质量，中国银行还接办恒毅蛋厂改组为贵州蛋厂，加工产品外销，但因法币急剧贬值，通货恶性膨胀，导致生产全面萎缩而濒临绝境。

抗战时期贵州地方人士组织的股份公司，基本上属于私人集资性质，未向市场公开召股，亦未对外转让股权。贵州企业公司由地方政府发起，其所属工矿企业单位，个人投资数量不大，股东不多，偶有零星小股转让，多由公司在内部处理，因此，直至民国晚年，贵州始终没有具备公开经营证券、股票交易市场的条件，贵阳关东街市场虽投机成风，但无股票、证券上市。①

第五节 红军长征过黔时期的票据

1934 年 10 月 10 日，中央红军开始长征，中华苏维埃共和国国家银行全体人员编入军委直属纵队十五大队，由毛泽民任队长，曹菊如任党委书记，携带了苏区流通的货币、金银资财及印制钞票的主要机器设备，随军出发。同年 12 月上旬到达湘黔边境，12 月分兵两路进入贵州，穿越黔东南、黔北、黔中、黔西南 30 余县，于 1935 年 4 月向云南转进，历时 4 个月。中央红军每到一地，停留休整的时间不过几天。

1935 年 1 月初到达黔北重镇、历史名城遵义，中华苏维埃共和国国家银行设在老城杨柳街（今地区公安处招待所），驻留休整了 10 多天，中共中央在这里召开了具有重大历史意义的"遵义会议"。到达后，随即在天主堂公开发行苏维埃共和国国家银行面额 5 分、1 角、2 角、5 角及 1 元的纸币和金属货币（银圆、铜圆），同时备足食盐、棉纱、布匹等生活、生产资料作为发行准备，并可随时兑换现洋。是月中旬，该行随军撤离前，在狮子桥、丁字口、万寿桥设立临时兑换所与物资供应点，同时发出公告，通知各界人士，人民群众可将流通中的苏维埃国家银行货币兑取现金或购买日用物质，出色地完成了货币的发行与回笼工作。为保证红军给养、维护苏区货币信誉、保障群众切身利益做出了贡献。当地群众在红军到达前，遭受过军阀滥发不兑现纸币所造成的经济损失，两相对比，无不交口称赞，

---

① 钱存浩：《贵州金融市场发展简史》，《贵州金融货币史论丛》，贵州金融学会钱币学会金融研究所，1989 年版，第 74～75 页。

并将纸币珍藏起来。新中国成立后，遵义群众满怀激情将上述纸币捐献给遵义会议纪念馆展览，成为当年红军模范政治工作与模范经济工作的良好证明。[①]

在红军经过的地方，也曾多次使用苏维埃国家银行货币，或购买食物，或赠给老百姓，给贵州各族人民留下了不可磨灭的印象，播下了革命的种子。近年来，通过调查研究，在遵义会议纪念馆，铜仁、黔南州档案馆，以及兴义、毕节、望谟等地群众搜集的几种红军货币有如下几种。

一、红军布币"叁串"

红军布币，布制石印，长 16.2 厘米、宽 8 厘米。双面套印红、黑两色；币面上方为黑仿宋体"全世界无产者联合起来"和"川陕省苏维埃政府工农银行"字样。中间印五角星、镰刀、锤子和拳头组成的图案。下印"叁串"和"一九三三年"等小字。中为椭圆形印章，印文篆字"中华苏维埃共和国川陕省财政委员会币"，并有四行直排隶书"工农货币、不折不扣、市面行使、照值兑换"。藏于黔西县文物管理所[②]（图 2-41）。

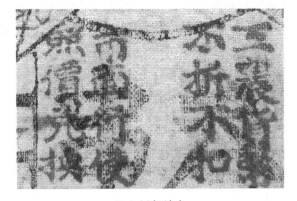

（a）红军布币　　　　　　　　　　　　（b）局部放大

图 2-41　红军布币

二、中华苏维埃共和国国家银行壹圆银币券

中华苏维埃共和国国家银行壹圆银币券长 11.75 厘米、宽 6.8 厘米，版框 11 厘米×5.9 厘米。正面呈茶褐色，上方印横排楷书"中华苏维埃共和国国家银行"12 字；中央为列宁头像；像两侧对读"壹圆"楷体字，分别以五角星衬底；

---

① 钱存浩：《贵州钱币发展史概述》，《贵州金融货币史论丛》，贵州金融学会钱币学会金融研究所，1989 年版，第 302～303 页；万德贵：《遵义钱币轶事》，《贵州钱币资料》，1984 年内部出版，第 60 页。
② 贵州省地方志编纂委员会：《贵州省志 文物志》，贵州人民出版社，2003 年版，第 669 页。

其下有隶书"凭票即付银币壹圆"字样。券之四角，均有立体的白文"壹"字，亦楷体。券面饰以网纹，还有阿拉伯字编号及行长毛泽民的墨色俄文签名。券背面为绿色，上印"国家银行"4字；中为英文"一"字"ONE"；两侧系以五角星衬底的立体阿拉伯字"1"；下为印刷时间"1933"；四角有汉字"壹"字。该券图文清晰，除有竖向平行等距折痕3道，余甚平整。中华苏维埃共和国国家银行兑换券是第二次国内革命战争时期发行的银圆兑换券，毛泽民主持印刷，黄亚光设计，有伍分、壹角、伍角、壹圆等券别，流通于中央苏区（图2-42）。

此券系1934年红军长征经黄平旧州时，付给居民汪少富的柴火费。红军走后，汪将其藏于住房梁柱缝隙内，1988年，其孙拆房发现，由中共黄平县委党史征集研究办公室征集，后移交黄平县文物管理所收藏。[①]

图2-42　中华苏维埃共和国国家银行壹圆银币券

三、中华苏维埃共和国国家银行"贰角"银辅币

中华苏维埃共和国国家银行贰角银辅币由瑞金洋溪造币厂铸，直径24毫米，重5.3克，成色达60%，有1932年、1933年两种版式，正面中心铸"贰角"字样（竖读），上缘铸"中华苏维埃共和国"8字；背面中心地球图案中有镰刀、锤子图形，上缘铸"每五枚当一圆"6字，两边环以麦穗（图2-43）。

图2-43　中华苏维埃共和国国家银行贰角银辅币

---

①　贵州省地方志编纂委员会：《贵州省志文物志》，贵州人民出版社，2003年版，第669～770页。

四、中华苏维埃共和国国家银行"伍角"银圆辅币券

中华苏维埃共和国国家银行"伍角"银圆辅币券 1933 年印制发行。长 10.2 厘米，宽 7 厘米，呈淡紫色。正面为长方形花纹框，框的四周间隔有梅花纹，框的上两拐均印有"伍"字，下两拐均印有"角"字。上缘正中横印"中华苏维埃共和国国家银行"十二字，中间为葵花纹图案，左右两侧各印有"伍"和"角"字，字下端为英文签字。下缘横印"凭票贰张兑换银币壹圆"十字；背面为长方形花纹框，框的上两拐印有"伍"字，下两拐印有"角"字，上缘横印"国家银行"四字，中间为椭圆形葵花纹图案，下缘横印"一九三三年"字样（图 2-44）。

图 2-44 中华苏维埃共和国国家银行伍角银元辅币券

五、中华苏维埃共和国国家银行"五分"铜质辅币

中华苏维埃共和国国家银行"五分"铜质辅币品种较多，正面顶端有一五星、中间为"五分"二字（横读），两边环以麦穗；背面上缘铸"中华苏维埃共和国"字样，下缘铸"每贰拾枚当国币壹圆"字样，中心圆圈内为地图及镰刀、锤子图案①（图 2-45）。

图 2-45 中华苏维埃共和国国家银行五分铜圆

---

① 胡致祥：《红军过贵州使用的货币》，《贵州金融货币史论丛》，贵州金融学会钱币学会金融研究所，1989 年版，第 330~331 页。

六、中华苏维埃共和国国家银行"一分"铜质辅币

中华苏维埃共和国国家银行"一分"铜质辅币品种较多，正面图案与五分铜辅币相似。仅中间为"一分"二字（直读）（图2-46）。

图2-46　中华苏维埃共和国国家银行"一分"铜币

七、中华苏维埃共和国革命战争公债券

中华苏维埃共和国革命战争公债券，以薄白棉纸印刷，长12.3厘米、宽7厘米，面值"伍角"，单色套绿、红两色。绿色框边的四角分别有"伍""角"四字。券面上印有"中华苏维埃共和国革命战争公债券""公历一九三三年""财政人民委员""第二期"等字样，均为"绿色楷书"，字号分"头、二、三、五"四种。主题图案为三个红军战士挺胸执枪的英姿。其上套印"中华苏维埃共和国中央人民政府财政人民委员会"圆形章一方。左印有公债发行人邓子恢的署名及私印。两边的说明文字"一九三三年还本付息""在六月一日以前不准抵缴租税"，为红色三号楷体（图2-47）。

1935年，农历三月十五日，红军长征途径贞丰县白腊寨，请当地布依族农民王学恩带路，给了他六张"公债券"作为报酬。后又写信一封，托交安龙县北乡韦杆（此人早年曾在蔡廷锴部任师长，参加过福建的抗日反蒋斗争，失败后回家赋闲），另酬谢王学恩12个银毫和一把短剑。结果信未送到，原件带回，惜在"文化大革命"中被查抄散失，仅存两张"公债券"。1982年王学恩捐献，现藏于贞丰县文物管理所。[1]

图2-47　中华苏维埃共和国革命战争公债券

---

① 贵州省地方志编纂委员会：《贵州省志·文物志》，贵州人民出版社，2003年版，第770页。

第六节 民国时期贵州票据交换

军阀统治时期，贵州省内金融机构不多，业务简单，银钱业同业之间的划拨清算工作采用相反开户往来或提取现金等结算办法，手续烦琐。抗日战争时期，公私银行日渐增加，多向贵阳的中国银行、交通银行两银行开户往来，并可委托贵阳中国银行、交通银行两行代收他行票据。如遇头寸不足时，亦可临时酌情融通。贵阳中国银行、交通银行两行成为当时省内银钱业的划拨清算中心，而贵阳中央银行尚不能通过票据清算控制银行信用，发挥金融管理的职能。

民国 31 年（1942 年）6 月，中央银行首先在重庆举办票据交换活动。贵阳中央银行限于条件，延至民国 34 年 2 月 19 日在贵阳市正式开办同城票据交换工作，并规定如下几个方面的内容。①凡参加票据交换的银行（号），须认缴保证金及保证准备。保证金以现金缴纳，照计利息；保证准备金可以政府公债券抵缴，其额度因货币不断贬值，曾多次调控。②参加交换的银行（号）应在贵阳中央银行开立存款户，保留一定金额，以便各交换银行（号）抵缴当日票据交换后所发生的差额；如遇存款金额不敷支付差额时，应再规定时间（当天下午营业终了后半小时）内补足。交换行（号）如因头寸不足，可向同业拆借抵补，也可向贵阳中央银行办理拆借手续，但拆倍数量不得超过所缴保证准备额度，期限为 1 天。③参加交换银行（号）如因故退票，应按贵阳市银行业同业公会制订的退票理由，填写"退票理内书"，在当日规定时间内将票据退还贵阳中央银行，以便转知关系行冲账。交换行（号）不得任意退票。如因退票发生存款金额不敷支付其交换差额时，应于规定时限内补足。④参加交换银行（号）应按月将其资产负债表、财产目录等表报，送交贵阳中央银行备查。各行（号）如有违反票据交换办法或因头寸不敷，又不能如限补足，以及有其他不法行为时，贵阳中央银行可随时派员突击检查各项账目，并视情节轻重，分别给予书面警告、暂停交换或撤销交换资格等处分。

贵阳市开办票据交换业务的 10 天（民国 34 年 2 月 19 日至月底）中，共计交换票据 2182 张，总金额为 118 721.13 万元，差额为 64 171.89 万元。民国 34 年 7～12 月交换票据 49 658 张，次年 1～6 月交换票据 58 313 张，累计交换金额分别为 5 130 675 万元和 11 897 751 万元，累计差额分别为 2 092 201 万元和 4 625 943 万元。[1]

① 贵州省地方志编纂委员会：《贵州省志·金融志》，方志出版社，1998 年版，第 185～186 页。

第七节　人民币的发行与票据市场的稳定

新中国成立之初，多种票据在贵州流通，直接影响市场物价的稳定，不利于人民币占领市场。尤其是新中国成立前，一些不法分子利用人民群众对人民币的不信任心理，大肆制造流言蜚语，企图阻止人民币的正常流通，少数民族地区的人民对使用人民币存在诸多顾虑。针对复杂的现实情况，贵州省人民政府根据中央有关指示精神，采取一系列有力措施，整顿金融市场，提高人民币信誉。

贵阳市军管会于 1949 年 11 月 27 日颁布布告，宣布中国人民银行发行的人民币为市场流通的唯一合法货币，一切缴纳、计算、收付、账目、债务均以人民币为结算本币，继续使用银圆记账或计价、拒用人民币者，将给予严厉处罚。同年 12 月 9 日，贵阳市军管会再度发布布告，宣布限期收兑伪银圆券及银圆辅币券。

1950 年 2 月 9 日，贵州省人民政府财经委员会发出《关于禁用银圆的指示》，随后各地区相继发出禁银布告，开始了一场从城市逐渐扩展到乡村的禁银工作。从 1950 年 2 月 20 日起，以不予兑换的硬性冻结方式禁用银圆。同时为减少人民群众的损失，中国人民银行贵州分行按一定比价限期收兑银圆券，并予以销毁。至 1950 年年底，全省半数以上的县取得了禁银工作的胜利，其余的各县也在 1951 年内完成了禁银工作。通过开展禁银斗争，人民币占领了全省市场，从根本上整顿了金融秩序，对稳定市场物价发挥了重要作用。

为提高人民币的信誉从而使之在少数民族地区正常流通，贵州省人民政府采取行政手段与经济办法相结合的措施，一方面加强对人民群众的宣传教育；另一方面坚持以物资为后盾，促进人民币在少数民族地区的流通。中国人民银行贵州分行和贸易公司抽调大批干部组成经济工作队，携带人民币和食盐、布匹等重要生活物资，深入少数民族地区进行收购和推销。少数民族地区的农民出售农副产品后，即可得到人民币，又可以合理价格购买到生活必需品，使人民币在方便买卖的实际过程中提高信誉。这在当时起到了繁荣少数民族地区经济、保障人民生活的重要作用。由于建立了良好的信用，少数民族地区的人民消除了对人民币信用的担心及重物轻币的心理。自此，人民币正式在贵州少数民族地区畅通无阻，并完全取代了之前各类失去信用、损害人民利益的票据，成为商品经济发展的通行证，为社会经济快速发展提供了保证和支持。因此，新中国成立后贵州在党的领导下，取得经济和文化方面的重大成就，达到了前所未有的水平，开始走上繁荣昌盛的大道，这是其重要原因之一。[①]

---

① 王敏：《论信用票据的发展与民族地区社会文化的变迁：以贵州少数民族地区信用票据演进为考据》，《东南学术》2012 年第 5 期。

第三章 云南票据

　　云南地处祖国西南边疆，与缅甸、越南、老挝接壤，历史上是一个开发较晚、经济文化落后的边疆多民族省份。由于历史经济条件的影响，17世纪以来的云南货币历史，曾长期停滞于主要行使原始贝币的阶段。直到明朝崇祯年间才开始大规模铸用铜币，贝币才退出货币流通领域，这反映了云南古代社会经济发展缓慢的落后面貌。清代，云南币制仍以银锭、银币为主，铜钱为辅。到了近代，中国逐渐沦为半殖民地、半封建社会，云南也遭受清王朝、地方军阀、蒋介石政权统治的压迫和帝国主义的侵略，全省政治、经济和社会状况，也发生了同样性质的变化。民国时期，纸币开始大规模使用流通。历次重大的政治变革和经济状况的变化，无不对地方的金融货币产生重大影响。云南近代货币历史既是中国半殖民地、半封建社会货币的缩影，也具有比较明显的地方特点。主要表现在：使用实物货币的时间很长，本地区的金属铸币、印刷的纸币流通较晚；各个社会发展阶段中，多种货币形态共存的现象突出。云南历史货币的这些特点，反映了长期以来云南商品经济发展缓慢，且各地区之间的发展极不平衡的历史事实。

第一节 黄 金

　　历史上云南黄金产量比较丰富。元朝时期就铸造"金叶"形式的货币，民国时期又铸造发行过多种金币。这些金币是以完备的姿态投入流通领域的，堪称真正流通的货币。

　　中国货币史学家彭信威先生曾经说道，我国很少铸造金币，能称为具备货币各种职能的金币更为稀少。云南却是铸造、流通金币的主要地区，其主要形态有以下几种。

一、金叶

　　云南金叶的铸造和流通自元代开始。据《新纂云南通志》记载："省会……

图3-1　民国时期云南"衡记"十足金叶

金箔铺能造金箔、银箔，以金所用为广，仅昆明有数家，子孙世传，密不授徒。……云南金箔之制造，盖始于元也。"金箔，即金叶不仅作为货币，流通于国内，同时也是对外贸易的支付手段。清同治年间，人民以足色金叶交纳课金。清末民初，金叶被用于边境贸易。抗日战争时期，我国大部分地区沦陷，交通阻塞，滇缅公路成为对外贸易的交通要道。缅甸商人的巨额交易结算需要金叶，昆明金箔铺及银楼金店的金叶生产增加，流通于市，并进入黄金市场。据1943年2月8日《云南日报》所载黄金行情，首饰金每购价计法币5900元，金叶每两5700元，金条售出每两5600元，收进5500元。可以看出，金叶的价值高于流通中的金条[①]（图3-1）。

二、拥护共和纪念金币

拥护共和纪念金币，是在云南特定的历史条件下所铸发的。民国7年第一次世界大战结束，美国禁银出口，国际银价上涨，金价跌落，世界发生银荒风潮，银贵金贱为200余年来所未有。云南白银外流严重，硬币缺乏，民国8年，云南地方政府利用"银贵金贱"的机会，由香港购进大量黄金，仅民国8~9两年，由蒙自海关进口的黄金就值关平银486万两，并用以铸造金币。唐继尧决定铸发金币（图3-2），由富滇银行发行。金币分为两种：一种每枚重库平二钱五分（实重二钱四分），当本省通用银币十元，于民国8年10月9日开始发行，当年底，共计发行900万元左右。次年又增发一种当银币五元拥护共和纪念金币，每枚重一钱二分五厘（实重一钱二分），发行总额超过600万元，两种金币总计发行额约1500万元。市场流通无阻，很受欢迎。政府获利约300万元之巨。这是十足的流通货币。

民国11年，金价回涨，由原购进价黄金每市两三十七八元涨至五十四五元，且尚有续涨之势。各商因有利可图，将所分黄金纷纷运至港沪或缅甸销售。市场流通的金币除一部分被各金铺收购销毁、运出港沪，一部分又被法国东方汇理银行吸收运走。金价继续上涨，云南富滇银行即发布公告限期收毁金币，远港出售，但其数不多。[②]

---

① 汤国彦：《云南历史货币》，云南人民出版社，1989年版，第37页。

② 汤国彦：《云南历史货币》，云南人民出版社，1989年版，第38页。

图 3-2　1916 年唐继尧正面像拥护共和纪念　　　图 3-3　1919 年唐继尧像拥护共和纪念币
　　　拾圆金币（旗下无"1"版）　　　　　　　　　当银币拾圆金币

　　1919 年唐继尧拥护共和纪念库平三钱六分金币。直径 2.5 厘米，重 8.96 克，由云南富滇银行发行，正面镌唐继尧头像及"军务院抚军长唐"字样，背面中央镌五角星及铁血十八星旗与五色旗，双旗下镌"1"字，外围镌"拥护共和纪念币"、"当银币拾圆"（图 3-3）。

图 3-4　1919 年唐继尧像拥护共和纪念币当
银币伍圆金币

　　1919 年，唐继尧像拥护共和纪念币当银币伍圆金币，由云南富滇银行发行，直径 2 厘米，正面镌唐继尧头像及"军务院抚军长唐"字样，背面中央镌五角星及铁血十八星旗与五色旗，双旗下镌"2"字，外围镌"拥护共和纪念币""当银币伍圆"。

　　另附：

　　纪念币上面为何有数字"1""2"，以及为何某些拾圆金币上无数字？王祥进先生在《唐继尧像拥护共和纪念拾圆金币》一文中做出了解释："拾圆金币在 1919 年 10 月最先发行。伍圆金币也要发行，但有所延迟，于次年年初发行。为什么要延迟？1935 年一组云南金币被捐赠给了大英博物馆，连同一起捐赠的还有一封短信，上面给出了答案：拾圆金币发行后，有人从造币厂盗走了币模，之后造币厂就准备了新的币模，并刻上了数字 1 或者 2 以表明它们是真品。"[①]（图 3-4）

三、军用金币

　　1920 年，滇军内讧，唐继尧仓皇逃亡香港。民国 11 年 2 月，唐率领驻广西

---

　　① 王祥进：《唐继尧像拥护共和纪念拾圆金币》，《安徽钱币》2009 年第 3 期。

南宁、柳州的滇军旧部打回云南，击败叛军顾品珍部，重主滇政。在此次军事行动中，因军饷缺乏，即用黄金铸币、发放军饷，军用金币面额分为"当银币拾元"和"当银币伍元"两种金币。正面直书"当银币伍元"及"当银币拾元"字样，左右各有一个"十"花点，沿边有齿纹，光背。当拾元金币重一钱六分六厘六毫，当伍元金币重八分三厘六毫，较纪念金币分别减重七分三厘四毫和三分六厘九毫，含金量均为90%（图3-5）。民国11年由富滇银行垫款收兑。根据富滇银行账面记载：民国11年5月3日，收兑军用金币边款余额为1100元；同年10月27日止余额已达77 076元。显然这不足以说明军用金币的发行总数。①

　　（a）云南军用金币当银币拾元　　　　（b）云南军用金币当银币伍元

图3-5　军用金币

四、"滇"字金币

　　民国14年，唐继尧的部属范石生军长，在移军广西百色地区时，曾铸造过"滇"字伍元和拾元两种军用金币，均极为稀见，为中国唯一军事用途流通金币，铸量甚少。"滇"字金币的正面均铸有谷穗两束，分列左右，中心铸一"滇"字，"滇"字左下一撇贯穿上面一横，钱背铸"伍元金币"和"拾元金币"字样。民国初年，我国金属铸币多以嘉禾和谷穗图案作为币纹，象征人寿年丰；"滇"字金币的币值又与唐继尧所铸拥护共和纪念金币及军用金币完全相同①（图3-6）。

　（a）民国14年云南"滇"字拾元金币　　　（b）民国16年云南"滇"字伍元金币
　　　（直径20毫米，重量5.1克）　　　　　　（直径16.1毫米，重量2.6克）

图3-6　"滇"字金币

---

① 汤国彦：《云南历史货币》，云南人民出版社，1989年版，第38页。

五、厂条

云南市场上，流通的主要是中央造币厂昆明分厂和云南铸币所制造货币。民国 34 年，中央银行收兑"黄金存款单"，铸造和发行了 4 钱、5 两等类别的厂条。4 钱（12.5 克）厂条，长 2.9 厘米，宽 1.76 厘米，高 0.15 厘米，成色 99.5%。1 两（31.25 克）厂条，长 3.3 厘米，宽 2.55 厘米，高 0.1 厘米，成色 99.5%。5 两（156.2 克）厂条，长 3.57 厘米，宽 2.5 厘米，高 0.52 厘米，成色 99.5%。其余厂条造型相同（图 3-7）。

1949 年年底，云南省银币铸造所铸造金条，重量有 5 钱、1 两、5 两、10 两，1 两金条正面镌有"云南省银行标准赤金成色九九重量壹市两"字样。其余厂条造型相同。据云南省财政厅档案（57-3-167）载：从 1949 年 11 月 16 日至 1950 年 1 月 15 日，共计铸造每条重 5 市两金条 2040 条，计重 10 200 市两。[①]

图 3-7 民国 34 年中央造币厂昆明分厂 1 两厂条

第二节 银 圆

宣统二年（1910 年）四月，清朝廷发布《国币则例》，正式用银圆本位制度。货币单位为元，以一元银币为主币，重库平七钱二分，含纯银六钱四分八厘。次年着手统一银币形式，试铸"大清银币"。1914 年，北洋政府公布《国币条例》《施行细则》，随即铸造袁像银圆，作为本位币在全国普遍流通。在全国普遍实行银圆本位的情况下，唯独云南把半元银辅币作主币，长期广为流通，竟发展为独此一家的"半开本位"。所谓"半开本位"实际上就是把被云南人称之为"半开"的，不足值的五角银辅币作为主币，在行使时不受限制，并以半开银币

① 云南地方志编纂委员会：《云南省志·金融志》，云南人民出版社，1994 年版，第 56～57 页。

两枚作值一元。

一、光绪元宝、宣统元宝

光绪三十二年（1906 年）冬，清政府在天津成立户部造币总厂，铸造"光绪元宝"和"大清银币"，并批准云南设立分厂，厂址在今昆明市钱局街。机器由德国进口，技工从四川调来，总厂配发祖模，于 1907 年 11 月建成投产，这是云南机铸银圆的开始。至宣统三年（1911 年）止，共铸造一元银圆 2 891 539 枚、半元银币 5 432 274 枚、二角银币 74 304 枚。市面流通的本省银币共有 15 个版式，以"光绪元宝""宣统元宝"为代表的滇铸银币，背面用"龙"为图案，象征清代皇权，制作精美（图 3-8、图 3-9）。"光绪元宝"民间称为"满龙"银圆，为佳品，泉界把它称为"老云南"银币，用以同以后滇铸背文无英文的"团龙"版式新云南银币相区别（图 3-8）。同期还铸造了少量的"大清宣统宝云""庚戌春季云南造宣统元宝"（图 3-10）一元的试版币，这两种的试版币传世稀少。这一时期，由于使用银圆的风气初开，用银两的习惯势力很大，加之自铸银圆数量很有限，故在商品交易时银圆与银两搭配使用。大宗交易，商家三成用银圆，七成仍为银锭。

图 3-8　云南省造光绪元宝

图 3-9　云南省造宣统元宝　　　　图 3-10　1910 年庚戌春季云南造宣统元宝库平七钱二分

二、唐继尧拥护共和纪念银币

在辛亥革命的影响下，1911 年，云南举行"重九"（即夏历九月初九日）起义，建立了军都督府。为了解决财政困难、稳定金融，决定建立地方政府金融机构——富滇银行。1912 年 2 月，政府发出告示，明令富滇银行"发行各种纸币与银圆，一律通用。凡一切钱粮匪税均用此种纸币缴纳，军饷、官俸亦用此种纸币开支，民间买卖物品采用此种纸市交易"。这个告示的实质是确定了以银圆为本位，在全国是继四川省之后"改两用元"的第二个省份。

云南老银币中除了光绪元宝、宣统元宝老版龙外，还有银币收藏者青睐的一个品种，那就是唐继尧拥护共和纪念银币。辛亥革命胜利，云南军都督府接管了造币分厂，后改为云南造币厂，自行铸币。曾铸造"拥护共和"纪念银币和试版银币。先铸的老版"拥护共和"纪念币（俗称唐像银币）由于唐像过度侧视，铸额不多，随即停铸。公开发行的仅有半元一种。新版"拥护共和"纪念银币，也是五角银币，与老云南半元银币成色一致，共铸发 200 万枚。试铸币中有两个版式的唐像一元银币。由于这批银币质优色足，后被销熔改铸，传世较少。此币有唐继尧正面像和侧面像两种，而唐继尧侧面像银币（收藏界俗称唐侧）存量远远少于其正像银币，这便是它备受藏家追捧的原因。

说到唐继尧拥护共和纪念银币，不能不说唐继尧。唐继尧是云南会泽人，1908 年毕业于日本陆军士官学校，1905 年秋加入同盟会，1909 年毕业归国回滇，历任清陆军督练公所参谋处提调，陆军讲武堂教官、监督、新军管长。1912 年，他率军北伐，任贵州都督，次年调任云南都督。1915 年与蔡锷等通电全国反对袁世凯称帝，任护国都督兼第三军总司令。1916 年 5 月，独立的各省在广东肇庆成立护国军军务院，唐继尧任军务院抚军长，继续讨袁战争。1917 年，护法运动又将唐继尧推向靖国联军总司令和元帅的高位。1927 年 2 月，部将胡若愚、龙云、张汝骥、李选廷等发动兵变，威逼唐继尧去职。同年 5 月 23 日唐继尧含恨病逝，葬于昆明园通山。

唐继尧纪念银币是辛亥革命后军阀割据时期发行流通的货币产物。1917 年 8 月，云南造币厂为纪念共和历史，开铸了唐继尧侧面像纪念银币，后因"模型未臻完美，不便赓续多铸"，致使该币停铸并流传甚少（图 3-11）。1918 年 10 月 1 日，云南造币厂在前铸模型的基础上加以改良，后开铸新模，即唐继尧正面像三钱六分纪念银币。该币正面图案珠圈内是唐继尧侧面戎装肖像，上有"军务院抚军长唐"七字，下为嘉禾花饰。背面珠圈内两面交叉的双旗，一面是五色共和旗，另一面是红底黑九色十八星旗，也是辛亥革命时期革命军的军旗，又称铁血旗，上有"拥护共和纪念"六字，下为"库平三钱六分"币值。唐侧与正像的区别是，唐继尧头像较大，头像外无圆圈，下方无嘉禾图案。唐侧银币成色为88%，含银量比正像略高（图 3-12）。

据不完全统计，1912～1931 年，云南造币厂（包括部办时期）一共铸造各种银币 48 200 万枚（包括富滇银行委托商家附铸和自铸自发的），按规定比价折合大元 17 821 万元，其中一元银主币 21 万元，占铸币总额的 0.12%。五角银辅币（云南称为"半开"）13 674 万元，占铸币总额的 76.73%（图 3-13）。二角银辅币（云南称为双毫）4086 万元，占铸币总额的 22.93%（图 3-14）。一角银辅币（云南称为单毫）40 万元，占持币总额的 0.22%。相比同期富滇银行发行的纸币额 9200 万元，超过了 93.7%。滇铸半开银币实际上成为当时云南货币市场上的主要货币。这一时期半开银币的成色逐年下降。初铸"满龙"含银为 82%，"护国"前铸的"细龙"含银量降为 73%，后来铸的"旗版"含银量还不到 40%。

图 3-11　唐继尧拥护共和纪念侧面
像半元银币

图 3-12　1917 年唐继尧拥护共和
纪念库平三钱六分银币

图 3-13　民国 21 年云南省造双旗半元银币
（双旗半开）

图 3-14　民国 21 年云南省造双旗贰角银币
（双旗双毫）

三、云南"富"字、鹿头银币

目前有两种来路不明的银币："富"字及鹿头银币，人们对其来源众说纷纭。"富"字银币，正面只有一汉字篆书"富"字（故称"富"字银币），背面为老挝文（也有人认为是缅甸文）和中文标示的面值。面值有"半两正银""一两正银"两种（图3-15、图3-16）。鹿头银币，正面中央为一只长角的雄鹿头侧面图案（故称鹿头银币），背面为老挝文（也有人认为是缅甸文）和中文"正银一两"标示面值。鹿头图案有大鹿头、小鹿头之别，其中大鹿头版别较为罕见（图3-17）。由于这两种银币未见诸史籍记载，加之其图案、文字设计简单，没有发行国家（或地区）名称或识别标志，也没有发行年份，因此钱币集藏研究者对其铸造国家（或地区）、铸造时间等问题进行了深入研究，发表了不少真知灼见，但见仁见智，迄今仍未取得一致意见。①主要有以下几种观点。

---

① 郁祥祯：《缅界鹿头富字银币的查证》，《中国钱币》1984 年第 3 期；林国明：《云南鹿头及富字银币》，《中国钱币》1985 年第 3 期；雷加明：《对〈富字银币的源起〉一文的商榷》，《中国钱币》1987 年第 1 期；郁祥祯：《〈富字银币的源起〉存疑》，《中国钱币》1987 年第 1 期。

第一种观点认为，"富"字及鹿头银币为第二次世界大战之际中缅边境及云南等地驻军所造，为远征军发饷使用。1949 年 6 月，上海出版的施嘉干编著的《中国近代铸币汇考》最早提出这一说法。其主要论据是："富"字及鹿头银币重量标准与中国漕平相等；币面有中文"富"字，背面有中文及缅甸文面值；第二次世界大战结束后，当时云南省主席卢汉曾以"富"字银币作为军饷发放。施嘉干（1896～1975）是中国近现代钱币收藏大家，其著作《中国近代铸币汇考》一书，在将近半个世纪的岁月里，始终是收藏和研究中国近现代机制钱币必备的重要著作，影响极其深远。因此这一说法流行很广，连 1972 年美国克劳斯出版社编著出版的权威性硬币图谱《世界硬币标准目录》都认同这一观点，将有关"富"字及鹿头银币内容列入"老挝、中国—云南、缅甸"的章节中。

第二种观点认为，"富"字及鹿头银币是"老挝的铸币"，在中南半岛流通使用。这种说法的依据是，银币背面有老挝文字标注的面值，而且这些银币在老挝、越南境内流通使用过。1993 年广西钱币学会和云南钱币研究会联合编著出版的《越南历史货币》就是持这种观点，该书将"富"字、鹿头银币列入曾在越南使用过的"老挝银币"。

第三种观点认为，"富"字及鹿头银币是第二次世界大战期间法国管辖下的"印度支那殖民地政府"（即中南半岛，包括今越南、老挝、柬埔寨三个国家）在今越南河内铸造发行、用来向印度半岛山区部落农民购买鸦片的货币。1987 年，法国研究东方钱币专家费郎索瓦·蒂埃里在《中国钱币》上撰文，第一次提出这种观点。他指出该银币文字及币图是由法国人勒内·梅西埃设计绘制的，并附上银币的设计图案与相关文件复印件，还详细说明了"富"字及鹿头银币发行的历史背景。该观点认为，当时法国殖民统治下的印度允许鸦片自由买卖、政府收税，来自鸦片贸易的税收所得占殖民政府收入的四分之一。鸦片贸易习惯使用银币结算，使用的银币以法国在越南铸造发行的法属印度贸易银圆为主，其正式名称为"安南贸易银圆"，俗称"坐洋"。但 1928 年后，安南贸易银圆停止制作，银币来源日益减少。而印度半岛山区部落农民拒收纸币或其他非银质货币。为保证鸦片贸易的持续开展，法国殖民地政府便搜罗各类银器熔化，制作成钱币形状的银饼用于鸦片贸易。第二次世界大战结束后，中南半岛北部由当时云南省政府主席卢汉率领的部队接收。卢汉所部搜刮了大批财富，其中包括不少"富"字及鹿头银币，当作军饷发放。第二次世界大战结束，法国兵离开越南时也带走了大量的"富"字银币作为纪念，因此，直至 20 世纪 80 年代，在法国的钱币商店仍可以大量购买到这种银币。[①]美国克劳斯出版社出版的《世界硬币标准目录》（1997 版）也已将"富"字及鹿头银币改列入"法属印度支那"栏目中，并且注明该组银币是"1943～1944 年法国维希殖民政府

---

① ［法］费郎索瓦·蒂埃里：《富字银币的源起》，《中国钱币》1986 年第 3 期。

财政部监督下在越南河内铸造，以应老挝及（越南）东京边境繁忙的鸦片贸易之需"。①

目前第三种观点已得到钱币集藏界较多研究者的认同。但关于铸造和发行时间、地点等依然还有争论。看来要解开"富"字及鹿头银币的来源之谜，还有赖于发掘更可靠的原始档案文献或当事人回忆等材料。

关于"富"字银币币和鹿头银币之间的文字差异。费郎索瓦·蒂埃里指出，此两种硬币上的文字是不同的："前者的汉字是'一两（或半两）正银'而这种表达法，在汉语语法上是不正确的。因为在汉语中，限定词（此处为'正银'）应放在被限定词（此处为'一两'）的前面，即应写为'正银一两'，鹿头币上正是这样写的。"富"字币上的老挝文字也存在同样的错误。因为用'一贝正银'来表达不太确切，应该写为'纯银一贝'，正如鹿头币上所写的那样（图3-15；图3-16，图3-17）。由此可以推断：'富字'币由并非精通汉语和老挝语的人所铸造，受本国语言的影响，因而像泰语或越南语那样，将限定词放到了被限定词的后面。"②

关于"小鹿头"银币与"大鹿头"银币之间的区别：小鹿头银币币面鹿头有眼、单耳、双角较平行直立，币背中文字体较大。大鹿头银币币面鹿头无眼、双耳、双角较分岐斜立，版底左上方有一纹斜线条，币背中文字体较小（图3-17）。

另外在2014年11月24日，欧洲知名钱币拍卖公司瑞士NGSA在日内瓦上拍卖了5枚"富"字银币，引起了钱币界广泛关注。此次拍卖的5枚"富"字银币中，出现了3枚极为罕见的样币，包括"富"字一两签字版、"富"字半两签字版、"富"字半两单面样币，这些样币带有罕见的中圆点，在银币背面刻有法语"ESSAI"字样，即"试样"之意。至于单面样币，也是稀见品类。按照NGSA的说法是："它们其实在发行时刻起，就被一些欧洲藏家收藏了，甚至"富"字签字样币，之前从未在市场上出现过。"③（图3-16）

（a）富字银币一两正银   （b）富字银币一两正银签字版

图3-15　富字银币一两

①　叶真铭：《"富"字、鹿头银币之谜》，《江苏钱币》2013年第1期。
②　[法]费郎索瓦·蒂埃里：《富字银币的源起》，《中国钱币》1986年第3期。
③　晓寒：《爆红日内瓦的富字银币》，《收藏》2015年第1期。

（a）富字银币半两正银

（b）富字银币半两正银签字版　　　　　　　　（c）富字半两单面样币

图3-16　富字银币半两

（a）"小鹿头"银币正银一两　　　　　　　　（b）"大鹿头"银币正银一两

图3-17　鹿头银币

四、云南抗战纪念币

　　1948 年 8 月 9 日，国民党政府开始发行金圆券，以法币 300 万元折合金圆券 1 元，并强制收兑民间的金银外币，金圆券并无现金准备，发行又无限制，结果使币值猛跌、物价暴涨。在这种情况下，云南省政府于 1949 年 4 月 1 日实行币值改革，恢复地方货币流通，为解决银币的供应问题，于 5 月 13 日成立云南铸币所，恢复铸造银币。从 7 月 3 日至 1950 年 1 月 15 日止，铸造孙像、袁像壹元银币、半开银币及金条等，其中铸抗战胜利纪念堂贰角银币122 689 万枚。币是新的版式，图案为昆明抗战胜利堂，纪年为"中华民国 38 年"（1949 年）。这批银币成为民国时期最后一批滇铸银币，也是我国铸造时间最晚的银铸币之一。

　　抗日战争中，滇军在卢汉、孙渡等将领的率领下，曾参加著名的台儿庄战

图3-18　1949年抗战胜利纪念堂贰角银币

役，为抗击日寇做出了贡献。抗战胜利，后来的云南省政府主席卢汉又率滇军到越南首都河内接受日军投降。把抗战胜利纪念堂铸在钱币上，正是要让云南人民永远铭记那段历史，记住那些为国捐躯的民族英雄。

云南抗战纪念币，此币直径2.4厘米，重5.5克，正面珠圈内为"贰角银币"，中间有一朵梅花，珠圈上方为"云南省造"，下方为"中华民国三十八年"，中间各用一朵梅花隔开，两侧各有一朵梅花，背面即为"抗战胜利纪念堂"，钱币收藏者一般称之为"小房子"（图3-18）。1945年7月7日，云南省临时参议会建议在云南省城昆明风景优美的云瑞公园（原清代云贵总督衙门旧址）内建一座"志公纪念堂"，目的是"以申景仰，而资纪念"。志公堂筹建期间，迎来了中国人民抗日战争暨世界反法西斯战争的最后胜利。为了欢庆胜利，将志公堂改名为"抗战胜利纪念堂"，"以资纪念吾滇抗战军民"①。1950年改为"人民胜利堂"，2006年被国务院确定为全国重点文物保护单位。

1949年12月云南和平起义后，半开银币仍然继续流通。1950年3月8日，人民银行云南省分行成立，接管云南银币铸造所，鉴于边疆少数民族地区仍准许半开银币继续流通，就利用当时的库存白银，铸造了最后一批半开银币。

第三节　机　制　铜　币

光绪三十二年（1906年）二月，云南省造币厂破土动工，于翌年二月竣工。滇厂创办时期，正值各地铜币泛滥成灾之际，清政府将全国十七省二十处厂局裁撤归并为九处，云南省铜元局造币厂改为度支部云南造币分厂。宣统三年（1911年），度支部颁令统一全国币型。同年九月滇省光复，造币厂暂归云南军政府管理。

一、大中华民国云南铜币

辛亥革命后，云南军都督府将造币厂改归地方。为庆祝"重九"起义的胜利，特新开模铸造一仙铜币。正面中间为五色旗及陆军军旗交叉，上边有"大中华民国"五字，下边环绕"云南铜圆"四字。背面有一个内圆圈中标明币值面额"一仙"二字及嘉禾。整个币型殊周威严，亦示推翻帝制、万众欢腾之意

① 伟奇：《云南抗战纪念币》，《中国商报》2015年9年17日。

（图 3-19）。因"一仙"铜币系试铸币，没有公开发行，故传世极少。公开发行的铜币，仍沿用"滇"字当十、当二十铜圆旧模。至 1914 年，共铸铜圆 3000 万枚，投入市面流通。这时纸币比较稳定，铜圆兑换率下降。一元银圆可兑换当十铜圆 124 枚。

图 3-19　大中华民国云南铜币一仙

二、东川"民国通宝"

制钱制度在云南历史上起过一定积极作用，它取代了古老的贝币，结束云南长期用贝的历史，带动了云南冶金业的发展，增强了边疆与内地的经济联系，促进了商品经济的发展。然而，制钱毕竟是一种低值铸币，显然不能适应近代商品交换日益发展的客观需要，再加上鸦片战争后，外国资本主义把鸦片贸易强加在中国人民的头上，人为地制造了"银贵钱荒"，更加速了其崩溃。清末出现的机制铜元，终于取代制钱，银元制度代替了制钱制度。

事物是复杂的，云南使用制钱经历了一个波浪式的推进过程。同样，停用制钱也经历了长时期渐次淘汰的过程，这是由云南地区经济发展的不平衡所决定的。民国 2 年 2 月 6 日，官商合办的东川矿业公司，在东川铸造"民国通宝"当十铜钱，其样式与制钱相同，每串重 10 斤，可兑换"毛毛钱"10 串，此钱既出，私相仿铸，引起市场混乱，只好停铸并禁止使用（图 3-20）。后又改铸"民国通宝"小钱，流通市场。①

民国通宝是中国方孔钱的收官之作，所铸体式无多，皆为翻砂铸造。民国通宝当十钱为辅币，铸量少，加上民国时期纸币泛滥，所以几乎未流通出去，所以现在传世的很少。东川民国通宝小钱，有显见的版别区分，外圆内方，正面铸"民国通宝"四字，背面从右到左铸有汉文"东川"二字，形制属小平特小型。按铜质分有红铜，重 1.4 克，直径 1.7 厘米；黄铜重 1.9 克，直径 1.87 厘米，黄铜制钱按穿分有广穿和狭穿两类，币面光洁，色泽金黄，铜质细腻，目前所能见到的大多字体模糊不清，全品相币极难寻觅（图 3-21）。

---

① 汤国彦：《云南历史货币》，云南人民出版社，1989 年版，第 21 页。

图 3-20　东川民国通宝当十钱　　　　图 3-21　东川民国通宝小钱

　　1935 年，国民党政权规定禁止一切地方铸造铜圆，只有上海的中央造币厂有铸币权，并开始铸造一分、半分两种古布图铜圆，作为法币的唯一铜辅币流通。法币的推行，"分币"铜圆的发行，正式取代了在中国流通数百年的制钱及其制度，令自光绪末期以来延续了近半个世纪的辅币混乱状态得以结束。1937 年，抗日战争爆发，上海沦陷，中央造币厂内迁重庆，暂时停止了铸造硬币。本已绝迹的各种各样新旧铜圆又被拿出来流通，但很快就被日寇搜刮而去，剩余不多的也被政府收购用于军需铸造。于是全国各地市面铜圆逐渐被淘空，也从根本上使铜圆这种身份特殊、经历坎坷的铜币退出了流通领域。云南东川没有直接受到日军的侵略，因此铜矿的生产一直正常进行，但整个中国国民经济几乎崩溃，物资奇缺，物价飞涨。1939 年 2 月，国民政府撤销东川矿业股份有限公司，成立了官商合办的滇北矿务股份有限公司。当时为了解决货币流通问题，又将东川民国通宝拿出来流通，同时又利用现有的铜资源和人才技术，又铸造了部分东川通宝，这种局面一直持续到云南省解放，东川民国通宝铜币才根本退出了流通领域。1945 年，抗日战争胜利后，国民政府毁掉了曾经很有信用的铜圆，停止了硬通货的铸造，发行纸币作为法定货币。

　　这种东川民国通宝铜币是一件难得的革命历史文物，证明东川的采冶工人对辛亥革命、护国起义、抗日战争作出了有力的贡献。新中国成立后就没有铸造过旧式的方孔钱，东川民国通宝无疑是中国最后一种方孔钱。[①]

三、"拥护共和"纪念铜币

　　民国 5 年，为纪念护国讨袁胜利，特铸造发行"拥护共和"纪念铜币。传世的"拥护共和"纪念铜币，有紫铜和黄铜两种。紫铜"拥护共和"纪念铜币，直径 39 毫米，厚 2.5 毫米，重 25.3 克。正面中间为一个直径 25 毫米，由 113 颗圆珠组成链形圆圈，圈内为唐继尧像，上边右读"纪念铜币"。下边左右各有一束菊花。背面有一个直径 23 毫米、由 90 颗圆珠组成链形圆圈，圈内陆军旗左飘，五色旗右飘，上边右读"云南省造"，下边右读"当制钱五十文"（图 3-22）。黄

铜与紫铜"拥护共和"纪念铜币的区别：一是黄铜版铜币重 21 克；比紫铜版铜币轻 4.5 克；二是黄铜版铜币厚度只有 2 毫米，比紫铜版铜币薄了 0.5 毫米；三是黄铜版铜币背面内圈链形圆珠是 102 颗，较紫铜版铜币多了 12 颗。从两种版式的区别可以推定，紫铜版为先铸，黄铜版为后铸，传世的紫铜版很少，黄铜版比较多。

图 3-22　1916 年唐继尧像拥护共和纪念铜币当制钱五十文

四、铜辅币

"护国"战争以后，云南地方当局外征内战不绝，军需开支浩大，于是在滥发纸币的同时，停铸当十、当二十铜圆，改铸当五十铜圆。1923～1926 年共铸当五十铜圆 400 万枚。这一时期，金融陷于混乱状态，一方面是纸币急速贬值；另一方面，硬币价格上涨、供不应求，市面铜圆不足，货币流通不仅总是失去平衡，而且结构失调，影响到民间正常交易。在这种情况下，商人从省外购进铜圆成为有利可图的买卖。据蒙自海关记载，1925 年从汉口运入当十铜圆 220 万枚，1927 年从天津运入当十铜圆 1250 万枚，从上海运入 1648 万枚；1929 年从上海运入当十铜圆 800 万枚。这些铜圆投入市场后，只是起到一定的缓解作用。

1932 年，云南地方政府决定成立富滇新银行，发行新滇币。同时新铸三种铜辅币。铜辅币与旧铜币的不同之处在于把"当钱"改为"半银"。富滇新银行铸造了三个新版式的铜辅币，即贰仙铜辅币 250 万枚，壹仙铜辅币 61 万枚，伍仙铜辅币 294 万枚。此外还曾铸过紫铜版壹仙铜辅币，传世极少（图 3-23）。

（a）民国 21 年云南省造壹仙铜币

（b）民国 21 年云南省造贰仙铜币

（c）民国 21 年云南省造伍仙铜币

图 3-23　云南铜辅币

1935 年 11 月，南京政府颁发《施行货币管理》，统一全国币制，下令禁止当十、当二十铜圆继续流通。但是南京政府对云南鞭长莫及，滇铸当十、当二十铜圆依然在市面流通。

1937 年 11 月，云南地方政府执行法币政策，新滇币成为法币的辅币。当时，市面小额辅币缺乏。同年，中央银行来滇设行，1939 年造币厂改为中央造币厂昆明分厂，铸造过一分、二分铜辅币共计 5538 万枚。不久，法币急速贬值，大票纷纷出笼，物价飞涨，所谓铜辅币已失去其功能，造币分厂于当年停止铸造铜币。[①]

第四节 机 制 镍 币

云南用镍制造辅币，始于民国 12 年。当时，白银缺乏，价格上涨，造壹毫银辅币余利太小，就从日本购进原料，制造壹毫、半毫两种镍币，投放市场，可获加倍的利润（图 3-24）。至民国 15 年，共铸半毫镍币 78 万枚、壹毫镍币 3822 万枚，共折合半开银币 380 万元。两种镍币的主要流通区域是滇西楚雄以上、大理以北、永胜以南一带，滇东北昭通、镇雄、巧家等地。由于富滇银行纸币贬值，在滇东北一带，以镍币为计价记账单位，成为镍币区。1927 年，云南地方当局继续铸造和发行镍币，因半毫银币面额太小，专铸壹毫镍币。1927 ~ 1935 年，共铸壹毫镍币 1.55 亿枚。折合半开银币 393 万元。为防止假冒，1924 年曾将壹毫镍币改用新模制造，新版式的壹毫镍币仍用老图案，较前轻薄，且增加了一道滚边工艺。改铸的新镍币和旧镍币同时行使，然后，陆续收回旧镍币，重新改铸使用。

民国 26 年云南执行中央法币政策，镍币也成为法币的辅币。初期，从广西等地运来镍币。民国 28 年，云南造币厂改为中央造币厂昆明分厂后。每月铸造镍币 30 万枚，1940 ~ 1942 年共铸造九种版式的镍币 8779 万枚，其中五分镍币 1744 万枚；十分镍币 6312 万枚；廿分镍币 168 万枚；半元镍币 555 万枚。后由于恶性通货膨胀，铸币的成本高于面值，遂停止铸造和使用。

民国 37 年 8 月，金圆券出笼，为解决辅币不足的困难，国民政府财政部宣布镍币为金圆券的辅币，准许滇铸银币壹毫折合金圆券一角。以后，金圆券崩溃，镍币也随之退出历史舞台[②]。

---

① 汤国彦：《云南历史货币》，云南人民出版社，1989 年版，第 34 页。
② 汤国彦：《云南历史货币》，云南人民出版社，1989 年版，第 35 页。

（a）民国 12 年云南半毫镍币　　　　（b）民国 12 年云南壹毫镍币

图 3-24　云南镍币

第五节　纸　币

民国时期，纸币开始大规模使用流通。在近现代，云南纸币既脱离不了中央政权的控制，又保持着浓郁的地方色彩，具有多元化和不平衡的特点。

当时，在城市重镇及交通沿线，云南地方纸币和国民政府纸币占有主导地位。云南官钱局由云贵总督锡良奏准设立，于光绪三十三年开业。次年，官钱局为推广其新印制的纸钞，在昆明云南造币厂门头内之车厢附设售钱处，意在开通滇省使用纸钞的风气。当时曾印制了七钱二分（合龙洋一枚）、三两陆钱（合龙洋五枚）银币票及壹串文制钱票三种，以供民间试用（图 3-25）。云南官钱局发行的纸币印数极少，是清代各官钱局中唯一采用以两、钱为计值单位的官方纸币，是云南历史上首次发行的纸币，后经收兑销毁，留存世间者颇罕，可谓是凤毛麟角之物了。

在少数民族地区，由于商品经济不发达，商品观念淡薄，交换大多处于以物易物阶段，充当等价物的有盐块、鸦片、粮食、布匹、茶叶等，纸币很少被接受和流通，留下来的也不多见，因此，云南各种地方发行的钞票极其珍贵。

图 3-25　光绪三十三年（1907 年）云南官钱局公估纹银七钱二分

一、富滇银行纸币

清代，云南的财政收入主要靠中央政府补贴及邻省协济。在辛亥革命的影响下，1911 年云南举行"重九"（即夏历九月初九日）起义，建立了军都督府。辛亥革命后，云南脱离清廷，各省亦纷纷独立，原先的拨款和协饷骤停，而南京临时政府又无力接济。为了解决财政困难、稳定金融，决定建立地方政府金融机构——富滇银行。1912 年 2 月 4 日，云南财政实业司发出告示，明令富滇银行"发行各种纸币与银元，一律通用。凡一切钱粮匣税均用此种纸币缴纳，军饷、官俸亦用此种纸币开支，民间买卖物品采用此种纸币交易，不准私自折扣，妄加抑勒……倘有无知愚民，意存狐疑不肯收纳、造言生事，拒绝行使者，或经查出，或被告发，一经查实，即禀请军都督府以军法从事，决不姑宽"①。这个告示的实质是确定了以银圆为本位的制度，在全国是继四川省之后"改两用元"的第二个省份。

富滇银行的前身是 1911 年蔡锷创办的云南全省公钱局，1912 年改组为省立富滇银行，史称旧富滇银行。自铸半开银圆 150 万元做准备金，发行纸币（俗称老滇币）。以 3 元滇票抵半开 1 元，共同流通，由财政司发行不同面额纸币，有"壹圆、伍圆、拾圆"数种（图 3-26）。滇票可兑换银圆，在云南尚属创举。富滇银行属官办性质，形成其优越地位。除办理各类存、放款，兑换外国货币及买卖生金银，经营各种票据及保管贵重物品，期票贴现、受政府委托办理国家及地方公债，省内外汇兑及银单押汇等业务外，还具有发行纸币的中央银行职能，并代表省政府执行地方金融政策、统制外汇等工作，"实滇省金融机关之中心也"，在云南省的发展史上起过重要作用。

由于军阀混战，云南的财政金融濒于破产。民国 18 年财政赤字达 800 余万元，政府积欠富滇银行的款项，已由 1927 年的 2900 万元上升到 1929 年的 7700 多万元。财政金融危机到了危及统治集团利益的地步，鉴于旧富滇银行信用已受损、社会形象不佳，省府便借整理金融之机另行筹建新富滇银行，"乃由省政府会议议决，结束旧的富滇银行，成立富滇新银行"，并用征收来的入口货特捐及禁烟收入等到香港、上海等地购回银条，铸造半开银圆，用作新富行的准备金。至 1932 年，共筹获基金 1600 万元，新富滇银行宣布成立，李培炎任行长，于当年 9 月 1 日开始营业。总行设于昆明威远街，省内外分行有上海、个旧、下关、昭通、曲靖、开化、丽江、腾冲等 8 处；办事处有香港、河口、东川、顺宁、保山 5 处。

新富滇银行不再代理省金库，省政府亦不向新行举债，以防重演财政金融互相拖累的悲剧。民国 22 年 7 月 31 日，富滇新银行发行纸币（俗称新滇币）1500 万元，由美国钞票公司印刷，有"壹圆、伍圆、拾圆、伍拾圆、壹佰圆"

---

① 中国人民银行云南省分行金融研究所：《云南近代货币史资料汇编》，内部出版，第 106 页。

等五种，又有伍仙、拾仙、贰拾仙、伍拾仙等铜圆仙票（分票）三种，为财政厅印刷局印刷。新滇币的背后一般都有画押式样"其命维新"四字。省政府规定以新滇行发行的新滇票为全省通用货币，可按 1 : 1 的比率兑换滇铸半开银圆。旧滇行原先发行过的老滇票，由新滇行以新币 1 元折旧币 5 元的比率陆续收回销毁。云南省政府历年积欠富滇银行的 4500 万元的债务及富滇银行历年亏损的 500 多万元都在富滇新银行成立时，在一片"其命维新"声中烟消云散。富滇新行继续发挥着"中央银行"的作用①（图 3–26）。

富滇银行自成立至云南解放前夕的 30 多年中，依靠官府势力，仰仗其发行滇币的优越地位，一直扮演云南地方央行的特殊角色，成为滇系军阀统治云南不可或缺的金融工具，在云南省的发展史上起过重要作用（图 3–27）。

（a）1913 年云南富滇银行拾圆券

（b）1918 年富滇银行拾圆券（上印金马碧鸡牌坊和五华山风景图，背印洱海风景）

（c）1927 年富滇银行拾圆券

图 3–26　富滇银行纸币

---

① 谯慧：《云南历史上发行的地方钱币（上）》，《收藏（拍卖）》，2012 年第 03 期。

（a）1929 年富滇新银行壹圆券（正面为金马鸡蛋图案）

（b）1929 年富滇新银行伍圆券（正面为金马鸡蛋图案）

（c）1929 年富滇新银行拾圆券、伍拾圆券

（d）1929 年富滇新银行壹佰圆券

（e）1933 年富滇新银行伍仙券

（f）1933 年富滇新银行拾仙券

（g）1933 年富滇新银行贰拾仙券

（h）1933 年富滇新银行伍拾仙券

图 3-27　富滇新银行纸币

二、云南殖边银行兑换券

在富滇银行增发纸币的同时，官商合办的殖边银行云南分行也发行兑换券，借以套取资金、扩大经营。

民国元年，徐绍桢、王揖唐、冯麟霈等人以中国边陲辽阔、物产丰饶、振兴边疆实业，发起筹设殖边银行的提议，由于当时国令停滞，历时 17 个月之久，直至民国 3 年 3 月 6 日方呈得大总统批准，颁布《殖边银行条例》21 条，其宗旨是"辅助中国银行对边疆金融力量之所未逮处。11 月 22 日，殖边银行在北京正式开业，总经理汪彭年，该行以"辅助政府调剂边疆金融，贷款于沿边实业"为宗旨，属股份有限公司，股本总额 2000 万元，然实收资本仅 199 万元。因该行股东遍布全国各省市，故几乎各省均设有分支行。

民国 4 年 7 月 20 日，殖边银行云南分行在昆明宣告成立，由解寿山出任行长，并从北京总行派来人员为业务骨干。开业后随即发行钞票，原预计发行31.5 万元，但因信用良好，民众乐于接受，故实际发行额高达 80 多万元。首次发行的钞票即为通常所见的民国 3 年财政部版，实物见有壹圆、伍圆两种，其加盖地名为云南（图 3-28）。

图 3-28　民国 3 年殖边银行兑换券云南伍圆（加盖"作废"戳）

民国 7 年，该分行又扩设蒙自等处支行，投资工矿业，营业蒸蒸日上。因鉴于已发纸币总额已超过本省金融界之需要，故决定加发新钞以资流通而事辅助。经呈报总行后，由总行向美国钞票公司订印的纸币中拨出新钞 16.3 万张，分为伍拾圆、拾圆、伍圆、壹圆四种，由美直接运滇以供发行和流转市面。此项纸币应为现所见的无年份美钞版，其实物已见有壹圆券一种。

民国 8~9 年，殖边银行云南分行与北京总行脱离关系，改组为"云南殖边银行"，仍由解寿山任行长，刘若遗任副行长，成为一完全之地方商业银行。发行殖边银行兑换券，面额为"壹圆、伍圆、拾圆、伍拾圆"四种，发行额为 40万元，后增发到 80 万元，流通于昆明、蒙自、个旧地区。

民国 14 年，云南殖边银行因受政局、金融变化的影响，以及解寿山病故、刘若遗因案被押、资金周转不灵、业务萧条等影响，面临倒闭的危机，该行经与云南实业厅协商后改组为官商合办。新改组的云南官商合办殖边银行，股款总额40 万元，实收 387 883 元，由唐继尧的亲信由夔举出任行长，吴石生、顾仰山等政府官员担任董事。该行运用行政力量推广行务，经营存放汇兑，未几就存款剧增，资金充足；又借用军政力量经营大烟和锡矿业务，获利甚厚。不久，该行又直接向美国钞票公司订印新钞。此项钞票以前未见，是近些年来在美国钞票公司流出的档案中才被发现的，为民国 16 年版，分"壹圆、伍圆、拾圆、伍拾圆、壹百圆"五种，所见均系样本（图 3-29）。

（a）民国 16 年云南官商合办殖边银行"壹圆"试印票

（b）民国 16 年云南官商合办殖边银行"伍拾圆"样票

（c）民国 16 年云南官商合办殖边银行"壹百圆"试印票

图 3-29　云南官商合办殖民银行兑换券

　　民国 16 年，滇省政局发生重大变故，唐继尧下台，龙云执政。云南殖边银行在失去其最重要靠山的同时，又遭受新军阀的排挤，故向美国钞票公司订印钞券的发行计划无奈又胎死腹中。该行的经营有方，更引起了军阀官僚的垂涎，以及烟帮大户的羡慕和忌妒。很多人勾结昆明城防司令、盐运使署民政厅长朱晓东等，企图插足殖边银行，把旧官僚挤掉，让他们进入分赃，更利于做大烟和锡矿的生意。

　　民国 16 年九月，朱晓东出布告勒令殖边银行收回纸币兑换半开现金，原以为这样殖边银行必然出现挤兑风潮，然后等请求政府维持时可以要挟银行以入股来改组。殖边银行流通市面的纸币仅二十余万元，以库存半开现金几十万元收回纸币不成问题，于是也不甘示弱，放开兑现，很快就把挤兑风潮压下去，银行信用不减丝毫。朱晓东的这一招没有达到目的，就进一步公开提出改组殖边银行的意见。在这种情况下，云南殖边银行抱着"宁为玉碎，不为瓦全"的决心，决定办理结束。至年底，对外债务已基本偿清，遣散职工，退还股款，对外闭门歇业。在大部分债权收回后，又将房屋等全部财产交于益华当，债权债务之未了事宜均委托益华当代办，至此云南殖边银行即告全部结束，纸币收回。[1]

三、国民政府纸币

1935 年，红军长征经过云南，蒋介石的政治军事势力已经控制了邻近的贵州、四川两省。国民党的法币势力也接近云南，少部分由贵州流入，被地方政府收兑不让流通。这一年，国民党政府宣布实行法币政策，命令云南统一执行。彼时，云南军阀割据，军阀表面上接受国民党的管辖，对实行法币政策，一方面表示拥护，另一方面又借口地方特殊拖延执行。经过一年多的幕后商谈，地方势力与国民党势力双方都作了一些让步，商定地方纸币以二对一的比率与法币挂钩，作为法币的辅币，可以与法币同时在云南行使；地方势力则同意中央银行等国民党金融机构和法币进入云南。云南省于 1937 年 5 月才宣布全省实行法币政策，禁止现银流通，并规定收兑民间白银，不得私藏。但当时云南尚无中央银行等机构，富滇新银行新发行大量的钞票，代替中央银行收兑了民间存银，并把银两控制在地方势力的手中，实行的可谓是"没有法币的法币政策"。这批存银后来龙云不愿交给国民党中央政府，担心分赃不匀，因此造成后期双方之间的争夺与矛盾。自从云南宣布实行法币政策后，云南 20 多年的地方货币体制基本上结束了。

抗日战争爆发后，在国共合作的前提下，出现了全面抗战的局面。国民党势力乘抗日战争之机于 1938 年进入云南。国民党的四行两局先后在云南建立分支机构，推行法币。云南的货币逐渐以法币为主，地方货币退居次要地位。法币在云南的寿命只有十年时间（1938~1948 年）。

法币进入云南，引起云南物价大幅度上涨，而云南工薪收入一向低于外省，云南人民不满意法币，使它在云南推行遇到很大的阻力，许多地区对法币持不信任态度，拒绝使用。入滇的国民党机关、部队在离省城较远地区用法币买不到东西，以致部队要求中央银行运银元去发饷。法币在云南发行虽多，但始终未能在全省通行。许多地区仍使用半开银币或实物货币。

1948 年，云南也发行了金圆券，金圆券的贬值比法币更快，受到了人民的唾弃，这时货币混乱的情况达到了极点。人民群众不满蒋介石政府的恶性通货膨胀政策，1949 年 2 月曾发生昆明群众砸打昆明中央银行事件，21 人被枪杀。这时，国民党统治下的中国，在政治、军事、经济和货币等方面都已经到了总崩溃的前夜。随着蒋介石在战场上的节节败退，到 1948 年下半年，国民党的货币在云南实际上已步入末日了。[2]

---

[1] 蔡小军：《云南殖边银行及其发行的纸币》，《宣和币钞》总第 12 期。

[2] 中国人民银行云南省分行金融研究所：《云南近代货币史资料汇编》，内部出版，第 11~13 页。

四、云南省银行半开银币定额本票

1949 年夏，随着国民党军队节节败退，金圆券完全丧失信誉，形同废纸，各地百姓纷纷恢复使用传统的银圆交易。为了整顿金融秩序，国民党中央政府以中央银行的名义发行银圆券一组，并允许尚在国民党军队控制下的各省，以省银行的名义发行地方性小额银圆券。1949 年 4 月 1 日，云南省政府决定实行币制改革，恢复滇铸半开银币的流通。

云南省银行于 1949 年 7 月 1 日成立，省政府赋予省银行发行半开银币定额本票的权力，半开银币定额本票面额为"壹圆""伍圆""拾圆""贰拾圆""伍拾圆""壹佰圆"共 6 种，同时着手发行银圆券。8 月，在香港印字馆印务有限公司订印壹圆券一种，不久，因云南解放未发行。目前该券已有流出，共有两种：其中一种盖有蓝色"定额本票"和红色"云南人民临时军政委员会监发"印章；另一种没有加盖，均为新票。[1]本票为长方形，票面中心为金额，上端横书"云南省银行定额本票"，右侧为"凭票即付"左侧为"银元□□"，下端为"中华民国三十八年"。半开定额本票的发行金额，仅 1949 年 7 月 4 日至 7 月 27 日，发行 33.1 万元。"拾圆"票长 18.4 厘米，宽 9.3 厘米；"贰拾圆"票长 18.5 厘米，宽 9.3 厘米；"壹佰圆"票长 18.1 厘米，宽 9.3 厘米（图 3–30）。

半开定额本票可以兑现，因此在群众中有较好的信用，自 1949 年 7 月 4 日至 1950 年 3 月 7 日才退出流通领域。后被中国人民银行云南省分行收兑注销。[2]

（a）1949 年云南省银行定额本票半开银币"拾圆"

---

①　王彦龙、王志琴：《民国末期各省发行的银圆券》，《收藏》2001 年第 1 期。

②　云南地方志编纂委员会：《云南省志·金融志》，云南人民出版社，1994 年版，第 67 页。

（b）1949年云南省银行定额本票半开银币"贰拾圆"

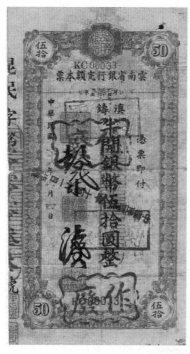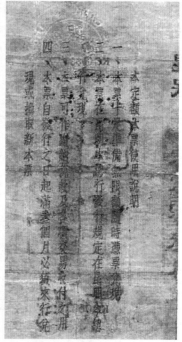

（c）1949年云南省银行定额本票半开银币"伍拾圆"

（d）1949 年云南省银行定额本票半开银币"壹佰圆"

（e）1949 年云南省银行壹圆（加盖"定额本票"）

（f）1949 年云南省银行壹圆（未加盖"定额本票"）

图 3-30　云南省银行半开银币定额本票

第六节　红色票据

一、红军长征留下的中华苏维埃票据

　　红军长征途经云南时使用的货币有银圆、铜圆两种。一种是从中央根据地带来的苏维埃货币。红军离开江西中央革命根据地时，中华苏维埃国家银行行长毛泽民率领银行干部组成十五大队，编入军委直属纵队，携带自制银圆、铜圆和印制纸币的器材，随第一方面军长征。第二种是红军沿途打土豪劣绅没收的当地银圆和铜圆。

中国人民银行云南省分行征集到红车长征留下的苏维埃银币，就是中华苏维埃共和国国家银行铸造发行的银币。有"壹圆""贰角"两种。"壹圆"银币有两种版式：一是列宁像银币，上有"中国苏维埃造"字样（图3-31）；二是镰刀和铁锤图案银币，上有"1932年造""全世界无产者联合起来"等字样（图3-32）。"贰角"银币只有一个版式，正面有"中华苏维埃造"的字样（图3-33）。

图3-31　列宁像银币壹圆

图3-32　"全世界无产者联合起来"银币"壹圆"（镰刀和铁锤图案）

图3-33　1932年中华苏维埃共和国"贰角"银币

二、中国人民解放军滇桂黔边纵队的货币

滇黔桂边区革命根据地是中国共产党在云南少数民族聚居区建立的第一个红色根据地。1931年11月，红军干部进入云南富宁县七村九弄一带宣传共产党的主张，得到了各族人民的广泛支持和拥护。随后，一批干部进入富宁地区开展革命活动。到1934年6月，先后到富宁创建红色政权工作的干部达60人，红军游击队发展到700多人，组织了各种群众组织20多个，赤卫队27个，共2600余人。1934年11月1日，滇黔桂边区第一次党员代表大会在富宁九弄的多立寨召开，宣布成立"中共滇黔桂边区临时委员会"（下文简称"边区临委"）。11月20日，边区临委在谷留召开边区劳农会、赤卫队大会，宣布成立滇黔桂边区革命委员会、滇黔桂边区劳农会和滇黔桂边区劳农游击队第三联队等党、政、群、军领导机构。至此，以富宁为中心的包括广西、贵州部分地区在内的滇黔桂边区游击根据地基本形成。

1936年5月，中共滇黔桂边区临委、边区革命委员会和红军游击队司令部移驻阿用乡者兰林，由滕静夫主持召开了边区第二次党代表会议。会议决定在边区临委的基础上成立"中共滇黔桂边区委员会","边区革命委员会"与"劳农会"合并为"边区劳农会"。1937 年 1 月，经中共南方临时委员会和广西省工委批准，以黄桂南为书记的中共桂西区特别委员会成立，领导滇黔桂边区党委和右江上下游的 3 个中心县委等党的组织。1936 年 12 月，"西安事变"和平解决，实现了第二次国共合作。滇黔桂边区游击队的主力接受改编北上抗日，滕静夫等一批干部按照中央确定的方针，仍然在边境地区开展革命斗争，一直坚持到 1949 年富宁解放。

1949 年，解放战争进入全国最后胜利阶段，云南的游击战争也粉碎了国民党军的包围，进入胜利大发展阶段。根据地已建立了强大武装部队，开辟了广大的游击地区，特别在滇东南一万多平方公里、百余万人口的大片土地上，形成我对敌的绝对优势。1949 年 1 月 1 日，中央军委决定，把在广西靖边、那坡和云南砚山、文山、西畴等地战斗的桂滇边区游击队组建为中国人民解放军桂滇黔边纵队，庄田任司令员、朱家璧任副司令员。8 月，根据中共中央华南分局的指示，桂滇边工委与云南省工委在云南砚山阿猛召开联席扩大会议，将两工委合并，成立中共滇桂黔边区委员会（后改称滇黔桂边区党委）。与此同时，桂滇黔边纵队也改称滇桂黔边纵队（注：申德民先生指出，"边纵"名称使用的时间划分应该是：1949 年 1 月 1 日至 7 月 19 日为"桂滇黔"，7 月后为"滇桂黔"，这是中共中央和中国人民解放军司令部决定成立边纵的称谓，并非"滇黔桂"称谓顺序不应颠倒）[1]，政委为林李明，司令员为庄田，副司令员为朱家璧。在这次会议上制定了"放手发动群众，展开游击战争，打下农村基础，从农村包围城市，建立与提高主力，巩固与扩大解放区，坚决歼灭与阻击残敌，以配合南下大军解放全境"的工作方针。

1. 江城布票

1948 年 12 月下旬，"云南人民讨蒋自卫军江城支队"成立，司令员李衣人于 1949 年 6 月取消了原来的军政委员会，擅自成立"江城县临时联合政府"，自任县长，并以临时联合政府的名义发行江城县布币 1.6 万元，与银圆等值流通。布币为木刻印刷，币材为白标准布。面额有壹圆、伍圆两种。壹圆为红色，长 75 毫米，宽 70 毫米；5 元为蓝色，长 100 毫米、宽 70 毫米。票正面上方为江城县临时联合政府；中间是面值，面额下面有李衣人、朱辉文、杨嘉权 3 人的署名；再下面是发行时间。1949 年 11 月，江城县人民政府成立后，用勐野井盐矿生产的食盐收兑回部分。

1948 年 12 月 16 日至 1949 年 1 月 10 日，打着"江城人民反共自卫军"旗号并自称"司令"的谢朝英率部盘踞县城期间，为筹集经费，以县城积谷作为发行准备，发行与银圆等值的布钞 5000 余元。布钞以木刻雕版印刷，面额分壹圆和伍圆两种，分别为蓝色和黄色。壹圆券长约 110 毫米、宽约 70 毫米，以浅蓝

---

① 申德民：《对〈珍贵的加盖"云南人民革命公债券"〉的补正》，《收藏》2005 年 2 期。

色棉士林雅布为币材；伍圆券长约 120 毫米、宽约 80 毫米，以黄色标准棉布为币材。布钞流通仅限于县城，不到 1 个月即对折贬值。后虽然以县城积谷兑换收回了一部分，但随谢朝英部队撤出县城后，布钞即作废而退出流通。

1949 年 4 月，江城县临时联合政府为筹集经费，恢复勐野盐井矿的生产，发行布质"江城县临时联合政府流通券"5000 元，俗称"布票"。面额有壹圆、伍圆两种。其中，伍圆券文字图案为蓝色，壹圆券为红色。规定以勐野井食盐为准备金，与银元等值流通使用；用流通券购买食盐者，可享受每百斤食盐减价 2 元（用半开银币购买每百斤食盐为 20 元）的优惠价格；流通券待勐野井盐矿盐产有余时，以余盐收回；流通券的流通范围仅限于县境。到 10 月，流通券发行数量已达 1.63 万元。1 月，江城县临时人民政府成立后，流通券停止发行，但仍在市场流通。12 月 3 日，流通券出现贬值现象，勐野井盐矿工人要求不用流通券支付工资，而要银圆或花生、大米等实物。此后，江城县临时人民政府开始以食盐清偿收回。至 1950 年年初，流通券退出流通领域。[①]

2．车佛南流通券

1949 年 10 月 18 日，中国人民解放军滇桂黔边纵九支队车佛南（车里即今景洪，佛海即今勐海，南峤即今勐遮）民族中队的黄国桢、蓝家成叛变，勾结国民党军 93 师向佛海进攻。佛海地区处于三面被包围的局面，守卫佛海 500 多人的经济来源断绝。车佛南整训总队的党代表邹凯夫、司令员鲁文聪决定发行流通券。用从磨黑运来的 1 万多斤盐（价值半开 5000 多元）作保证金发行流通券。流通券为长方形，长 98 毫米，宽 6 毫米，无花纹图景。面额有 1 元、2 元两种，正面上方有"车佛南流通券发行局"字样，中央盖面值图章，左边盖鲁文聪印，右边盖李会宾印。

流通券自 1949 年 10 月 20 日发行始至 1950 年 1 月 25 日止，发行额约 6000元。第一批由张克功经手发行，3000 余元；第二批由施以仁（原车佛南联合银行副经理）经手发行，2000 余元。流通券信用较好，当时 6000 元左右的流通券可买大米 258 000 斤，可买猪肉 18 000 公斤，保证了部队的供应。

1950 年 8 月 5 日，人民银行佛海县支行建立后，以 3000 元旧人民币换 1 元流通券收兑流通券。1950 年收兑了流通券 269 元。1951 年收兑了 766 元。共收兑流通券 1035 元。[②]

3．滇黔桂边区贸易局流通券

为配合解放广西，筹措粮饷补给，支援革命战争，纵队司令部特成立了滇黔

① 戴建兵、解飞：《云南钱票小史》，《西部金融·钱币研究增刊》2010 年总第 4 期。
② 云南地方志编纂委员会：《云南省志·金融志》，云南人民出版社，1994 年版，第 68～69 页。

桂边区贸易局，局长全明，并印制了一批面额为壹圆、伍圆两种"滇黔桂边区贸易局流通券"，拟在根据地发行。

流通券的印制由全明（桂滇边工委财经小组组长）主办，司令部的梁殿负责设计及印制的具体工作。现在搜集到的只有壹圆、伍圆两种。票券正面是紫红色，背面是黑色，两面都印有花边和花纹。票券正面有毛泽东像，壹圆券头像在左边，伍圆券头像在右边。发行单位是滇黔桂边区贸易局，局长全明。票面中央为面值。下端为发行单位，票背印有拉丁字母，图案上方印有"DIAN KIAN GUI BIANKY MOUJICY"（"滇黔桂边区贸易局"）、"LIUTUNCKYAN"（"流通券"）大字母，以及农民耕作图景等。壹圆券、伍圆券所用的纸张夹层中有五角星水印，星内有"VN"两个拉丁字母，为"VIET-NAM"（越南）的缩写，由于省内无条件印刷，故由全明、梁展、郭汉到越南联系，在越南宣光用胡志明纸印刷。这种纸的质量较差，纤维粗糙、厚重，好像土纸一样，一经行用，纸边即发毛脱屑，变软易烂，边区的群众称之为胡志明纸。1949 年 10 月，流通券印好后运到云南文山，这时的云南即将解放，因而未及发行，其中一部分后改为公债券使用。[①]（图3-34）

（a）滇黔桂边区贸易局流通券壹圆

（b）滇黔桂边区贸易局流通券伍圆

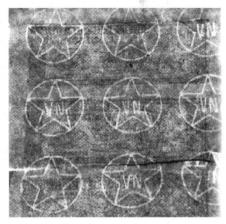

（c）"VN"水印

图3-34　滇黔桂边区贸易局流通券

---

① 云南地方志编纂委员会：《云南省志·金融志》，云南人民出版社，1994 年版，第 69 页。

4. 云南人民革命公债券

滇黔桂边区贸易局流通券未发行流通，是因为进军大西南的解放大军进展神速，云南解放指日可待。另外，1949 年 9 月，中国人民银行召开全国印刷发行会议，决定统一全国货币的印刷和发行，全部流通人民币（1948 年 12 月 1 日，中国人民银行成立）。中共南方局指示，通知滇黔桂边区党委，停止发行这些印好的流通券。但是滇黔桂边区筹措粮饷补给资金的缺口非常大，滇黔桂纵队司令部决定发行"云南人民革命公债券"，将滇黔桂边区贸易局未发行的面值为壹圆的纸币加盖"云南人民革命公债券"向当地人民发售（图 3-35）。据当时滇桂黔边纵队主管后勤的施子健同志回忆，这些公债券"是在（云南）西畴县盖章后发行的"。其中"代政治委员李明"，即林李明同志。由于当时滇黔桂边区一带也流通越南币法银，所以特别加盖"中银"（即半开）两字以示区别。面额为伍圆的和没有加盖的壹圆券后来都作销毁处理，仅有极少量保留下来，其中没有加盖的壹圆券更为罕见。①各根据地也各自印刷发行革命公债券，由于各地条件不同，故公债券有油印的、铅印的、水印的，纸质也不一样。但有一点是共同的，都以半开银币为计价单位，而且盖有"云南革命成功后归还"的字样（图 3-35～图3-39）。

1950 年 3 月，云南解放后，人民政府按其价值兑付本息，收回了革命根据地所发公债券，履行了"保证兑还"的诺言。②群众持有的"云南人民革命公债券"可抵征公粮或到当地人民银行兑换人民币。公债大部分得到兑付，未兑付的公债，由于之后政策的变化，有时可兑有时又不可兑。改革开放以后，仍有一些群众持券向云南省有关部门要求兑付。1984 年 6 月 2 日，云南省政府作出批示："1. 解放前'边纵'发行革命公债，对解决当时'边纵'经济困难、支持革命战争起了积极的作用。在筹借款项时已明确宣布'完全奉还'，为维护党和政府的信誉，凡是未兑付的，原则上应给予兑付。2. 兑付的原则：①凡持有购买革命公债者，无论是注明或未注明归还的，应一律给予兑付；②只兑付本金，不再

图 3-35　边纵队司令部印发云南人民革命公债券壹圆

①　蒋孟博：《滇黔桂边区贸易局流通券探踪》，《钱币博览》2002 年第 4 期。
②　汤国彦：《云南历史货币》，云南人民出版社，1989 年版，第 53～53 页；谯慧：《云南历史上发行的地方钱币（下）》，《收藏（拍卖）》，2012 年第 4 期。

图 3-36　边纵队司令部印发云南人民革命公债券伍圆

图 3-37　边纵队司令部印发云南人民革命公债券拾圆

图 3-38　边纵队司令部印发云南人民革命公债券伍拾圆

图 3-39　边纵队司令部印发云南人民革命公债券壹佰圆

计付利息。3. 现无公债者（包括遗失、销毁等）无论何种理由，均不再兑付。"现在手中有公债券的群众依然可以持券到云南省人民银行兑付，不过它们大多数已经成为收藏者手中的珍藏品。[①]

中国人民解放军滇桂黔边纵队司令部印发云南人民革命公债券壹圆，横 13 厘米，纵 5.4 厘米。颜色为紫红色，面值"壹圆"。正面正中横印"滇黔桂边区贸易局""流通券"；左侧印底衬光芒射线的毛泽东像，右侧印一排列整齐的工人队伍；上方是蓝色横印字"中国人民解放军滇桂黔边纵队司令部印发"，字下加盖"云南人民革命公债券"章；在右侧加盖"认购公债赞助革命，云南解放保证兑还"章，左侧加盖"司令员：庄田，代政治委员：李明，副司令：朱家璧，政治部主任：李玉生"字样，最下方是 1949 年，并加盖"中银"两字。该债券背景图案为"农民牵牛收工回家"。右有两圆环相切，中托阿拉伯数字 1，表明面额壹圆，阿拉伯数字下有半圆形上托，半圆形上印有"YUAN"（"元"）字样。类似图 3-36。

1949 年 11 月，边纵队司令部印发云南人民革命公债券拾圆。横 20 厘米，纵 12 厘米。正面蓝色印制锤子、镰刀图案框环绕，并印红色毛泽东头像，加盖红色印"云南人民革命公债券"，在右侧加盖"认购公债，赞助革命，云南解放，保证兑还"字样，左侧加盖"司令员：庄田，代政治委员：李明，副司令：朱家璧，政治部主任：李玉生"字样，中间印有"1949"和"拾圆"字样，最下方加盖横印"中国人民解放军滇桂黔边纵队司令、政治部印发"。背面文字说明人民政府履行"保证兑还"的诺言，具体有："一、本区人民政府特奉上级批准颁发革命公债券，以应急需，是项公债规定与归还均由全县人民政府统一办理，一律以粮食实物折合银圆市价作基准。二、由本区人民政府担保，在我云南全省解放后，准凭本券交本县人民政府汇向昆明云南人民政府的人民银行按照原来粮食实物或银圆实数折合当时市价完全奉还，并作我云南人民父老同胞对革命事业赞助的纪念"等字样（图 3-37）。

———————

① 王小龙：《滇黔桂边区贸易局流通券改作"云南人民革命公债券"考释》，《江苏钱币》2012 年第 4 期。

　　1949 年 11 月，边纵队二支队发行云南人民革命公债券叁圆、伍圆。横 18 厘米，纵 13.5 厘米。此券正面红色框内右上印制图案为麦穗环绕毛泽东、朱德头像，并有一五角星，下为"叁圆"（或伍圆）字样。左上印有"云南人民革命公债券"字样，其下印有"兹蒙彭怀昌先生认购革命公债半开银圆叁圆（或伍圆）'正，合行发给本券为凭，此据"，左为"中国人民解放军，滇桂黔边纵队第二支队司令员何现龙、政治委员杨成明，滇桂黔边第一临时人民行政专员、公署专员何现龙，副专员张致中"等字，"公历一九四九年□月"。下附说明："一、本区专员公署、支队司令部奉上级批准颁发革命公债，以应急需，是项公债规定收受与归还均由各县人民政府统一办理，一律以半开银圆作基准。二、本券利率规定年利百分之三。三、由本区专员公署支队司令部负责担保，在解放后一年内本利如数对付，在奉通知后，准凭本券执交本县人民政府汇向昆明人民政府的人民银行，本利完全兑还。"（图 3-40）

图 3-40　边纵队二支队发行云南人民革命公债券叁圆、伍圆

　　1949 年 11 月，边纵队罗盘区指挥部发行解放公债券伍圆，横 17.6 厘米，纵 13.8 厘米。此券正面绿色印制图案为麦穗环绕，正中是毛泽东头像，下为一五角星，上右为"多购买几张解放公债券"，下左为"对革命多贡献一些力量"。下面方框内有"解放公债券伍圆"等字样，左为"罗盘区指挥部发行，公历一九四九年十一月"，右为"（一）本券保证在全面解放后两月内由政府负责加数赔还，（二）本券不能在市面流通"等字样，加盖红色印（图 3-41）。

图3-41　边纵队罗盘区指挥部发行解放公债券伍圆

第七节　民国时期的股票

一、个碧石铁路公司股票

个碧石铁路亦称个碧临屏铁路，于 1915 年 4 月开工修建。1936 年 10 月，全线开通运营。这是云南人自主筹资、自主修建、自主经营的中国第一条民营铁路，轨距 600 毫米（寸轨）。个旧地处我国云南省的西南地区，是著名的锡都，以盛产优质锡和多种有色金属闻名，但因为交通闭塞，所以这些矿产资源都无法运出。外国列强纷纷把目光投向了个旧，当时即有有识之士提出："铁路之利，中外所争，然自办则利归己，人办则利属诸人。滇越铁路一旦造成，滇蜀之路势将接踵而来，若不及早筹帷，自行开办，必贻后悔。"1910 年滇越铁路建成之后，法国不时偷偷地派人前往个旧一带勘测线路，妄图修筑支线。

以滇越铁路通车为契机，个旧工商业者将修筑个碧石铁路的事宜提到桌面上来。为了保护个旧锡矿等丰富的资源不被外人掠夺，1910 年年底，刘新元、郭步程、黄士运等 48 位锡矿的商业者联名上书云贵总督，请求自主修筑铁路，满足锡矿生产发展需求的同时，保住路权不落入外人之手，但首倡修筑个碧石铁路未果。1912 年 3 月，个旧地区工商业主李光翰、朱朝瑾等人三度联名上书云南都督蔡锷，要求民间集资修建个旧至蒙自、建水、石屏的铁路，并确定抽收锡炭股款及添收砂股，以作修路资金的方案。蔡表示赞同并批复："据呈以悉，临蒙个屏等铁路关系本极重大，该绅商等倡议筹款修筑，足见关心桑梓，注意交通深切，嘉尚所诂，继续抽收锡炭股并添收砂股，以供路需，各节均准照办，在路车未成以前，不准轻易停止，仰及遵照。"从而批准了此项建议。由于个碧石铁路定为工商集资修筑的民营铁路，当时轰动一时，社会反响极大，省政府对此作了充分肯定，并愿"出资补助，以示提倡之意"。1913 年，云南省都督府与个旧绅商代表商议，决定组织官商合办公司，由滇蜀铁路总公司与个旧股东会合股修筑铁路，因先修筑个旧至碧色寨段线路，公司定名为个碧石铁路股份有限公司（简称个碧铁路公司）。筑路资金先由云南行政公署从滇蜀铁路总公司原集股本金内拨认 144 万元，又息借 50 万元，每年从锡股、矿股、炭股收入项内抽还若干，作为滇蜀铁路总公司退股若干，将垫款、借款陆续还清。待两项钱款还清后，股权即归个旧股商全部所有。

个碧铁路公司成立于蒙自，1921 年迁往个旧。个碧石铁路作为一条商办铁路，资金的筹集，引进了西方现代经济运行模式，设立了专门的金融机构进行资金流转。主要通过个碧铁路公司发行股票的形式进行，公司于 1908～1933 年发行股票，以 50 元为一大股，5 元为一中股，1 元为一小股，股息为月息 5 厘，每年发息一次。股本有官股和商股，不好协调，加之他们办铁路毫无经验，所以公司在成立之初问题很多。股票发行以分摊和自愿相结合。人们开始不太理解，并未主动购买。个旧大老板朱渭清等率先购买，在采取分段通车营运获利后，大家尝到了甜头，情况才得以好转。1917 年，滇蜀铁路总公司函商个旧锡矿股东，将交入股银 800 万两股本归还股东，取消官商合办方案。至此，官股退出，个碧石铁路纯为民办。

该股票为中华民国 13 年（1924 年）10 月发行，股金为每股 50 银元，尺寸为纵 26.3 厘米、横 25.4 厘米。票面上印有"个碧铁路公司股票"字样，以及个旧至碧色寨铁路线路图、

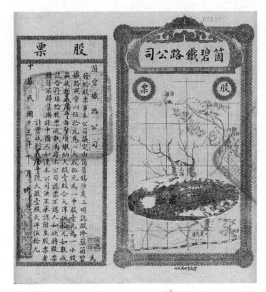

图 3-42 民国 13 年云南个碧铁路公司股票

在轨道上行驶的寸轨火车图案。为了防止股权落入外国人之手，在股票的票面上注有"如欲将股票转售，不得售予非中国人"字样（图 3-42）。股票的发行不仅弥补了修路资金的不足，而且保护了铁路主权的完整，因此在中国铁路发展历程中写下了重要的一笔，也足以说明云南的民族资本已经开始充分利用证券市场来发展壮大。在文物定级时，该票被定为国家三级文物。

个碧石铁路是 20 世纪初我国第一条主权最完整的民营铁路，在各国列强都对我国虎视眈眈的情况下，何其难得。这条铁路一边筹股，一边筑路，用分段通车的方式，以路补路，耗时 21 年，177 公里长的铁路才最终通车。一条铁路，承载的是地方经济振兴的希望，彰显的是不卑不亢的民族精神，"不得售予非中国人"更是写出了中国人的傲骨。这一切，都浓缩在一张小小的股票上。[1]

二、云南省合作金库股票

云南省合作金库是民国时期云南合作事业发展史上的核心部分之一，也是全国合作运动的组成部分。抗战时期，云南作为大后方，肩负着抗战的历史责任和使命。国民政府为了支援抗战，稳定市场和繁荣经济，建立以云南省合作金库及各县合作金库为主的新型农村金融网络。[2]

何为合作金库？时任云南省合作金库总经理杨体仁在《云南省合作金库建筑

① 王晓丹：《个碧铁路公司股票》，《人民铁道报》2013 年 12 月 16 日。
② 杜洪银：《民国时期云南省合作金库研究（1942—1949）》，云南大学硕士学位论文，2015 年，第 3 页。

库址碑记》中曾言道："合作金库，为金融机构，不曰银行，曰金库，适用合作社故也。合作为人民生计组织，不曰公司，曰合作社，基于互助平等原则故也。合作事业，为建设新县制基层经济之既定国策，为尝稽古立政，亦非效法欧西，乃事先民生主义迎头赶上之方略也。夫新政之设施，持之以恒，然后立于不败。"①

云南省合作金库是适应国内形势变化的需要和云南特有的环境而创设。1936年，云南省政府决议，由救国基金项下拨国币 100 万元，设立农工银行。之后，由于农工银行未能成立，于是组成农工银行基金保管委员会，委托富滇新银行代办业务。1937 年 5 月，云南省富滇新银行农村业务股开始以村为单位，在昆明、呈贡、昆阳、晋宁、安宁等 5 县着手试办。1938 年，因农贷事业的发展，富滇新银行的农村业务已不能适应新形势下的需要，于是将农村业务股改组扩大为农村业务部，由杨体仁任经理，汤汝光任业务股主任。1938 年 8 月，云南省合作事业委员会建立，按省政府命令，农村业务部代办云南省合作事业委员会金融股工作。合作社是建立合作金库的基础，1941 年年底，全省合作事业已推广到各县，组织起来的合作社有 6450 个，这是云南省合作事业的起步阶段。

合作金库是在富滇新银行农村业务部的基础上建立起来的，从筹备到成立，从人员、资金到库址，都得到了富滇新银行的大力支持。1941 年 6 月，由富滇新银行农村业务部负责筹备，草拟章程，募集股金。同年 8 月 13 日，召开成立大会，推选缪云台、杨克诚等 9 人为理事，蒋振扬等人 3 为监事。分别组成理监事会，推举缪云台为理事会主席，杨克诚为总经理。9 月 1 日，合作金库开始办公，并接收富滇新银行所属 36 个行处的农贷余额，计新滇币 3000 多万元。云南省合作金库的正式成立是在 1942 年 1 月 1 日，当时隶属云南省经济委员会。②

依据《有限责任云南省合作金库章程》，合作金库的组织机构由省库、各县合作金库及各类合作社组成，最高权力机关为社员代表大会，下设理事会和监事会。内部管理机构设 3 部 1 室 12 股，即总务、业务、会计三部，视察室，部、室下分设文书、事务、存款、放款、汇兑、信托、出纳、账务、审核、人事、视导、调查统计等股。

云南省合作金库从 1942 年的 41 个，增加到 1949 年的 121 个，除腾冲、龙陵、潞西、瑞丽、晚川、盈江、德钦、耿马等 10 县外，其他各县均已建立县合作金库或县合作金库筹备处。云南省合作金库的成立及发展对云南经济，尤其是农村经济的发展具有重大的意义。

合作金库除了应有健全的人事机构外，资金也是合作金库不可或缺的重要部分。合作金库的股本金认购，为它的资金提供保障。

合作金库资金的主要来源是其发行的股本，由相应的机关、团体认购集资而成。根据《有限责任云南省合作金库章程》第 12 条规定，"云南省合作金库股本定

---

① 云南省合作金库视察室：《库讯》，1943 年 2 月。
② 杜洪银：《民国时期云南省合作金库研究（1942—1949）》，云南大学硕士学位论文，2015 年，第 21 页。

为国币（法币）1000 万元，分为 1000 股，每股国币 1000 元"。这规定了云南省合作金库成立之初所拥有的资金总额、股本数量及股份面值。资金总额在成立之初为1000 万元，股份数额与股份的面值在后来的操作过程中发生了变化。在《云南省志》第十三卷《金融志》中提及"省合作金库成立时股本总额定为法币 1000 万元，分为 20 万股，每股 50 元"，这显然与上述章程第 12 条规定相冲突，但笔者认为后者较有实现的可能。按照第 12 条的规定认购合作金库股本的话，每股需要国币1000 元。若按照合作金库股本的认购办法，云南省合作金库股本由县级合作金库认购股本，县级合作金库由各级合作社、省联合社认购股本，而各社的股本由社员认购。因此，最终认购股本的是合作社员，若以 1 股国币 1000 元来进行认购，无形中给各级合作社、省联合社的社员带来认购压力，使一些愿意加入合作社的农民，因没有足够的资金认购股本而被排挤在合作社的大门之外。相反，《金融志》中将1000 万元分成 20 万股，每股只需要 50 元便可认购，这对于广大的社员来说，是可以承担的，因此有利于股本的认购，更具有操作性[1]（图 3-43）。

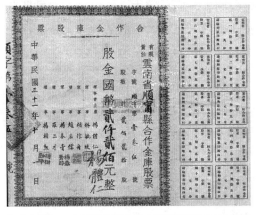 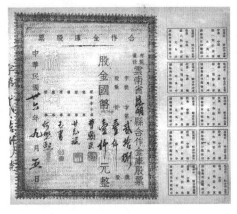

（a）民国 31 年有限责任云南省顺宁县合作金库　　（b）民国 36 年有限责任云南省昆明县合作
　　股票"贰佰贰拾股计国币贰仟贰佰元"　　　　　金库股票"壹仟股计国币壹仟元"

图 3-43　合作金库发行的股票

云南省合作金库扎根于农村，使农村资金贷款趋于合理化，同时它又是城市资金流向农村的桥梁，对于促进云南省合作事业的发展有着积极的作用。然而随着蒋介石国民政府退守台湾，合作金库作为国民政府在大陆的一项经济政策已然结束了它的使命。云南省合作金库于 1950 年由昆明市军事管制委员会接管，历时 8 年，结束了它的历史使命。[2]

① 杜洪银：《民国时期云南省合作金库研究（1942—1949）》，云南大学硕士学位论文，2015 年，第22 ~ 23 页

② 杜洪银、孙佳荀：《试论民国时期云南省合作金库之实物贷放》，《滇西科技师范学院学报》2015年第 3 期。

第八节　民国时期的军用票据

　　民国 4 年，袁世凯窃取辛亥革命胜利果实，阴谋复辟称帝，改次年为洪宪元年。流亡日本的孙中山曾多次发表讨袁宣言，并筹组中华革命党，坚持进行讨袁斗争。云南将军唐继尧于 1915 年 9 月 11 日、10 月 7 日、11 月 3 日连开三次秘密军事干部会议，加快了武装反袁之准备。12 月 17 日，曾打响反袁"二次革命"第一枪的原江西都督李烈钧携筹饷款数十万元自海外来滇。被袁世凯软禁在北京的前云南都督蔡锷，受梁启超策动从北京出逃后，亦于 12 月 19 日辗转抵达昆明。云南成了护国讨袁的策源地。12 月 22 日，唐继尧、蔡锷、李烈钧、任可澄、罗佩金、戴戡、顾品珍、赵又新、杨杰、唐继虞、董鸿勋、庚恩旸等云南及外地来云南参加反袁义举的军政要员共 52 人举行了"歃血为盟"的仪式。他们滴血入酒，共饮宣誓："拥护共和，吾辈之责，兴师起义，誓灭国贼。成败利钝，与同休戚，万苦千难，舍命不渝。凡我同人，坚持定力，有渝此盟，神明共殛。"蔡锷与唐继尧、李烈钧等于 1915 年 12 月 25 日在云南联名成立云南护国军政府，宣布云南独立，发布通电讨袁，电文称"继尧等深受国恩，义不从贼，今已严拒伪命，奠定滇黔诸地，即日宣布独立，为国婴守，并檄四方声罪致讨"。

　　1916 年 1 月 1 日，唐继尧、蔡锷、李烈钧、任可澄、刘显世、戴戡发表了《向全国同胞申明护国宗旨的誓告》。由唐继尧、蔡锷、李烈钧带领，护国军在昆明举行了隆重的誓师大会，发布了《护国军出师讨袁檄文》。历数了袁世凯"背食誓言""叛国称帝"等 19 大罪状，表示要粉碎袁世凯的复辟帝制的阴谋。以蔡锷为护国第一军的总司令，率部入川；以李烈钧为护国军第二军的总司令，出兵广西；唐继尧兼护国军第三军总司令，坐镇后方，策应前线。黄毓成为司令的挺进军，相机行动。反袁护国战争遂正式爆发。

　　1916 年袁世凯称帝后，迫于内外压力，于 3 月 22 日宣布撤销帝制，但仍居大总统位。为彻底推翻袁的独裁统治，5 月 8 日，由梁启超联合已独立的滇、黔、桂、粤等省，组成对抗北洋政府的军务院在广东肇庆成立。护国军军务院以唐继尧为军务院抚军长，统筹全国军机，施行战时及善后一切政务，以代行北京内务院的职权。1916 年 6 月 6 日，袁世凯这个曾经不可一世的独裁者，仅当了 83 天的皇帝，在举国反对、众叛亲离、四面楚歌的困境中病死。1916 年 11 月 24 日，众议院通过法案指出："共和再造，始于云南，首义之日，亦定为纪念日……始足以昭盛典而志不忘。"时任民国总统的黎元洪明令云南首义之日——每年 12 月 25 日云南护国首义之日为全国纪念日。民国时期云南的军用票据也就与这类政治变故（护国运动和护法运动）有密切的关系。

一、滇粤桂援赣联军军用票

1916 年，军务院编定滇粤桂联军，由岑春煊直接指挥，准备分道出师，讨伐袁世凯军队。拟在停战期限将满时，袁军列大军在湖南边界的宣椰，江西边界的南安与南雄交界的梅岭，粤闽交界的诏安、饶平等处，大有侵犯的趋势，因此军务院决定：

（一）滇军以原任云南第二军总司令李烈钧为援赣联军总司令。

（二）粤军以李耀汉为两广新编第四军总司令。

（三）桂军以莫荣新为两广新编第三军总司令，以谭浩明为两广新编第五军总司令，各军统由岑春煊直接指挥。

5 月 12 日，李烈钧抵肇庆，相商出师北伐援赣。6 月 6 日，袁世凯在全国人民的唾弃声中忧愤而死。援赣联军总司令李烈钧率滇军于 6 月 3 日出征，因受到龙济光的阻挠，直到 6 月 19 日才占领韶州，乘胜进攻英德，适逢袁氏已死的消息传到，各路战事一律停止。滇粤桂援赣联军军用票由联军司令部核准发行，专供给本军军需之用，行军驻军所经之处，都以毫银使用、不得留难或打折扣。自发行之日起，两个月后兑现。券面加盖"江西"字样，表明此票为援赣军需的便利而发行。李烈钧率军占领韶州、英德后，就得到袁世凯死讯，各路联军均一律停止战争，因此该军用券即不再适用。该票有壹圆、伍圆、拾圆三种面值，均极少见。该券面未印号码，也未填发行日期（注：白秦川先生通过史料论证指出其发行时间，不是很多书标示的"1916 年 5 月至 7 月护国军军务院时期纸币"，应该是"1918 年 5 月至 7 月李烈钧指挥的滇粤桂联军使用的纸币"）[1]。所看见的品相，有的已破旧不堪。有的还是全新，流入收藏家手中的，为数不多。[2]

滇粤桂援赣联军军用票有壹圆、伍圆、拾圆三种，上端印五色旗和九角十八星旗两幅作交叉形。旗下横书"滇粤桂援赣联军军用票"三种券的图案全部相同（图 3-44）。发行日期未填明，其条例条文如下：

（一）此票系由滇粤桂援赣军总司令部核准发行，专以供给本军军需之用，无论行军驻军地方，概照毫银使用，不得留难抵扣。

（二）此票票面分壹圆、伍圆、拾圆三种票面，刊明何处发行，将来即在何处兑现。

（三）此票自发行之日起，以两个月后为兑换期。届时或由本军特设兑换处，或指定银行商号代理照市兑银。

（四）此票以本军军力所及地方，所有钱粮，关税为保证。完纳该处之粮税

---

① 白秦川：《滇粤桂援赣联军军用票非护国军军务院时期纸币》，《中国钱币》2015 年第 2 期。

② ［美］丁张弓良、张永华：《中国军用票图录》，浙江大学出版社，2003 年版，第 51 页。

（a）滇粤桂援赣联军军用票壹圆

（b）滇粤桂援赣联军军用票伍圆、拾圆

图3-44　滇粤桂援赣联军军用票

官项，均得通用无阻。

（五）此票为便利军民而设，由本军贮备现金慎重发行，不得视为军用债票及不兑换，致滋误会。

（六）如有伪造及同谋使用者，按律治罪。

联军总司令李烈钧

中华民国□年□月□日发行

二、（云南）中国银行兑换券

民国4年中国银行总行应云南地方当局的要求，派蹇先陶来昆明筹设中国银行云南分行，并带来开业资金中国银行兑换券200万元和现银4万元。时值护国军起义，在护国军入川之时，粮饷匮乏，十分困难。护国军不得已动用云南中国银行兑换券作为军票，以资急用。该行云南分行"所存现金四万元，由该党（指护国军）派富滇银行取去，备有公函收据。带来兑换券200万元，该党因本行力拒发行，闻将作为军票，另设机关，派人办理，由司令盖章发行"，并言"所取现金为数无多，即有富滇银行备有公函收据，将来或不患无着落"。中国银行在2月初对外公告，声称对（云南）中国银行发行之兑换券概不负责。

在中国银行总管理处不予承认的情形下，护国军当机立断，由省财政厅于1月4日委派宗龙担任（云南）中国银行经理，并立即公布了（云南）中国银行条例，宣布发行兑换券。其（云南）中国银行条例如下：

第一条 本行定名（云南）中国银行、依本省政府之命令设立之。

第二条 本行设于云南省城，省外不设分行。

第三条 本行于行军时期内附设行军兑换部，其章程另订之。

第四条 本行资本金由本省政府规定指拨。

第五条 本行营业范围如左：一、发行兑换券；二、储蓄；三、汇兑。前项之汇兑，本行与行军汇兑部互代收交，但得酌量情形谢绝之。

第六条 本行兑换券由本行及行军汇兑部所设汇兑所发行之，并随时兑换现金互代收受。

第七条 本行兑换券计拾元、伍元、壹元三种，其在本行发行者，由都督盖章；在行军汇兑部发行者，由总司令盖章。未经盖章者不生效力。

第八条 本行设经理一人，由都督委任，总理全行事务。设营业员一人或二人，会计员一人，由经理委任，分掌营业、会计事务。文牍事务由会计员兼任，收支事务由营业员兼任。

第九条 本行经费由经理秉承政府定之。

第十条 未发行之兑换券，由会计科保存，已发行者，由营业科保管。

第十一条 本条例如有未尽事宜，以本省政府之命令修正之。

第十二条 本条例自公布日实行。

附设行军汇兑部章程：

一、本部依（云南）中国银行条例设立之。

二、本部设于护国第一军总司令部内。随总司令部逐地移转。

三、本部于驻军重要地点，得分设汇兑所。

四、本部受总司令之指挥。但关于汇兑事项，应于中国银行本行会商行之。

五、本部设经理一人，由总司令委任，总理全部事务。其所设汇兑所内，设营业员、会计员各一人，由经理委任，分掌营业、会计事务，但得以一人兼任，兼掌文书收支等事。

六、本部营业依中国银行条例第五条之规定，但以发行兑换券为主要事项。

七、本部不另设资本金。由总司令酌发兑换券准备金，预备兑换。

八、本部之经费，由本部经理承总司令定之。

九、本章程如有未尽事宜，以都督及总司令之命令修正之。但急要时得由总司令修正后报告都督。

这批中国银行兑换券面额有壹圆、伍圆、拾圆 3 种，为控制发行量且便于兑现，券面两端盖有云南省名。券面左侧印有黄帝像，正中为券面金额，上端为"中国银行兑换券"，下端为"中华民国元年印"。壹圆券长 15 厘米，宽 0.81 厘米；伍圆券长 17.5 厘米，宽 0.86 厘米；拾圆券长 17.7 厘米，宽 0.96 厘米（图 3-45）。

（a）民国元年（云南）中国银行兑换券壹圆

（b）民国元年（云南）中国银行兑换券伍圆

（c）民国元年（云南）中国银行兑换券拾圆

图 3-45　1912 年（云南）中国银行总换券

云南护国军第一军携带 100 万元中国银行兑换券入川使用。其余 100 万元兑换券，据云南省政府秘书处档案（1064-4-1391/194 卷）记载："挺进军黄司令毓成领用10万元，第二军李司令烈钧领用20万元，赵梯团长钟奇领用2 万元，方梯团长声涛领用3万元，唯李司令烈钧出省后，以使用困难，曾拒缴还 15 万元，并行中原存合，共余 80 万元。"带往四川的（云南）中国银行兑换券，在宜宾、泸州、自流井、成都等地流通最多。护国军第二军所领的兑换券，多数流通于开远、广通、建水、蒙自、邱北、罗平和广西的南宁附近各县。

1916 年上半年，（云南）中国银行兑换券在云南、川南等地陆续发行，但是推行时困难重重。据云南都督府饬第五一号称"查出征各军，携带中国银行纸币，原定至敌境查酌情形使用"，后来护国军在文山等地也行用于市，并一度酿成风波。因此，唐继尧令省财政厅酌定办法，"凡此种中国银行纸币，曾经都督签字盖章者，无论已否挂号，均一律准其通用兑现；曾经各军总司令签字盖章者，概作为军用票，暂行通用，俟将来正式新政府成立，即照数收回"①。

民国 5 年护国战争结束。民国 7 年熊克武主持川政期间，流入四川的中国银行兑换券，以 1 元 5 角的比价收兑。10 月 14 日，《云南督军公署训令第五一号》中要求代理财政厅长吴琨对"各军于桂地行使之券，已准广西陈督军收获数万运滇，要求兑现归款。曾允中央协款到特归还。散于本省者，亦必赶速设法收回。"另据南京第二历史档案馆资料（1027-22-88 卷）记载：唐继尧同意财政部"截留四个月盐款，复自本年（1916 年）十二月起至明年四止，于每年十二万五千万协款外，按月加六万元"的办法解决。②

三、拥护共和纪念币

民国 4 年 12 月 25 日，原云南都督察锋与李烈钧、唐纪尧等在云南通电讨袁。他们组织"护国军""讨袁军""共和军"等，向四川、贵州和两广进兵，为筹集军饷，民国 5 年，为纪念护国战争胜利，由云南富滇银行发行兑换券"拥护共和纪念币"100 万元，面额有壹圆、伍圆、拾圆样票 3 种，加盖"样本"，是唯一一套以"纪念共和币"为名称的纸币。③

富滇银行兑换券"拥护共和纪念币"纸币，壹圆长 12.5 厘米，宽 8.2 厘米；伍圆长 14 厘米，宽 9 厘米；拾圆长 14.8 厘米，宽 9 厘米。此票为护国运动时发行，正面图案为唐继尧肖像和昆明风景。正面上方印"拥护共和纪念币"，中间印"壹圆"，下印"云南富滇银行兑换券"，两侧印有"云南"、"通用银元不挂失票"和"中华民国五年印"字样。正面加盖"云南督府之印""富滇银行总协理之印"、"云南财政厅"、"云南富滇银行"、"富行拣选样券"和"样本"等印，背面加盖"拥护共和纪念币"等印并打孔（图 3-46）。

① 周忠明：《云南护国军发行中国银行兑换券始末》，《中国钱币》2002 年第 3 期。
② 云南地方志编纂委员会：《云南省志·金融志》，云南人民出版社，1994 年版，第 60~61 页。
③ 谯慧：《云南历史上发行的地方钱币（下）》，《收藏（拍卖）》2012 年第 04 期。

（a）1916年云南富滇银行兑换券"拥护共和纪念币"壹圆样票

（b）民国5年云南富滇银行兑换券拥护共和纪念币伍圆、拾圆样票

图3-46　云南富滇银行兑换券"拥护共和纪念币"

四、云南护国公债、云南靖国公债

　　云南经济困难的状况在当时为全国之冠。为了保证浩繁的军费开支，云南护国政府采取了一系列有效的措施和方法：通过清理财政、撤并机构，压缩了各项行政开支，还成立了筹饷局，由李烈钧任总办，以劝募、发彩票、开征烟税三种方式筹资，与此同时还截留了应交中央政府的盐款，向爱国华侨募捐，并发行公债。1916年，富滇银行还发行货币400万元，其中70万元作为护国经费。为筹措军资，云南省政府发行了护国公债。护国公债一共发行了两期，第一期总额1000万元，第二期2000万元。

　　该公债票分为上下两部分。下半部为息票，共十五份。上半部为额首，有"云南护国公债"字样的花框，花框四角有"伍拾圆"或"50"（或拾圆、壹佰圆、伍佰圆等）的票值数；花框居中，为"伍拾元公债票"（或拾圆、壹佰圆、伍佰圆等）票值；票值上方，有"总额＄20 000 000"字样；票值左右，有预留编号的长方小框；票值下方，自右至左，印有公债条例。全文如下："民国六年云南护国公债条例。前经督军、省长公布施行，兹将条例摘要如左：利率，周年六厘。息期，以每年六月付给一次。偿还期间，自发行之日起，居置十年。以民

（a）民国6年云南护国公债伍拾圆

（b）民国6年云南护国公债拾圆、壹佰圆

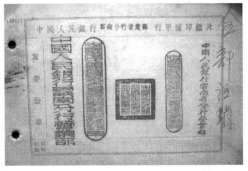

（c）民国6年云南护国公债伍佰圆（中国人民银行云南分行印鉴片）

图3-47　云南护国公债

国十六年七月一日起息，至民国二十一年六月止，此五年以内，只付利息。又自民国二十一年七月一日起，每年摊还本金十分之一，至民国三十一年六月止全数偿清，但每年以六月内在省城执行抽签。保息，每年由财政厅预行筹措的款，发交富滇银行存储付给。担保品，本公债应付本息，由云南省政府完全担任，并指定云南全省厘金、牲屠税、烟酒税及公卖费全数收入为担保品。还本付息机关，富滇银行总行暨各分行汇兑处及委托之殷实商号。用途，债票可抵交公务上之保证金。其到期息票，得以之完纳田赋、厘税及其他现款交售之用。中华民国六年七月一日。云南财政厅长。"下方为红色"吴琨之印"。在公债条例中央，盖有红色"云南财政厅印"（图3-47）。

依据上述资料，可以得出如下几点认识。

一是该护国公债票乃由云南财政厅所印，计划募款2000万元。而债票之运作，则与云南富滇银行密切相关。

二是该护国公债年息六厘，完全清偿时间要至民国31年6月，需整整25年。

三是从各张护国公债票的票面来看，其编号处均为空白，应是一批未完成票。

四是从该批护国公债票上所署之时间来看，已是中华民国6年7月1日，此时离袁世凯气绝身亡及护国战争结束已满一年。

由于1917年开始进入护法运动时期，再发行护国公债似已落后于形势，所以云南财政厅又有了云南靖国公债票之印制。云南政府美其名曰发行靖国公债是"为充

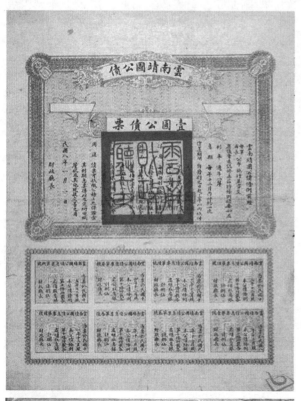

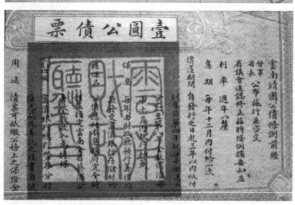

图3-48　民国8年云南靖国公债壹圆公债票（右为局部放大）

实军事起见"，金额总计 200 万元，具体条件是："无记名分为一元、五元、十元、五十元、百元五种；利息八分；发行价格与面额相同；发行期限自本年十月起止明年二月；偿还期限为八年；三年后每年四月用抽签法偿还总额五分之一；担保品为云南全省烟酒公卖税"[①]，但与护国公债一样，编号处仍为空白，应同样是未完成票（图 3-48）。

这些公债票印成之后，因故而未曾发行，遂积存于富滇银行库房之中。1949 年后，民国之旧银行由中国人民银行接管。这批已作废的公债票便被印上中国人民银行云南省分行的各种表格，加以利用了。[②]

五、云南靖国军军用银行兑换券

民国 5 年袁世凯死后，护国战争结束。之后，继任大总统黎元洪于 6 月底宣布恢复《临时约法》和民国 2 年的旧国会。7 月 14 日，唐继尧宣布撤销军务院，护国战争宣告结束。但唐继尧并不解散军队，反而将护国军由原来的三个军扩大为八个军，继续派兵出川，以扩张势力范围。民国 6 年，孙中山为反对北洋军阀段祺瑞政府破坏《临时约法》，掀起了"护法运动"。云南督军唐继尧以响应护法为名，改护国军为靖国军"出师护法"，并自称滇川黔靖国军联军总司令。在这一历史背景下，为适应战争需要，奉唐继尧之命，云南靖国军军用银行成立。

云南靖国军军用银行总行随军而转移，先后在四川的永宁、泸州、叙府、富顺，贵州的毕节和云南的昭通等地设立分行发行。该行以调剂行军金融、出纳军饷为主要业务，代办本行所在地的商民汇兑，并发行兑换券 60 万元，由云南军需局印制壹圆、伍圆、拾圆三种。先由富滇银行借给靖国军军用银行现金 5 万元作为本金，"靖国军军用银行条例"规定兑换券凡出纳官款、商民交易一律通用，不得拒不收受或折扣贴水，如有违者，依军法惩究。[③]

云南靖国军军用银行兑换券壹圆券，横 16.5 厘米，纵 11 厘米。正面浅绿色，四周花边为黑色，背面为蓝色。伍圆券正面茶绿色，花边灰绿色，背面浅紫色。拾圆券正面灰绿色，背面天蓝色。这三种钞券的券面上方印有"云南靖国军军用银行兑换券"字样，左右两边分别印有"中华民国六年印"及"通用银元不挂失票"字样，下边为"云南军需局印"。另外还盖有五个篆字印章，右上方为"靖国联军总司令官章"，左上方为"云南督军"，右下方为"督军的署军需课长之印"，下方中央为"军用银行长之印"，左下方为"陆军军需局局长之印"（图 3-49）。民国 9 年，滇军战败，唐继尧被顾品珍驱逐。军用银行随之撤销，军用票停止发行，军用兑换券由富滇银行代为收回，计入云南省政府积欠账内。

---

① 《云南公债》，《京话日报》，1918 年第 2521 期。
② 徐渊：《谈云南护国公债收款证及云南护国公债票》，《中国钱币》2015 年第 2 期。
③ 谯慧：《云南历史上发行的地方钱币（下）》，《收藏（拍卖）》2012 年第 4 期。

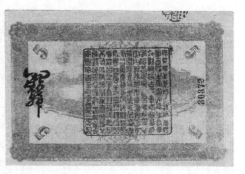

（a）民国 6 年云南靖国军军用银行兑换券壹圆

（b）民国 6 年云南靖国军军用银行兑换券伍圆、拾圆

图 3-49　云南靖国军军用银行兑换券

云南靖国军军用银行票为时虽短，却给劳动人民带来了深重灾难，是旧中国军阀混战，将战争负担转嫁于劳动人民头上的铁证。[①]

六、军用储蓄票和靖国滇军军用兑换券

1921 年 1 月，顾品珍率部反唐继尧，兵迫昆明。2 月 9 日，唐继尧连夜逃离昆明，后赴香港。后唐继尧重任靖国滇军总司令，于 1922 年年初打回云南，2 月在宜良打败顾品珍，顾品珍战死，3 月回到昆明二次执政。

1921 年春，唐继尧纠合驻柳州旧部返滇夺权，为筹集军费，靖国军联军印发军用储蓄券 15 万元，面额有 5 元、10 元两种。5 元票长 14.8 厘米，宽 11.6 厘米；10 元票长 14.7 厘米，宽 11.6 厘米。

1921 年 10 月，靖国滇军总司令唐继尧，在对顾战争中，为调剂市面找零，以靖国军总司令部名义印发军用兑换券当十铜元票一种，面值 100 枚。票面上端横书“靖国滇军军用兑换券”，票中直书“凭票兑当十铜元壹百枚”，下端横书

_____

① 童子：《云南靖国军军用银行及其兑换券》，《中国钱币》1986 年第 4 期。

"靖国军总司令官唐布告"（图 3-50）。[①]

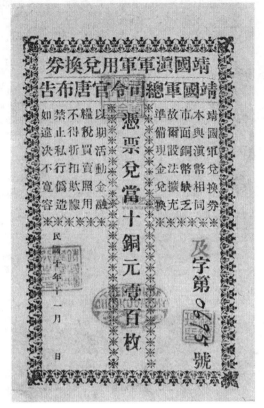

图 3-50　民国 10 年（1921 年）靖国滇军军用
兑换券"当十铜元壹百枚"

七、定滇军司令部军用钞票

　　1925 年春，云南唐继尧在孙中山北上赴京之际，发动侵桂战争，企图占领两广，称霸南方。当滇军占据南宁后，广东革命政府于 3 月 1 日下令派驻粤滇军范石生部入桂支援。范石生与唐继尧有杀父不共戴天之仇，范也久有回云南发展之意，故此令恰合其心意。3 月中旬，范石生在抵达桂平后，将其部改称为"定滇军"，并与李宗仁、白崇禧、黄绍竑的桂军组成联军，兵分两路进攻南宁。"定滇军"从贵县、横县、永淳西上，向南宁进发，经过半年多的艰苦战斗，终于将滇军逐出广西。定滇军军用钞票即范石生为此次滇桂战争之军需饷而特别发行

---

　　①　云南地方志编纂委员会：《云南省志·金融志》，云南人民出版社，1994 年版，第 61 页。

的。①该票图版与"大本营度支处发行"的"军用钞票"基本一致，似为大本营所印制。背面文字为"定滇军司令部军用钞票条例"，在下部空白处盖有"物阜民康"小章（图 3–51）。

（a）民国 13 年定滇军司令部发行军用钞票壹圆

（b）民国 13 年定滇军司令部发行军用钞票拾圆

（c）民国 13 年定滇军司令部发行军用钞票伍圆

图 3–51　定滇军司令部发行军用钞票

---

① 蔡小军：《〈中国军用钞票史略〉补正》，《中国钱币》2000 年第 4 期。

第九节　名目繁多的钱票

云南地处祖国西南边陲，山高林密、民族众多、交通不便，加之开发较晚，丰富的资源长期得不到开发利用，使得云南的社会经济发展相对落后，一些地区的物物交易延续到 20 世纪 50 年代前。

但在昆明等地，鸦片战争后，山西帮的百川通和宝丰隆就在云南设有分号，成为云南最早的票号。继之有浙江帮的乾盛亨和盈泰兴两家，办理汇兑业务。同治十二三年间（1873～1874 年），云南省王炽仿山西帮票号"在省城三牌坊邱家巷开设同庆丰票号，办理汇兑业务，发行银票，包销川盐。发行的银票多为1000 元、10 000 元，系经政府批准，可以缓急相通，与银行发行的兑换券无异，流通市场，信誉较好"。

光绪末年，继票号、银庄之后，钱庄也在云南兴起。昆明开设的八九家钱庄中，以盛源和同盛钱庄最大，他们除存放兑换银钱外，也发行庄票。同时，云南的典当业也很兴盛，有典当、质押之分，起着民间金融业的作用。仅昆明一地就有 20 多家，如文兴当、长顺当、益华当、春华当、盛丰押号等。他们除经营典当业务外，也发行庄票。此外干崖世袭土司刀安仁为了筹集资金进行反清活动，在 1908 年发行面额为纹银一两、五两、十两券，票面印有汉傣两种文字的兑换券，流通时间不到 3 年（图 3-52）。

图 3-52　光绪三十三年干崖宣抚准·新成银庄纹银五两

民国初年，据日本同文书院调查，河口矿业公司曾发行面值 1 元的纸币流通。此外还有一些较有影响的钱票。

1．个碧铁路银行兑换券

由民间集资修建个碧石铁路，融资能力是关键。股东领导在融资渠道上采取灵活、多样、开拓性的方式。个碧石铁路建设融资方法是通过向银行借款、扩充锡矿、增加锡股收入等多渠道搞活经济，实现金融资本和工业资本的融合。除了抽收锡砂炭股直接融资、向银行借贷间接融资外，他们还开办银行、发行纸币和银行券直接筹资，吸纳社会资本。

1918 年，个碧铁路公司为保存股款、汇集闲散资金及方便资金周转以供筑路需要，拨出 100 万元作为本金，并以铁路全部财产担保，在个旧成立了个碧铁路银行，成为云南较早的商办银行之一。地址设在云庙，下设蒙自、昆明、建水、香港 4 个分行，除了经营存、放、汇兑款业务外，还办理个碧铁路银行兑换券的发行业务，成为滇省最早发行兑换券的商办银行。该行兑换券有"壹圆""伍圆""拾圆""贰拾圆""伍拾圆""壹佰圆"六种票面面额（图 3–53）。个碧铁路银行以铁路为担保，民国 7 年首次发行了 200 万元的兑换券，作为修筑个碧铁路和鸡临（鸡街——建水）段铁路的修筑费和路工费之用。这次发行的兑换券主要流通于个旧、鸡街和建水的个碧铁路沿线及附近各县。由于该兑换券起初基本能保证兑现，币信较好，人们也都愿意使用。民国 15 年，又增发了 200 万元的兑换券，作为修筑临屏（建水——石屏）段铁路的修筑费和路工费用。民国 16 年，云南发生地方军阀争夺地方统治权的"六一四政变"，治安陷入混乱状态，市场恐慌，金融混乱。为维持社会秩序，南迤蒙自道尹陈钧组织保安会，成立保安军，强令个碧铁路银行再增发 600 多万元的兑换券，充作保安军的军费。至此，个碧铁路银行总计发行了近一千万元的兑换券，且一直流通于个碧石铁路和滇越铁路沿线的附近各县以及个旧、蒙自、建水、石屏、开远等地带。[①]

由于个碧铁路银行发行的兑换券，多无相应的发行准备金，且有百分之六十以上是迫于地方军事需要而进行的财政性发行，更是毫无发行准备金。加之该兑换券大多是在蒙自新文书局和六艺林石印馆印制，故印工粗糙，纸质和图案花纹较差（一般选用道林纸，白底绿字），以致伪币时有出现，市面上流通的兑换券大大超过了该行的发行准备金，从而造成该项兑换券不能维持兑现。这样一来，不仅影响了个碧铁路银行兑换的信誉，而且严重影响到迤南经济和金融的稳定，妨碍了富滇新银行对滇省的币制划一。有鉴于此，云南地方政府以个碧铁路银行擅自滥发纸币、紊乱金融、地方民众受害滋深为由，于民国 17 年勒令个碧铁路银行停业清理，并令限期将已发行的兑换券收回予以焚烧。铁路银行奉令收回销毁了 300 余万元。1933 年年末，奉云南省政府令，个碧铁路银行关闭；此后，仍有少部分兑换券流散在外，直至民国 28 年，由富滇新银行垫款才将该兑换券全部收兑。至此，个碧铁路银行兑换券始绝于市。个碧铁路银行自开办之日至关闭之时，共收入资金 1592.2 万余元。

个碧铁路银行发行的兑换券，是在铁路修建过程中，随着个碧铁路银行的设立而产生的。虽然流通的时间不算太长，流通的范围也仅限于滇南部分地区，但该纸币对于修建个碧石铁路、发展云南地方工业、抵制法商对云南锡

---

① 袁天昂：《云南首只铁路债券：个碧铁路银行兑换券》，《时代金融》2011 年第 5 期。

（a）民国11年云南个碧铁路银行壹圆券 （b）民国11年云南个碧铁路银行伍圆券

（c）民国11年云南个碧铁路银行拾圆券 （d）民国11年云南个碧铁路银行伍拾圆券

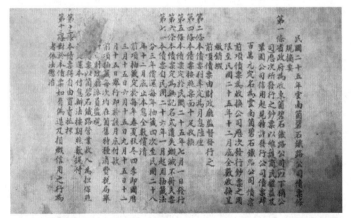

（e）民国25年云南个碧石铁路公司债票伍拾圆、壹佰圆

（f）民国 25 年双十节个碧石铁路通车纪念

图 3-53　云南个碧铁路兑换券

矿运输的垄断、缓解政局动乱对云南经济的影响等方面都曾起到过积极作用（图 3-53）。

个碧铁路银行凭票伍圆，票上无年份，或为第一版发行，存世罕见；背面有启示："本公司为便利工程发展起见，由路股项下划拨基本金壹佰万元，并以铁路担保设立个碧铁路银行，发行此项凭票，随时均可持票向本行兑取现金，绝无延误，此布。个碧铁路谨启。"（图 3-54）

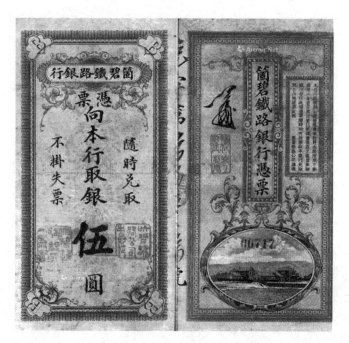

图 3-54　个碧铁路银行凭票伍圆

2. 昭通钱庄票

民国 8 年，昭通县城有薄源钱庄开办存贷款、庄票流通及汇兑业务。

3. 思茅钱票

民国 12 年，思茅银根紧张，辅币奇缺，商民交易困难。7 月 13 日，思茅知县责成县商会发行折合富滇银行纸币 1000 元的钱票流通使用，面额有壹佰捌拾文和叁佰陆拾文两种。由"雷永丰""恒和元"等 10 家股实商号各垫资 100 元作为发行基金。钱票可在市场自由流通，作为富滇银行的辅币使用，但流通时间不长，后由商会兑换收回。

4. 文山纸票

民国 15 年，文山市场辅币奇缺，市场找零不便。文山县政府授权商会印刷发行了壹分、贰分、伍分、拾分四种面额的白棉纸票代替辅币流通使用。一年后即停止流通。

5. 石屏纸票

民国 15 年，石屏地方匪患猖獗，库空如洗，无钱应付剿匪部队开支，为此石屏县特印发面额分别为壹圆、伍圆、拾圆的地方票。该票系用白纸写上金额，加盖县政府公章，一度在石屏境内流通，后被省政府严令禁止使用。

民国 17～18 年，殖边、铁路两银行收束，锡务公司乘机发行类似钞票的储蓄票。各大商号亦相率发行本票。当时云南地方政府刚关闭富滇银行，设整理委员会，筹集巨款，准备开设富滇新银行，不遑顾及，是因本省金融最混乱时期。民国 20～21 年，云南做鸦片生意的商号，如炳南祥、合盛隆等 6 家，为周转资金，曾滥发变相纸币，后因此而倒闭。

6. 个旧锡务公司储蓄券

个旧锡务公司为便于资金周转，曾于民国 17 年发行个旧锡务公司储蓄券 250 万元，不久收回 150 万元，但后来又陆续发行，截至 1935 年，共发行 473 万元，流通于个旧、蒙自、石屏、建水等县。民国 25 年自行收回焚毁（图 3-55）。

图 3-55 民国 20 年云南个旧锡务公司储蓄证贰拾圆

7. 寻甸小白票

民国 19~20 年，辅币不敷市场需要，寻甸商会征得县政府同意，用新闻纸手工油印伍角、壹角、贰角临时流通券。纸币长 80 毫米、宽 50 毫米，盖有寻甸商会公章，交由李华章商号找零发出，限在县城使用。各商号收回后，向李兑换，寻甸人称"小白票"。

法币实行之初，辅币奇缺，市场交易不便，地方政府发行了名目繁多的流通券。

8. 华坪黄票

民国 25 年 5 月上旬，民国党军罗启疆独立旅驻守华坪。为筹集军饷，发行华坪土造黄麻纸油印而成的军用兑换券，民间称为"黄票"，面额有壹分、伍分、壹角、贰角、壹圆、贰圆、伍圆、拾圆等，与法币等值。同年 9 月，国民党西昌行辕用飞机运去法币支援，罗部给养得到解决，"黄票"即停止发行。

9. 宁洱县铜团票

民国 26 年初，宁洱县财政局会同商会发行铜圆票，以解决因铜圆笨重，难以行使和携带的问题，后被收回停用。

10. 磨黑井盐票

民国 26 年 11 月，磨黑井盐场矿区营业因辅币奇缺，找零不便而处于停顿状态。为此，制盐同业公会于 12 月 18 日发行"手票"2700 串流通使用，面额有壹佰文、贰佰文、叁佰文三种，每三串换富滇银行纸币壹圆。后因"违反币政"，被商会以法币辅币 250 元、富滇新银行纸币 400 元兑换收回。

11. 江城纸币

民国 26 年，江城县市场辅币不足，影响商品交易。为此，江城县政府责成县财政局和商会，两次发行以该县特产构皮纸为币材的纸币，投放市场周转使用。面值为伍分、壹角两种。因构皮纸质量较差，不耐磨损，社会各界反映强烈，纸币于年末停止使用。

12. 墨江布钞

民国 26 年，因市场辅币短缺，找补困难。墨江县商会发行一种以棉布为币材的钱票，俗称"布票"，作为辅币流通使用。面值有伍分、壹角两种，流通范围仅限墨江县城，流通时间不足一年，后由商会收回停用。民国 31 年，为缓和市场铜圆剧减、辅币不足、交易找零不便的局面，墨江县商会再次发行用棉布印刷的钞票，俗称"白票"，面额有伍分、壹角等，发行总额为折合半开银币 50 元。币钞流通时间较短，仅限于县城使用，后由商会按原值收回而停止流通。民国年间，墨江因辅币短缺，还多次发行过以棉布为币材印刷的各种钞票，在县城流通使用。

13. 景谷钱票

民国 28 年 5 月，由于实行法币政策后，辅币不足，景谷县市场流通的制钱逐渐稀少，交易找零不便。县商会印制发行壹分、贰分、伍分和壹角四种面额的钱票，作为云南富滇新银行的辅币，在县城流通。钱票发行数额定为折合云南富滇新银行币 200 元，于当年 12 月由商会收回停用。同年，香盐井矿区因制钱缺乏，曾发行过纸质钱票，以补市场辅币不足。

1948 年，金圆券发行没有几个月便告失败，1949 年中国处于大变革时期，这是云南钱票发行最多的时期。1949 年 12 月，云南解放，私票才真正退出流通领域。

14. 曲靖兑换券

金圆券进入市场流通时，曲靖县由于市面辅币缺乏，商民交易找补不便。该县银行用道林纸印刷 1 元兑换券，代替金圆券 1 元流通。后由于金圆券的崩溃而变成废纸。

15. 丽江油印纸币

1948 年，丽江市场辅币不足，市场交易不便。县银行以土造白棉纸油印"滇半开辅币"流通使用。面额有伍分、壹角、贰角三种，发行总额为 2000 元，流通范围仅限于大研镇及附近农村。1949 年 7 月 1 日，丽江解放，油印"滇半开辅币"停止使用。

16. 庐西救济券

早在 1945 年 12 月，庐西县银行发行"庐西县银行本票"。1948 年 12 月发行地方救济券 98 万元，面额为壹角、伍角，作为金圆券的找补之用，发行时间为 3 个月，因金圆券崩溃而停止使用。

17. 滇西解放区人民银行流通券

1949 年 4 月，滇西保山地区一支自称是"共产党、民革、民盟的联军"，简称"共革盟"的队伍发起武装暴动，占据滇西许多县份。"共革盟"在盘踞保山县城时，大肆进行欺骗宣传，引诱并胁迫学生、农民及士绅加盟，同时抢劫商家，勒索富户，征粮派款，还出版了《共革盟日报》。为搜括当地人民财物，"共革盟"军假借"解放区人民银行"名义组建了伪人民银行，并由伪人民银行委员会发行伪钞。曾发行过面额为半开银圆壹角、贰角、伍角、壹圆、伍圆的五种流通券。第一期发行 20 000 元，以没收保山县城各商号的花纱布等物资为兑换准备，每五天街期出售一次，回笼此种流通券。前后 1 个月时间，发行的 20 000 元基本上收回。第二次再发行时，因没收的花纱布已经全部售完，市场拒用，不再流通。由于"共革盟"军很快就被歼灭，伪钞作废。此钞流通仅 40 天，又因其流通地域局限，发行量很少，印制粗劣，且边发行边回收边销毁，加之历年的清缴，故存世实物极少见。这支同时反国民党和反共产党又假借其名义活动的"山寨武装"，结果被两党剿灭（图 3-56）。

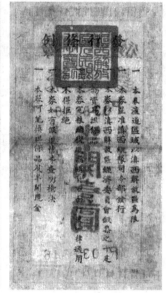

（a）"滇西解放区人民银行"流通券半开壹圆

（b）"滇西解放区人民银行"流通券半开贰角、伍角

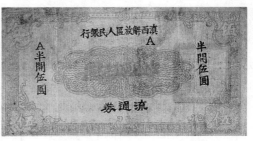

（c）"滇西解放区人民银行"流通券半开壹角、伍圆

图 3-56 "滇西解放区人民银行"流通券

18．磨黑井盐票

1949 年 7 月，磨黑盐矿管理委员会发行以棉布为币材的盐票 70 元，与银圆等值流通，用以恢复盐矿生产。面额分为壹角、贰角、伍角和壹圆、伍圆、拾圆六种。票面印有"云南人民自卫军二纵队磨黑盐矿管理委员会盐票"字样。1950年年初，人民币进入磨黑后，"盐票"即被盐矿管委会收回。

19．顺宁流通券

1949 年 3 月，云县钟世俊、赵正元为首组织"共革盟"，于 4 月 3 日进驻顺宁，成立"顺宁县临时治安委员会"和"滇西人民自卫军滇西纵队"。为筹集军饷，令"顺宁临时治安委员会"印发流通券（白票）4 万元，先作清解，以后用欠缴款兑换。"白票"在顺宁流通 3 个月，没有兑换，人民深受其害。

20．凤庆流通券

1949 年 3 月，临沧境内"共革盟"在凤庆成立"滇西人民自卫军滇西纵队"，为筹集军饷，令凤庆县治安委员会印流通券（白票）4 万元，流通时间为 3个月，后来没有兑换。

21．镇沅案板银票

1949 年 3 月 1 日，"镇沅人民临时县政委员会"在案板镇成立，4 月，鉴于案板盐井市场萧条、经济枯竭，决定发行案板银票，以资流通金融，救济善后复员。银票与银圆等值流通使用，以案板盐井全年产销总额的 20% 盐斤为准备金，面额有贰分、伍角、壹圆三种，发行数量不详，流通区域仅限于案板镇。银票除用于开支该委员会的费用和职工工资外，还用于盐井工人和小学教师工资的发放。持票人可在案板范围内购买日用百货及农副产品，也可用于购买灶户的食盐。银票发行不久就开始贬值，壹圆银票只当 1 枚半开使用。5 月初，镇沅人民临时县政委员会被解散后，案板银票因无处兑换而退出流通领域。

22．永善找补券

1949 年年底，国民党军队二三三师六九八团进驻永善井底坝，强行使用贬值的银圆券，并勒令民间用白银找补，民众抵制。为缓和事态，井底坝商会会长黄汉甫出面调解，用夹皮纸印刷面额为壹角、贰角、伍角三种找补券，向国民党驻军兑换银圆券，壹圆找补券换银圆券壹圆。于是，"找补券"在井底坝通行一时，两个月后，驻军撤走，民众持"找补券"向商会兑换，商会无力兑换，经办人自杀，"找补券"停止使用。①

23．劝业银行汇票

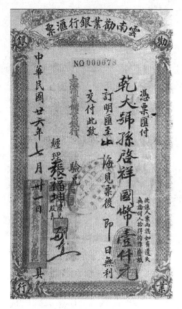

图 3-57　民国 26 年云南劝业银行汇票壹仟元汇票

劝业银行最初隶属于云南农矿厅，1930 年 10 月成立个旧分行，12 月在昆明成立总行，成立动机是个旧锡商以金融枯竭、银根奇紧为由，向政府吁请投资救济。故此行"主要业务是由总行吸收存款解个旧贷放，并办理商业银行的一切业务"。后来，由于农矿厅改组为实业厅，接着实业厅裁撤移归建设厅，劝业银行也随之转移管辖。1935 年 8 月，陆崇仁在为谋全省财政统一的幌子下，将劝业银行由建设厅管辖中拿过来隶属于财政厅，陆自兼董事长。虽然此行是为解决个旧大锡经营的投资资金而设，但仅二十万半开的资金，不足以和东方汇理银行抗衡，其业务一般只限于小额商业性抵押放款，以后也是云南企业局所属银行之一。②

民国 26 年云南劝业银行汇票壹仟元汇票上，有"上海商业储蓄银行"及"云南劝业银行总行汇兑图记"章，背有印花税票及上海浦东银行会计主任清末及印章（图 3-57）。

24．兴文银行支票

兴文银行是以"振兴文化"的含义而命名的，它的前身是"兴文当"。"兴文当"创始于光绪十五年（1889 年），成立的宗旨是以其当收入，维持经正书院高才生的膏火费和赴京会试的举子们的卷金费，目的是扶助清寒学子，让他们有深造的机会。由云南盐法道和三迤士坤王炽、罗瑞图、吴永安、万征衡、吕德禅等发起组织，主持人称司事。首任司事为张廷梁和李培厚，随后周崇恕、李发松、

---

① 戴建兵、解飞：《云南钱票小史》，《西部金融·钱币研究（增刊）》2010 年总第 4 期。
② 常树华：《辛亥革命以前至抗日战争爆发前夕的云南金融》，《云南财经大学学报》2009 年第 6 期。

黄河清、杨正芳、周锡之、顾思信、蒋松华等均任过此职。后半期兼营存放业务，改名为兴文银号。1933年代办公款，改名为兴文官银号，主持人称经理。

1939年奉命改组为"云南兴文银行"，主持人称行长，隶属云南省财政厅，为官办银行。1942年，经云南省政府决定，兴文银行吸收商股、增加资本改组为官商合办银行，资本总额为法币1600万元，官股1400万元，商股200万元，成立董事会，主持人称总经理。1950年，云南解放，由人民银行云南省分行接管（图3-58）。

（a）民国37年云南兴文银行支票 （b）民国36年云南兴文银行支票

图3-58 云南兴文银行支票

在业务经营方面，在改银号前，专营质当业务；改银号后，兼营存放业务；改为银行后，主要业务是代理省金库，收存烟款，代管粮款，在中央银行未设立分行的县代理金库，此外，还大肆进行金钞买卖。吸收存款、保管财物是次要业务。为了保值，还积存黄金和棉纱。兴文银行最赚钱的时期，是在滇缅公路阻断后，以商行名义，兼营进出口贸易，举凡布匹、棉纱、轮胎等进口商品，均由兴文银行操纵，获利巨大。[1]

25. 云南劝业银行票据

民国19年5月，富滇银行清理结束，全省无一正式金融机构。当时香港锡价低落，云南大锡出口减少，银根奇紧，省府当即下令农矿厅即日成立劝业银行集资周转，并令财政厅、个旧县商会协同办理。农矿厅长缪云台受命后，即行筹组。按省政府指示由财政厅拨付旧滇币100万元作为基金，先于同年7月1日在

① 马龙章：《昆明第一家商业金融机构兴文银行》，《云南日报》2001年07月25日。

个旧成立劝业银行分行，后于 12 月 1 日在昆明成立劝业银行总行，隶属于农矿厅，缪云台任行长。民国 23 年，缪辞职，张福坤继任行长。当年农矿厅改组为实业厅，不久实业厅又裁，并归建设厅，劝业银行相继移转管辖。民国 24 年为谋全省财政统一起见，劝业银行又改属财政厅。抗战开始后，云南省财政厅将劝业银行基金拨足新滇币 200 万元，并随时拨存公款二三百万元，作为扩充总分行业务的需要，业务有了新的发展。民国 30 年 10 月，经市政府委员会决定，与兴文银行一道改为官商合办。资本定为法币 1200 万元，其中公股 1000 万股，作为省政府投资，股权由省企业局代表。私股 200 万股，由龙云、陆崇仁各掌握 100 万元进行分配。次年 1 月，劝业银行第一届董事会成立，从此与财政厅脱离隶属关系。年末改组董事会，权力重新转移，但已进入衰落时期。

民国 37 年中央银行强行收兑黄金外币，劝业银行将历年积余的黄金 44 两，白银 1000 两，美汇约 2 万元限购。又遵照财政部调整规定增资，将半数资金计金圆券 32.5 万元交存中央银行变相冻结 3 个月。当时金圆券飞速贬值，黄金上涨，劝业银行流动资金几乎被搜刮殆尽。以后业务萧条，资金短缺。至云南起义前夕，素称“经营稳健”的劝业银行，陷入全面崩溃的境地。直到 1950 年 3 月由中国人民解放军昆明市军官会接管后，才进行债权、债务的清理①（图 3-59）。

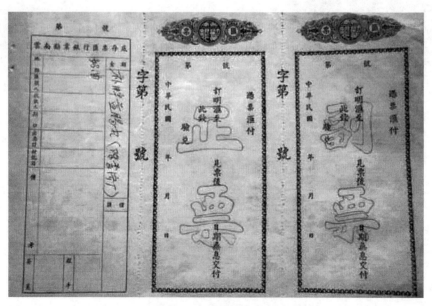

（a）云南劝业银行汇票

①　云南地方志编纂委员会：《云南省志·金融志》，云南人民出版社，1994 年版，第 122～123 页。

（b）民国37年云南劝业银行支票壹仟元　　　　　（c）民国37年云南劝业银行本票

图3-59　云南劝业银行汇票、支票、本票

第十节　外国票据

鸦片战争后，云南省货币市场非常复杂和紊乱。省内外和国内外货币均在市场混合流通。主要通货在地区间各不相同，其币值又因时而异，外国货币在市面上通行无阻，部分地区甚至一度用外币作为计价、记账单位和大宗交易的支付手段。

1917年北洋政府发布《推行国币办法》规定："不得收受外国钞票，至外国银元，非不得已时，亦不得接受。"这一规定在全国范围内得到不同程度的实施，内地市场交易中直接行使外国纸币的现象大为减少，也不再用它来完粮纳税。但是，沿海地带和边疆省份外国货币仍旧在市场流通，而且这些地区流通的外国货币带有强烈的封建地域色彩。云南的情况正是这样。

地处祖国西南边疆的云南省，与越南、老挝和缅甸毗邻，自古以来，彼此就有密切的政治、经济联系。西汉时期的"博南道"，是南方的丝绸之路，通过商业贸易，外国货币从缅甸流到云南，越南的铜钱也在云南流通。

1882年，越南、老挝沦为法国的保护国，1884年英国占领了缅甸，殖民主义就把矛头指向云南。首先，强迫云南开埠通商，为其倾销洋货、掠夺土特产打开方便之门。根据不平等条约，河口、蛮允、蒙自、思茅、腾越相继被开为通商口岸，外国货币随商品源源不断流进云南。

在云南货币市场上，外国货币种类很多，其中数量最多、流通最广的是法元（Piastre de Commerce）和法纸（Piastre）。其次是印度卢比。还有后来居上，取代法纸地位的美钞。

一、法元和法纸

中法战争后（1885 年），法国强迫清政府签订不平等条约，获得在云南七府矿产开采权和修筑铁路的特权。光绪二十七年（1901 年）九月，滇越铁路法国公司成立，动工修建由越南海防至云南昆明的米轨铁路，历时十年的滇越铁路于 1910 年全线通车。随着滇越铁路的全线通车，东方汇理银行接踵而入。东方汇理银行是法国的殖民地银行之一，该行原名 Bangue De Indochine，起初经营法国的亚洲殖民地印度业务。它于 1875 年成立，资本总额大约 800 万法郎，总行设在巴黎。在越南河内设有分行。中国的上海、广州、汉门、北平（今北京）、昆明及香港均设分行，其在中国的活动主要集中在云南。该行于 1894～1903 年，铸造法元总数为 6800 万枚，其中一部分流入云南，据蒙自海关的统计，1904～1907 年约有 1100 万枚流入云南。滇越铁路法国公司为开支筑路人工费用，又铸发 750 万枚。法元刚进入云南之时，只在铁路沿线和附近各县流通，使用时尚需贴水，一枚法元只值滇币 0.92 元。以后，随着东方汇理银行在云南的势力加强，法元身价逐渐提高，1929 年，一枚法元兑换滇币 14 元。1927 年，印度改行金本位制，受其影响，1932 年，法国决定收回旧银币，改铸新银币，新银币每枚重 27 克，成色 90%，同样在市面流通。东方汇理银行还发行以法元为兑现准备的纸币 Piastre，俗称法纸或越币。其中在越南发行的纸币分为 1 元、5 元、10 元、20 元、50 元、100 元等六种，1912 年，发行总额为 0.8 亿法郎，1933 年年底为 9.6 亿法郎。流入中国的约为二分之一，流入云南的约占流入中国总额的一半。法国在云南推行法纸，大致可分为三个阶段：由滇越铁路公司于 1903 年运入法纸 7 万元，来蒙自购料建屋，并于滇越铁路通车后，规定客运、货运均以法纸计价收费；通车后，对外贸易出超增加，云锡等主要物资通过海防转销国际市场，法国政府于 1913 年在越南宣布禁银出口，并命东方汇理银行和中法实业银行搜运银圆出境；1919 年云锡滞销，云南对外贸易逆转，外汇紧缺。当时，法纸在中国香港可作外汇使用，一部分进口货直接用法纸支付，或作外汇到中国香港购货，所以需要日增。法国政府见有机可乘，就授予东方汇理银行发行纸币的总额可以超过拥有现金三倍的特权，并规定可用金融库券充抵现金准备，让其大量发行法纸，因此，法纸就大量涌进云南市场，达到了左右云南金融的地步。据 1929 年云南金融研究会的估计，流入云南的法纸总数达 2000 万元。除部分已由云南流到广西等地外，大约还有 1000 万元留在云南境内，以当时滇币与法纸的比价计算，约值滇币 1.4 亿元，超过富滇银行同年纸币发行总额 8000 万元的 75%。在此期间，东方汇理银行蒙自分行以其"五国银行图"成员的地位，利用滇越铁路公司、万国储蓄会的收入及一部分广商存款作为后援，与海关、邮政、外务稽核分所相勾结，并用少数中国买办为爪牙，明暗操纵云南的金融市场。"若遇市面需要法纸时，故意出卖，极力吸收滇票，扩充法纸势力，若市面的法纸价格稍松，彼即利用多数滇票出高价收买，使之只能上升，不能下跌，此操纵之明者也，有时为防人窥破其秘密，又复故意将法纸之价忽涨忽跌、忽买忽卖，五花八门，以混淆视听，此操纵之暗者也。"（摘录于外交部驻云南特派员公署档案）东方汇理银行就是以这种手段，达到抬高法纸、打击滇票，迫使滇票加速贬值的目的。以致官僚、政客、商人都以保存法纸为保全财富的唯一办法，并把买卖法纸作为从事投机活动的对象（图3-60）。

1930年1月，越南实行金汇兑本位制，规定原法纸张等于10个金法郎，法纸的价格便跟着金法郎的价格不断上涨。到1936年春夏，法纸100元竟涨至新滇币440元。同年九月间，法郎贬值，法纸随之下跌到300元。法纸的涨跌被东方汇理银行操纵着。而云南境内法纸的涨跌，也就是外汇的涨跌，却关系到一般物价的涨跌，尤其关系着进口棉花、棉纱、布匹和日用百货的涨跌，所以，法纸的涨跌对云南经济生活的影响是极为严重的。[①]

（a）东方汇理银行壹元券

（b）东方汇理银行伍元券

（c）东方汇理银行拾元券

---

① 汤国彦：《云南历史货币》，云南人民出版社，1989年版，第48~49页。

（d）东方汇理银行贰拾元券

（e）东方汇理银行伍拾元券

（f）东方汇理银行壹佰元券

图 3-60　东方汇理银行纸币

二、港元、卢比

　　早年，英国政府禁止本国钱币出口，所以对华贸易没有使用英国货币。1866 年，英国政府决定在中国香港设厂铸造银圆，提供其殖民地行使。香港银圆正面为维多利业女皇头像，背面图案中有"香港银圆"四个中国文字，每枚含纯银 24.176 克，开铸不到两年，因管理不善，亏本停铸。香港银圆只铸了 200 万枚，通行于中国香港及华南一带，流入云南的数量较少。1895 年，英国政府又在印度加尔各答设厂铸造银圆。新银圆每枚含纯银 24.29 克，正面为不列颠尼亚女神像，背面有中文 1 元的字样，俗称"站人"。光绪二十四年（1908 年）禁烟后，云南鸦片外销数量下降，加上东方汇理银行蒙自分行和中法实业银行搜运法元、白银出境，市面白银紧缺、价格上涨，锡商们就在中国香港市场上购回大批银圆。据 1911～1916 年蒙自海关的统计，运入云南的香港银元达 530 万元之多，通行于昆明及滇南一带。滇西则是卢比的地盘。卢比本是英属印度的货币，由东印度公司铸造，俗称"小洋"。有 1 卢比、1/2 卢比、1/4 卢比、1/8 卢比四种。1 卢比重 11.675 充，成色 90%，约合中国库平三钱一分三厘。印度卢比进入云南的主要渠道是：一、云南商人贩运茶叶、火腿、糖、鸦片、布匹等商品到西藏、昌都地区销售，以换回卢比；二、人数达六七万的华工（主要是滇西地区的工人、农民）到缅甸做工，他们旱季出境，雨季前携卢比返滇；三、思茅、腾冲辟为商埠之后，滇缅贸易兴旺，缅甸的英商银行通过"启仔"（兼管存放款业务的缅甸商人）发放大员卢比贷款给云南商人。据《云南通志》记载，每年流入云南的卢比达 8 万枚。

1927 年印度改行虚金本位制，金卢比与英镑挂钩，保持固定比价，原来银铸币的卢比，一跃而被金卢比代替。表面看来，以白银计算的物价没有上涨，但银本位的银铸币——卢比和虚金本位的银铸币——卢比的比价则拉大了。1925年，印度卢比每百枚合中国大龙圆 88 枚。

1929 年，由于银价大跌，印度卢比和中国大龙圆的比价最高时涨到每百枚卢比折合龙圆 250 枚，就银子的本身价值相比，高了五倍多，这就使云南对缅甸的贸易损失很大（图 3–61）。

（a）英殖印度纸币 1 卢比（加盖缅甸唯一法定货币）

（b）英殖印度纸币 5 卢比（加盖缅甸唯一法定货币）

图 3–61　英殖印度纸币

抗日战争时期，滇越铁路运输中断，滇缅公路成为大后方唯一的国际通道。昆明市面上的外币交易，1940 年夏以港币及法纸为主，下半年起则以印度卢比为主。其价格的涨落曾一度作为物价变动的标志。1942 年 4 月，缅北、龙陵和腾冲相继被日军占领，滇缅公路运输中断，只能靠中印空运维持国际通道，并同时加紧修建中印公路。中印公路通车后，印度卢比在云南的流通就更加广泛，几乎成为云南境内流通中外国货币的主要品种。

三、滇西日军军票

1941 年 12 月，太平洋战争爆发后，日本第 15 军侵占缅甸，在缅甸发行日印军用卢比纸币。1942 年 4 月，侵缅日军以其第 56 师团共 6 个连队及第 2 师团、第 18 师团之一部共计 2 万余人北上，侵入云南。5 月 3 日，日军侵占缅甸，4 日侵占芒市和龙陵，随后又侵占瑞丽、陇川、盈江和梁河等地。10 日，腾冲被侵占，随后又自龙陵突入怒江以东的海婆山（属今保山市）。后被我远征军击退、阻止于怒江以西。至此，我国滇西怒江以西的绝大部分地区（分属现在德宏、保山、怒江三个地州的近十个县、市的全部及部分地区，包括今缅甸在内的瑞丽市、潞西市、陇川县、盈江县、梁河县、龙陵县、腾冲县和泸水县的全境及保山市的一部分等），共 3 万多平方公里国土，遭受日军近三年（1942年5月～1945年2月）的残暴统治和掠夺。1942 年 9 月，日军为了"以战养战"，实行了一整套的殖民统治措施，最突出的是：其一，以多种手段网罗当地势力组织了一支约两千人的伪军，又相继成立各地"维持会"和伪政府（最重要的是 1943 年成立的伪腾越县政府，它下设三个监督厅）；其二，实行公开抢劫掠夺和强制性无偿摊派，尤其是强制发行和流通日本军票。

军票主要通过其设在腾冲的"大东亚低利银行"来经营。日军用该银行将劫获的物资，以及强占当地茂恒、永利、永生等商号未及时撤退的物资，再折成货款作为股本，任命当地大汉奸何世隆（当时任伪县商会会长）为经理，翟思安、董银发为副经理。下设业务、营业、存款、会计、出纳和金库等五个股、室，主要业务为发行日本军票，还兼办存款、小额抵押贷款业务。另外还经营附设的"协兴公司"，专用日本军票收兑当地原来流通着的法币、银元和印度卢比等，还负责配售棉纱、布匹和食盐等商品。1944 年 2 月，该银行内发生大火，随后其业务逐渐终止，但其发行的日本军票却在腾冲乃至整个滇西沦陷区造成了极大的灾祸。

日军在滇西沦陷区采取软硬兼施、多管齐下的方式来发行和流通军票，主要如下：①将抢劫来的民间财物由协兴公司等日伪公司专卖，规定只准用日本军票买卖；②规定限期兑换日本军票，强行禁止法币等我国货币、黄金、白银及印、缅货币流通；③由日伪公司控制食盐经营权，采取"断绝供应""高价出售"等手断，迫使人民接受和使用军票；④用军票强行夺取或占有物资，不管对方是否愿意，只强行付给一定量的军票了结。

据《腾冲县志》载，民国 33 年设在界头（后也沦陷）的我腾冲县政府在其

（a）滇西日军军票 1/4 卢比券

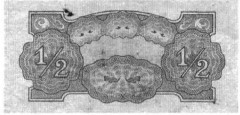

（b）滇西日军军票 1/2 卢比券

（c）滇西日军军票 1 卢比券

（d）滇西日军军票 5 卢比券

（e）滇西日军军票 10 卢比券

图 3-62 滇西日军军票

工作报告中称："（腾冲）敌占区内行使军票，其票面价值相当于我 26 元（法币）之比率，后逐渐至 40 元之比率。"据专家估计，日军在滇西沦陷区发行的军票总额至少在一亿卢比以上，以此为手段大肆掠夺，消耗军需物资（主要为农副产品）的价值折合成当时云南通用的"半开"（银币）为一亿元。若将此数按解放以来人民银行收兑半开的平均比价并累计 55 年来的复利计算，日本军票给滇西沦陷区民众造成的实际损失达人民币 2000 亿元之多。1945 年，同盟军反攻，沦陷区收复后，军用卢比纸币也就结束了。[①]

"大东亚低利银行"在云南发行的是日军在缅甸期间所用军用卢比纸币，总计金额一亿多元，面额为 1/8 元、1/4 元、1/2 元、1 元、5 元、10 元、50 元、100 元等八种，票型均为横式。它们的正面都有佛塔群（一种广泛分布于我国滇西傣族地区、缅甸一带的小乘佛教建筑物，另外，在印度也有分布。对此，有人认为是仰光大金塔，也有人认为是缅甸南部港市毛淡棉的宝塔，实为何者则有待确定）及其周围的风景图案，一侧或两侧有不同的热带水果树及花符。日军在东南亚国家及大洋洲发行的军票全是英文印刷，但其正面均有中文篆字"大日本帝国政府"和对应的英文"THE JAPANESE GOVERNMENT"、英文纪值与对应的阿拉伯数字及中文篆字"大藏大臣"印文等，还加盖有代表缅甸的红色英文字母 B（日本在东南亚及南亚占领区划分为五个区域：缅甸代号为"B"、菲律宾代号为"P"、印度代号为"S"、大洋洲代号为"O"、马来西亚代号为"M"）及代表版别的其他红色英文字母。总之，这套日本军票是日军侵占和掠夺滇西沦陷区的罪证，同时也具有重要的历史文物价值（图 3-62）。

四、美钞

太平洋战争爆发后，驻华美军增多，云南是驻华美军的空军基地，后又成立盟军中印缅战区，美国空军及地勤人员在云南境内有五千余人，带入很多美钞，并直接在市面上行使。美钞的面额分为 1 元、5 元、10 元、50 元、100 元等几种（图 3-63）。只要有美钞流通，市场上就必然有美钞的非法交易。由于法币恶性膨胀，币值一落千丈，所以美钞对比法币的比价不断上升，外国人和中国商人进行大宗交易时，都按美钞计价，逐渐成为主要支付手段，进而出现了一大批经营美钞投机牟利的兑换店和地下钱庄，仅昆明一地就有几十家，如庄兴源、元通、和丰等兑换店和钱庄，而且每天都有行市。1941 年 11 月 20 日，即太平洋战争爆发前十七天，1 元美钞值法币 35 元，此后 1 元美钞涨至 5200 元，1944 年 9 月 10 日

---

① 汤国彦：《云南历史货币》，云南人民出版社，1989 年版，第 50~51 页；董思聪：《日军侵华罪证——滇西沦陷区军票》，《中国钱币》2001 年第 3 期；董思聪：《滇西发现一套二战期间侵华日军发行的军票》，《思想战线》2001 年第 1 期。

（a）老美元10元

（b）老美元20元

图3-63 老美元

为17 000元，日本投降后的1945年9月10日，1元美钞值法币70万元。在金圆券崩溃的前夕，美钞甚至与黄金并驾齐驱、高低难分。

资本主义国家的货币在云南畅行无阻，外商银行还享有种种特权，这是旧中国半殖民地的标志之一。新中国成立后，云南省政府就颁布了外币、外汇管理办法，严禁一切外币在市场上流通，并禁止倒卖。办法还规定，无论本国人民或外国侨民，凡持有外国货币者，必须在一定时期内到人民银行或其他指定机构兑换，或作外币存款，换取外汇存单。外商银行必须遵守人民政府的各项法令和外汇管理制度，一切外汇业务，包括国际贸易结算、国际汇兑、外汇买卖，必须由国家银行办理或由指定银行经营。

这些办法实施以后，使留存云南境内的大部分外币按牌价被兑换，小部分以外汇存款方式存入国家银行，从而制止了外币流通，维护了我国独立自主的货币制度。同时，这些外汇也充实了国家的外汇资源，使之在国民经济的恢复和发展中发挥积极作用。[①]

第十一节　人民币占领市场与货币制度的统一

1950年2月，陈赓、宋任穷将军率领的解放大军与"滇桂黔边纵"胜利会师，随军带来中国人民银行总行调给云南分行的资金，于2月20日正式进入昆

---

① 汤国彦：《云南历史货币》，云南人民出版社，1989年版，第51页。

明，3 月 4 日，西南军区昆明市军管会正式成立。3 月 8 日，中国人民银行云南省分行正式成立。

中国人民银行云南省分行、中国人民解放军西南军区昆明市军事管制委员会分别发布了"关于使用人民币及禁用伪币外币的规定"、"关于半开本票之处理办法"及"关于清理银元债权债务之处理办法"，宣布"中国人民银行发行之人民币为市场流通之唯一合法货币。……所有完粮纳税，以及一切公私款项的收付、物价计算、债务、账务、票据、契约等均以人民币为计算及清算本位"①。接着，有计划、有重点、有步骤地开展禁用银圆、半开、外币工作。具体办法是：对于银圆、半开采取硬性冻结的方针，不予兑换，准许人民持有保存；禁止外币在市场流通，并在腾冲成立卢比交易所，集中于所内交易，使非法买卖易于管制；积极组织出口，换回物资。

1950 年 5 月，昆明市首先开始禁止银圆、半开、外币流通并在曲靖、沾益、宜良、楚雄、个旧、开远、下关、蒙自等九个城镇相继进行。其他地区暂不禁用，仍采取打击的方针，配合贸易部门组织物资供应，扩展人民币阵地，推进人民币下乡。各公营企业、机关只收人民币。经济落后地区限期收兑一部分银圆、半开，先建立混合流通市场，然后逐步禁用。在兄弟民族地区，先从经济上建立联系，让贸易部门收购其农副土特产品，并供应生活必需品，同时宣传使用人民币，创造禁用银圆、半开的条件。

到 1951 年年底，全省已禁银 112 县，占全省县数的 84.8%。人民币充分占领市场的面积占全省总面积的 76.4%，人民币使用人口占全省人口的 87.5%，混合流通区的面积和使用人口分别占 13.8% 和 9.4%；完全使用银圆、半开、外币的地区，其面积和人口分别占 9.8% 和 3.1%。

在禁银工作中，人民银行云南省分行昆明市营业部配合公安部门加强缉私工作，严格查禁黑市买卖，整顿投机市场，镇压了禁用银圆后仍暗地大量买卖金银的大投机商朱文高，这对一般投机分子震动较大，进而银圆、半开非法市场活动日益减少，黑市价格直线下跌。到 1951 年 4 月，银圆价格由 1950 年 5 月下旬平均每元 9300 元（旧版人民币，下同）逐渐跌为 2100 元，已低于牌价。半开银圆由 5900 元逐步跌落为 1100 元，到 6 月上旬跌至 700 元。

云南省边疆民族地区的 31 个县，总人口为 229 万人，由于历史的原因，银圆、半开、卢比一直占据市场，虽经打击排挤，仍在继续流通，为了统一货币、促进边疆经济发展，结合各地货币市场情况，划分三种类型，区别对待，开展禁银工作。

一类型地区有蒙自、思茅、丽江和临沧地区，人口约 59 万人。采取先内后外，与民族上层充分洽商，禁银后对半开采取限期兑换，使人民币迅速占领市场。

---

① 中国人民银行云南省分行金融研究所：《云南近代货币史资料汇编》，内部出版，第 394～396 页。

　　二类型地区有迪庆、西双版纳州，人口约 16 万人，采取银行与商业部门配合民族工作的开展，组织物资供应，发放农贷，扶植发展生产，逐步打击、排挤银圆、半开和外币，扩大人民币的流通面。

　　三类型地区有澜沧县、沧源县和怒江州，人口 18 万人，采取掌握必需的卢比银币，由国营商业控制国外进口物资，支持人民币流通，并视条件适当对进口物资课以关税，缩小国内外物资的差价，同时，积极扩大对外贸易，组织出口物资，逐步实现进出口贸易的平衡，使人民币逐步地占领了市场。

　　边疆禁止银圆、半开、外币流通的工作，比在内陆遇到的问题复杂，但经过几年的不懈努力，随着边疆经济建设的发展，人民币完全占领了全省市场，实现了货币制度的统一，结束了云南近代史上长时期货币市场紊乱、货币多元化、中外货币混杂流通的历史。[①]

---

　　①　汤国彦：《云南历史货币》，云南人民出版社，1989 年版，第 53～54 页。

第四章 广西票据

广西在民国时期，全省金融市场复杂而混乱，纸币发行种类繁多。1912～1949年，印制和发行各种低面额的纸币近百种，数量1亿多张。这些纸币的发行，除了新桂系两期广西银行初期发行的通用货币（桂钞）币值稍为稳定，对广西经济建设有些助益，其余时期都处于币制混乱、币值波动的状态中。特别是民国10～13年的"自治军"时期，各路军阀独霸一方，谁上台执政，谁就仗权印制发行钞票，其乱发、滥发的钞票名目繁多，纸质粗糙，缺少或没有兑现准备，绝大多数是为了应付军政开支，解决财政拮据的需要而发行的，因而币值下跌迅猛，通货膨胀严重。抗日战争爆发后，国民党政府发行的法币取代桂钞在广西流通。民国35年以后，国民党政府发动内战，法币恶性膨胀，导致崩溃。随之相继发行的金圆券、银圆券也由于急剧贬值，使广西金融市场更为混乱，银币取代纸币，物价飞涨，人民痛苦不堪。

第一节 金属货币

广西近代机制硬币开铸的时间要比毗邻的广东、湖南两省晚，机制币的品种和数额也比广东和湖南两省少得多，这与当时广西的经济、文化等方面较为落后有关。但是，正因为广西机制币的品种和数额较少，反而使现今存世的广西机制硬币大多数都成为珍稀品种，并受到钱币收藏者的宠爱。

一、银币

清光绪十六年广东造币厂正式开铸机制银币后，诸省纷纷仿效。中国绝大多数省份都实行大洋本位，而广西却自始至终都实行小洋本位。所以自民国8年广西开铸银币以来，铸制的都是贰毫（也有极少量壹毫）小银币，广西是当时唯一没有铸制过大型壹圆"圆币"的省份，它铸制的都是小型"毫（角）币"。在近代广西铸制的各种材质的硬币中，银币是铸制时间最长，也是品种最多的硬币。

广西铸制银币的时间虽然前后仅仅只有十个年头，但是却经历了旧桂系、自治军、新桂系三个不同的历史时期，所以很有地方特色。广西银币的版式很多，详细情况见下表（表4-1）。

表4-1　民国时期广西银币版式表

序号	年份	面额	西字英文写法	其他特征
01	民国8年	贰毫	SI	正、背两面均四瓣边花
02	民国8年	贰毫	SEA	正、背两面均四瓣边花
03	民国9年	壹毫	SI	正、背两面均四瓣边花
04	民国9年	贰毫	SI	正、背两面均四瓣边花
05	民国9年	贰毫	SEA	正、背两面均四瓣边花
06	民国11年	贰毫	SI	正、背两面均四瓣边花
07	民国12年	贰毫	SI	正、背两面均四瓣边花
08	民国12年	贰毫	SI	正、背两面均五瓣边花
09	民国12年	贰毫	SI	正四、背五瓣边花
10	民国12年	贰毫	SI	正五、背四瓣边花
11	民国13年	贰毫	SI	正面阳文"桂"字，正背两面均四瓣边花
12	民国13年	贰毫	SI	正五、背四瓣边花
13	民国13年	贰毫	SI	正背两面均五瓣边花
14	民国13年	贰毫	SI	正、背两面均五角星边花
15	民国13年	贰毫	SI	正长花边花，背五星边花
16	民国14年	贰毫	SI	正中心珠阴文"西"，正背均五角星边花
17	民国14年	贰毫	SI	正背均五角星边花
18	民国15年	贰毫	SI	正中心珠"西"，正嘉禾边花，背星花
19	民国16年	贰毫	SI	正中心珠"西"，正嘉禾边花，背星花六脚禾
20	民国16年	贰毫	SI	正中心珠"西"，正嘉禾边花，背星花七脚禾
21	民国38年	贰角	无英文	正"贰角银币"，背"象鼻山"

1. 旧桂系时期机制银币

清末光绪年间，广西曾拟建新式造币厂，但因故中途夭折。民国6年，陆荣廷升任两广巡阅使，势力扩展到广东。民国7年，陆氏将广东造币厂部分机器设备移运广西，在南宁设立了广西造币厂。民国8年，广西造币厂铸制出第一批壹仙铜币和贰毫银币，开创了广西近代机制硬币铸制之先河。

民国8年版铭的贰毫银币按"广西"之英文拼写的不同可分二英文（KWANG-SI）和三英文（KWANG SEA）两种版式。第二年，该厂继续铸制银币，所铸制贰毫银币同样也有二英文和三英文两种版式。但民国9年还铸制了面额为壹毫的银币，其版式仅有二英文一种，严格地说，旧桂系时期广西只铸制了两个年份、两种面额、两种版式共计五种银币。这五种广西银币中，壹毫比贰毫者少见，三英文者比二英文者少见，其中又以民国9年的三英文者最罕见，已知存世量仅数枚而已[①]（图 4-1）。

（a）民国 8 年广西省造贰毫银币（SI 版）　　　（b）民国 8 年广西省造贰毫银币（SEA 版）

（c）民国 9 年广西省造贰毫银币（SEA 版）　　　（d）民国 9 年广西省造贰毫银币（SI 版）

（e）民国 9 年广西省造壹毫银币（SI 版）

图 4-1　广西省造银币

2．自治军时期机制银币

从民国 11～14 年，当时广西群雄割据、占山为王，史称"自治军"时期。自治军时期是广西近代史上政治、军事、经济等各方面都最为混乱的历史时期，也是广西近代铸币史上最混乱的时期。

为筹措军费、增加财源，军阀们在自己的控制区内滥发劣质纸币，滥铸劣质银毫，大肆掠夺民财。当时先后占据过南宁的马君武、林俊廷、张其煌、李宗仁等都利用原广西（南宁）造币厂的设备铸制过民国 11 年、12 年、13 年、14 年版的广西贰毫银币。占据桂东北一带的沈鸿英也在梧州设立造币厂铸制民国 13 年版的贰毫银币。据说后来败退到钦廉的林俊廷在当地也铸制过民国 13 年版铭

---

① 孟国华：《试议民国时期广西银币》，《广西金融研究》2004 年第 A1 期。

的劣质广西贰毫银币。甚至还有大商人承办广西造币厂浔州分厂，在浔州（今桂平）铸制贰毫银币。郑家度先生编著《广西金融史稿》一书上有个统计表形象生动地表现出这个时期广西银币的乱状[①]（表4-2）。

表 4-2 西毫重量及成色统计表（重量单位：克）

银毫名称	每枚总重量	成色	每枚含银量
民国 11 年花双毫	4.885	0.591	2.887
民国 12 年四瓣圆花双毫	4.862	0.562	2.732
民国 12 年五瓣圆花双毫	4.896	0.569	2.786
民国 13 年五瓣圆花双毫（甲）	4.941	0.499	2.465
民国 13 年五瓣圆花双毫（乙）	4.760	0.494	2.351
民国 13 年五瓣圆花双毫（丙）	缺	缺	缺
民国 13 年五瓣圆花双毫	4.760	0.479	2.365
民国 13 年尖花双毫（甲）	4.873	0.521	2.539
民国 13 年尖花双毫（乙）	4.828	0.545	2.631
民国 13 年尖花双毫（丙）	4.783	0.552	2.640
民国 13 年朦花双毫	4.873	0.372	1.593
民国 13 年桂字双毫	4.71	0.500	2.357
民国 14 年尖花双毫（甲）	4.6925	0.513	2.406
民国 14 年尖花双毫（乙）	4.885	0.522	2.550
民国 14 年尖花双毫（丙）	4.964	0.493	2.447
民国 14 年尖花双毫（丁）	4.907	0.349	1.712
民国 14 年中珠西字双毫	4.873	0.586	2.017
民国 14 年尖花粗字双毫	4.669	0.426	1.988

表 4-2 中民国 11 年版的广西贰毫银币成色较高，而且它仅有一种版式，即正背两面都是四瓣圆花，与民国 8 年、9 年的贰毫银币版式完全一样，说明它是马君武任广西省长时在广西（南宁）造币厂铸制。而民国 12 年、13 年、14 年版的贰毫银币，它们的版式就复杂多了。其铸地既有南宁，也有梧州，可能还有桂平。它们的重量都不够标准，含银量也较低，有的甚至不够四成。就是因为这些西毫（广西银毫的俗称）的成色低劣，所以它们在广西不受商民欢迎，使用时要打折扣。这就为新桂系一广西后立即大量回收旧西毫、重新改铸新西毫埋下伏笔[②]（图 4-2）。

---

① 郑家度：《广西金融史稿（上）》，广西民族出版社，1984 版、第 230 页。
② 孟国华：《试议民国时期广西银币》，《广西金融研究》2004 年第 A1 期。

（a）民国 11 年广西贰毫银币　　　　　　　（b）民国 12 年广西贰毫银币

（c）民国 13 年广西贰毫银币　　　　　　　（d）民国 14 年广西贰毫银币

图 4-2　广西银币

3．新桂系时期机制银币

民国 14 年，以李、黄、白为首的新桂系统一了广西。由于旧西毫不被广西商民接受，所以新桂系决定立即在全省范围内将劣质旧西毫回收，改铸成色比较高的新西毫——嘉禾毫。

新建成的广西造币厂设在梧州。该厂 1925 年 11 月筹建，次年元月就正式开工生产了，造币厂厂长为田钟祥，全厂员工近 200 人。该厂开工初期，全部使用回收的劣质旧西毫提炼纹银做生产原料，每日产量为两万五千枚左右。后来有生银运到，每日产量增加到十万枚左右。1927 年以后，由于回收劣质旧西毫的工作已经基本结束，而国际银价又不断上涨，生产成本大大增加。于是广西省政府在当年 12 月 10 日下令广西（梧州）造币厂停止生产，从此该厂再未复工铸币。

资料显示，广西（梧州）造币厂两年间共计铸制新版嘉禾毫三千八百三十万枚（另有资料记载为两千六百六十多万枚）。新铸制的嘉禾毫每枚重量是 5.4 克，含银量是 601‰～644‰。较自治军时期的各种旧西毫成色要高。然而，它的成色还是低于《国币条例》所规定的银七、铜三的标准，所以投放市场后还是不受广西商民欢迎，被折扣行使。由于新西毫面世不久就面临被打折的处境，所以不可避免地又走上被回收改铸的老路。但这次回收改铸不是在本省进行，而是将新西毫运往广东造币厂，将其改铸成广东银毫（俗称"东毫"）。

1929 年 6 月，时任广西省政府主席的俞作柏委派梁世昌为省财政厅长，将五十万枚新西毫运往广东改铸成东毫。7月6日，财政厅在梧州、南宁等地贴出《西毫改铸东毫可遵章办理》的布告，大张旗鼓地展开嘉禾毫改铸东毫的工作。当月又将回收到的六十四万多枚新西毫运往广东改铸成东毫。此后，回收新西毫运往广东改铸成东毫，再运回广西行用的工作进行了数年之久。经过多年的回收改铸及数十年的自然损耗，新桂系上台后铸制的嘉禾毫也留存不多了。但是，由于当年嘉禾毫的铸制数量基数太大，所以它们现在的存世量仍然比旧西毫多得多，估计总额仍达万枚以上。

（a）民国15年广西贰毫银币（中心西）

（b）民国16年广西贰毫银币（中心西）
（六根禾脚）

新西毫只有民国15年、16年两种，其特点是正面均镌刻有嘉禾边花，故又称"嘉禾毫"。它们的另一个特点是正面中心凸点上都阴刻一个细小的"西"字。另外，民国16年版的银币上的嘉禾禾脚有六根禾脚和七根禾脚的细微区别，七脚禾者较少。嘉禾毫目前的市场价在每枚15元左右①（图4-3）。

（c）民国16年广西贰毫银币（中心西）
（七根禾脚）

图4-3 嘉禾毫银币

4．民国10年广西银币铜样

民国10年版铭的广西银币（币样）有壹毫和贰毫两种面额。此币首见于施嘉干先生编著的《中国近代铸币汇考》一书，施先生在书上说："广西省在民国10年似未铸辅币，附图所示，系一合金试版，字体与他币迥异。作者于民国36年美国纽约与一角试版同时购得。据称系美国费城造币厂所制，或系是年中国委托该厂代制铸模时所出之样版，但中国（广西）是年并未铸有辅币，故此仅有之品，殊宝贵也。"（图4-4）

该币字迹深峻清丽，地章平整光洁，确为机器冲压制成。只是其字体的书写风格是笨拙的行书，而其他年份的广西银币的字体是规矩的楷书。这就印证了施嘉干先生的论断，它们可能是美国费城造币厂为中国（广西）代制的币样。

---

① 孟国华：《试议民国时期广西银币》，《广西金融研究》2004年第A1期。

陆荣廷第一次（1922 年）在上海当寓公时，为其东山再起筹措军费，一面委托上海商务印书馆印制边防票，另一面又借助上海洋行委托美国费城造币厂机制广西银毫。后因陆氏彻底失败而无法启用，故只留下铜质币样存世。因此，应该让民国 10 年广西银毫（币样）在广西历史货币的百花园中占一席之地①（图 4-4）。

（a）民国 10 年广西省造壹毫银币铜质样币　　　　（b）民国 10 年广西省造贰毫银币铜质样币

图 4-4　民国 10 年广西银币铜质样币

5. 象鼻山银币

1927 年年底，广西（梧州）造币厂停铸银币之后，多年来广西就再没有铸制本省银币了，市场上流用的都是东毫等外省银币，当然也有少量残存的西毫混杂使用。1937 年"七七"事变爆发，外敌当前，蒋桂联合抗日。1938 年 3 月，国民政府财政部中央造币厂到桂林设立桂林造币分厂。因为当时全国已进行币制改革，废除银本位后使用法币，所以桂林造币分厂在抗战期间铸制了大量的铜质和镍质辅币，而没有铸制银辅币。

1945 年抗战胜后不久，内战爆发，国统区经济形势每况愈下，法币急速贬值，迫使国民党当局不断"改革"币制。1948 年 8 月，南京政府发行金圆券取代法币，仅过数月，金圆券又大幅贬值。1949 年 5 月又发行银圆券取代金圆券，发行银圆券后，市场上已沉寂多年的银币又浮出水面，尚未解放的西南数省国统区客观上需要有与银圆券相配套的银辅币发行，这就给广西行政当局铸制象鼻山银币提供了必要的条件。

象鼻山银币的铸制地在广西柳州。查历史文献可知，原桂林造币分厂在 1943 年就已停止铸币。1944 年 8 月日军侵占桂林前夕，全厂机器设备全部拆卸运往滇黔，抗战胜利后该厂没有恢复生产。解放战争后期，白崇禧任华中军政长官时于 1949 年 6 月在柳州设立广西（柳州）造币厂，委派原柳州兵工厂的科长徐冠池为厂长。该厂设在柳州市柳候公园旁的原江西会馆处，"当时全厂职员工人 90 余人，有机床 5 台，其中打银模机 3 台，滚银边机 2 台，另有动力机 1 台，日产银毫约 2 万余元"。需要特别说明的是，该广西（柳州）造币厂当时生产的

---

①　孟国华：《试议民国时期广西银币》,《广西金融研究》2004 年第 A1 期。

银币仅有少量是试制性质的象鼻山银币，而大量生产的仍然是广东银毫，因为广西多年来一直有在广东搭铸东毫或自行仿铸东毫的习惯。

1949 年 11 月 25 日柳州解放，广西（柳州）造币厂生产时间仅有短短数月，所以铸制出的象鼻山银币数量不多。由于国民党部队从柳州往南撤退，所以少量的象鼻山银币散落在柳州以南的南宁、玉林、钦州一带，而在柳州以北的桂林地区就极难见到象鼻山银币了。由于该银币存世较少，而且设计富有特色，所以深受钱币收藏家的喜爱！

象鼻山银币，俗称"象鼻山银毫"，正面周圈文字为"民国三十八年·广西省造"，中间文字为"贰角银币"；背面是桂林漓江边上的象鼻山风景，周边有 24 朵四瓣桂花映衬，十分漂亮醒目（图 4-5）。该银币是 1949 年年底国民党政权败退离开大陆时在西南地区的广西、贵州、云南三省最后铸制的四种贰角银币之一，虽然它与本文前面论及的各类广西银币没有历史上的传承关系，但是，它作为广西历史银币的一个特殊品种，从宏观上仍然可以称为广西近代机制银币的关门币。[①]设在柳州的广西造币厂，在其不到两个月的生产时间里，到底铸造了多少象鼻山银币？广东银毫在广西长期受到商民欢迎，1949年设在柳州的广西造币厂为何不全部铸造广东银毫？却要铸造部分尚未在市场流通过，也不知道是否受商民欢迎的广西象鼻山银币？这又是一个不解之谜。[②]

图 4-5　1949 年广西象鼻山贰角银币

二、铜圆

铜圆又称铜币，广西称铜仙。清末，在外国货币侵入中国市场的情况下，制钱制度已经衰亡，清政府被迫采取模仿外国铜币形式的铜圆制，以代替制钱制。光绪二十六年（1900 年），首先在广东仿港仙铸造铜圆。随后各省群起竞铸，种类繁杂，其中主要为当十铜圆和当二十铜圆。广东只造当十铜圆一种，每枚作值制钱 10 文。其后湖南铸当二十铜圆。广西使用的铜圆都是从广东输入。民国元年广西准许湖南铸造的当二十铜圆运入，但这种铜圆质量低劣，市场上与当十铜圆等值使用。当二十铜圆多流通于桂北各县，广西其他各县都使用当十铜圆。

① 孟国华：《试议民国时期广西银币》，《广西金融研究》2004 年第 A1 期。
② 雍洪、吴世权：《漫谈象鼻山银币》，《广西金融研究》2003 年第 A 期。

1. 民国 8 年广西造壹仙铜币

（a）民国 8 年广西省造壹仙铜币（红铜）
（KWANG-SI 版）

（b）民国 8 年广西省造壹仙铜币（黄铜）
（KWANG SI 版）

（c）民国 8 年广西省造壹仙铜币（黄铜）
（KWANG SEA 版）

图 4-6　广西省造壹仙铜币

民国 8 年，广西壹仙铜币，是广西近代年份最早的流通铜币。

民国 6 年，旧桂系首领陆荣廷升任两广巡阅。陆荣廷先后任命自己的亲信陈炳焜、莫荣新到广东省任督军。民国 7 年，陆荣廷下令将原广东造币厂的部分机器和币模（即广东八年壹仙钱币模版）运回广西南宁，在南宁建起广西铜元局。次年，在南宁市邕江河畔明德街（原中府街、新桂系黄绍竑旧宅）开始鼓铸广西壹仙铜币，由于铸币的机器设备陈旧老化，技工的经验和能力低下，所以铸制出的广西壹仙铜币大多品相不好，字迹不清。由于广西壹仙铜币质量不如外省铜币，所以广西本地商民均不愿使用，加上广西本地缺铜，原材料供应不上，这样广西壹仙铜币仅生产了几个月就停产了。史料记载，广西壹仙铜币铸制总额是 27 万枚。

广西壹仙铜币与广东壹仙铜币极为相似，因为它是用广东壹仙的旧模稍加改制而成的。将旧模上的"东"字改为"西"字，将英文"TUNG"改成"SI"或"SEA"，将年份改成"八"字，生产出来的铜币就是广西壹仙了。广西壹仙绝大多数是黄铜币，仅有极少量是红铜币。①

广西壹仙铜币，其直径 28 毫米，重约 7 克。按英文译法的不同，广西壹仙铜币可分为三英文（SEA）和二英文（SI）两大类，而二英文中又可分成 S I 前有横和无横两种，所以广西壹仙铜币共有三种版式。②广西壹仙铜币 SEA 版径 28.7 毫米、厚 1.6～1.7 毫米，重 7.6～7.7 克；SI 前有横版，径 28.54 毫米、厚 1.4 毫米，重 6.6 克；S I 前无横版，径 28.7 毫米、厚 1.5～1.6 毫米，重 7.5～7.65 克（图 4-6）。③由于广西壹仙铜币当时铸制的数量就不多，再加上数十年的

---

①　孟国华：《广西近代机制硬币概述》，《广西金融研究》2002 年第 A2 期。

②　孟妍君、孟国华：《广西近代机制币鉴赏》，《收藏》2009 年第 3 期。

③　祁兵：《关于广西铜元研究若干问题的思考》，《广西金融研究》2000 年第 S1 期。

自然销毁，如今残留下来的已很少了，因而它也是一种较为珍稀的广西历史货币。

2. 民国 28 年党徽布图壹分 "桂" 字铜币

1937 年抗日战争爆发后，国民政府财政部于次年元月派员来桂林考查，指令中央造币厂在桂林设立分厂。1938 年 3 月，财政部令中央造币厂将一部分机器运往桂林。1938 年 5 月，桂林造币分厂正式开铸，至 1942 年停止，铸币共历时四年。这期间桂林造币分厂共铸制多种面额的铜币、镍币、合金币共二亿三千多万枚，为抗战时期的大后方经济做出一定的贡献。

民国 28 年，布图壹分 "桂" 字铜币，该币是桂林造币分厂铸造的，正面为国民党党徽和年份，背面为布图和面额，粗看并无特别之处。但用高倍放大镜细看，可以发现在其布图下方开 "裆" 处有细小的 "桂" 字。依据 "桂" 字的尺寸不同，分为大 "桂" 和小 "桂" 两种。大 "桂" 钱，径 26.0 毫米，厚 1.7 毫米，重 6.47 克；小 "桂" 钱，径 26.0 毫米，厚 1.72 毫米，重 6.8 克（图 4-7）。

（a）民国 28 年党徽布图大 "桂" 字壹分　　　（b）民国 28 年党徽布图小 "桂" 字壹分
　　　　　铜币　　　　　　　　　　　　　　　　　　铜币

图 4-7　党徽布图壹分 "桂" 字铜币

最早介绍该币的是泉界前辈王荫嘉先生。王前辈在 1940 年 7 月出版的《泉币》杂志创刊号上撰文道："此（民国）二十八年造壹分，唯制悉如其旧，唯币文间有一绝小之 '桂' 字。欲然其笔画，非借放大镜不可，可谓我国钱文至渺小者矣！罗君伯昭自重庆移沪，邀观所藏珍泉，中杂是品。予素不好无孔机铸品，独对是钱，心焉向往，不知其何故？据罗君云，广西造币厂初开铸时有此识别，旋为中央所制止，悉行剔去重铸，留存者仅若干枚，即桂林人士亦鲜有能见者。"[①]

中华民国 28 年徽记布币图下 "桂" 字壹分铜币试铸样币，品相完美，稀少。"桂" 签字，此为桂林造币分厂成立一周年时由首席雕刻师黄伟存操刀，少量制赠给造币厂的高级职员作为纪念，并非流通币。

---

① 孟国华：《广西近代机制硬币概述》，《广西金融研究》2002 年第 A2 期。

三、镍币

1. 民国 12 年广西省造半毫镍币

宣统二年（1910 年）公布的《币制则例》，规定辅币中有 5 分镍币一种。民国 25 年（1936 年）1 月 11 日国民政府公布《辅币条例》，规定辅币中有镍币 5 分、10 分、20 分 3 种。民国 8 年 3 月，广东造币厂铸造 5 仙镍币。民国 10 年改铸半毫镍币，不用 5 仙字样。新旧两种镍币，一律行用。民国 10 年，粤军陈炯明率部入桂进击陆荣廷，随军带来一批广东镍币。同年 11 月，孙中山到广西视察，批准由广东调入镍币一批，以济桂省军费急需。民国 12 年，梧州开设铸币厂，铸就 5 分面额的镍币（即半毫镍币）25 000 元，流通市面。

民国 12 年，广西半毫镍币是一种罕见的广西近代机制硬币。从实物看，该币现存两种版式。一种为纯镍质，稀少，正面居中“半毫镍币”四字，中心一粒小圆珠；外层上为“中华民国十二年”纪年，下为“广西省造”纪名，左右各饰一小朵九角太阳花。背面居中为双钩体“5”字，其两侧各饰一束嘉禾纹；外层上为英文“广西省”，下为英文“五分”，左右两边各为一朵六瓣小花。径 19.5 毫米，厚 1.5 毫米，重 2.4 克。另一种为红铜芯包镍，较少。币面图案及文字与第一种相同。径 19.6 毫米，厚 1.2 毫米，重 2.5 克。该币的外观设计与当时常见的广东省造半毫镍币极为相似（图 4-8）。

由于广西省半毫镍币非常罕见，所以在近现代出版的数十种钱币专著上很难找到它的踪影。所幸的是，在施嘉干编著的《中国近代铸币汇考》一书上可以见到它的记载。施嘉干先生对广西半毫的评论是：“此币似乎是试制版，未见流用。”但是，20 世纪 90 年代初，在广西东北部的恭城、富川、钟山等县陆续发现该币，并判断其曾参与流通。为此，广西钱币界还掀起一个研究、探讨

图 4-8　民国 12 年广西造半毫镍币

广西半毫镍币的小高潮。最终的结论是：广西半毫镍币由当时占据广西东北部的军阀沈鸿英下令铸制，铸制的地点应该是当时的梧州造币厂。①

---

① 黄国强：《民国广西半毫镍币探议》，《广西金融研究》1997 年第 A1 期；孟国华：《鲜为人知的广西半毫镍币》，《收藏》1998 年第 5 期；孟妍君、孟国华：《广西近代机制币鉴赏》，《收藏》2009 年第 3 期。

2. 民国 31 年孙像半圆"桂"字镍币

据多种钱币专著介绍，桂林造币分厂铸制的民国 31 年版镍币中，除正常流通币外，还有极少量是十分、二十分、半圆三种面额上均有"桂"字。但是，在目前收藏界和近年各种钱币拍卖会上，仅见到半圆"桂"字镍币的实物或照片，而没有见过十分和二十分"桂"字镍币的踪影。

孙像镍币是法币的辅币，正面为孙中山先生侧面像和民国纪年，背面为布币图及面值。布图下方明显镌刻一个阳文"桂"字。该辅币 1936 年开铸，至 1943 年停铸，于 1949 年退出流通，因国民政府未加以充分回收，现今存世量很大。

自 1935 年 11 月 4 日实行法币起，孙像镍辅币便伴随法币应运而生。1936 年 1 月 11 日，国民政府公布《辅币条例》：第一条规定了辅币之铸造专属于中央造币厂。第二条规定了镍辅币成色为纯镍，拾分镍币直径 21 毫米，重 4.5 克；廿分镍币直径 24 毫米，重 6 克。第八条规定了伪造辅币及妨害辅币信用者，依法惩治。1937 年 8 月 13 日，日军侵占上海，中央造币厂停止生产。10 月 27 日，中央造币厂厂区被日军侵占。之前，中央造币厂被迫内迁，在重庆设立办事处，并相继在武昌、兰州、昆明、桂林、成都设立造币分厂，铸造辅币。

《钱币博览》2009 年第 2 期刊载严绍林《民国中央造币厂桂林分厂》一文，详细描述了桂林分厂铸造镍币的全部过程："1938 年 5 月 24 日，中央造币厂桂林分厂在鲁班庙临时工场开铸镍币，至年底平均日铸 30 万枚。其间临时工场共铸面值廿分、十分、伍分的镍币 5143 万枚。1939 年 1 月 18 日，中央造币厂桂林分厂正式开工。生产镍辅币，当年生产三种面值的镍币 3081 万枚。由于金属材料价格高涨，1939 年下半年，流通硬币币材的价格已超过面值，所以 1940 年开始，全部辅币改用合金材料。1940 年 3 月 18 日，桂林分厂开铸新的十分铜锌镍合金辅币，由于物价涨幅过高，已不适合市场需要而停铸。该年桂林分厂共铸一分二分铜辅币和五分、十分镍合金辅币共计 11 966 万枚。1942 年 1 月，鉴于市面上十分辅币已嫌过小，停铸十分辅币，开铸廿分、半圆辅币。至年中，因货币贬值加快，成本增加，再停铸廿分辅币，减少半圆辅币产量。故全年仅铸十分、廿分、半圆辅币共 4360 万枚。"[①]

随后，成都和桂林分厂开始遵照条例规定，铸造含镍低、重量轻的铜镍锌合金辅币，后又加铸半圆辅币。期间，铜镍锌合金的坯饼仍系国外厂商提供。由于镍辅币材质进一步超过面值，加之市场对辅币需要减少。到了 1943 年，财政部又以"各种金属辅币实值超过面值甚巨"为由，规定本年 4 月起，一律停止镍币发行，经财政部核准，各地造币分厂先后陆续停铸。

随着法币大幅度贬值，镍币成为市场上计价买卖的一般金属商品。据《广西通志·金融志》载，在桂林中央银行尚未公布旧镍币可十足通用之前，就有少数

---

① 严绍林:《中央造币厂桂林分厂》,《钱币博览》2009 年第 2 期。

人收购镍币。公布改革币制后，收购活动愈加活跃。1948 年 8 月 28 日，桂林中央银行公布收兑旧镍币后，仍有人继续收购。直至 9 月上旬，带着镍币到银行兑取金圆券的群众仍很多。

据《中华民国货币史资料（第二辑）》载："民国 38 年 7 月 23 日，中央银行总行致各分行处电，原有各版镍币准照面值流通行使，自 7 月 25 日起原有各版镍币准照面值流通行使，作为银圆之辅币（即五分币等于银圆券五分，又拾分币等于一角，其他类推），准由本行照面值收兑。"然而，旧镍币仅行使一日，中央银行总行又致各分行处电："停止原有镍币照面额行使。兹据川、黔、湘、桂等地分行报告，前次镍币多集中少数投机商人之手。公告后，持有大宗镍币者即在市场抢购货物，刺激物价，此种情形殊与便利人民交易之本意不符。兹经商准财政部，将本行第二、第三号公告办法予以停止，特此公告，即盼参照。"

可见，镍币从最初作为法币的辅币，到金圆券的辅币，再到最后的银圆辅币，多次改动，币值倍升，百姓宁留金属币，而不愿留存纸币，这更加剧了社会的动荡。因当时的国民政府已无力收兑镍币，致使大量镍币留存民间。[①]

另外，蔡有芳先生收藏有民国 32 年孙像半圆"桂"字版镍币。该币正面是孙中山侧面像，上方有"中华民国三十二年"八个字，背面是古布图下一个小"桂"字，左右是半圆两个字。直径 2.8 厘米，重 9 克（图 4-9）。桂林造币厂在民国 32 年已决定停止铸币，这枚民国 32 年 1943 年半圆"桂"字镍币有可能是在停铸之前最末尾的时刻所铸，是带有纪念性质的"试铸币"。该币是否是孤品，尚待考证。[②]

对民国 28 年壹分大、小"桂"字铜币和民国 31 年"桂"字镍币这三种镌刻有"桂"字的硬币，它们可能是桂林造币厂为纪念开铸壹周年和纪念桂林造币厂结束铸币而特意制作的两组纪念性质的特殊品种，它们并不是样币。（笔者注：关于认定此币为纪念币，《广西历史货币》一书也认为："造币分厂人员为了纪念桂林造币这段难忘的历史，又在此三种最后造的少数币上加制'桂'字以兹留念。"[③]寇尚民先生指出：国民政府是绝对不准许桂林分厂在国币上加刻具有地方特色标记，据此可认定民国 31 年半圆"桂"字币应为私铸，而非流通行用币，是试铸币。但用作"留念"解释是合理的。[④]）桂林造币分厂留存的资料显示，该厂于民国 28 年开炉铸制第一批铜币，并于民国 31 年铸制最后一批镍币（图 4-10）。从民国 32 年起，桂林造币分厂就停止铸币了。由于这两组"桂"字纪念币存世量极少，所以备受钱币收藏家珍视。顺便说一句，这两组"桂"字纪

① 寇尚民：《孙像镍币考述》，《收藏》2013 年第 10 期。
② 蔡有芳：《珍稀的民国 32 年半圆"桂"字版镍币》，《收藏快报》2009 年 08 月 31 日。
③ 龙刚家、张世铨：《广西历史货币》，广西人民出版社，1998 年版，第 148 页。
④ 寇尚民：《孙像镍币考述》，《收藏》2013 年第 10 期。

念币都是我国近代著名钱币雕刻大师黄伟存先生的杰作①（图4-9、图4-10）。

图4-9 民国32年孙像半圆"桂"字镍币　　　图4-10 民国31年孙像半圆"桂"字镍币

第二节　纸　币

光绪三十年（1904年），广西开始发行纸币，到1949年12月广西解放为止。近半个世纪，广西战乱不休，地方统治者频繁变换，但每个统治者上台，或地方军阀土霸掌权，都大量发行纸币以搜刮民商财富。因此，广西地方纸币名目繁多，有100种之多。

一、旧桂系时期的纸币

1912年，中华民国成立，桂籍旧军官陆荣廷掌握了广西军政大权。虽然政权更迭，但广西银行没有变动，一如旧制，成为旧桂系的御用金融机构。

1912年，广西军政府成立时，藩台王芝祥移交于财政司的库款仅纹银90余万两。当时，政局动荡，戎马倥偬，军费开支浩大，数月之间，库储用光，而广西银行准备金也大部分被提用，仅余10多万元。在此财政极度困难的情况下，陆荣廷采用发行不兑换纸币的办法，以解窘境，于5月将清末广西银行已经印就但尚未发行的，面额5元和1元的银圆票共100万元全数发行。由于此项银圆票背面印有广西巡抚部院示谕"如欲兑换现银，均可随时向本省总分各行兑取"字样，故发行时，陆荣廷特发出公告，规定4个月后才能兑现。所以人们也称为"延期兑换券"。此项纸币发行量不多，且规定交粮纳税只收纸币，又有布告严禁在先，故4个月后，很少有人来兑换。这批"延期兑换券"都是主币券，需要辅币搭配使用。所以，财政司同时派员赴沪在商务印书馆赶印1角券100万张、金额10万元，5角券100万张，金额50万元，总金额60万元。其时北洋政府正严禁各省发行纸币，对广西这批钞票的印制，不予给照放行。几经交涉，始准

---

① 孟国华：《广西近代机制硬币概述》，《广西金融研究》2002年第A2期。

放行。8 月运回广西，投入流通。10 月在省内广华印刷厂印制的面额 5 角辅币券 500 万张计 250 万元，面额 1 角辅币券 500 万张计 50 万元，合计 300 万元陆续投入流通。

民国 2 年 3 月 28 日，广西银行与上海商务印书馆签订合同，合同规定面额 1 元券 200 万张，面额 5 元券 100 万张，面额 10 元券 50 万张，总金额 1200 万元。合同规定移来南宁印刷，10 个月内印完，当地交票，票版交财政司。这批巨额纸币的印制，为上海《申报》《新闻报》记者所探悉，并立即发布新闻报道，引起各方面的注意。北洋政府财政部派员进行调查后，致电陆荣廷不准使用。经过陆荣廷力争，财政部准予在限额 200 万元以内发行。但陆荣廷将已印就的 1 元券和 5 元券共 700 万元陆续发行，余下的 10 元券 500 万元搁置不印。6 月，广西省议会开会时，有省议员李华等 16 人联名提出《关于广西银行发行钞票及准备金数目》的质询，陆荣廷以虚假数字作复，搪塞过去。

民国 3 年 1 月，发现有人伪造 5 角券，广西巡按使张鸣岐立即派员赴沪赶印 5 角券 50 万元，经财政部允许发行，并将市场上流通的 5 角券，不分真伪，一律限期兑换收回。广西银行于民国 4 年 4 月 26 日将 5 角券 702 000 张，1 角券 61 980 张，总金额 357 196 元，在南宁一次销毁。为了不违背废两改元的规定，又将面额银两 10 两券 17 530 张、面额银两 1 两券 23 561 张同时销毁。以上销毁合计各种面额票券的 805 071 张，总金额折合银圆 802 800 元。

民国 5 年 4 月 18 日，广西通电倒袁（世凯），桂军联络滇军开赴广东驱逐袁世凯的亲信龙济光。陆荣廷利用广西银行民国元年版纸币，在背面加盖“驻粤广西银行十足兑换”和“东”两印章，随军在广东境内流通。由于广东各方提出异议，广西银行不得不陆续收回。同时，由于倒袁的军事行动，军费开支浩繁，钞票发行日多，又不能兑换，所以在梧州开始出现纸币贬值，从九八折到九五折不等。该年 6 月 2 日，陆荣廷在梧州发出《禁止低折广西银行纸币告示》。苍梧县知事吕一夔同苍梧县商会协商，议定维持办法四条，规定商店要封存纸币若干，俟币值恢复原价，方得行使；市场交易须以纸币 35%、银毫 65% 的方式搭配使用，风波暂得平息。

民国 6 年 4 月 10 日，陆荣廷任两广巡阅使，执掌两广军政大权。同年 4 月 21 日，广西在上海印 1 角券 300 万张，财政部不允签发执照放行。经过陆荣廷多方交涉，才得运回广西。9 月 1 日，陆荣廷不经过任何手续，命令广西财政厅长崔肇琳通知广西银行总经理范元茂电请上海商务印书馆派员前来南宁印刷纸币，1 元券 740 万张、5 角券 200 万张、1 角券 200 万张，总金额 860 万元。

由于通货不断膨胀，纸币继续贬值，民国 9 年 1 月 6 日，广西省长李静诚向全省发出《维持省钞通电》。但纸币低折，依然如故。7 月，陆荣廷趁直、皖军阀交战之机，进攻闽南粤军，桂军战败，退出广州，公开声援直系军阀。为筹措军费，陆荣廷于民国 9 年 11 月 16 日在上海订印 1 元券 300 万张，1 角券 1000 万张，总金额 400 万元，经财政部核发护照，由上海广西银行具领，运回广西。

民国 10 年 4 月 8 日，广西银行又将在上海订印的 5 角券 400 万张，计金额 200 万元运回广西。

陆荣廷统治广西的 10 年间，发行纸币共达 2800 多万元。这样漫无限制、滥发纸币的结果是到民国 10 年 7 月 19 日陆荣廷下野时，广西银行纸币价值跌至五成。民国 12 年 9 月，南宁现洋 1 元值纸币 120 元，纸币每元的行使价值不到 1 分，随后成为一文不值的废纸。①

二、自治军时期发行的纸币

民国 10 年 6 月，粤军陈炯明进占梧州。7 月 19 日陆荣廷垮台，其旧部纷纷扯起"自治军"旗帜，据地称雄，各霸一方。民国 10～13 年，广西处于无政府状态，人们称之为"自治军"时期。

粤军攻占梧州后，即推行粤币或称东纸（广东省银行纸币），梧州粤籍商民接受使用，但引起本地群众不满。广东省银行虽在梧州设立兑换处，可业务还未开展。陈炯明即令新成立的广西财政局与梧州总商会协商，拟定整理梧州市面广西银行纸币暂行办法 6 条。7 月 2 日梧州总商会通告全埠限期遵照办理，6 条办法内容如下。

（1）凡各商店居民，无论所存纸币若干，均应尽数交到商会，点明数目登记后，封固盖章，交由原人存贮，于 7 月 4 日以前为限，逾期概不点收。

（2）凡经商会点封的纸币，俟商会印就钢印胶印，即通知商店居民将原包封的纸币送交商会统盖印章后，市面一律通用。

（3）凡经商会加盖印章的纸币，所有征收机关均作五成计算，准予缴纳，试办两个月，再行体察情形办理。

（4）凡准由商会盖印的旧纸币，应限于商店居民所有，其有陆氏的军政界所得的纸币，即不准加盖印章。

（5）凡商店居民如有收买陆氏军政界所有纸币，或受委托而混请盖印者，一经查出，定行惩办。

（6）截止点收时，商会应将准予盖印的纸币数目详报粤军总司令部备查。

7 月 24 日起，商会开始盖印，盖印数达 160 余万元。

马君武于民国 10 年 8 月至南宁就任广西省长后，与新任财政厅长吕一夔商定：原广西银行的纸币，大体上仍采用梧州模式，限令各地商会就广西银行纸币票面加盖印章，准予五成通用，并将盖章纸币总数申报汇计。同时由省署及财

---

① 广西壮族自治区地方志编纂委员会：《广西通志·金融志》，广西人民出版社，1994 年版，第 23～24 页。

政厅通饬省属各县，由各县县署布告县属人民知照，缴纳粮税行使广西银行纸币时，均照五成收入。事实上，有些地方往往低至五成以下。

粤军占据南宁后，在粤军控制的地方成立自治会，并在旧纸币上加盖自治会印章向市场上流通。有些边远地方没有商会、自治会，由本地县级政府盖上县大印或委托地方议事会、参议会等验审并加盖会章后，方可在市场上流通。

粤币在广西发行的数额，据民国 11 年 12 月广西国会议员罗增麒等向北洋政府递交的呈文所述："陈炯明侵桂时，强迫行使广东纸币，亦不下千万。"

民国 10 年 5 月，孙中山在广州就任大总统后，下令成立中华国民银行，委梁长海为行长，决定发行纸币 4000 万元，备作北伐费用。所印制的纸币，有 1 毫、2 毫、1 元、5 元、10 元等 6 种面额。

民国 10 年 11 月初，梁长海在广州把中华国民银行新印纸币 500 万元送往梧州转至桂林。12 月初，孙大总统至桂林设立大本营，筹划进行北伐，这批纸币遂在桂林发行，逐步流通至附近各县，复沿桂江流回梧州各地，商民交易一律行用。直到次年 5 月，大本营迁离桂林。中华国民银行纸币在广西发行额达 360 余万元。

"自治军"时期，广西使用的纸币名目繁多（该时段的军用票部分在"第三章"有具体叙述，此处不再赘述。），数额也大，共计 2290 万元。这些券币，均无任何发行准备，不能兑现，是名副其实的"纸"币。[①]

另附：

关于"自治军"时期广西银行"加盖印章券"

旧桂系时期发行的纸币"加盖印章券"，是在广西新旧桂系集团交替的特定混乱时期产生的：陆荣廷倒台后，纸币需加盖印章才得以延续使用。因此，直到 1924 年新桂系集团形成后，才计划将旧桂系所发行的纸币兑换回收。但到最后，旧纸币不仅没有被收回，还增发了不作兑换的新纸币。[②]

"加盖印章券"主要是在民国元年版的壹元券、伍元券及民国 10 年发行的伍角等纸币上加盖印章。加盖的印章各种各样，大小不一，形状有圆形、椭圆形、方形、长方形、五角星及八角内方形等，刻工精美，花样奇特。印章的内容，大多数为总商会、商会名称，有南宁、梧州、桂林、柳州、龙州、郁林（今玉林）、横县、扶南、上林、靖西、思林、平南、昭平、薄白等。还有自治会，如郁林、镇边、横县等印章。其他机构印章如岑溪议参事会、陆川县军务总公所和陆川县议参会钤记章。有的纸币上盖有一枚、二枚，多到三枚印章（表 4-3）。

当时，一张纸币上加盖印章的枚数，与当时的经济和政治背景相关。如梧州地区，是广西商业中心、通往广东的重要口岸；桂林是广西政治和金融中心。两

---

① 广西壮族自治区地方志编纂委员会编：《广西通志·金融志》，广西人民出版社，1994 年版，第 29～30 页。

② 梁绍甫：《旧桂系纸币加盖印章券之解》，《广西金融研究》2006 年第 A1 期。

地的商会在广西势力很大，商会建立了总商会，独立盖章发行，无须县政府盖章，便可通行无阻。

另一种情况是商会（商团组织）与政府联合加盖验讫章发行。这主要是政府利用商会在社会上的商业信誉，取得商民的信任，达到稳定当地商民的目的。而商会又要依靠县政府的权力，在本县区域内强制推行"加盖纸币"，以保证自身少受损失。当时，各县、镇大多采取这种方法使加盖旧系纸币得以使用。

还有一种情况是，一张纸币上加盖有两枚或三枚不同地区的印章，这主要是为区域间的商品流通提供方便，便于商民经商谋利。这样可以避免无关地区的货币冲突，维持稳定本地区商品市场和金融市场。同时也限制各自治军相互掠夺财物。

总之，这类加盖印章的旧桂系纸币的特点是：①流通时间长，从陆荣廷垮台即民国10年7月开始到民国14年，思林县仍采用此方法，加盖旧桂系纸币的使用，长达四年之久，这在全国是少有的。②流通范围广，几乎整个广西省都使用此方法来维持商品流通。[①]

表4-3 部分旧桂系纸币"加盖印章券"登记表[②]

编号	纸币版类	票面地名	正面印章内容	背面印章内容
01	民国7年伍角	梧州	桂林总商会	
02	民国10年伍角	梧州	龙州总商会	
03	民国10年伍角	梧州	郁林总商会	郁林县印
04	民国10年伍角	梧州	上思县商会图章	上思县印
05	民国10年伍角	梧州	靖西商会图记	
06	民国10年伍角	梧州	太平商会	
07	民国10年伍角	梧州	思乐商会	
08	民国10年伍角	梧州	横县商会	
09	民国元年壹圆	龙州	梧州总商会	
10	民国元年壹圆	梧州	桂林总商会	
11	民国元年壹圆	桂林	桂林总商会	
12	民国元年壹圆	梧州	梧州总商会	
13	民国元年壹圆	龙州	桂林总商会	
14	民国元年壹圆	梧州	梧州总商会审查	
15	民国元年壹圆	柳州	桂林总商会	
16	民国元年壹圆	郁林	桂林总商会	

① 刘建明：《对旧桂系广西银行纸币加盖印章的浅见》，《广西金融研究》1997年第A1期。
② 龙刚家、张世铨：《广西历史货币》，广西人民出版社，1998年版，第121～123页。

续表

编号	纸币版类	票面地名	正面印章内容	背面印章内容
17	民国元年壹圆	梧州	南宁总商会章	
18	民国元年壹圆	龙州	扶南县商会	
19	民国元年壹圆	梧州	博白商会	
20	民国元年壹圆	桂林	昭平县商会	
21	民国元年壹圆	梧州	南宁总商会章	邕林县印
22	民国元年壹圆	梧州	思林县商会章	思林县印
23	民国元年壹圆	桂林	南宁总商会章、龙胜县印	
24	民国元年伍圆	桂林	南宁总商会章	
25	民国元年伍圆	南宁	南宁总商会章	邕林县印
26	民国元年伍圆	桂林	梧州总商会	龙州县印
27	民国元年伍圆	梧州	南宁总商会章	邕林县印
28	民国元年伍圆	南宁	南宁总商会章、梧州总商会	邕林县印
29	民国元年伍圆	南宁	平南县商会审查	
30	民国元年伍圆	南宁	靖西县商会图记	靖西县印
31	民国4年伍角	桂林	横县县自治会审讫	
32	民国4年伍角	桂林	横县城区自治会审讫	
33	民国10年伍角	梧州	边镇县自治会	镇边县印
34	民国元年壹圆	龙州	贵县县自治会审讫	
35	民国7年伍角	梧州	上林县议事会关防	
36	民国元年壹圆	南宁	陆川县议参事会铃记	陆川县印
37	民国元年壹圆	梧州	岑溪议参事会	岑溪县印
38	民国10年伍角	桂林		广西财政厅印、苍梧县印
39	民国10年伍角	梧州		宾阳县印
40	民国10年伍角	梧州	宾阳县审查纸票图章	
41	民国元年壹圆	梧州	蒙山县审查印	
42	民国元年壹圆	梧州		桂平县印
43	民国元年壹圆	梧州	县审查章	滕州县印
44	民国元年壹圆	柳州	承德堂徐	
45	民国元年壹圆	梧州		龙州县印
46	民国元年壹圆	桂林	凭祥专属之章	

三、新桂系时期发行的纸币

（一）新桂系前期印发的广西省银行纸币

新桂系黄绍竑担任主席后，就着手整顿经济和金融，他一方面在梧州恢复造币厂；一方面重新组建广西省银行，印发新纸币。新桂系印发纸币可分前后期，民国19年（1930年）以前为前期，以"广西省银行"名义印发，所印多为主币，有少量毫币；民国19年后为后期，恢复"广西银行"名称，所印皆角票；又用其他名称印发纸币。

前期印制有民国15年版、民国17年版和民国18年版三套银行券，每套品种各不相同。

1. 民国 15 年版银行券

长方形横版，有壹圆、伍圆、拾圆三个品种。[①]

第一，壹圆券，有三个版式。

Ⅰ式。正面书画的几何图案为青绿色，地纹为若干红褐色"广西省银行"小字组合，椭圆形为灰褐色；书画中央为壹圆面值，衬以多角形图案；其上为"广西省银行"横额及六位数红色号码；其下印发行地名，分别印"梧州"或"桂林"、"南宁"、"柳州"、"郁林"、"龙州"等；左右部分的椭圆形景观为名胜古迹；其旁印"公私款项一律通用""凭票即付不挂失票"两行小字，中下加盖"行长之印"及"副行长印"两颗红色小方章；周边为领结图案组成的条形边框，嵌入"中华民国十五年印"纪年。背面画面图案为黑色；中部为长方形北京地坛的古迹景观；左右及四角印面值"1"上边印英文："广西省银行"及说明；下边为英文面值、发行地和"公元1926年"纪年，以及行长、副行长签名。全券长133～134毫米，宽80毫米。此式可能是民国15年版中最早印刷的一批纸币（图4–11）。

图4–11　民国15年广西省银行壹圆（郁林、桂林）纸币

---

① 龙刚家、张世铨：《广西历史货币》，广西人民出版社，1998年版，第134页。

Ⅱ式。纹饰、文字、布局、结构、颜色均与Ⅰ式相同，但在六位数红色号码前加"No"号头，长132~134毫米，宽79.5~80毫米（图4-12）。

图4-12 民国15年广西省银行壹圆券（南宁）

Ⅲ式。画面为草绿色；红色号码为七位数，无号头；长133毫米，宽80毫米。此式可能是本版中最后大批印刷的纸币（图4-13）。

图4-13 民国15年广西省银行壹圆券（梧州）

第二，伍圆券。

Ⅰ式。版面布局同壹圆券，但其花纹结构与颜色不同。正面为棕黄色小字地纹与蓝色装饰图案；中央"伍圆"面值两侧加"通用""货币"各二字；左右景观为桂林象鼻山与省政府大门；红色号码前为"A"字号头。下印发行地名有"梧州""柳州""桂林""郁林""龙州""南宁"。背面图案花纹全为绿色，中部为长城图景。券长152毫米，宽83毫米（图4-14）。

（a）民国15年广西省银行伍圆券（桂林）

（b）民国15年广西省银行伍圆券（南宁、梧州）

图4-14 广西省银行货币券

Ⅱ式。与Ⅰ式基本相同，但画面颜色较淡，地名为"南宁"，尺寸稍小。长151毫米，宽82毫米。（图4-15）

图4-15 民国15年广西省银行货币券伍圆（南宁）

Ⅲ式。在"第三章民国时期的军用票据"之"广西省银行券（中华民国陆海空军副司令李宗仁发行的军用票）"中有详细叙述，此处不再赘述。

第三，拾圆券。长方形横版。正面地纹青绿色，装饰图案棕黄色，景观褐色；正面中心为"拾圆"面值和"通用货币"四字；其下衬篆书"广西省银行"，以不规则六边形图案作地纹；两侧景观与伍圆券相同；发行地有"南宁"（又印作"南甯"）、"梧州"、"柳州"、"桂林"、"郁林"、"龙州"等六地。背面图案藕荷色，中部也是长城风光。长158～159毫米、宽80～90毫米。此券和旧桂系纸币一样，由六个地方发行，但把"南宁"和"南甯"两种写法都印上票面，其用意何在，尚待探究（图4-16）。

（a）民国15年广西省银行通用货币券拾圆（"梧州""龙州"）

（b）民国 15 年广西省银行通用货币券"拾圆"（"柳州""南甯"）

（c）民国 15 年广西省银行通用货币券"拾圆"（南宁）

图 4-16　广西省银行通用货币券

2．民国 17 年版纸币

史料记载，新桂系控制的广西省银行 1928 年再次向上海商务印书馆增印 30 万元纸币之后，又印制面值贰拾伍圆券 12 万张，金额 300 万元，两项合计 330 万元。其所印纸币，从今天收藏的实物看出，前项所印为伍毫、贰毫、壹毫券三种，以补民国 15 年没有辅币的不足；后者仅贰拾伍圆券一种，这种面值，既减少印量，又增加金额，能大大减少印刷费用，并供应积极筹划中的反蒋战争的经费需要。①

（1）壹毫券，现缺实物，从民国 17 年毫币券整体看，也应是长方竖版，面背皆分为两部分。面有风景、面值、纪年，背有英文面值及说明等。至于图案、花纹、色彩、尺寸，则有待实物说明。

（2）贰毫券，长方竖版，正背面布局与伍毫券相同，正面由"广西省银行"横额分为上下两部分；上部景观为"小桥流水人家"风景；下为"贰毫"面值和半圆圈图案，加盖"行长之印""副行长印"红色小章；四周弧形繁花边框，四角显示"贰毫"面值；除下部半圈图案为五彩浅色外，其他画面皆为蓝色。背面：画面皆绿色，"A"字号头红号码；除面值"20分"，说明"每五张作壹圆计"

---

① 龙刚家、张世铨：《广西历史货币》，广西人民出版社，1998 年版，第 135 页。

外，其余文字风格与伍毫券同。全券高 105 毫米、宽 58 毫米（图 4–17）。

（3）伍毫券可以分为二式。

Ⅰ式。长方竖版，正面除下部有一半圆形黄绿色图案纹外，其余图案，景观皆为青绿色。卷面分上下两部分其间隔以"广西省银行"为横幅，上部为苏州园林风景；下部为"伍毫"面值及半圆图案，并盖红色"行长之印""副行长印"两颗小方印；周边为弧屏形连续图案，转角显出面值。背面皆为蓝色；由一横条英文面值"50分"分为上下两部分。上部为几何花纹图案，并显出英

图 4–17 民国 17 年广西省银行"贰毫"券

文的行名、面值，作英文说明牌；下部印红"A"字号头与黑色数字的编号，以及中文说明"此五毫辅币券以十进计算，每贰张作壹圆计"，以及"中华民国十七年印"。在图案间，印以若干"广西省银行"小字作地纹，周边为繁花图案边框。券高 115 毫米、宽 67 毫米（图 4–18）。

Ⅱ式。其纹饰、图案、布局、颜色、尺寸，均同Ⅰ式，但背面编号为红色"B"字号头，正面中部加盖红色"东毫兑换券"之印、上部加印红色"贰"和"总"字，下部加印红色 16 毫米×16 毫米篆书"省政府主席""财政厅厅长"方印（图 4–19）。

据记载：1926 年蒋桂战争，桂系俞作柏倒戈反李，于该年 7 月率部回广西，李、黄、白出走香港，蒋介石任命俞作柏为广西省政府主席，梁世昌出任财政厅长。为解决俞政权的财政经费问题，梁世昌于 7 月把省银行库存的钞票加盖"东毫兑换券"字样发行。此Ⅱ式券当是梁世昌所加盖的银毫票。票头

图 4–18 民国 17 年广西省银行"伍毫券"（Ⅰ式）

图4-19　民国17年广西省银行"伍毫"券（Ⅱ式）

"伍毫"旁盖"贰"或"总"字，其含义尚待考查。

（4）"念伍圆"券长方形横版，在正面中下部保持了民国17年版特有的五彩半圆团花图案，而且在五彩花纹中又加一青灰色菱形景观，与左右上下的褐色图案、文字相配合。正面中上部印隶书"贰拾伍圆"面值；上为横额"广西省银行"；右边菱花图中显出"念伍圆"（即"廿五圆"）面值；左边菱花景观为桂林花桥；下部菱形图案景观为桂林龙隐岩；其旁加盖行长、副行长小红印；其下边框中嵌"中华民国十七年印"。背面花纹图案皆为青绿色，除右边印田园风光景观外，遍布"25""念伍"面值，并印以黑色"N⁰D"号头和七位红色数字的号码；下部加盖16毫米×16毫米篆书"省政府主席""财政厅厅长"小红印。此二印当为民国18年七月梁世昌任厅长时所盖，说明此券虽是黄绍竑"民国十七年印"，但印好运回已是民国18年2月，该年李、黄、白兵败外逃，就把这300万元"念伍圆"券留在仓库，继任的省主席俞作柏和财政厅长梁世昌按原面值盖章发行。此券长165毫米，宽87毫米。

图4-20　民国17年广西省银行"贰拾伍圆"券

3．民国18年版纸币

新桂系筹划第一次反蒋战争经费，不但向上海订印民国17年版"念伍圆"券，而且又派人赴美洽印壹圆、伍圆、拾圆等面值纸币，并在民国18年上半年多次增印，据说这套民国18年纸币的总金额高达2000万元。这套币的多次增印情况，在现存的壹圆、伍圆、拾圆三种币上都得到了反映。[①]

1）壹圆券

长方形横版，正面画面类似黑色方框中装一黑色双耳壶图案；壶中装丽江风光，双耳显出隶书"壹圆"面值；壶被衬以五彩繁花地纹；壶的顶上，印隶书"广西省银行"名称；壶下显出"通用货币"和"中华民国十八年印"纪年，并加盖"总经理印"和"协理之印"；框边下一行小字："美国钞票公司"。背面画面为一红色横"日"形图案；图案中显出英文行名、面值及公元"1929"纪年；图案下即为英文"美国钞票公司"名。券长160～162毫米，宽73～74毫米。此券以其不同点，可分为七式。

Ⅰ式。正面上印六位数编号，下印发行地名：红字"南甯"配红色号码，蓝色"梧州"配蓝色号码，黑色"龙州"配黑色号码，绿字"桂林"配绿色号码，棕色"柳州"配棕黄色号码，紫色"郁林"配紫色号码（图4-21）。

图4-21 民国18年广西省银行壹圆券（Ⅰ式）

Ⅱ式。六位数编号后加英文"A"。如加蓝色"A"，下印蓝字"梧州"；或在"梧州"上加盖红色"八步"；加红色"A"，下印红字"南甯"。目前我们仅见此两种（图4-22）。

图4-22 民国18年广西省银行壹圆券（Ⅱ式）

Ⅲ式。六位数编号后加英文数字"B"，蓝字"梧州"，加盖蓝色"B"；红字"南甯"，加红色"B"。我们目前也仅见此两种（图4-23）。

---

① 龙刚家、张世铨：《广西历史货币》，广西人民出版社，1998年版，第136页。

图 4-23　民国 18 年广西省银行壹圆券（Ⅲ式）

图 4-24　民国 18 年广西省银行壹圆券（Ⅳ式）

Ⅳ式。六位数编号后加英文"C"，蓝色"梧州"加蓝色"C"。目前仅见此一种（图 4-24）。

Ⅴ式。六位红色数字编号后加英文红"A"；数字前加红色"A"或除"I""O"外的"B"～"Z"英文字母；皆无发行地名（图 4-25）。

图 4-25　民国 18 年广西省银行壹圆券（Ⅴ式）

Ⅵ式。号码数尾加"B"；数字前加"A"～"F"，目前仅见至"F"的六种（图 4-26）。

图 4-26　民国 18 年广西省银行壹圆券（Ⅵ式）

Ⅶ式。在红色 X△△△△△△A 号码券面加盖"临就胜利"，背盖两颗相同的黑色圆印和两方小黑印。圆印印文"广南……大妙墟"。其含义尚待考证（图 4-27）。

图 4-27　民国 18 年广西省银行壹圆券（Ⅶ式）

2）伍圆券

除面值、图案、形态、细部花纹、面部框架图案为绿色，背部框架图案为藕荷色等与壹圆券不同外，其布局、结构、中部景观、上下文字、纪年、印章，均与壹圆券相同。券长 166～169 毫米，宽 78 毫米。可分为二式。

Ⅰ式。券面编号的六位数字前加罗马数字"Ⅴ"。蓝号码下印蓝字"梧州"；绿号码下印绿字"桂林"；紫号码下印紫字"郁林"；红号码下印红字"南甯"；黑号码下印黑字"龙州"；棕黄号码下印棕黄"柳州"；蓝号码的"梧州"上，有的也加盖红字"八步"。说明当时广西七个发行地点都发行"Ⅴ"字号头编号的伍圆券。此式券印行时间，大致与壹圆券的Ⅱ式相当，最晚或到壹圆Ⅲ式、Ⅳ式的印行时间（图 4-28）。

图 4-28　民国 18 年广西省银行伍圆券（Ⅰ式）

Ⅱ式。六位数字前后皆有英文字母，现所见有红色"A□□□□□□A"和"B□□□□□□A"两种，皆不印发行地名，与壹圆券的Ⅴ式风格相同，应为同时印制的（图 4-29）。

图 4-29　民国 18 年广西省银行伍圆券（Ⅱ式）

3）拾圆券

除"拾圆"面值与图案的形式、花纹结构、面部框架深青色、背部框架黄色与前券不同外，大的布局、结构、景观、文字等都与前面的壹圆、伍圆券风格基本相同。券长 173～175 毫米，宽 80～80.5 毫米，也有二式。

Ⅰ式。号码的六位数前加罗马字"X"。蓝号码下为蓝字"梧州"；红号码下为红字"南甯"；绿号码下为绿字"桂林"；紫号码下为紫字"郁林"；黑号码下为黑字"龙州"；棕色号码下为棕字"柳州"；蓝号码的"梧州"上，也有加盖红字"八步"的。其风格与伍圆券Ⅰ式相同，显然是同时印制发行的（图 4-30）。

图 4-30　民国 18 年广西省银行拾圆券（Ⅰ式）

Ⅱ式。红色号码前后加英文"A"字，无地名，与"伍圆券"Ⅱ式风格一致，印发时间应大致相同（图 4-31）。

图 4-31　民国 18 年广西省银行拾圆券（Ⅱ式）

（二）新桂系后期印发的纸币

1930～1938 年，新桂系为了巩固和发展自身的统治地位，一方面，提出了

"三自""三寓"（即政治上求自治、经济上求自给、军事上求自卫；寓兵于团、寓将于学、寓征于募）的政策。甚至，提出"建设广西、复兴中国"的口号，使广西成为"半独立王国"。在此值得一提的是，所谓的"经济上求自给"，只是新桂系为了横征暴敛、巧取豪夺，把握财政和金融，把经济纳入扩军备战轨道的幌子，妄想以此达到其统治目的。同时，新桂系为了扩充实力，急需大量的外汇资金，仅在 1931 年，新桂系就从香港购买了价值约 400 万元的飞机、大炮等军火。因此，新桂系在金融上大做"文章"，只是妄想达到巩固其统治的目的。

另一方面，为了达到上述目的，新桂系力图与南京国民政府争取一定的货币控制权。因此，在广西平均一至两年就发行一批"套"辅币。例如，广西财政厅发行的"广西省金库券""国币库券""金库毫币券"，广西省银行发行的"广西辅币流通券"和广西农民银行发行的"农产证券"就是当时的产物，其目的只有一个，那就是巩固广西新桂系在广西的统治地位，妄想用增加发行"票子"的办法来搜刮大量的民膏民脂，积累巨额财富，维持摇摇欲坠的统治。[①]

1．"广西省金库券"

民国 20 年 1 月新桂系设立财政委员会，并成立广西省金库和各区、县分库，集中财权。同年 6 月，财政厅长黄蓟鉴于当时银行歇业、金库制废、市面交易专用硬币转运不灵的情况，向广西财政委员会提出《议拟发行广西省金库金库券案》，附有《广西省金库发行金库券条例》6 条。经批准后，财政厅即派员赴香港订印券面印有"广西省金库毫币券"8 个字的金库券 200 万元，面额有 1 元、5 元、10 元 3 种，并于当年年底发行 94 万元。民国 21 年继续发行。此项毫币券是以广西通用银毫为本位，凡完纳广西正、杂各税，发给薪俸、军饷，以及一切公款出纳、商场交易、人民借还款项时，一律通用，并随时兑现，不加限制。

民国 22 年 5 月 19 日，广西省政府以"便于海关邮政之交收，以及外省汇兑之往来，免除各钱庄、找换店之操纵，养成人民行使大洋之习惯"为由，决定由广西省金库发行以国币为本位的国币库券 300 万元。民国 23 年 5 月，根据《广西省金库发行国币券条例》，财政厅派员赴港英国华德路公司订印面额 1 元的"国币库券"，共 300 万元，7 月 15 日首批发行 200 万元，其余 100 万元于民国 24 年下半年陆续投入市场，与银行兑换券同时流通。

民国 23 年 9 月 1 日，由于发现有人伪造广西省金库毫币券的 10 元券和 5 元券，省政府限令省金库 9 月底将 5 元、10 元毫币券一律收回，1 元毫币券仍继续使用。同年 10 月 5 日，又由于市场出现低折金库毫币券的情况，广西省政府又发出通告：限月底（后又展期至 11 月底），凡持有 1 元、5 元、10 元金库毫币券者，应向银行兑取国币库券或钞票。民国 25 年 8 月，财政厅将陆续收回的广西

---

① 耿坚强：《浅议"农产证券"》，《广西金融研究》2004 年第 A1 期。

省金库毫币券 1 965 239 元全部销毁。尚有面额 1 元券 34 761 元没有收回，并入广西银行兑换券发行账户内。

民国 25 年 6 月 1 日，两广掀起抗日的"六一"运动，军费开支突增。年底，广西省政府向广西银行透支余额达 2288 万元。广西省政府遂发行广西省库券法币 2000 万元，于民国 26 年 1 月 3 日以面额法币 2000 万元临时库券一张交给广西银行，用以偿还广西省政府的透支款。①

广西省金库券，为长方形竖版，有金库券、国币库券、金库毫币券三种。

（1）金库券。正面画面像门洞，上、中、下由串枝花朵的带形图案形成边框，左右边框上下各有国民党党徽一个；框内布满"广西省金库"小字地纹；上部设置"广西省金库"曲形横额；中部四角形图案中印"壹圆券"面值；下部加盖 8 毫米 × 8 毫米红色篆书"广西省财政厅印"和"广西省金库印"；下栏印地名和"中华民国二十年发行"时间；编码号头是 NO（图 4-32）。背面：有四方框边；框内有编织式地纹；四角及下部皆"壹圆券"面值；上部显出"广西省金库"名称；中部印国民党党徽，其上加印"金库券条例摘要：一、此项库券定以通用东毫兑现；一、此项库券得完纳本省正杂各税；一、此项库券为不记名有价证券，如有遗失烧灭，概不挂失；一、此项证券如有拒收及折扣贴水或伪造者，依法从严惩处；一、此项证券政府于必须收回时，各分库一律十足收回。"此券高 130 毫米，宽 79 毫米。由于当时银根紧缺，故此券发行流通十分顺利，财政收入大增，财政厅大获其利（图 4-33）。

图 4-32　民国 20 年广西省金库壹圆券（南宁、梧州、柳州）

① 广西壮族自治区地方志编纂委员会：《广西通志·金融志》，广西人民出版社，1994 年版，第 25～26 页。

图 4-33　民国 20 年广西省金库壹圆券（桂林）

　　（2）国币库券。正面画面的左右上方设花边，边上下各有"壹"字；画面顶部为国民党党徽与"广西省金库"横额；上部为南宁的广西省政府大楼图景；下部印"国币库券壹元"面值，加盖 12 毫米 × 12 毫米红色篆书"广西省政府印""广西省金库印"；下边印地名和"中华民国二十三年发行"时间，英国华德路公司制；整个画面框架及主图皆为红色。背面，画面皆青色，明显分为三段：上段为金库大门；中段为"壹圆"钱，钱文："中华民国廿三年""国币壹圆"；下段印说明："每圆兑换毫银壹圆叁角。凡完纳本省正杂赋税，商市交易，一律十足通用"；下书英文，英国华德路公司制。券高 162 毫米，宽 74 毫米。就目前所见编号和发行地分可以为三大类：有英文"A"头和"N"尾，地名为"南宁"；仅有"N"尾，地名为"南宁"；仅有"W"尾，地名为"梧州"（图 4-34）。

　　（3）金库毫币券。正面四周繁花边框及券面主要图案均为绿色。券面：顶上为"广西省金库毫币券"名称横额，加海潮喷珠图案；其下为广西省政府大楼；中下印"中华民国廿五年发行"时间。背面：画面呈姜黄色，上部印国民党党徽；中部拱门中为扬帆起航景观；下部印说明："本毫币券凡完纳本省正杂赋税商市交易一律十足通用"。长 150 毫米、宽 75 毫米（图 4-35）。由于此毫币券在民国 25 年印好时，广西银行已抢先将在美国加印的大量"民国十八年"版纸币投向市场，致使此券无法发行，只好封存。直到民国 21 年，才由广西银行"董事长黄钟岳""总经理廖竞天"签署，加盖"本毫币券拾圆折合国币伍圆行使"，由"广西银行发行"。从此之后，广西省金库就再未印发金库券了。

（a）民国23年广西省金库国币库券壹元（梧州）

（b）民国23年广西省金库国币库券壹元（南宁）（两种版式）

图4-34　国币库券

广西省利用省金库印发金库券的同时，为安抚各县，曾于民国 23 年 6 月颁发《广西各县地方金库发行铜元券暂行章程》。据载，有 22 县金库发行铜元券，每张 100 枚，后于民国 27 年全部收回，因而目前无法收到实物样品来了解它的面貌（注：该部分内容将在"广西的钱票"一部分中有较为详尽的叙述）①。

图 4-35　民国 25 年广西省金库毫币券拾圆

2．广西农民银行农产证券

民国 26 年，广西银行根据省政府发行的《省库券发行条例》，将广西银行中的原农村经济部划出，并加以扩大，成立了广西农民银行，资本额为小洋 150 万元。由于是新近开业，资金周转困难，广西农民银行遂于 10 月 16 日拟文上报省政府，计划发行"农产证券"，以充实资金力量，拟议中的"农产证券"，是以小洋为本位，计划发行面额为（小洋）5 元、1 元两种，共计金额为 1000 万元，并规定以广西农民银行所保存的稻谷为发行准备，持券人随时可以向银行要求以稻谷兑现。12 月 26 日，桂系省政府批准了这一计划，并于民国 27 年年初，委托香港商务印书馆印制，并运回梧州的广西银行金库保存。②

"农产证券"分为"伍圆券"和"壹圆券"两种。

（1）"伍圆券"正面均为（除了印章、英文和阿拉伯数字为红色）绿色；四角注有"伍"的字样，右边注有"伍圆"面值；上部印有"广西农民银行""农产证券"；券面画面的左边为"神农氏尝百草图"，中部偏右为农村夏收、夏种场面和农舍图；分别盖有"广西农民银行行长""广西农民银行副行长"（距离较远）印章；下框印有"中华民国二十七年印"；券长为 157 毫米，券宽为 75 毫米；背面的颜色均为绿色；左右上边印有"伍圆"，左右下边印有"5"的字样；文字内容为："广西省政府布告：第×号。本省政府为活动农村金融起见，特准广西农民银行发行农产证券，对于公私交易，并准照该券票面金额十足行使，不得歧视低折，违即依法严惩。此布。中华民国二十七年×月×日。主席黄旭初"，盖有"广西省政府印"印章（图 4-36）。

---
① 龙刚家、张世铨：《广西历史货币》，广西人民出版社，1998 年版，第 139～140 页。
② 黄秋华：《浅谈广西农民银行农产证券》，《广西金融研究》1999 年第 A1 期。

图 4-36　民国 27 年广西农民银行农产证券伍圆

（2）"壹圆券"正面的画面大体与"伍圆券"的画面相同。同时，背面的文字内容亦相同。不同之处主要是：颜色为蓝色，四边角注有"壹圆"的字样，分别盖有"广西农民银行行长""广西农民银行副行长"印章，但距离较近；背面的颜色为红色；券长为 126 毫米，券宽为 69 毫米（图 4-37）。

图 4-37　民国 27 年广西农民银行农产证券壹圆

在防伪上，主要是在背面淡淡印有"农产证券"（隶书）字样，"伍圆券"注明"伍圆"字样，"壹圆券"注明"壹圆"字样，并用隶体（直排列）印有"广西农民银行"字样。

南京国民政府以"全面抗战"为由，并强调"统一币制"的原则，对广西省政府计划发行的"农产证券"严加制止、极力封杀，并指令广西桂系政府不准发行。广西桂系政府与其交涉，提出了各种理由，进行了"针锋相对"的"斗争"。最后经过反复的商议，南京国民政府做出了退让，责令财政部让中央银行、中国银行、交通银行、中国农民银行对广西农民银行发行贷款法币 500 万元（折合当时广西银行钞票小洋 1000 万元），以资周转，迫使广西停止发行"农产证券"，这场"闹剧"才告结束。

因此，已经印好的广西农民银行的"农产证券"没有对外发行。至民国 29 年 4 月，为了加强对广西金融的控制，桂系省政府又将广西农民银行并入了广西银行，至此，原准备以广西农民银行名义发行的"农产证券"，更是失去了赖以生存的理由。据史料记载，当时将印好的"农产证券"全部封存在梧州广西银行金库内。后由于战乱，目前在市场上尚能见到品相较好的"农产证券"①。

---

① 耿坚强：《浅议"农产证券"》，《广西金融研究》2004 年第 A1 期。

3. 广西省辅币流通券

民国 37 年下半年，广西印制一批"辅币流通券"。原来国民党政府于民国 37 年 8 月 19 日发行金圆券时，广西银行负责人估计一两个月内币值可能暂时稳定，故在同年 10 月将库存镍币 19 万多元全部向中央银行兑取金圆券，拨给内账使用，并决定转交八步（今贺县县城）分行购入锡块。但同年 11 月法币停止使用后，中央银行运来的 1 元以下的金圆券辅币配额太少，不敷市场流通需要，于是又出现大票兑换小票需要贴水的现象。为解决辅币短缺问题，广西省财政厅派人往香港印字馆印务有限公司洽商印制"广西省辅币流通券"共 800 万元。券面金额有"壹角""贰角""伍角""拾角""伍拾角"等五种，背面相应印上 10 分、20 分、50 分、100 分、500 分字样。券票正面右下方印有："广西省政府财政厅钤"四方图章，左下方印有"广西省银行总经理"四方图章。这种辅币流通券的面额，有 10 角（即 1 元）和 50 角（即 5 元）两种，理应属于本位币，但却被称为辅币；辅币流通券既非广西省政府财政厅又非广西省银行一方单独发行，而是两者都盖上印章，诚属纸币史上的奇观。[1]

"辅币"本来就是流通的，在流通中实现其辅佐主币的职能，这是不言而喻的。新桂系把它们合在一起作为币名，其目的就在于强调"辅币"二字，钻规定的空子，把实质上的主币，如拾角、伍拾角混为辅币，自欺欺人。"广西辅币流通券"是一个奇特的币制系统，这五种流通券分别履行一角至伍圆的社会职能。其具体面貌如下。

（1）壹角券。长方形横版。正面：中央为广西省财政厅办公楼，其上为五彩底纹加印"广西省辅币流通券"横额；左右为菱形图案显出"壹角"面值，下为红色七位数编号，加盖红色"广西省财政厅长""广西省银行总经理"小方印；四周为繁花带形边框，框下印英文的印制公司名称。背面为三朵衔接的繁花图案，标出"10 分"面值。上为英文券名，下印英文面值，再下印"香港印字馆印务有限公司"名称。券长 101 毫米，宽 56 毫米（图 4-38）。

图 4-38 民国 37 年广西省辅币流通券壹角

（2）贰角券。长方形横版。正面：除左部贰角面值图案上镶嵌五彩花冠外，

---

[1] 广西壮族自治区地方志编纂委员会：《广西通志·金融志》，广西人民出版社，1994 年版，第 29 页。

其余图案皆为褐色；右为广西省政府办公楼；其余内容基本同壹角券。背面：枣红色图案上印券名、面值及印制公司名。长 105 毫米、宽 53 毫米（图 4–39）。

图 4–39　民国 37 年广西省辅币流通券贰角

（3）伍角券。长方形横版。正面：除左右"伍角"面值的图案加绿色繁花纹外，其余图、书、文字均为褐色。其中央为广西省政府大门。余皆同前。背面：画面也是褐色，除"50 分"面值外，其余文字同前。券长 133.5 毫米，宽 69 毫米（图 4–40）。

图 4–40　民国 37 年广西省辅币流通券伍角

（4）拾角券。除左部"拾角"面值图案外镶三彩纹图案外，其余图案、书面、券名，皆为绿色；书面右为广西省政府大门；框边下印"香港印字馆印务有限公司"名称。背面：图案均为褐色，显出券名、面值及英文印制公司名称。券长 157 毫米，宽 67 毫米（图 4–41）。

图 4–41　民国 37 年广西省辅币流通券拾角

（5）伍拾角券。正面：框架、面值、图案为棕色，地纹黄色；左右面值的外层繁花图案为水红色与绿色；正中央为广西省政府办公楼。背面：图案花纹也为棕色。券长 177 毫米，宽 75 毫米（图 4–42）。

图 4-42　民国 37 年广西省辅币流通券伍拾角

"广西省辅币流通券"是 1948 年 11 月 20 日法币停止流通后,广西又缺乏金圆券小票找补,而由广西省参议会第一届第五次大会决议印制的,本拟作金圆券的辅币。可是蒋介石政权滥发的金圆券在 1949 年春又严重贬值,广西政权决定使用银圆、银毫,这就使刚印成的辅币流通券成了废纸,积压在库房未发布出去,所以这套辅币流通券是未发行的,桂系政权的纸币印制,也就以这样冷落的下场而结束。[1]

4.广西银行印发的各种辅币

民国 21 年 4 月,新桂系集团为安定财政、经济,决心再次把垮台的广西省银行重新建起来,成立了银行筹备委员会。委员会一面清理原广西省银行的债券债务,一面以原广西省银行名义印制壹毫券 100 万张,金额 10 万元,并于年底投放市场,解决辅币奇缺的突出问题,官商合办的广西银行在该年 8 月组建后,又先后于民国 22 年、民国 25 年、民国 27 年印制伍角、壹毫辅币,以补充市场对辅币的需要。这四次所印辅币如下。

(1)壹毫券。长方形横版。正面主要图案为黑褐色,地纹绿色;中间为政府大厦景观;其上印"广西省银行"横额,两旁和四角为"壹毫"面值;下印"凭票即付毫洋壹毫""中华民国二十一年印"等说明。背面图案为红色,画面为名胜古迹;两旁及四角均为"壹毫"面值;加盖黑色编码。券长 95 毫米,宽 54 毫米。据史料记载,此券为广州中心印刷厂印制(图 4-43)。

图 4-43　民国 21 年广西省银行毫洋券壹毫

---

[1]　龙刚家、张世铨:《广西历史货币》,广西人民出版社,1998 年版,第 143 页。

（2）壹角券。长方形横版。正面除一粒小红宝珠外，圆、文皆蓝色；正中似球形的繁花图案中显出壹角面值；此图案顶上一朵小花中嵌小红珠一粒；其上印"广西银行"行名和红色编号；左右皆机关大楼图景；下印"通用辅币"名称。在其方形边框下，印"香港新华雕刻有限公司"一行小字。背面：红色边框图案，黄色地纹；图案中部印"通用辅币"四字，两旁印"壹角"面值；其上印"广西银行"，下印"中华民国廿五年发行"。券长 98 毫米，宽 54 毫米（图 4-44）。

图 4-44　民国 25 年广西银行通用辅币壹角

（3）通用辅币伍角券。长方形横版，共两种版式。

Ⅰ式，正面图案酱紫色。画面分为左右两部分，中上部印"广西银行"名称及红色六位数编号；右边为桂林伏波山风光；左部及四角显示"伍角"面值；周边为繁花图案组成条形方框；框下印"中华书局有限公司"一行小字。背面的画面成一个不规整长方形图案，并被褐、红二色分成五段：中段上部显出篆书"广西银行"横额，中部显出楷书"伍角"面值，下部显出篆书"通用辅币"四字，两边的上下显出篆书"伍角"面值。券长 114，宽 65 毫米（图 4-45）。

图 4-45　无年份广西银行通用辅币伍角（Ⅰ式）

Ⅱ式，花纹、图案、文字、颜色、尺寸全同Ⅰ式，其红色编码的六位数前加"A"或"B"～"J"等编码。这两式都没有印制或发行纪年（图 4-46）。

（4）"国币"伍角券。正面图案皆绿色；右为花边菱形图案显出"国币·伍角"面值；下盖红色篆书"行长之印""副行长之印"；四角印"国币""伍角"；左下边显出"通用辅币"四字；边框下印"商务印书馆"名称。背面画面为棕、褐、蓝、黑、青、紫五彩繁花长方形图案，中部显出"广西银行""国币""中华民国二十七年发行"等字。券长 114 毫米，宽 65 毫米（图 4-47）。

图 4-46　无年份广西银行通用辅币伍角（Ⅱ式）

图 4-47　民国 27 年广西银行国币券伍角

　　总的说来，新桂系在民国 20～27 年，每隔一两年就印发一批辅币，总印量为 1490 余万元。在这批辅币中，民国 25 年和 27 年印者，完全是钻南京政府民国 24 年所公布的《实施货币管理布告》没有严格控制地方印制辅币的空子。南京国民政府本来规定中央、中国、交通、农民四大行所印发的纸币为"法币"时才可称为"国币"，而新桂系的广西银行公然在民国 27 年的伍角券上印上"国币"，就是不承认四行的垄断地位。所以，这两次印刷，就是新桂系向南京国民政府进行货币斗争的一种表现。①

5．广西银行总行储蓄部"储金礼券"

　　民国时期，广西银行总行储蓄部发行"储金礼券"，该礼券由桂林中新印务公司代印，券正面为紫色，正中竖印"国币壹百圆"，两侧为"励行节约"和"储金建国"字样，右边还有持券人的姓名和私印。券背面为橘红色，右边印有"本礼券简约"六条。内容是："一、本礼券用以赠送亲友既足以表示诚意，又可以提倡节约。二、本礼券分十元、二十元、五十元、一百元等四种。并备空白一种可随顾客需要临时填写金额，并另备红素封套任凭选用。三、本礼券可随时向本行储蓄部暨本行各分行兑取现金，或移作各种存款，但券额在一百元以上，而

---

　　① 龙刚家、张世铨：《广西历史货币》，广西人民出版社，1998 年版，第 140～142 页。

向分行兑取现金或移作存款的，但照当地汇率酌收汇水。四、本礼券自填发日起按周息四厘计算，不足月者不给息。五、本礼券如移作本行存款，得按照存款种类原定利率自该礼券填发日起计算利息。六、本礼券不得挂失，倘有涂改，作为无效。"其左侧印有一表格，内容是该券填发的次数及填发的时间、注销的时间。另外，券背面还加盖"广西银行南宁分行"椭圆形钢印和"广西银行南宁分行"印花销戳红印（图 4-48）。

图 4-48　民国 32 年广西银行总行储蓄部储金礼券国币壹百圆

抗日战争时期，出于支持长期抗战的财政需要，重庆国民政府于 1940 年 9 月 18 日起到 1941 年元月 28 日止在国统区强制性开展第一届建国储蓄运动。当时全国订下的储金总额是 2 亿元。而分配给广西省的揽储任务是 700 万元。为完成任务，当时的广西省政府成立了"全国节约建国储蓄运动劝储委员会广西分会联合办事处"和"节约建国储蓄实践会"。经过努力，结果在规定的时期内广西全省共完成认储金额 947 万元，超额了 247 万元。1941 年 3 月，重庆国民政府又开展第二届全国节约建国储蓄运动，这次分配给广西的任务增加到 2500 万元，是上届的三倍多。为设法完成这沉重的揽储任务，广西当局不得不开动脑筋、想尽办法。广西当局制定并颁发了《广西省节约建国储蓄暂行办法》，硬性规定全省党政军公务人员按薪金比例每月扣储。另外，各中小城市成立的"节约储金实践会"也积极行动，动员各阶层民众认储。这实际上已经不是民众自愿认储，而已成硬性摊派储蓄。由于当时广西的人们还非常贫困，储蓄的能力有限，所以尽管广西当局这次耗尽九牛二虎之力，也没有能完成这巨额认储任务。1941 年，广西银行的储蓄金额不升反降。为了扭转储蓄额大幅下降的被动局面，从 1942 年起广西银行推出一种新的劝储品种，这就是由广西银行总行发行的"储金礼券"。从该礼券"简约"上可以知道礼券的面额分 10 元、20 元、50 元、100 元四种，另备一种空白券可供顾客按需要临时填写。显然，这种"储金礼券"是一种集存单、礼券、期票于一体的特种金额票据，它不但在广西金融货币史上是首例，在中国近代金融史上也属罕见，所以它更是研究广西近代金融史不可多见的历史物证。①

四、中、中、交、农四行的法币、关金券、金圆券、银圆券和其他纸币

1．中央银行北海分行发行的地方纸币

民国 14 年，陈铭枢率领国民革命军与桂军联合驱走了统治海南岛的邓本殷在并进驻北海。民国 16 年 7 月 1 日，中央银行在北海设立分行，同时成立分行金库，由广州总行拨中山毫 100 万元作为基金，授权北海分行按基金额发行地方钞票。式样与总行发行的相同，只加印"北海"字样，作为地方流通货币。民国 19 年初，张发奎率第四独立军，袭占北海。中央银行北海分行职员走避广州，银行停止营业，并向外宣告：凡持有该行所发行钞票（当时流通额约为 20 万元），可向广州总行十足兑换。但北海币值已狂跌到五成。不久，张发奎的独立军被粤军第八路军赶走，北海秩序恢复正常。同年 11 月北海分行复业，才发新票，换回旧票。

民国 20 年，广东军阀陈济棠宣布独立，政局动荡，并发生商民挤兑的情况，北海分行遂于同年 5 月暂停营业，但仍有新票 16 万元不及兑回。同年 12 月北海分行复业，宣布所发行的钞票全数兑现，金融市场始恢复平静。②

2．法币

民国 24 年 11 月 3 日，国民党政府颁布《施行货币管理法令》，规定自当年 11 月 4 日起，以中央银行、中国银行和交通银行（民国 25 年又增加中国农民银行）发行的纸币为法币（通常亦称为国币）；一切公私款项收付限用法币，禁止白银流通，将白银收归国有，作为外汇储备。

广西的货币金融政策历来闭门自主，桂钞是唯一的合法货币，其他钞票均被取缔，严禁在广西流通。法币政策施行后的第九天即民国 24 年 11 月 12 日广西省政府公布的《本省货币管理办法》中规定："省内不论公私款项、债权债务、一切交收行使，统限用广西银行、省金库所发行的钞券，照旧十足行使。"没有承认法币的地位。该办法第二、三条规定："一切银币、生金银，概行严禁在市面交易买卖，如商民存有一切银币及生金银，应限定由银行以行钞库券收买之。"同

---

① 孟国华、孟妍君：《八桂钱景—广西历史货币赏识》，漓江出版社，2013 年版，第 182～184 页。
② 广西壮族自治区地方志编纂委员会：《广西通志·金融志》，广西人民出版社，1994 年版，第 33 页。

年 11 月 20 日，广西省政府又发出通电，规定法币与桂钞比价为 1：1.3，承认法币在广西可作纳税与流通之用的合法地位，法币始打入新桂系的金融禁区。

民国 26 年 11 月 2 日，行政院会议通过施行《整理桂钞办法》，桂钞停止发行，桂钞 1 元合国币 5 角，照常流通。其时李宗仁、白崇禧已在中央担任要职，亲自电促省政府照办。从此，广西结束自行发行纸币的历史。民国 27 年以后，中、中、交、农四行先后在桂建立机构，法币在广西遂占有统治地位。

法币政策施行后，禁止铜币流通，各地银行进行收购。广西省政府又明令 1元以上的交易，不准用铜币，以致铜币使用日少，辅币奇缺。民国 24~25 年，省内各地将 1 角券割裂为两半，以代替 5 分券行使，有的甚至将一半券再割裂成两半，作 2 分 5 厘或 2 分券使用。民国 25 年 4 月，省府通令禁止，情况有所改变，但到民国 28 年，又发生类似情况，而且变本加厉。同年 4 月，省政府通令严禁割裂 1 角票行使，虽已割裂但能粘补完整且两边号码相同者，仍可照常流通；能粘补成券，但券面图案不完整，或两边号码不同者，限于 4 月底向广西银行兑换新券。但因法币辅币券供应不足，省政府于当年 6 月发出通令，以 1 分、2 分的印花邮票代替铜币找补。

民国 30 年 4 月，又发生法币大票换取小票要补贴的问题，10 元面额以下小票身价提高，50 元面额以上大票无形贬值。补水对象，由"直版新装"渐至新钞，以迄旧券。其差价随券版而异。最高为中央银行民国 26 年版的 5 元券（即大小头），每百元升水 40 元，同年版的 1 元券每百元升水 20 多元，中国、交通、农民等行的钞券则升水 10 余元。版次越旧越值钱。主要原因是当时沿海被日军封锁，西南各地及广西省所需外来物资，全由广东三埠、广州湾（今湛江）及法属越南进口，而当地交易，大多数需要 10 元、5 元、1 元等面额的小票，故小票向上述地方外流。加上敌伪宣传破坏，香港奸商又在柳、桂一带暗中收买中央、中国、交通 3 行抗日战争前发行的无地名的 10 元、5 元、1 元等面额小票，每百元补贴佣金三四元至五六元不等，从中渔利，使小票短缺问题更为严重。

其时，广西银行本身亦缺小票，调剂多感困难。只有小票付出，而无小票收入。各种存款、还款、汇兑和公库收入，均以大票缴交。该行虽曾向中央银行请换小票，以应调剂，但都得不到满足。

鉴于小票补水问题的影响，广西省政府据军委会桂林办公厅的通电，于民国30 年 6 月发出代电，取缔现行法币区别新旧年版，严禁暗地抬抑价值或换取贴水的行为。同年 7 月，广西省政府转发财政部来电，饬属严禁港商在广西各地暗中收买中央、中国、交通 3 行抗日战争前发行的钞券。并转发军委会战地党政委员会印发的《打击奸伪伪钞办法》7 条。8 月，梧州专员公署及县政府布告，特准广东省银行发行的 10 元、5 元、1 元等面额的小票，改合国币七折行使，可在梧州市上流通。通过以上措施，小票短缺稍有扭转。

民国 30 年 12 月 8 日，日军偷袭珍珠港引起太平洋战争，国际海运中断，国内经济恶化，法币发行加速。民国 30 年，桂林中央银行在广西发行法币达 168 065 万元，较上年翻了一番多。

由于大面额法币不断出笼，交易买卖均用大票，10 元面额以下小票被拒绝收用。因之，又发生小票需要补水才能换得大票的情况。

民国 35 年 3 月，桂林全体小商贩数百人上书市长，要求解决拒用小票问题。4 月，苍梧县商会向财政部、广西省政府、广西省参议会、广西省第三行政督察专员公署、苍梧县政府发出长文代电，要求解决小票换大票问题。

民国 35 年年底，桂林中央银行在广西发行法币达 6 409 487 万元，相当于民国 31 年发行额 38 倍多。

小票遭拒用，负有调剂货币之责的银行，却穷于应付，不能扭转事态。民国 36 年（1947 年）7 月 16 日，广西银行总行库存小票达 18 亿元，但中央银行每日仅允许收回兑换大票 2000 万元。把这些小票换成可以使用的大票，就得花 3 个月。对此，广西银行采取两项办法来摆脱困境：一是规定收取存款搭配小票比率由四成减少到两成；二是在付款时尽量把小票推出去。

民国 36 年开始发行万元面额大票。当年底，广西法币净发行额 37 228 562 万元，比上年增加 4.8 倍。桂林市面 500 元面额以下钞票已被拒用，即 1000 元面额法币亦仅可供零找之用。

民国 37 年（1948 年）年初，桂林市面的 2500 元面额法币已被拒用，就是 5000 元、10 000 元面额钞票也只可作零找。至 3 月中旬，全省掀起拒用 2500 元以下小钞的风潮。同年 4 月，由于钞票供应不及，桂林中央银行库存奇紧，常需发行本票，才勉强应付。同年 6 月底，广西法币累计发行 18 058 亿元，相当于民国 27 年发行额的 89 177 倍。同年 8 月 19 日国民党政府被迫宣布废除法币。[①]

3．关金券

关金券，全称"海关金单位兑换券"，是国民党政府中央银行于民国 20 年（1931 年）5 月以海关金单位代替海关两而发行的一种专门支付手段。每单位含金量为 0.019 35 盎司（0.601 866 克），专供缴纳关税之用。民国 31 年 4 月，以 1 关金券合法币 20 元的比率投入流通，作为纸币的一种与法币并行通用。民国 36 年 1 月，南宁中央银行发行 5000 元面额的关金券。12 月 10 日又发行 1000 元、2000 元、500 元面额的关金券。民国 37 年 7 月又抛出 10 000 元、20 000 元和 50 000 元面额的关金券。这是变相发行大票，加剧了通货膨胀。8 月 19 日关金券与法币同时停止使用。[②]

---

① 广西壮族自治区地方志编纂委员会：《广西通志·金融志》，广西人民出版社，1994 年版，第 33 ~ 35 页。

② 广西壮族自治区地方志编纂委员会：《广西通志·金融志》，广西人民出版社，1994 年版，第 36 页。

4．金圆券

由于法币急剧贬值，国民党政府被迫实行所谓币制改革，于民国 37 年（1948 年）8 月 19 日发布《财政经济紧急处分令》，发行金圆券 20 亿元。规定金圆券每元含金量为 0.222 17 公分，但能兑现，以 1 元折合 300 万元的比率，限在 11 月 20 日前收兑法币，关金券同时停止使用，并限期强制收兑金、银、外币，登记管理存放在国外的外汇资产。

然而金圆券的发行，未能抑制通货膨胀，相反，加剧膨胀速度。

南宁中央银行于民国 38 年元旦开始发行面额 50 元的金圆券，到 5 月 7 日和 26 日分别发行 50 万元和 100 万元的金圆券，在短短的 5 个月内，从面额 50 元到 100 万元的连续大量的货币发行，在中外货币史上实属罕见，自然遭到人民普遍拒用。

民国 38 年 4 月 30 日，桂林中央银行为应付军政紧急用款，委托桂林交通银行向市场拆入银圆 400 元（银圆 1 元折合金圆券 140 万元）。言明钞券运到后，按银圆市价折算归还桂林交通银行。这些都表明，广西金融枢纽的桂林中央银行已处于走投无路的困境。①

5．银圆券

银圆券为"银圆兑换券"的简称。1949 年，国民党政府溃逃广州，金圆券已成废纸。国民党政府以恢复银本位为名，7 月 3 日发布《银圆及银圆兑换券发行办法》，发行银圆券。该办法规定，以银圆为本位，银圆 1 元的总重量为 26.697 1 克，成色千分之八百八十，含纯银 23.493 448 克；由中央银行发行银圆兑换券及银圆辅币券；银圆券的面额分为 1 元、5 元、10 元、50 元、100 元 5 种；辅币券有 5 分、1 角、2 角、5 角 4 种，辅币（镍币）有 1 分、5 分、10 分、20 分、50 分 5 种，银圆券及银圆辅币券的发行，应有十足准备；金圆券 5 亿元折合银元或银元券 1 元；所有公私收付，一律以银圆为计算单位；指定广州、重庆、福州、衡阳、桂林、昆明、贵阳、成都、兰州的中央银行办理银圆兑换券的兑现工作。

7 月 9 日桂林中央银行正式发行银圆券。12 日南宁中央银行开始抛出 10 元以下的银圆券。7 月 28 日，柳州因未设兑换机构，银圆券被拒用或打折扣。

当时，市场交易的媒介实质上是银圆，银圆券如不能兑到银圆，立即遭到拒用。因此，不论公私官民，无不千方百计追逐银圆。桂林绥靖公署主任李品仙，倚仗权势，先是查封柳州中央银行库存金银，继而以公署名义到库中挑取东毫 8 万元。1949 年下半年，黄杰兵团撤退到广西，派人拿白崇禧的批条，到桂林中央银行找经理王季森，取走银圆 7 万元。由于中央银行总行运到桂林的银圆很少，桂林中央银行既无法应付兑换，又无从支付各机关的经费。因而，于该

---

① 广西壮族自治区地方志编纂委员会：《广西通志·金融志》，广西人民出版社，1994 年版，第 36～37 页。

年 10 月 28 日函呈华中长官公署。桂林中央银行截至 10 月 27 日，账面负债约为 220 万元，市面流通银圆券亦为本行之负债，其数额无法估计，现有资产仅黄金 8000 余两，银圆 10 万余元，资产与负债相抵，计差 110 万元，市面流通券尚不在内，经拟订办法：①前订无限制兑黄金办法废止（无限制兑售黄金办法确曾在 10 月 22 日实行，仅仅实行了 6 天就因黄金来源困难，无能为继，不得不予以废止）；②一切军政款项仍以银圆券支付为原则；③机关部队其有必要黄金者，可酌量情形搭付一小部分；④持银圆券兑黄金者，可酌兑一部分黄金，余款存储本银行，隔数日后再为继兑；⑤门市兑换现洋仍旧每人每次 10 元。此外，还具文请求长官公署办理下列几件事：迅赐电请中央于三数日内共运银圆 100 万元及黄金 1 万两来桂；严令有关机关加强管制物价；核派军警到行维持秩序。以上各项，长官公署虽均批准，但事实上所需黄金、银圆极少运来。1949 年 11 月 21 日下午，有一架飞机从台湾地区运来银圆 14 万元，当即紧急运到柳州，由第二预算财务处（华中长官公署经管发放军费的机构）凭一张总印收据提取银圆 9 万元，桂林中央银行接着撤逃南宁。11 月 22 日桂林解放。桂林中央银行欠长官公署系统几十万元，决定汇往海南岛榆林港中央银行解付。[①]

五、广西市场流通的中外货币

广西东邻粤、港，西接越南，货币市场受到英属香港货币（港币）与法属越南货币（法光和法纸）的侵扰，甚至反客为主，外币长期占领广西东部和西部地区的货币市场。

早在 18 世纪，就有少数外国银币流入广西，光绪二年（1876 年），英国强迫清政府签订《烟台条约》，英国在北海设海关。光绪十五年（1889 年），根据《中法和约》，清政府设立龙州海关。光绪二十三年（1897 年），又据中英《续议滇缅条约附款》和西江通商专条设立梧州海关。光绪三十二年（1906 年），清政府自设南宁海关。此后，广西与外国贸易来往渐多，外国货币的流入与日俱增。

1．法国的银币和纸币

法国银币于光绪二十年（1894 年）由东方汇理银行发行，民国 21 年（1932 年）收回改铸新银币，新旧银币通称法光。法国纸币亦系东方汇理银行发行，俗称法纸。

自光绪十年（1884 年）中法战争后，中国承认越南为法国的保护国。从此，广西处于国防要地。双方边民常有贸易往来，官方也多有接触。宣统元年（1909 年），中、法签订越盐借过中国龙河的章程，即由越南同登运供高平的食盐，先

---

① 广西壮族自治区地方志编纂委员会：《广西通志·金融志》，广西人民出版社，1994 年版，第 37 页。

由陆路运至越边的那岑，以船运通过中国的龙河抵达平而关，转运水口关而入越南的高平。每百斤盐缴纳法光 3 角给中国，直至民国元年，法国筑通谅山与高平的公路后，此项交往才结束。双方居民到对方境内进行贸易，除买牛马需具证明外，其他货物均可自由过境。中国出口的大宗货物为爆竹、烟丝，以及八角、茴油等土特产。入口大宗为薯莨、木料和豆米等，法国货币随之流入广西。

法国修筑滇越铁路时，法光、法纸大批流入云南，又由云南转流广西一部分。

因为新旧桂系滥发纸币，没有信誉，群众普遍乐用法光、法纸。与越南邻近的钦廉、龙州、百色及左右江一带 30 多个县成为法光、法纸的流通范围。民国 16 年 9 月，由于法光、法纸在广西的广泛流通，既有损于国家主权，也不利于金融市场的控制，新桂系遂发出公告，规定全省税收及市场交易一律使用桂钞和嘉禾毫，严禁行使其他货币，并决定在各县普设钞票代办所，极力推广广西省银行钞票（即桂钞）。11 月准龙州县领回桂钞，以桂钞 1.2 元兑法光 1 元的比率收兑法光、法纸。12 月又指示靖西县，在钞票代办所未成立前暂准以法光法纸抵纳税款，法光 1 元作大洋 1 元计算。民国 18 年，蒋、桂战争爆发，广西省银行钞票遭到拒用，边界市场上法光法纸再次盛行。

民国 19 年，李宗仁第二次执政伊始，银行未重建，钞票未发行，市场通货短绌。乃于 2 月 18 日以陆军第一方面军总司令名义向全省发出通电："准以法洋、港洋抵纳税项。"因而外国货币在市场交收中更为活跃，身价日高。

民国 20 年 11 月，广西省金库发行金库券后，省政府乃通令全省：人民以法光或法纸缴税，一律拒收。民国 21 年 8 月，广西银行成立，发行通用货币，省政府又发出通令：以广西银行通用货币为本位币，只许广西银行通用货币和金库券计价行使，民间置业及借贷诸事，不许以法光、法纸书立契约。民国 22 年 12 月又发出通令，查禁以外币作直接交易。但禁令收效不大。据省统计局该年调查，边境仍有 30 个县直接使用法国货币。

民国 23～24 年，凭祥县（今凭祥市）流通中的法国货币有法纸、旧法光、法单毫、法五仙及法钱，法纸 1 元值桂钞 2.6 元，旧法光值桂钞 1.4 元。

民国 24 年 12 月，广西省政府根据南京政府施行货币管理的通令，公布《本省管理通货办法》，严禁一切银币、生金银在市面交易买卖，并由银行进行收兑。其后明确规定法光每元兑换桂钞 1.44 元，法纸收兑价格由广西银行挂牌公告，但收兑法光、法纸工作无大进展。

民国 29 年 3 月，广西省政府规定法光法纸兑换期限为 3 个月，严禁继续行使，后又延期到同年 9 月底。同年 3 月 17 日，广西省政府批转敬德县（今属德保县）拟订的《查禁行使法光办法》，认为此项办法尚属因地制宜，应予修改后在天保（今属德保县）、百色、龙州、庆远（今宜山县）等地依照执行。

《查禁行使法光办法》主要内容是：省内商店、住户存有法光者，应于 3 个月内持赴就近收兑金银机关，兑换钞票，兑换比价暂定每法光 1 元，兑换国币

1 元，另给兑换人手续费 2 角 6 分；商民如有以法光交易买卖者，除将原物没收外，授受两方各处以国币 1000 元以下罚金；勒令商号立具连保不使用法光切结，自连保后，如察觉有一商号违令行使者，除照章罚办外，其他连保各商号，均酌予罚办；每逢圩期，由当地乡公所派员警检查，如有携带法光者，即行扣留，随将检获法光，送交收兑金银机关，兑换钞票，将兑价及手续费之半数发还原主具领，其余全部充赏。

民国 31 年 3 月，省政府又发出代电：每法光 1 元按折国币 1.26 元收兑，收兑价格一提再提，日期一延再延，民心观望，不愿将外币脱手，故收兑法光、法纸的效果甚微。

1949 年，省政府规定从 5 月 1 日起省税改收银元，允许人民以法光、法纸、港币缴纳税款。南宁、龙州、百色、北海、钦州一带商场交易多以法光计价收付。[①]

2．英国的银元和港币

鸦片战争后，英国占据了香港。清同治五年（1866 年），英国在香港设厂铸造银元和 2 角、1 角的银毫，这些银币在华南一带流通。光绪二十一年（1895 年）英国在印度设铸币厂铸造银币，专供香港，以及英国其他殖民地使用。两种银元，俗称站人洋或杖洋，其中一部分流入广西。

港币由香港的汇丰银行、有利银行和麦加利银行发行，汇丰银行发行的港币面额有 1 元、5 元、10 元、50 元、100 元、1000 元等 6 种，前 5 种在广西有流通。

广西需要的外国货物和省内销往国外的农矿产品几乎全部通过香港进行交易或转口。所以，无论官方或商人都尽力争取获得更多的港币，因此港币在广西的大城市和靠近广东的地区特别吃香。

广西是一个贸易常年入超的省份。1912～1931 年，共入超 13 194 万海关两，平均每年入超 660 万海关两。1932～1943 年，共入超国币 245 031 万元，造成白银外流。

广西由于对外贸易发生逆差，因而对港币的需求与日俱增，造成港币逐年攀高，每次港币的突增，都引起广西金融的波动和物价的上涨。梧州是广西的金融中心，而港币汇价则是梧州金融变化的晴雨表。广西金融市场的变化常受港币汇价左右。尤其到民国 37 年法币崩溃以后，梧州炒买炒卖港币之风极盛，银行积极参与活动，政府机关购存港币。1949 年广西银行内账和其附属的"同"字号企业均以港币为记账单位，广西省政府也另立外币专户，梧州中国银行以港币计算发放工资。港币代替了国币的地位。[②]

① 广西壮族自治区地方志编纂委员会：《广西通志·金融志》，广西人民出版社，1994 年版，第 38～39 页。
② 广西壮族自治区地方志编纂委员会：《广西通志·金融志》，广西人民出版社，1994 年版，第 39 页。

3．民国时期的外地纸币

民国时期，由于军事和经济的牵连，广西与广东的金融、货币关系极为密切。民国 10 年 7 月，粤桂发生战争，粤军占领梧州后，由陈炯明率领的粤军随军带来一批广东省银行兑换券（俗称东纸或粤钞）；该年 12 月，北伐行辕在桂林发行 360 万元"国立中华国民银行券"，在广西市场流通。其后，流入广西的有民国 13 年在广州创办的中央银行券及广东省银行的大洋券拾圆券、伍圆券、壹圆券，银毫券拾圆券、伍圆券、壹圆券。广东省银行民国 24 年版贰毫券、壹毫券等辅币，都在广西的北海发行流通，并有加盖"北海"地名发行者①（图 4-49）。

（a）民国 24 年广东省银行银毫券北海壹毫

（b）民国 24 年广东省银行银毫券北海贰毫

图 4-49　广东省银行银毫券

4．日伪纸币

民国 33 年 9 月，日本侵占广西。侵华日军梧州警备司令深田大佐，参谋长深丈一少佐，利用广西银行梧州分行地址，成立台湾银行，任用台湾人宫本为会计室主任，通过"梧州维持会"②，强迫市民使用"大日本帝国政府、军用手票"，以及华南版中央储备银行纸币，与法币在市场同时流通。抗战胜利后，此种纸币即成废纸。③

————————
①　龙刚家、张世铨：《广西历史货币》，广西人民出版社，1998 年版，第 145 页。
②　日伪"梧州维持会"于 1944 年 10 月间成立，初称"苍梧县复兴筹备委员会"，刘公武为主任委员，后改称"苍梧县地方政务委员会"，主任先后有陈迈君、刘敬之，副探长为许国松，会址设在大中路原广西银行二楼（现交通银行梧州分行）。日伪"梧州维持会"曾一度统治梧州。该组织与日军宪兵队等在梧州进行 3 次大搜查，实行拉夫洗劫，陷害无辜，引起群众公愤。参见何敏汉：《沦陷时期的日伪梧州维持会》，《梧州日报》2015 年 9 月 28 日。
③　龙刚家、张世铨：《广西历史货币》，广西人民出版社，1998 年版，第 145 页。

第三节　形形色色的军用票据

一、广西银行券

　　广西银行成立于民国元年（1912 年），自开业后，每年在军饷和军费上耗费最大。陆荣廷主政广西的 10 年，也是广西受战祸的 10 年，所以每年都增加银行券发行额，总数达 2790 万元。

　　广西银行于民国元年发行壹圆、伍圆券两种，正面上部印隶书投影美术体"广西银行"，中心墨绿色隶书"壹圆"（或"伍圆"）面值，下部卷翅屏风图案有白色楷书说明："每圆作拾毫，完纳本省钱粮及各项公款等一律通用"；两旁加盖篆书"广西银行""总经理印"红色方印各一；下方都加盖桂林、梧州、南宁、龙州，以及柳州、郁州等地名。上端采用三种旗，五色旗在中间，旗下有图印及横书"广西银行"；背面中间为"广西都督陆荣廷布告"字样[1]，具体是"广西银行纸币，向来市面流通，交换取携称便，本与现金相同，民国成立以后，信用益加扩充，旧币不敷行用，允宜增发为功，准备巨资兑换，以期活动金融，粮税买卖照用，不得折扣欺蒙，禁止私行伪造，如违惩究不容，布告同胞知悉，各宜一体遵从"（图 4–50）。

（a）民国元年广西银行壹圆券（梧州）

（b）民国元年广西银行壹圆券（南宁）

---

　　[1]　［美］丁张弓良、张永华：《中国军用票图录》，浙江大学出版社，2003 年版，第 86 页。

（c）民国元年广西银行壹圆券（龙州）

（d）民国元年广西银行壹圆券（郁林）

（e）民国元年广西银行壹圆券（柳州）

（f）民国元年广西银行伍圆券（龙州）

（g）民国元年广西银行伍圆券（南宁、梧州）

图 4-50 广西银行券

二、耀武上将军督理广西军务券

民国 4 年（1915 年）袁世凯利用各种方法控制和笼络各省力量，对陆荣廷更不例外，派陆氏次子入京为侍从武官，任陆氏为宁武将军后改耀武上将军，督理广西军务。袁世凯于 1915 年 6 月 30 日下令裁撤各省都督，改设将军。民国 10 年广西银行以"耀武上将军督理广西军务陆"的名义发行壹毫券。地址是"桂林"。券背中间印白色空心字"广西银行"①（图 4-51）。

图 4-51 民国 10 年广西银行壹毫券（桂林）

三、广西督军谭浩明、省长李静诚券（梧州）

陆荣廷于民国 6 年入京，举荐谭浩明任广西督军，李静诚任广西省省长。自民国 9 年 10 月粤军驱逐桂军出广东后，桂系陆荣廷便投靠北京政府，12 月 29 日就任粤桂边防督办，积极扩军备战，陈兵粤桂边界，妄图重新夺占广东地盘。次年 6 月，陆荣廷发出总攻击令，分兵四路进攻广东，于是便拉开了粤桂战争的序

---

① ［美］丁张弓良、张永华：《中国军用票图录》，浙江大学出版社，2003 年版，第 86 页。

幕。三军未发，粮草先行。为解决庞大的军需支出，桂系只好赶印钞票。此粤桂战争时期广西银行发行的梧州地名军钞共有三种：壹圆券 300 万元，仍为民国元年版，颜色略异，背面加印中英文的民国 10 年广西银行的八角形红章；壹毫券 100 万元，民国 9 年版，背面有"广西督军谭，广西省长李"的告示。伍角券 200 万元，民国 10 年版，背面也有"广西督军谭，广西省长李"的告示。①丁张弓良指出，广西银行于民国 9 年和民国 10 年先后以谭督军、李省长名义只发行了壹毫券和伍角券②（图 4-52）。

（a）民国元年广西银行壹圆券（梧州）

（b）民国 9 年广西银行壹毫券（梧州）

（c）民国 10 年广西银行伍角券（梧州）

图 4-52　广西督军谭浩明、省长李静诚券

① 蔡小军：《〈中国军用钞票史略〉补正》，《中国钱币》2000 年第 4 期。
② ［美］丁张弓良，张永华：《中国军用票图录》，浙江大学出版社，2003 年版，第 86 页。

四、广西边防督办军务券（龙州、南宁）

民国 10 年 1 月 31 日北京政府派陆荣廷督办广西边防军务。广西政局混乱，陆荣廷为筹款发行了边防军务券币额伍圆，券背面有"广西边防军务陆荣廷布告"，具体是"广西银行纸币，向来市面流通，交换取携称便，本与现金相同，民国成立以后，信用益加扩充；旧币不敷行用，允宜增发为功，准备巨资兑换，以期活动金融，粮税买卖照用，不得折扣欺蒙，禁止私行伪造，如违惩究不容，布告同胞知悉，各宜一体遵从"。币面加盖"督办广西边防军务"红色章，地址为"龙州"①（图 4-53 ）。

（a）民国 10 年广西银行伍圆券（龙州）

（b）民国 10 年广西银行壹圆券（龙州）

（c）民国 10 年广西银行伍圆券（南宁）

---

① ［美］丁张弓良、张永华：《中国军用票图录》，浙江大学出版社，2003 年版，第 87 页。

（d）民国 10 年广西银行壹圆券（南宁）

图 4-53　广西边防督办军务券

关于该军务券，尚有不同观点。蔡小军认为，"从实物来看，钞票上的年份确实为民国 10 年，但这并不代表发行年份。而龙州地名更是破解此券历史的关键。在粤桂战争中，梧州是广东通往广西的门户，战略意义极为重大，若失守就意味着桂系的败局已定……而龙州位于广西西南，与越南相邻，在此次战争中无作用可言，只不过是陆荣廷败退到此，然仅 20 多天就被粤军攻克了，在这么短时间内是不可能发行钞票的"。

民国 11 年，粤军撤出广西，桂省各派军事势力林立，出现了群龙无首、动荡混乱的局面，于是陆荣廷的旧部陆福祥、韩彩凤、蒙仁潜、刘日福等人，以自治军名义电请陆回南宁主持军政。9 月，陆从上海经越南返龙州，纠集旧部重整旗鼓。12 月，在龙州通电就任北京政府委任的广西边防军务督办一职。民国 12 年 11 月，陆从龙州到南宁，积极招兵买马，先后召集旧部共 20 000 余人，意欲重新一统广西。次年初，陆率军北上进抵桂林，与沈鸿英展开激战。6 月，李宗仁、黄绍竑、白崇禧率"定桂""讨贼"二军，乘陆后方空虚，占领南宁。陆荣廷在二部的夹攻下惨遭失败，率残部逃往湖南，于 10 月 9 日再次通电下野，终于结束了其统治广西 18 年的军阀生涯。

此广西边防督办军务券就是陆荣廷在第二次上台时，向财政部疏通，由部属印刷局代印的，分龙州和南宁两种地名券，共印有伍圆券 100 万张，壹圆券 100 万张，总金额 600 万元。因该券背面盖有"督办广西边防军务"方印，故俗称"边防票"[①]。

孟国华也认为，该券是陆荣廷于 1921 年 8 月战败下野后，1922 年东山再起从上海返回龙州就任"广西边防军务督办"后所印发的军票。这批军票是民国 10 年版的壹圆、伍圆，地名分别是"南宁"和"龙州"[②]。

① 蔡小军：《〈中国军用钞票史略〉补正》，《中国钱币》2000 年第 4 期。
② 孟国华、孟超秀：《精彩纷呈的近代广西军用钞票》，《广西金融研究》2005 年第 A2 期。

五、"客军"在广西发行的军票[①]

1920 年 5 月 5 日，孙文在广州就任非常大总统。为讨伐广西军阀陆荣廷，孙于 6 月 20 日命陈炯明由闽返粤。8 月，陈在漳州誓师回粤，于 10 月攻克惠州，11 月到达广州，桂军已溃散。1921 年，陆荣廷发动第二次粤桂战争，由于北京政府帮助、桂军内部矛盾等，迟至 6 月间，桂军才发动攻势，粤军至此才接仗，攻入梧州，因桂军大部分不战而退，粤军遂节节胜利。陈炯明统率粤军由梧州进入广西后，将民国 7 年版的"广东省银行兑换券"正面加盖"桂省发行，两省通用，丁粮厘税，均准完纳"方印，并有行长程天斗、出纳主任容显麟二人英文签名后，强迫广西商民接受使用。这种加盖方印的民国 7 年广东省银行兑换券目前只发现面额为壹圆的，其他面额尚未见（图 4-54）[②]。这里需要指出的是，关于该券的发行者及加章票据，丁张弓良在《中国军用钞票史略》第 293 页记载，该券是民国 7 年陆荣廷任两广巡阅使时为军政费用而临时发行的军用票；蔡小军指明其错误，并推断此票是陈炯明率领的"粤军驱桂出粤，讨桂入桂之期使用"的军用票。[③]刘绍峰先生认为该钞"与旧桂系陆荣廷无关"，"亦与陈炯明无关"，"应属于孙中山'讨陆援桂'及讨伐北洋军阀时期的'军用钞票'"[④]。钟成华先生提供了实物并指出，"广东省银行兑换券"在少量加盖后发现不妥即时停止，改用"省立广东省银行兑换券"加盖"桂省发行、两广通用、丁粮厘税、均准完纳"印章[⑤]。这种讨论还在继续。

图 4-54　民国 7 年广东省银行兑换券加盖"桂省发行"银元票壹圆

当时在粤的还有湘、赣、滇、黔等客军，孙文为利用这部分力量讨伐陆荣廷，委任时任参谋总长的李烈钧到贵州威远组建"滇黔赣援桂联军"，并委任李为联军总司令，节制各路客军。于是，黔军谷正伦、胡瑛两旅沿盘江南下，滇军胡若愚、李友勋两旅由迤南开进，赣军朱培德、杨益廉两旅由湘西南移，向广西

---

① "客军"是指旧、新桂系交替的"自治军时期"，占据广西部地地区的外省军队。

② 孟国华、孟超秀：《精彩纷呈的近代广西军用钞票》，《广西金融研究》2005 年第 A2 期。

③ 蔡小军：《〈中国军用钞票史略〉补正》，《中国钱币》2000 年第 4 期

④ 刘绍峰：《"桂省发行，两广通用"壹元券新探》，《广西金融研究》2001 年第 A1 期。

⑤ 钟成华：《省立广东省银行加盖"两广通用"兑换券》，《收藏》2013 年第 13 期。

西北部集中。经过战斗，联军配合粤军许崇智部占据桂林，继而又下柳州。1912年12月4日，孙中山抵达桂林，成立北伐大本营，李烈钧又复任大本营参谋总长，准备北伐。至此，滇黔赣援桂联军番号取消。在此过程中，李烈钧发行了滇黔赣援桂联军兑换券。现在存世的几张民国11年版的"滇黔赣援桂联军总司令部随营银行发行"的伍圆兑换券，就是这段特殊历史的见证。按这种军钞背面的布告所言，其有"伍圆、壹圆、伍角、贰角、壹角"五种面额。但是目前仅发现伍圆券，其他面额均未见。

滇黔赣援桂联军兑换券伍圆券，长140毫米、宽90毫米，正面票版黄色套红、蓝，右面边框内侧直书两行"滇黔赣援桂联军总司令部随营银行发行"，左框内侧为"在本军管辖地完粮纳税一律通用"，最下面边上有"违者必究"四字。背面票心为布告，"滇黔赣援桂联军总司令部布告：为布告事，照得本军随营银行，所发行军用兑换券计'伍圆、壹圆、伍角、贰角、壹角'五种。除总行厚储基金随时兑换外，经饬分设兑换所，多所随军进止。见票即兑，毫无折扣留难等弊。为此布告尔军民人等。须知此项兑换券，原为流通金融起见，基金充足，信用是尚。自发行后，凡属本军辖地一律通用，准予完粮纳税。如有不法之徒造作谰言，阻挠行用，或故意抑扣者，一经察觉或被告发，定按军律惩办，决不宽贷。其各懔遵毋违，切切此布"。签署为"联军总司令官李烈钧"。另加盖"总参谋部印"篆文小方章。发行时间"中华民国年□月□日"①（图4-55）。

图4-55　滇黔赣援桂联军总司令部随营银行兑换券

粤军占领桂林后，孙中山于1921年12月4日抵达桂林，并设立北伐大本营，拟从桂林出发北上。为筹措军费，孙中山下令广州的"国立中华国民银行"来桂林和梧州设立分行，发行民国10年版的"国立中华国民银行券"。这种"国立中华国民银行券"计有壹毫、壹圆、伍圆、拾圆四种面额，券正面都有"孙大总统肖像"②（图4-56）。

①　李树彬、孟国华：《滇黔赣援桂联军兑换券》，《广西金融研究》1998年第A1期。
②　孟国华、孟超秀：《精彩纷呈的近代广西军用钞票》，《广西金融研究》2005年第A2期。

（a）民国10年"国立中华国民银行"壹毫券

（b）民国10年"国立中华国民银行"壹圆券

（c）民国10年"国立中华国民银行"伍圆券

（d）民国10年"国立中华国民银行"拾圆券

图4-56 民国10年版"国立中华国民银行券"

六、马君武就任广西省长期间发行的军票

　　1921 年 7 月 28 日，孙中山派原大总统府秘书长马君武就任广西省长，吕一夔为广西财政厅长。由于陆荣廷逃离南宁时将广西银行的现金席卷一空，广西银行券发生挤兑，即宣告倒闭，各自治军割据统治区独霸税收，没有自治军的地方也不给财政厅缴税。马君武自接任省长后，急需处理编遣流散在省内的桂军及地方善后事宜。①另从粤军入桂后，霸占税收，大肆掠夺财物，使得民不聊生，并造成广西省内各自为政、社会混乱不堪的状况。当时金融货币市场也很复杂，市面缺乏纸币，原陆荣廷发行的纸币，票面金额已跌到三五成。马君武在任省长的十个月（1921 年 8 月～ 1922 年 5 月）里，为解决财政困难，君武觉得唯一的出路只有"建银行，发钞票"。遂与省财政厅长吕一夔磋商，着手筹建银行、建立造币厂和首期发行钞票 1100 万元。同年 10 月 24 日，马君武批准，将新立银行定名为"广西省立银行"。马君武在银行成立后，原本想往日本订印大量纸币，因资金短缺，无法支付印费而告吹。在此情况下，又呈报北洋政府解冻 1921 年 5 月 28 日封存的商务印书馆已印好之票②，为了应急，马君武就在南宁印刷发行了民国 11 年版的"广西军用钞票"壹圆券 30 万张，金额 30 万元，以渡难关。另外，马君武还印制了面额为伍圆和拾圆的"广西定期有利省库券"200 万元，但未及发行。③

1. 广西军用钞票

　　"广西军用钞票"，有伍角券和壹圆券两种。这两种军钞都是单面套色石印，背面盖有"广西财政厅印"。与其他纸钞不同，其式样特殊，为竖版，并有存根联。伍角券纸币，为竖版，用报刊纸印刷，长 120 毫米、宽 80～82 毫米，正面图案底色杏黄、字与花框为紫色。票原有存根，存根骑缝印号码为"广字第□号"，数字为后加盖上。号码上还盖有广西财政厅红方印章。票面正中上部为菱花栏，栏中分为三行，印"广西、军用钞票、伍角"等字。其中下横印"民国十一年五月发行"，下半部自右至左直印文告："每张伍角，作为辅币，纳税交易，十足行使"，并加署名"广西省长马君武，财政厅长吕一夔"。花边用"伍角"字样和八瓣团花装饰，该券背面无纹，加盖红色方印："广西财政厅印"，印为 72 毫米见方（图 4-57）。壹圆券纸币，长 133 毫米，宽 85 毫米，竖版套色单面石印，由正联和存根两部分组成。正联和存根骑缝处加印"西字第□号"，背面另

　　① ［美］丁张弓良、张永华：《中国军用票图录》，浙江大学出版社，2003 年版，第 87 页。
　　② 1921 年 2 月 15 日，广西银行上海分行在广西护军使陈炳焜的命令下，向上海商务印书馆先后订印面额壹角、伍角、壹圆券。同年 5 月，商务印书馆实际已印出大部分纸币。5 月 28 日，广西省议会急电上海商务印书馆，要求原封保存，停止交付。
　　③ 孟国华、孟超秀：《精彩纷呈的近代广西军用钞票》，《广西金融研究》2005 年第 A2 期。

加盖"广西财政厅印"大红方印，时间是"民国十一年五月发行"。纸币正面印有四言八句："每票一圆，作银毫计，纳税交易，一律行使，限用三月，换回桂币，临时发行，藉资救济。"（图4-58）

图4-57　民国11年广西军用　　　　　图4-58　民国11年广西军用
　　　　钞票伍角　　　　　　　　　　　　　钞票壹圆

伍角券文告明确说明其用途是作为辅币，纳税交易，十足行使，是配合壹圆券而发行，以解决市场辅币缺乏的问题。将伍角与壹圆券进行比较，壹圆票面印明"作银毫计"，而伍角券则印"作为辅币"之用，说明应是以银毫为本位的。壹圆券印明"限用三月、换回桂币、临时发行，籍资救济"，估计伍角券也应是限用三月，临时救济的。伍角券编号为"广"字头，而壹元券为"西"字头，两种面值编号字头即为"广西"二字，正好表明省名，应当说这是发行前就安排好的，很可能就仅发行了这两种面值。按伍角军用钞票号码为五位数推算，最多只有9万余张，金额近5万元，因此该伍角军用钞票发行数量是很少的。①

2.广西定期有利省库券

对于千疮百孔的广西金融业来说，发行的广西军用钞票简直是杯水车薪，根本顶不了多大用处，于是马君武又印制了"广西定期有利省库券"200万元，多方进行筹款。照着马氏的本意，是利用这些临时的券钞拖上个三月半载的，待印刷资金筹措到位后即以广西省立银行名义发行正式的钞票取代之。然而广西局势的急剧逆转使这一计划终成泡影，这些券钞实际上未及启用即成废纸而被毁弃了。②

广西定期有利省库券"一年期"拾圆券，是马君武印制的未被载入广西金融史及有关金融历史资料中的一种金融债券。该券单面竖式带存根，完整未用过，整张票幅为26.7厘米×24.4厘米，正券占2/3的面积，文字印在一封闭式长方形棕色花框内，花框四角各有一朵五瓣花，内均印有"拾圆"弧形艺术字，券面自

①　刘建明：《南宁发现马君武广西军用钞票伍角券》，《中国钱币》1998年第3期。
②　阳福明：《马君武"广西定期有利省库券"首次面世》，《收藏界》2003年第1期。

上而下为三行横字："广西定期有利省库券""拾圆""一年期"；再下方则是竖式的"广西定期有利省库券规则"，规则共有十二条，详细解释了该券的性质、范围、时限、利息及清偿办法，文曰：

一、此项省库券其偿还期以券面注定者为限，名曰定期有利省库券；

二、发行此项省库所得之款专为设立广西省立银行及广西造币厂之用，但于军饷紧急时得以百分之三十融通之；

三、此项省库券其偿还分为一年期、半年期两种，一年期以周息捌厘计算，半年期以月息陆厘计算；

四、此项省库券如库款充裕时限提前偿还之，但一律以月息陆厘计算；

五、此项省库券总额为贰佰万元，除搭放俸给外，其余按各属地方情形分别劝购之；

六、此项省库券以毫银按券数目照收；

七、此项省库券将来还本付息一律以毫银或广西省立银行十足通用纸币；

八、此项省库券之还本付息由将来广西省立银行或付托或收支处县署经理之；

九、此项省库券于国上须交纳保证金时得作为担保品；

十、此项省库券满券面偿还期限以后得以券面所载数目抵还政府债务及缴纳钱粮关税一切正杂各捐；

十一、此项省库券概为记名式，遇有遗失被毁时须由本人期登报声明作废并将所登报纸暨遗失被毁情形报厅查核；

十二、财政厅于上项呈报情形查核确实后另制新券补给之。

中华民国十一年□月□日

省长马君武　财政厅长吕一夔

该券所有人□县□市乡村

文字下的底纹为满版浅绿色星点状连续花弧，并印有白色空心篆体字"广西定期有利省库券"。主券与存根之间有连续的打孔接缝线，骑缝字为"拾圆壹年期库字第□号"。存根占 1/3，内容亦在一封闭长方形棕色花框内，其文字较正券简洁，自上而下为三行横字："广西定期有利省库券""拾圆""一年期"，并印有竖写的："该券所有人□县□市村乡"和发行时间："中华民间十一年□月□日"[①]（图4-59）。

第 3 条规则中讲到有"一年期"和"半年期"两种，而目前仅见到"一年期"十元券实物，"半年期"或其他面值的该券尚未见披露。[②]

阅读"省库券"的规则可知，其"所得之款专为设立广西省立银行及广西造币厂之用"，可见它是为设立广西省立银行筹集资金而专门印刷的。其发行量

---

① 阳福明：《马君武与首次面世的"广西定期有利省库券"》，《广西金融研究》2002 年第 A1 期。
② 黄国强：《广西定期有利省库券探议》，《广西金融研究》2001 年第 A1 期。

"总额为贰佰万元",可见它是一种数额巨大的定期有息债券（笔者认为，依据第二款"于军饷紧急时得以百分之三十融通之"，该"省库券"也可编入"军用票"这一类别进行介绍）。

图 4-59 民国 11 年广西定期有利省库券拾圆

"广西军用钞票"伍角券的编号字头是"广"字，壹圆券的编号字头是"西"字，"广西定期有利省库券"拾圆券的编号字头是"库"字。那么可以推断出"省库券"伍元圆券的编号字头是"省"字。这四种券的编号字头合起来就是"广西省库"。这说明马君武省长和他的财政厅长吕一夔为组建广西省立银行做了精心策划和大量前期准备工作。[①]

七、广西银行通用券（"蒙票"和"林票"）

广西银行通用券发行壹毫及壹圆券两种。1922 年 4 月，陈炯明率部返粤，对抗北伐军，孙中山将大本营从桂林迁往韶关，各路客军撤出广西。1922 年 5 月 22 日马君武通电辞职，离开广西，刘日福等自治军趁机围攻南宁，守城的广西绥靖处督办刘震寰与粤军黄明堂部寡不敌众，向广东钦廉撤退。自治军占领南

① 孟国华：《马君武和他印制的"广西军用钞票"及"广西定期有利省库券"》，《广西金融研究》2001 年第 A1 期；孟国华：《马君武和他印制的"广西军用钞票"及"广西定期有利省库券"》，《广西金融研究》2002 年第 A1 期。

宁之后，原陆荣廷旧部蒙仁潜自封为"广西省长"，陆云高自封为"财政厅长"，陆福祥自封为"建设厅长"，刘日福的实力最强，占领广西银行和军械厂，自封为"民政厅长"。5月27日，他们开会推举林俊廷为"广西全省自治军总司令"，后改称"广西总司令"。但是，他们的势力范围只在南宁及附近和左右江部分县，其他地区的"司令"们，对"省长"等人根本不承认。1922年8月，林俊廷到南宁就任"自治军总司令"后，以林俊廷、蒙仁潜、陆云高的名义，发行了民国11年版的"广西银行通用券"即"蒙票"。目前发现的蒙仁潜印制的广西银行通用券有壹毫、伍角、壹圆三种面额，都是套色石版印刷。券正面图案大致与广西银行券相同，惟"广西银行"改为小方印式，置于横书的"广西银行通用券"之上，中间为面值，右边是挂着五色旗的建筑，左边是有军人守卫的军事机构，图案下端用英文"KWANGSI BANK"，即"广西银行"，右边下端"广西省长蒙"及蒙仁潜印章，左边下端"财政厅长陆"及陆云高印章，下边分印"中华民国"和"十一年或十二年印"。壹毫券背印"广西总司令林（俊廷）示：壹毫辅币，通用行使，私行伪造，从严惩治"；壹圆背面上端印有"广西银行通用券条例"，中间为布告。需要说明的是，蒙仁潜省长印发的这三种军票背后的布告都是由"广西总司令林（俊廷）"发布（图4-60）。

（a）民国11年广西银行通用券壹毫（蒙票）

（b）民国11年广西银行通用券壹圆（蒙票）

图4-60　广西银行通用券"蒙票"

民国 12 年 2 月，蒙仁潜卸任，北洋政府任命林俊廷任广西省长。蒙仁潜卸任后"蒙票"贬值，林俊廷继续发行新版"广西银行通用券"即"林票"，见有壹毫和壹圆券两种，正背面颜色与蒙氏所发角券相同。两种券的图版也与蒙票大致相同，有改动处为：①取消蒙、陆两人的官衔及私章，改为"广西省长林"及"林俊廷印"两章；②年份改为"中华民国十二年印"（图4-61）。

图 4-61 民国 12 年广西银行通用券壹圆（林票）

八、梁华堂军用票（"梁票"）

1921 年 12 月，孙中山率粤、滇、黔、赣联军进占广西北部重镇桂林，并拟从桂林出师北伐。1922 年 4 月，由于陈炯明叛变，孙中山不得不放弃从桂林出师北伐的计划，率部离桂经水路返穗。联军离开桂林后，原来散落在桂林周边的桂军残部及帮会武装趁机占领桂林城，并且公推梁华堂任"广西公民自治军"临时总司令，梁华堂为了扩大自己的势力，表示愿意收编各路帮派武装，并按其人枪多少封官发饷。此信息一出，所有桂柳一带大小帮会头子纷纷浮报人枪数目，要求梁总司令收编发饷。在很短的时间内，梁华堂就委任了 22 个司令，7 个独立旅旅长，委以统领、团长之职的更是不计其数。"司令满街有，统领多过狗"，这句口头禅就是当时桂林城社会乱象的生动写照。由于梁华堂委任的司令、统领们太多，而且这些司令们浮报的人枪数字也太多，所以桂林城内原来遗留下来的有限的陆荣廷旧纸币根本无法应付大量的军费开支和民间经贸周转。于是，梁华堂就仿效南宁自治军首领发行"广西银行通用券"的办法，在桂林成立所谓"广西银行"，并自行发行民国 11 年版的军用钞票。当时的桂林城内没有印刷正规纸币的机器，也缺少适合印刷纸币的纸张，梁华堂就将桂林城内所有的石印机和本地能收集到的各种纸张都集中起来赶印纸币。

梁华堂开始印制的还不是冠名"桂林地方银行"的纸币，而是冠名"广西银行"的纸币，因为梁华堂最初是自称"广西公民自治军总司令"。这类"广西银行"纸币共发现有壹毫、壹圆、贰圆、伍圆四个品种。

（1）广西银行壹毫券。本地都安白沙纸印制。其票幅为 105 毫米 × 65 毫米，正背两面均黑色油墨石印。票正面上端横书"广西银行"，中间有一圆形，圆形内有"桂林广西银行图记"及"民国拾壹年发行"字样。在图形的两侧和票的四角分别印有"壹毫"字样。票背面上端横书英文"KWANGSI BANK"（广西银行），下端横书英文"KWEILIN"（桂林），券四角有"10"和"CENTS"（仙）字样。中间则印有"广西临时总司令部布告"，布告的全文是："壹毫纸币，素称便利，市面交易，找补容易，完纳粮税，行使照例，伪造私刊，严行惩治，各界通知，遵照所示。"布告上盖红色椭圆印章"桂林广西银行图记"（图 4-62）。

图 4-62　民国 11 年广西银行壹毫券

（2）广西银行壹圆券。本地都安白沙纸印制。其票幅为 125 毫米 × 77 毫米，正背两面均为黑色油墨石印。票正面上端横书空心体"广西银行"四字，两侧分盖"广西银行""总经理印"两个红色方章；中间横书空心体"壹圆"两字，四角分印有"壹圆"字。另外在票面上方两侧还分印英文"KWEILIN"（桂林）。票背面上端横印英文"KWANGSY BANK"（广西银行）。有趣的是这行英文有一处错误，第七个字母应为"I"，却错成"Y"。①四角分印有阿拉伯"1"字。中间则印有"广西临时总司令部布告"，布告的全文是："照得广西银行，信用素有声誉，军事会议议决，再次扩充纸币，指定粮税作抵，与前通行无异，一切完税交易，出入均需一致，倘敢折扣伪造，从严分别惩治，仰各军民人等，一体遵照此示。"布告上还加盖有"桂林广西银行图记"红色印章。布告下方号码处为"甘字第□□□号"字样。"甘"字是手工加盖，"□□□上"是手工毛笔填写（图4-63）。

图4-63 民国11年（1922年）广西银行壹圆券

（3）广西银行贰圆券。白沙纸印制。其票幅为128毫米×83毫米，票正面为土红色，背面为浅灰色石印。票正面上端横印"广西银行"四字，中间印"贰圆"两字，四角分别印"贰圆"字样，币值两侧分盖"广西银行""总经理印"两红色方印。票下端印有"中华民国拾壹年发行"和英文"KWEILIN"（桂林）。票背面四角也分别印有"贰圆"字样，中间则印有与壹元券内容完全相同的"广西临时总司令部布告"。布告下方是号码"端字第□□上号"（图4-64）。

图4-64 民国11年广西银行贰圆券

① 孟国华：《介绍新发现的梁华堂在桂林印刷并发行的几种军用钞票》，《广西金融研究》1995年第A1期。

（4）广西银行伍圆券。白沙纸印制。其票幅为 130 毫米×89 毫米，票正面为硃红色，背面为靛蓝色石印。票正面上端横印"广西银行"四字，中间印该票的面额"伍圆"，四角和两侧也都印有"伍圆"字样，票下端印有"中华民国拾壹年□月发行"和英文"KWEILIN"（桂林），币值两侧分盖"广西银行"和"总经理印"两枚红色方章。票背面上端横印英文"KWEILIN BANK"（桂林银行），而不是"KWANGSI BANK"（广西银行），这是与前面介绍过的壹毫券、壹圆券和贰圆券截然不同的地方。因此可以推定这种伍圆券是（桂林）广西银行系列纸币中的"关门票"，也是印制桂林地方银行系列纸币的"前奏曲"。另外，该伍圆券背面印刷的"广西临时总司令部布告"也与前面介绍过的壹圆券和贰圆券完全相同。布告下方是号码"羽字第□□□号"。券四角分别有"5 DOLLARS"字样（图 4-65）。

图 4-65　民国 11 年广西银行伍圆券

以上四种"（桂林）广西银行"纸币的一个共同特点，就是在票面或是票背都印有英文"KWEILIN"（桂林）字样，这与自治军时期其他军阀们印制的冠以"广西银行"的纸币是截然不同的。

由于桂林城内石印广西银行纸币的能力有限，所以远远满足不了各路军费的需要。当时各部队的军需官们都到印刷厂门口排队等候，石印出来的纸币墨迹未干就被领走，甚至有些部队的军需官们整天排队也领不到军饷。在这种情况下，距桂林城稍远的部队有些就脱离了梁华堂自立山头、自寻出路。梁华堂也感觉到自己的实力不济，便自我缩编，将自己从"广西公民自治军总司令"降级为"桂林公民自治军总司令"，并且将"广西银行"改为"桂林地方银行"。梁华堂以"桂林地方银行"之名义发行的纸币，由桂林市商会出面担保流通。目前仅发现桂林地方银行壹圆券、贰圆券两种。

（1）桂林地方银行壹元券。白沙纸印刷，其票幅为 130 毫米×80 毫米，正背两面都为黑色油墨石印。票正面上端弧印"桂林地方银行"六字，中间印桂林最著名的风景胜地象鼻山，象鼻山两侧印有该票的面额"壹圆"字样，"壹圆"下方盖有"桂林县参事会章"和"桂林总商会章"两枚红色方印。票四角也有"壹圆"字样。票下端则印有该票印发的时间"中华民国拾壹年发行"。票背面中间印有"桂林公民自治军总司令部布告"，布告的内容是"地方纸币，卅万圆订，抵品有着，与前无异，粮税交易，出入一致，伪造私刷，严行惩治"。布告两侧有两个"自由钟"，钟上有五色旗和十八星旗各一。而且在票的四角和四边上都印有"壹圆"字样。最重要的是，该票的下端还印有"民国拾壹年续印第四期"一行小字（图 4-66）。

图 4-66　民国 11 年桂林地方银行壹圆券

（2）桂林地方银行贰圆券。白沙纸印刷，其票幅为 130 毫米×80 毫米，正面为青绿色，背面为朱红色石版印刷。票正面上端印"桂林地方银行"六字，中间印该票面额"贰圆"，"贰圆"的下端印有四言文十行："地方银行，发行纸币，粮税交易，出入一致，房田两捐，作为抵押，信用稳固，行使便利，议决通行，伪造惩治。""贰圆"的两侧盖有"桂林县参事会章"和"桂林总商会章"两枚红印。票四角和两侧也印有"贰圆"字样。票背面上端印有"桂林地方银行"，中间印有"桂林公民自治军总司令部布告"，布告的内容与壹圆券虽然大致相同，但措辞不一样。其文字是："桂林地方银行，现经续印纸币，为数贰拾万元，每张贰元核计，与前发行纸币，抵品使用无异，倘有伪造私刷，查出从严惩治，布告军民人等，其各遵照此示。"布告的上端有"民国十一年六月□日发行"一行小字，说明该券是民国 11 年 6 月续印的。布告下方的号码是商用中文数字，以毛笔手工填写（图 4-67）。

图 4-67　民国 11 年桂林地方银行贰圆券

　　查历史文献可知，孙中山先生 1922 年 4 月离开桂林，5 月初梁华堂进桂林城。同年 10 月，赣军朱培德部由湘桂边界进入全州、兴安，接着进入桂林。梁华堂自知不敌，率残部退到永福县罗锦一带。1923 年年初，沈鸿英部队由湖南平江返桂，朱培德部退出桂林。沈鸿英占据桂林后，梁华堂投靠沈鸿英，被编为沈部的独立旅旅长，兼任兴、全、灌善后处长。由此时间推算，梁华堂占据桂林城并自称广西公民自治军和桂林公民自治军总司令的时间最长不过半年。也就是说，梁华堂在桂林印制发行"（桂林）广西银行"和"桂林地方银行"纸币的时间也仅有短短的半年。

　　梁华堂印制的"（桂林）广西银行"和"桂林地方银行"六种纸币中，除了壹毫辅币券上没有编印号码外，其余五种票背下端都有编号，其编号的形式是："□字第□□□号"。但是，这些纸币上使用的都是旧式的中国古代记数符号，并用手工填写，显得出奇的陈旧和落后，这在广西近代历史纸币中是仅有的现象，令人称奇叫绝。由于梁华堂在桂林印制的"（桂林）广西银行"和"桂林地方银行"纸币数额少、流通范围窄、行使时间短，所以残留下来的数量极少，其中有些品种甚至是孤品。[①]

　　广西银行壹毫、壹圆、贰圆、伍圆券，桂林地方银行壹圆、贰圆券，这六种"梁票"，是近代唯一在桂林本地制版、印刷并发行的军用钞票，它们的发现，为研究广西和桂林近代金融史、货币史提供了有价值的实物资料。[①]

九、广西临时军用票

　　沈鸿英，广西贺县（今属贺州）人。民国 11 年，当时还在湖南的沈鸿英受吴佩孚之命，任中国陆军第十七师师长，被授以"协威将军"头衔，并派沈部为攻桂前锋，11 月率军占据桂林、柳州等地，收编了盘踞在桂林城自称"广西公民自治军总司令"的梁华堂为旅长。此时的沈鸿英已拥有八千余人，成为旧桂系

---

　　① 孟国华：《桂林发现梁华堂军用票》，《中国钱币》1994 年第 4 期。

中实力最强的人物。

1921 年 7 月 10 日，沈鸿英在贺县通电全国号称自治，自称"救桂军总司令"。雄霸一方的沈鸿英以贺县八步为中心，傲视全广西，除了开烟设赌、增收税款、搜刮民财，还印制发行"广西临时军用票"纸币、银币、镍币及布币（目前发现地多在贺州地区，其他地方均少有出），作为扩军肥私的手段。

在八步期间，沈鸿英以"军用票"责令商会兑摊银圆，以充军饷，由于没有储备基金保障的"军用票"只能五折流通，沈军士兵持军用票在市面强行流通，拒用者格杀勿论，商民不堪其苦。后来沈又下令，所有税项一律以银圆缴纳，幸得贺县知事李孝先说情，始允许用"军用票"缴纳税款，沈鸿英还不时向商会筹饷，会长孔吉云无法对付，经常借故躲避，不敢返回八步。

当年在沈鸿英刚占领梧州时，就下令梧州造币厂仿照广东的币版发行了纸币。当时的广西并没有印制纸币的技术，而沈鸿英的根据地当时就在粤赣湘的边境地，所以"广西临时军用票"的印刷地设在了江西。

"广西临时军用票"不是以广西银行或某个金融组织的名义发行，而是以沈鸿英的个人名义发行的一种特殊，在历史上实属少见。

广西临时军用票共七种，面值分别为壹仙、壹角、贰角、伍角、壹圆、伍圆、拾圆，正面有沈鸿英加盖私章两枚，背面印有"广西临时军用票条例"及"沈鸿英发行"字样[1]（图 4-68）。

这些军用票，完全由他个人负责，既没有基本保证，也没有兑现时期。沈军在民国 12 年即被李宗仁、白崇禧、黄绍竑等军队驱逐，临时军用票随之变成废纸。[2]

（a）民国 11 年广西临时军用票壹仙

①　骆坚忠：《一张"军票"见证贺州大军阀的狂妄》，《贺州晚报》2012 年 9 月 7 日。
②　［美］丁张弓良、张永华：《中国军用票图录》，浙江大学出版社，2003 年版，第 87 页。

（b）民国 11 年广西临时军用票壹角

（c）民国 11 年广西临时军用票贰角

（d）民国 11 年广西临时军用票伍角

（e）民国 11 年广西临时军用票壹圆

（f）民国 11 年广西临时军用票伍圆

（g）民国 11 年广西临时军用票拾圆

图 4-68 广西临时军用票

十、广西省银行券（广西绥靖督办）

1922 年，北洋政府委派张其锽为广西全省绥靖督办来桂主政。1923 年 6 月 22 日，吴佩孚的心腹秘书张其锽在南宁就任广西省长。张其锽在上任之前，曾委托财政部印刷局印制广西省银行纸币 380 万元，准备在上台后回收原陆荣廷广西银行旧钞。此项钞票共分壹角、贰角、伍角、壹圆、伍圆五种面额（图 4-69），形制颇为美观。然此项钞票尚未全部印竣，便已遭到北洋政府国会广西籍议员之抗议。最终在吴佩孚的支持下，张得到了 300 万元后，此钞得以在全省发行。而张氏上台后，也难以控制省内的混乱局面，成立新银行和发行等事宜根本无从入手。

1924 年 6 月，李宗仁、黄绍竑率领定桂、讨贼两军攻占南宁，接管了省政府。张其锽去职，并将尚未发行的 27 箱、金额 110 万元纸币移交给桂军。11 月 25 日，代行大元帅胡汉民任命李宗仁为"广西全省省绥靖督办"、黄绍竑为"会办"。新桂系主政广西后，张其锽已发出的钞票仍被允许与银毫、铜币同时流通。

到了 1925 年年底，由于广西各地多次发生劣质银毫风波，李宗仁、黄绍竑才决心收兑劣质银毫改铸新型银毫，并于 1926 年元月开始将封存在库的 110 万元未用之钞提出，在纸币券贰角和壹圆票面正面加盖"广西省绥靖处督办之印"、

"广西全省绥靖处会办之印"和"广西省财政厅长印"三枚印章后作为收兑银毫之备用金悉数发出①，并规定半年之内不得兑现。以后，新桂系印发了自己的钞票，才将张其锽印制的这种钞票陆续收回销毁。张其锽发行的这种钞票，兼具流通和兑换两种性质，将其称为"张其锽发行的广西省银行流通兑换券"似乎比较贴切。②

（a）民国11年广西省银行财政部版壹角券

（b）民国11年广西省银行财政部版贰角券

（c）民国11年广西省银行财政部版伍角券

（d）民国11年广西省银行财政部版壹圆券

① 蔡小军：《〈中国军用钞票史略〉补正》，《中国钱币》2000年第4期。
② 阳福明：《张其煌与广西省银行券样票》，《收藏界》2002年第11期。

（e）民国11年广西省银行财政部版伍圆券

图4-69 广西省银行财政部版纸币

壹圆券票面中央是一椭圆形的北京颐和园景图案，左右及图案的四角分别斜印着空心的"壹圆"字样，上方为"广西省银行"。下方印有"中华民国十一年"字样，纪年的左右分别有"总理之章"和"经理之章"两方红印，此外，左侧印有"广西全省绥靖处会办之印"，右边则加盖一大红方印"广西全省绥靖处督办之印"，下方加盖一小红方印，印文"广西省财政厅之印"（图4-70）。

图4-70 民国11年广西省银行财政部版壹圆样券

伍圆券票面中央是一椭圆形的北京天坛图景图案，左右印有空心体字"伍圆"，行名、纪年和印章数量与壹圆券相同（图4-71）。

图4-71 民国11年广西省银行财政部版伍圆样券

十一、湘赣桂通用券、湘赣桂三省通用券

1926 年 9 月北伐军收复武汉三镇后，军费剧增，于是再将广州中央银行券（民国 12 年版）加盖"湘赣桂通用券"、"湘赣桂三省通用券"及"鄂湘赣三省通用大洋券"字样，作北伐军费之用，可见当时筹划军费之困难，不得已而将旧有作废的钞票加盖字样，以资因应。

当年中央加盖"湘赣桂通用券"发行的纸币面额有"壹圆、伍圆、拾圆、壹佰圆"四种，限额发行 200 万元（图 4-72）。"湘赣桂三省通用券"有"壹圆、伍圆、拾圆"三种（图 4-73），"鄂湘赣三省通用大洋券"也有"壹圆、伍圆、拾圆"三种（图 4-74）。军人持此种券只能购买物品而不能兑换，商民持券才可兑换。[①]

（a）民国 12 年中央银行"湘赣桂通用券"壹圆

（b）民国 12 年中央银行"湘赣桂通用券"伍圆

（c）民国 12 年中央银行"湘赣桂通用券"拾圆

---

① ［美］丁张弓良、张永华：《中国军用票图录》，浙江大学出版社，2003 年版，第 145 页。

（d）民国12年中央银行"湘赣桂通用券"壹百圆

图4-72 中央银行"湘赣桂通用券"

（a）民国12年"湘赣桂三省通用券"伍圆

（b）民国12年"湘赣桂三省通用券"壹圆、拾圆

图4-73 湘赣桂三省通用券

（a）民国12年中央银行"鄂湘赣三省通用大洋券"壹圆、伍圆

（b）民国 12 年（1923 年）中央银行"鄂湘赣三省通用大洋券"拾圆

图 4-74　中央银行"鄂湘赣三省通用大洋券"

"湘赣桂通用券"正面上方是"中央银行"四字，正中椭圆框内主图案为孙中山头像，下有"通用货币""中华民国十二年印"字样，左右花框内是面额，两侧各有两排加盖竖书"湘赣桂通用券"六个大字。背面为英文"HUNAN KIANGSI & KWANGSI"（湖南、江西、广西的大写拉丁字母），并有币值数字和公历纪年"1923"。"湘赣桂三省通用券"正背面均盖有"湘赣桂三省通用券·中央银行总行"椭圆形章戳，并有币值数字和公历纪年"1923"。①

十二、军用钞票

陈炯明自被革命军驱逐出广州后，即以惠州为根据地。联络桂军刘震寰组织联军，自称粤军总司令。同时收罗各省军阀残兵败将，号称十万雄兵，企图夺回广州，并狂言"我本造反出身，再造一个反，亦不算事"等语。蒋总司令正拟北伐计划，见陈如此狂妄，乃先率革命军，任东征军总指挥，再度东征，出动大军，直攻惠州城，肃清叛军，势如破竹。叛军士气衰落，溃不成军。陈炯明逃往香港，一蹶不振。此军票系惠州作战时，由陈以"粤桂讨赤军总司令"名义发行，军用钞票于民国 15 年 7 月 15 日发行伍圆券一种，规定停战后 5 个月准抵缴地方税饷。这张由陈总司令发行的军用钞票，既没有省份的限制，亦无保证条例，只要他的军队在何处就可以通用②（图 4-75）。

图 4-75　民国 15 年军用钞票伍圆

---

① 王可炜：《民国时期加盖"湘赣桂通用券"拾圆纸币》，《收藏》2011 年第 6 期。
② ［美］丁张弓良、张永华：《中国军用票图录》，浙江大学出版社，2003 年版，第 147 页。

十三、广西省银行券（中华民国陆海空军副总司令李宗仁发 行的军用票）

民国 19 年，李宗仁在中原大战时，在旧有的广西省银行券 1926 年版背面加盖红色大印；印内文曰"中华民国陆海空副总司令李示"，直书四行"缴税交易，一律通用，倘有拒绝，按法严惩"，下方为"粤桂湘鄂赣苏浙皖大洋兑换券"字样，故此券一般称为"八省大洋券"。加盖票有"壹圆、伍圆、拾圆"，有不同地名。这是一张极不负责的军用票，既没有兑现时期，也没有指定兑现地区，而且在全国八省都可以通用大洋，这也是军用券中的奇闻[1]（图 4-76）。

（a）广西省银行加盖"中华民国陆海空军副总司令李示"银圆票壹圆

（b）广西省银行加盖"中华民国陆海空军副总司令李示"
银圆票伍圆

---

[1] ［美］丁张弓良、张永华：《中国军用票图录》，浙江大学出版社，2003 年版，第 147 页。

（c）广西省银行加盖"中华民国陆海空军副总司令李示"银圆票拾圆

图4-76 李宗仁发行的军用票

第四节 红 色 票 据

一、左、右江革命根据地票据

民国18年12月11日和民国19年2月1日，分别由邓小平、张云逸组织领导百色起义和龙州起义，建立了中国工农红军第七军、第八军，创立了左、右江革命根据地，根据地区域发展到20多个县，人口150多万人。右江根据地从百色起义到红七军北上，存在11个月；左江红色政权从龙州起义到同年3月下旬龙州失陷，存在1个多月。左、右江苏区革命政权建立后，均沿用当时市场流通的各式旧货币，没有发行过新货币，也没有建立银行和铸币厂。[①]

二、红军长征过境时期票据

民国23年10月，中国工农红军开始长征。12月经过广西东北部地区时，纪律严明，购买东西都给现钱或给中华苏维埃共和国国家银行发行的纸币、银币、铜币。计有中华苏维埃共和国国家银行壹圆纸票、中华苏维埃共和国国家银行伍角纸票、中华苏维埃共和国国家银行壹角纸票、中华苏维埃共和国贰角银币、中华苏维埃共和国五分铜币、中华苏维埃共和国一分铜币。[①]

---

① 广西壮族自治区地方志编纂委员会编：《广西通志·金融志》，广西人民出版社，1994年版，第40页。

第五节　民国时期的股票

一、广西富贺钟公路处股证

　　此证为道林纸单面印刷，竖版，书面有截角碑式、单线框的简单图案，图文多为紫色，骑缝有编号与存根相连。碑圆顶部横印楷书"股证"二字，图案方框内，竖印楷书主文："广西富贺钟公路处为给发股证事，兹收到保安堂来股本银〇仟〇百〇七拾〇圆整，应占本路股份叁拾五股，合给发路字第〇万〇千一百七拾七号股证，付与保安堂收执存据。中华民国十六（十四）年二月二十日，总办王应榆，董事□□□、□□□、□□□、□□□、会计□□□。"左边骑缝"路字第〇万〇千一百七拾七号"（注：标点为作者所加，董事与会计小红印模糊不清）。证面正中央骑缝均加盖 96 毫米×62 毫米长方红印，印文"广西富贺钟公路处总办关防"；顶上加盖"此股票不得售与外国人"两行红字。证高 334 毫米、宽 156 毫米（图 4-77）。

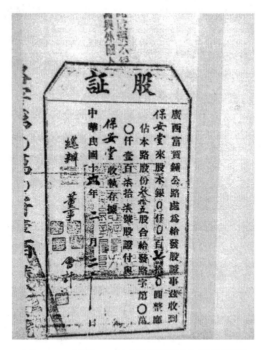

图 4-77　民国 16 年广西富贺钟公路处股证

　　此证原印就为"民国十四年"，发证时改为"十六年"，说明该公路处原计划在民国 14 年当年内完成招股集资，而实际推迟到民国 16 年发证书到 177 号，可见当时集资是比较困难的。若按此证的股数作平均计算，到发出此股时，向社会总集资 12 390 余元，要修好贺县经钟山到富川这段长约 100 公里的公路，这点资金显然是不够的。从上述情况看来，可能是一面修路，一面陆续募集补充资金。

经考民国 14 年正是新桂系消灭最后也是最顽强的一股自治军势力沈鸿英部，完成统一广西的一年。新桂系为加强和巩固其对广西的统治，战火刚熄，就指示其关系建设厅从这一年起在全省修公路。连接广西铅、锡、铁矿区的富贺钟公路，也就成了当时重点修建的公路之一，并专设了富贺钟公路处来负责这一段公路的修建。民国 18 年，蒋桂战争前夕，广西开工的公路全部建成完工，本公路的完成应当不晚于这一年。[①]

二、广西民营矿业公司股票

20 世纪 30 年代，广西开展了大规模的经济建设活动，在这种背景下，民营矿业公司纷纷通过发行股票来扩大生产。这些股票的发行办法大致相同，而款式、印制者、货币单位等并不统一。公司集资的方式具有多样化特征，每股的数额也较小，这便于民间购买。民众购买股票得到了较好的回报，说明民营矿业公司的经营是有成效的。但是，新桂系集团独立性的不断强化，也使民营矿业公司在发行股票的过程中不能不受到一定的限制。通过这些股票，可从一个侧面认识近代广西地方经济的发展历程。

广西师范大学地方民族史研究所的师生多次深入广西的一些矿区进行社会历史调查活动，在调查的过程中，他们发现了一些近代广西民营公司所发行的股票及其存根、利益分配证明书等。这些资料过去未被发掘，而它们对研究近代矿业史和金融史很有意义，具有一定的史料价值，主要是以下几种。[②]

1.“三正矿业股份有限公司”股票

“三正矿业股份有限公司”股票的票面为竖的长方形，长约 21 厘米，宽约 17 厘米。票的四周由花边构成，其中上边中央有“平区”二字，四个角分别写有“三正股票”四字。股票的版式为竖排，文字为繁体字，无标点符号，具体内容如下：

三正矿业股份有限公司股票第 34 号

为发给股票事。照得本公司呈请领采恭城县和平乡土陂村之给菜岭、青山湾等处钨、锡矿区，经蒙广西省政府批准注册，发给建字第　号执照，准予开采在案。现本公司共集股五百股，除献苗人及地主共占红股二十股，免收股本外，其余每股实收毫币三十元，合计资本毫币一万四千四百元。兹有郑启文君认购一股，

---

① 龙刚家、张世铨：《广西历史货币》，广西人民出版社，1998 年版，第 179～180 页。
② 唐凌：《近代广西民营矿业公司股票研究》，《广西大学学报（哲学社会科学版）》2004 年第 4 期。

应缴股本业照缴清。合行发给股票一纸，交执为据。日后分利派息凭票领取，倘有遗失或转卖，须照章公告登记。如无纠葛，方准补发换发。合并声明至股票者。

右股票给郑启文君收执

经理刘树齐

协理郑岂凡

中华民国二十六年五月一日

文中，除股票编号"34"和股票持有人的姓名为手写外，其余文字均为铅印。股票下边中央，有"大中印务书局承印"和"地址广西平乐县新马路"等字样。经理和协理名字的下面，分别盖有他们各自的私章。此外，票面上还盖有公司的菱形股票票据章。

2."钟山东源矿业股份有限公司"股票

"钟山东源矿业股份有限公司"的股票为横的长方拱形状，长约24厘米，宽约20厘米。票的四周也是由花边构成，上方拱梁上写有"钟山东源矿业股份有限公司股票"字样，股票的四个角分别写有"东源股票"四字。版式与三正矿业公司的股票相同，其具体内容如下：

钟山东源矿业股份有限公司股票

东字第□号

为发给股票事。本公司经呈奉广西省政府核准领采钟山县三江乡三叉村属石岩冲、上流等处之大矿区，并发给采字第　号执照一张，非区图一份，准予开采在案。本公司集资法币一万元，分为一百股，每股金法币一百元。兹有君认占一股，共收法币一百元。合行发给股票一纸，并息折一扣。日后凭票领取红利。如有遗失或转卖，均须报明本公司，董事会承认登记方为有效。须至股票者。

经理　　黄纪中　　　　黄纪中

董事长　莫纯金　董事　俸鹏飞

收款人　俸恒祺　　　　俸恒祺

李树德

中华民国二十六年□月□日

股票的下边，有"桂林广西印刷厂承印"等字样。因该股票尚未有人认购，所以编号和购买者的姓名都没有填写。

3."大资源矿业公司"股票存根

"大资源矿业公司"的股票收据样式为一个竖的长方形线框，里面写的主要是交款人的姓名及其数额。例如，其中的一张内容为：

收据

兹收到

　　周玉金先生交来本公司二股一期股金

　　桂币二十元正，此据。

大资源矿业公司代表陈世民

经收人　　　　协理

财务　　　　郑仲良

中华民国二十九年八月二十五日收条

　　在公司代表、财务的名后盖有各自的私章。收据的右侧有"资字第三十九号"等字样，这些字只留下一半，可以看出系裁剪后所剩，据此可断定收据与股票原来是连为一体的。这符合票据管理的基本特征。

4．首祥龙门、天柱珊瑚矿业联合股份有限公司利益分配证明书

　　首祥龙门、天柱珊瑚矿业联合股份有限公司利益分配证明书呈长方形，长约25厘米，宽约21厘米，其具体内容如下：

钟山首祥龙门、天柱珊瑚矿业联合股份有限公司证明书

联字第四十七号

　　本联合公司呈奉广西省政府准领钟山县凤翔西乡同乐（原名珊瑚）村以西一带地方矿区，开采锡矿及钨矿。发现矿区人应享受之特别利益，业经股东大会决议，在采得矿砂淘炼成为纯矿后，提百分之五作全体发现矿区人酬劳金载在合约及章程，并呈奉广西省政府核准有案。兹为分配便利起见，将此项特别利益划作六千七百二十份，依照会商决定之比例分配。潘益爵先生应占一百四十份，除发息折支取利益外，特发此证明收执为据。

董事长　　钟植森

常务董事　张穆清

潘守民

潘益爵

区明珠

中华民国二十六年九月□日

　　证明书面的底层有浅色的首祥龙门、天柱珊瑚等美术字，中间盖有公司的财务公章，董事长和各常务董事的名字下都盖有私章，左侧有"联字第四十七号"等字样的一半，说明它原来也与存根连在一起。

5. "永丰矿业股份有限公司"股票

　　钟山县永丰矿业股份有限公司发行的股票，其样式与上述钟山东源矿业股份有限公司所发行的股票大致相同，不同的地方在于该公司股票的上边中央有"实业救国"四个醒目的大字，右上角贴有两枚面值各为 20 分的"国民政府印花税票"，税票的上面盖有永丰公司的财务章。股票的内容主要是认购者的姓名、股金数额及公司负责人的姓名、发行时间等，开采的矿区、位置等不再作说明。例如，其中的一张股票内容如下：

　　兹承

　　　　林碧玉君认购本公司股份一股，交到股本金法币五十元，合给股票一纸为证。

董事长　胡乐天

常务董事　唐之时

经理　刘蔚文

协理　毛步云

中华民国二十八年六月十日

　　股票的背面登载《本公司章程摘要》，全文如下：

　　本公司定名为永丰矿业股份有限公司，遵照中华民国法令呈请省政府注册立案；

　　本公司为股份有限公司，股东所负责任以所认股为限；

　　本公司公告以通函及登报为之；

　　本公司资本总额定集法币一十万零二千五百元，分为二千零五十股，每股五十元；

　　本公司股东以中华民国国籍为限，不得让与他国人；

　　本公司股票概用记名式，每票限填一股。股票得买卖转让，但本公司股东有承买优先权。无论何人承买均须在省内有名新闻报纸登载公告，并向本公司登记，经过两个月后无纠葛发生始生效力；

　　前项买卖转让或遗失转换改名等一切手续，悉依照公司法办理之，酌收手续费一元，印花及其他费用由请求人负担；

　　股东姓名、地址、印章或签字式样均须填写印鉴票送来本公司登载，股东名册如以堂号、商号出名者，应注明本人或代表人之姓名、地址，如有变更时须随时报明更正；

　　本公司对于各股东之股本一经收过之后，无论缴交多少不得中途收回，如有特别情由只准照第九条办理；

　　本公司每届召集股东会，发出通知书一个月内停止股票之过户及换票；

　　本公司股本定周息一分，于公司年终结算有盈余时分派，但不得移作本息；

本公司所得盈余除先提十分之一为公积金外，再提股息，其余作百分配如左：

1. 发起人占百分之五；
2. 董监会占百分之三；
3. 职员奖金占百分之七；
4. 股东纯益占百分之八十五；

右发起人之红利与本公司相始终，由本公司发给永远享受凭证。

6. 贺县润宝矿业股份有限公司股票

民国26~28年，当时有着"小香港"之称的八步，车水马龙、商业繁荣。达官贵人，港、澳、南洋的华侨商人云集此地。他们的一致目的是获取丰厚利润回报的采矿和矿业贸易。据《八步镇志》记载，民国26年，贺州产锡3400吨，售价3900元/吨。单锡一项产值为1326万元（推算至今等同于2010年锡产值6.8亿元）。如此巨大的产量和利益，催生出众多的矿业生产和经营公司。该股票是贺州矿业真实的历史见证。

润宝股份有限公司股票为黄色底、蓝色花边，文字均为黑色，整体画面简洁明快、古朴大方，实物票幅为270毫米×210毫米；正面右上角篆书"润宝"二字；左上角篆书"公司"二字；正上为"润宝股份有限公司股票"；中上部贴"广西壹角印花税票"；中右部全文为："润宝股份有限公司；为发给股票事照得；本公司呈领采贺县属水岩坝水洲寨附近矿区；面积1638公亩80公尺；经于民国二十六年五月十八日奉；广西省政府核准注册；并填给采字第0219号矿业执照壹纸；准予开采；各在案兹据本公司集合股份陆拾股（加盖后改为柒拾叁股）；兹有唐式如先生认购本公司股份壹股；交来股本拾元正；合给第陆号股票壹纸；收据为凭；息折另给"；中左部为创办人：李鹤记、韦和记、岑孟达、何蕈生、钟永思、梁润生、梁海君、唐式如、梁光正、梁精卫，经理：梁育棠；左中部朱砂印字：本公司所需用费，由经理处垫支，各股本概无收过，特此批明；左部："中华民国二十六年七月十号"，"润宝公司发给"字样（长方形红色图章为：贺县水岩坝润宝有限公司）（图4-78）。

从该股票发行时间看，民国26年正是贺州矿业发展的起步阶段，并且该矿区已取得开采权，属有证开采。从开采地点看，水岩坝矿区是已勘探完成的地区，锡矿蕴藏丰富，品位较高。从开采面积看，1.09平方公里矿区面积不失为当时的大矿区。从创办人员看，有当时贺县县长岑孟达参与，足可预见该矿区的前途和巨大的经济利益。

该股票形制规整，印刷精美，有力地印证了民国26年社会各界踊跃投身矿业，从而带动了采矿业、金融业快速发展的盛况。

图 4-78 民国 26 年贺县润宝矿业股份有限公司股票

三、湘桂铁路桂段路股股票

　　湘桂铁路是抗日战争的产物。1936 年，南京政府公布建筑铁路五年计划，拟建铁路 8000 公里，偏重在西北、西南地区，湘桂铁路为其中之一。当年 3 月 16 日，交通部长张嘉璈来广西商谈修铁路问题，因蒋、桂矛盾正在激化，谈判未果。两广事变和平解决后，广西省政府派秘书长麦焕章赴南京，重提修筑湘桂铁路一事，谈判进入具体阶段，确定线路从粤汉铁路中站衡阳起，到广西省会桂林止，估计需款 3600 万国币，南京政府负担一半，用以购买车辆、钢材、机械；湖南、广西各负担 1/4，以土地、人工、枕木作股。抗日战争爆发后，为了满足军事需要，湘桂铁路的施工加速，交通部成立湘桂铁路工程局，以凌鸿勋为局长兼总工程师，负责全线工程。

　　该路起于湖南衡阳，迄于广西镇南关，路经祁阳、零陵、东安、全县、兴安、灵川、桂林、永福、柳江、来宾、邕宁、宁明、凭祥等地。其中桂段干线长 1085 公里。该路由交通部与湘、桂两省共同投资。1937 年动工修建。1938 年 9 月 28 日，衡阳至桂林段全线通车，时间不到一年，创造了旧中国筑铁路的最快纪录，也开创了征工筑铁路的先例。最初计划修到桂林为止，后因抗战转入第二阶段，沿海地区相继沦陷，西南各出入口岸均有陷入敌手之虞。为确保西南国际交通线的畅通，国民政府和广西省政府决定将该路延长至镇南关，尽早与越南铁路相接。桂段的修建过程大致上分为全（州）桂（林）段、桂（林）柳（州）段、柳（州）南（宁）段、南（宁）镇（南关）段等四个阶段。1938～1939 年是湘桂铁路修建中最繁忙的时候，因此也是资金需求量最大的时候。抗战期间，政府的财政非常紧张，民间的资金也非常有限，而湘桂铁路的修建任务却非常紧迫。在这种情况下，政府一方面不得不采用行政的手段，征调铁路沿线的民工进行修建；另一方面，通过发行股票，筹集资金的方式，加快铁路的建设。股票的发行与铁路的开工大体上应是同步的，股票是由省政府发行的，具体的承办者是广西银行，利息的发布日期由省政府发布，负责利息发放的也是广西银行，所以说，广西省政府在该股票的发行过程中充当了十分重要的角色。

通过发行这些股票，先进的金融理念得到一定的传播，这对培育近代市场产生了积极的影响。发行股票所筹集的这些资金，在一定程度上缓解了政府的财政压力，加快了湘桂铁路建设的步伐。

"湘桂铁路桂段路股股票"的票面为长方形，长约 21 厘米，宽约 17 厘米。票的四周由花边构成，其中上边中央有"湘桂铁路桂段路股股票"字样，四个角分别写有"湘""桂""铁""路"四字。股票的版式为竖排，文字为繁体字，无标点符号，内容如下：

广西省政府为发给股票事。今据唐联兴认缴湘桂铁路桂段路股股款桂钞元正，计股，合给股票一纸息折一扣存执为据。

广西省政府主席黄旭初
中华民国二十七年九月□日

票面上盖有广西省政府及广西省政府主席黄旭初的印章。股票的底下，有"广西印刷厂印"关防。背面为"湘桂铁路桂段路股股票附录"，共有八款：

（一）本路由交通部及湘桂两省合建。

（二）本路衡桂段商股每股桂币一十元，十足收缴。

（三）本路股为有记名式，如有遗失或转让应将认股人姓名籍贯及股票号数呈报省政府及广西银行登记办理并登报声明。

（四）本路所有村街绅富商户矿商公务人员各股在铁路未筑成以前，一律以官利周年六厘给息，由二十七年一月一日起息，至铁路完成通车以后另行由铁路保息，此项官利即行取消。

（五）给息日期由省政府以命令公布之。

（六）本路路股给息事宜由广西省银行办理。

（七）本股票得在市场随时买卖抵押并得作公务上之保证及担保品。

（八）如有伪造本路股票渔利者应依法究办①（图4-79）。

（a）民国29年湘桂铁路桂段路股股票
（肆股计桂钞肆拾元）

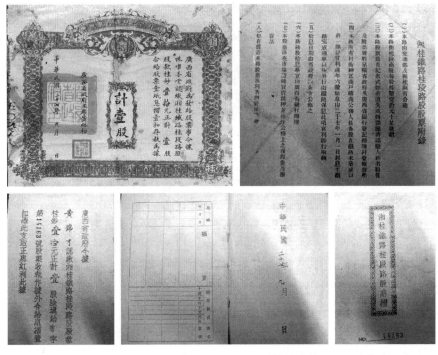

（b）民国27年湘桂铁路桂段路股股票（壹股计桂钞壹拾元）和息折本一套

图4-79　湘桂铁路段路股股票

---

① 唐凌：《抗战时期湘桂铁路股票发行成效及其原因评析》，《桂海论丛》2007年第1期。

四、广西银行及其相关官商合营股份公司股票

1."广西银行两合公司"股票

历史上的广西银行可分为三个时期。

第一时期，是辛亥革命后成立的广西银行，资本为 100 万两，1921 年因政局动荡，银行发生挤兑而倒闭。

第二时期，经数年混乱后社会渐趋平稳，广西地方当局为整理政务，于 1926 年再创广西银行，资本为 70 万元，到 1929 年该行又发生挤兑风潮，因无法维持而停业。

第三时期，1929 年 10 月，主政广西不久的俞作柏、李明瑞反蒋失败，广西政局动荡，李宗仁、黄绍竑、白崇禧趁机返回广西重掌政权。1930 年 11 月，黄绍竑因故离开广西后，李宗仁、白崇禧、黄旭初成为执掌广西军政大权的三巨头，政局始告安定。广西省政当局为了发展地方经济，调剂金融市场，于 1932 年 5 月公布《广西省银行条例》，并于同年 8 月 1 日，成立官商合办的广西省银行股份有限公司，规定资本总额为毫银 1000 万元，政府出资 510 万元，招集商股 490 万元。先由政府拨出 340 万元作为基金，开始营业，史称第三期广西银行。总行设在梧州，并在南宁、桂林、柳州、郁林等地设有分支行。该行享有发行纸币权。董事长黄钟岳，总经理廖竞天，其业务包括货币发行、存款、放款、汇兑、储蓄、工商贷款、信托等。

广西银行成立之初，属官商合营性质，并成立了以黄蓟、黄钟岳、廖竞天等 7 人组成的第一届董事会。1936 年 7 月，广西省政府以策动全省经济建设、调剂全省金融服务为名，将原官商合办的"广西银行股份两合公司"改组为官营的广西省银行，总行由梧州迁至南宁，并将原广西银行中的商股划出，计划另外组建一家专门经营商业信贷的商业银行——兴业银行。1937 年元月，由于政局变化等原因，广西省政府又取消了成立兴业银行的计划，并且改组成立才几个月的广西省立银行，重新恢复官商合办的"广西银行股份两合公司"。恢复后的广西银行两合公司成立以黄钟岳、黄蓟、廖竞天、王逊志等九人组成的第四届董事会，总行行址也由南宁迁到桂林。

1940 年 4 月 1 日，广西省政府将广西银行扩大改组，把广西农民银行和广西省出入口贸易处并入广西银行，资本额也由国币 800 万元增加到 1500 万元，广西省政府出资为无限责任股东，县公股及商股为有限责任股东，董事长为王逊志，黄钟岳改任总经理。同时广西银行在增招商股后召开的第五次股东常务会上组成以黄钟岳为董事长的第五届董事会，并任命廖竞大为银行总经理。1942 年 5 月，广西银行又成立第六届董事会，决定恢复行长制，由黄钟岳出任行长，

由王逊志出任董事会的当然董事。1947 年 5 月 1 日又改组为官办的"广西省银行"，至 1949 年 8 月停业。从 1932 年 8 月～1947 年 4 月这 15 年中，广西这家银行还是以官商合办的"广西银行"形式存在和运作。

官商合办的广西银行其资本除省政府注入大量官股外，还广泛招募商股。商股的主要来源有三种：一是强迫全省军政机关人员认股。二是由各县政府负责募集摊派附加粮税、附加契税、屠宰费等款项入股，称为县公股。三是号召动员商贩、工役等各阶层人士自愿认股。

民国 23 年"广西银行官商合办股份两合公司"股票为该行发行于中华民国 23 年 10 月 1 日的股票壹股和叁股。该股票正面四角有"广""西""银""行"四字，上面拱形文字"广西银行官商合办股份两合公司股票"，右边内容是："广西银行为发给股票事，今据□□□附录本行□字第□□□□□号，股份计□□□□□股，共毫银□□元，正兹发给股票壹纸息折壹扣存执为据"。左边是时任当然董事黄钟岳，董事为张君度、廖竞天、林旭初、马维骐、黄朝枢的签字。

该股票背印"广西银行章程摘要"（图 4-80）。

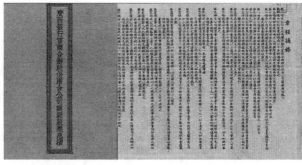

（a）民国 23 年广西银行官商合办股份两合公司股票（壹股）

（b）民国 23 年广西银行官商合办股份两合公司股票（叁股）

图 4-80 广西银行官商合办股份两合公司股票

民国 32 年"广西银行两合公司"股票。该股票与上述民国 33 年版在版式、股票内容、广西银行章程摘要等有多处不同。该股票由正联和存根两部分组成。现见到的正联宽 250 毫米、高 185 毫米，用优质道林纸精印。股东雷动，股数 26 股，金额国币 260 元，编号银字第 08601 号。右半部是股票正文，安排在红色框内。内容是："广西银行为发给股票事，今据□□缴纳本公司股款国币□□□圆，计□□□股，合给股票壹张存执为据"。广西银行的当然董事为王逊志，董事为黄钟岳、阳明炤、廖竞天、龙家骧四人。股票的填发时期是"中华民国三十二年十二月一日"。股票正面左半部是"广西银行章程摘要"。共计分十一条：

广西银行章程摘要

一、本行为股份两合公司。

二、营业期限自民国二十九年一月一日起，以满三十年为限，期满得呈准延长之。

三、资本总额国币一千五百万元，广西省政府出资为无限责任股东，县公股及商股为有限责任股东。

四、股东姓名、住址、印鉴应送本行。以堂记商号出名者应注明本人或代表人姓名、住址。如有变更须随时报明更正。

五、股票买卖、转让与或继承时应由双方或继承人填具申请书，检同股票交总行过户或换票，但股东大会开会前五十日间停止过户或换票。

六、股票遗失或毁灭时，应报明总行并登报公告作废，经过三个月始得凭保补领新股票。

七、本行设立监察五人，由股东会在三百股以上之有限责任股东中选举之。

八、通常股东会每年开会一次，监察人全体或股东五十人以上并占有商股股份总额百分之十以上者，因重要事件得以书面记明提议事项及理由，请求董事会召集临时股东会。

九、有限责任股东有十股以上者始得出席，不满十股者得委托其他股东代表出席，如有提议并得函请董事会代提出之。

十、商股股东每一股有一表决权，十股以上每加五股加一表决权，五十股以上每加十股加一表决权，百股以上每加五十股加一表决权，依此类推。但每一股东所有之表决权与代理其他股东行使之表决权，合计不得超过全体股东表决权五分之一。

十一、每年纯利除摊派股息无限责任股息年息一分、有限责任年息一分二厘、及公积金百分之二十外，如有盈余由董事会议决分配办法。①

---

① 《〈银行老股票〉连载十四·广西银行股份两合公司》，《中国金融家》2012 年第 6 期。

　　该股票背面印有"发给股息红利登记表"。该股票由"广西企业公司印刷厂印"制。现在见到的民国时期老股票，绝大多数是股票与息折一分为二，而这种广西银行股票却是股票和息折合二为一，较为罕见（图4-81）。

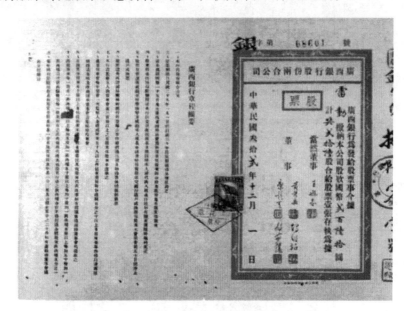

图4-81　民国32年广西银行两合公司股票

2."广西地产股份有限公司"股票

　　广西银行除进行正常的各项业务外，还开始直接从事商业经营活动，以牟取暴利。广西银行从内账中拨出巨额资金，开设了五个"同"字号商行，并对官僚资本经营的西南建业公司、广西地产公司等大量投资，使"西南建业公司""广西地产公司"实际上成了广西银行两合公司的子公司。按现在的话说，西南建业公司和广西地产公司都是广西银行的"多经产业"。

　　"广西地产股份有限公司"股票。该股票设计的式样、文字的表述、使用的纸张、票幅的尺寸、印刷的厂家都与"广西银行股份两合公司"股票完全相同（图4-82）。广西地产股份有限公司的董事长为曾其新，董事为韦贽唐、黎庶、何海筹、龙家骧四人。

3."西南建业股份有限公司"股票

　　"西南建业股份有限公司"股票。该股票设计的式样、文字的表述、使用的纸张、票幅的尺寸、印刷的厂家也都与广西银行股份两合公司股票完全相同（图4-83）。西南建业股份有限公司的董事长为李任仁，董事为黄钟岳、陈雄、廖竞天、黎庶四人。

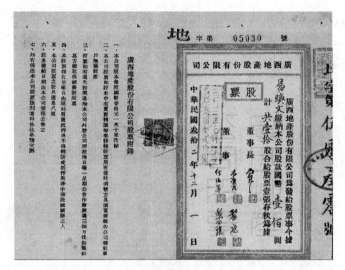

图 4-82　民国 32 年广西地产股份有限公司股票（壹拾股计国币壹佰圆）

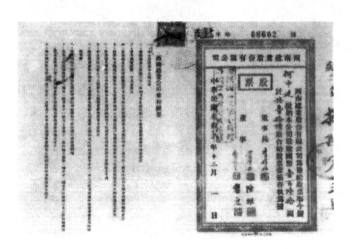

图 4-83　"西南建业股份有限公司"股票

　　我们从广西银行两合公司、广西地产公司、西南建业公司三种股票实物上就可以看出它们的亲缘关系。这三个公司的董事会组成是：广西银行两合公司当然董事是王逊志，四位董事分别是黄钟岳、阳明烟、廖竞天、龙家骧。西南建业公司的董事长是李任仁，四位董事分别是黄钟岳、廖竞天、陈雄、黎庶。广西地产公司的董事长是曾其新，四位董事分别是韦贽唐、黎庶、何海筹、龙家骧。查阅这些"董事"们的个人档案可以知道，王逊志、黄钟岳、阳明烟、韦贽唐都先后出任过广西财政厅长；曾其新、陈雄先后出任过广西建设厅长；李任仁担任过广西教育厅长；廖竞天、黎庶、龙家骧担任过广西银行的行长或副行长。担任西南建业公司董事长的李任仁是白崇禧的老师，后任广西参议会议长。担任广西地产公司董事长的曾其新曾在广西陆军小学任教，李宗仁和黄绍竑都是他的学生。这样，人们就可以清楚看出这三家公司之间的微妙关系。

广西银行两合公司、广西地产公司、西南建业公司这三家当时广西境内最大的股份制公司，名为官商联营，实际上是广西官僚资本操纵的"独资"公司，它们实质上成了李、白、黄新桂系集团的私人金库。[①]

第六节　广西的钱票

广西省于光绪二十九年（1903 年）成立广西官银钱号。宣统二年（1910 年），改组成广西银行，曾发行银圆票和各种辅币。民国 10 年，因挤兑而宣告倒闭。

广西省银行于 1926 年成立。1929 年一度停业，又于 1932 年 8 月重新组建，为省立金融机关，总行设在梧州，南宁、桂林、柳州和郁林另设分行。恢复营业后，为了独占货币发行权，曾经呈请取缔银号凭票，也曾发行多种纸币。

一、各市县发行的金库券及其他票据

1934 年 6 月，广西制定了《广西各县地方金库发行铜元券暂行章程》21条，主要内容为健全县金库，保证经济需要。省政府核准各县金库发行金库券，每张面额为 100 枚，可随时向县金库兑现，并可完粮纳税，发行限额为县金库全年收入的十分之一。后广西 32 个县发行了金库券 1 525 000 张，折合铜圆 152 500 000 枚，此外向都、左县、崇善、敬德、镇边、靖边等 8 县也发行了铜圆票，直至 1938 年，才由政府下令收回。

金圆券崩溃时，该省又有一些地区发行辅币。

陆川。1934 年，县金库发行面额 100 枚的金库券 8 000 000 张。1938 年，陆川县清湖区的廖希元（安徽省主席廖磊的哥哥）私自印制，并在清湖等三区发行。

修仁。1934 年，县金库发行面额 100 枚的金库券 3 000 000 张。

奉议。1934 年，县金库发行面额 100 枚的金库券 2 300 000 张。

镇结。1934 年，县金库发行面额 100 枚的金库券 2 000 000 张。

隆安。1934 年，县金库发行面额 100 枚的金库券 1 000 000 张。

宾阳。1934 年，县金库发行面额 100 枚的金库券 9 000 000 张。

南宁。据北洋政府农商部的统计，1912～1913 年，该地纸币发行额为222 500 元

---

① 孟国华：《介绍民国时期三种珍贵的广西股票》，《广西金融研究》2003 年第 A 期。

和 149 400 元。1929 年，南宁商会发行铜圆券，有 5 文券。1930 年，省府下令南宁裕利银号经收省内公款，发行了面额为 5 元、10 元、50 元、100 元的流通凭票，信用尚好。该号由白崇禧族人经营，当年就发行了面额小洋 50 元的凭票 992 张，计 49 600 元。7 月 11 日又发行小洋 100 元的凭票 494 张，计 49 400 元。这些纸币均于 1932 年年底收回。

来宾。1934 年，县金库发行面额 100 枚的金库券 5 000 000 枚。

义宁。1934 年，县金库发行面额 100 枚的金库券 2 500 000 枚。

同正。1934 年，县金库发行面额 100 枚的金库券 2 000 000 枚。

怀集。1934 年，县金库发行面额 100 枚的金库券 1 900 000 枚。

本溪。1934 年，县金库发行面额 100 枚的金库券 1 000 000 枚。

平南。1934 年，县金库发行面额 100 枚的金库券 8 000 000 枚。

木淳。1934 年，县金库发行面额 100 枚的金库券 4 000 000 枚。

都安。1934 年，县金库发行面额 100 枚的金库券 2 400 000 枚。

天安。1934 年，县金库发行面额 100 枚的金库券 2 000 000 枚。

融县。1934 年，县金库发行面额 100 枚的金库券 1 500 000 枚。

博白。1934 年，县金库发行面额 100 枚的金库券 8 000 000 枚。

象县。1934 年，县金库发行面额 100 枚的金库券 4 000 000 枚。

扶南。1934 年，县金库发行面额 100 枚的金库券 2 400 000 枚。

天保。1934 年，县金库发行面额 100 枚的金库券 2 000 000 枚。

迁江。1934 年，县金库发行面额 100 枚的金库券 1 000 000 枚。

田阳。1934 年，县金库发行面额 100 枚的金库券 2 300 000 枚。

资源。1934 年，县金库发行面额 100 枚的金库券 2 400 000 枚。

贵县。1932 年，贵县、兴业、玉林联合办汽车公司，发行 1 万元的凭票。1934 年，县金库发行面额 100 枚的金库券 8 000 000 枚。1937 年后，贵县又一次发行了县金库铜圆券，种类为：1 元券 140 000 张，140 000 元；5 元券 5000 张，25 000 元；10 元券 2500 张，25000 元；100 元券 50 000 张，5 000 000 元。合计为 14 000 张，5 190 000 元。

邕宁。1934 年，县金库发行面额 100 枚的金库券 9 000 000 枚，1935 年取缔。

全县。1934 年，县金库发行面额 100 枚的金库券 8 000 000 枚。

田东。1934 年，县金库发行面额 100 枚的金库券 40 000 枚。

绥渌。1934 年，县金库发行面额 100 枚的金库券 2 000 000 枚。

龙茗。1934 年，县金库发行面额 100 枚的金库券 1 000 000 枚。

龙胜。1934 年，县金库发行面额 100 枚的金库券 1 500 000 枚。

雷平。1934 年，县金库发行面额 100 枚的金库券 1 000 000 枚。

向都。1934 年，发行了金库券铜圆票。

左县。1934 年，发行了金库券铜圆票。

崇善。1934 年，发行了金库券铜圆票。

柳江。1934 年，发行了金库券铜圆票。

养利。1934 年，发行了金库券铜圆票。

故德。1934 年，发行了金库券铜圆票。

镇边。1934 年，发行了金库券铜圆票。

靖西。1934 年。发行了金库券铜圆票。

柳城。1949 年，县商会发行金圆辅币券。风山乡，发行金圆存款券，面额分 5 角、1 元、2 元等。

桂林。清末时，桂林的一些商号大量发行凭票，主要有罗义昌、顺恭来、西就、罗广茂、汇裕丰、广裕、魏允茂、裕昆昌、张富泉、张广泉、周寿丰、福泰林、黄汇昌、公和、萧万昌、张永益、林福裕等 17 家，发行的凭票面额分为七二兑花银 1 元（毫银 9 角 5 分 2 厘），1 两（毫银 1 元 3 角 6 分），2 两（毫银 2 元 7 角 2 分），3 两、5 两、10 两、20 两、50 两、100 两、1000 两 10 种。商号以此聚集资本，大发不义之财。1930 年，桂林银行发行银圆票，裕益发行面额为 5 元、10 元、50 元、100 元小洋的凭票，1932 年年底收回。1935 年，桂林县地方金库在县政府的统筹下，发行了面额为 50 文、100 文、200 文的铜圆券。

玉林。1932 年 6 月，玉林县政府发行五林县金库毫币券 300 000 元。

兴业。1932 年，兴业县政府发行金库券 200 000 元。

梧州。1921 年，梧州市银行发行银圆票。1931～1932 年，梧州发行自来水工程公债票，分 5 元、10 元、20 元 3 种，合计 20 万元，可以流通。

防城。1935 年，防城实业银行发半、一、二毫的辅币券，每种 2000 元，合计为 6000 元。

平乐。1922 年，该地自治军发行纸币。[①]

二、桂林广西银行壹仙纸票

中华民国 10 年 8 月，孙中山决定乘北洋军阀内部矛盾尖锐之机，出师北伐，由于广东大军阀陈炯明的百般阻挠，以广东作为北伐基地已不可能，于是，孙中山毅然从梧州北上桂林，在桂林设立北伐大本营，号令滇、黔、赣军向桂林集结。为解决北伐前期之军备需求，9 月，大本营参议王乃昌集议，先以"桂林广西银行"的名义发行铜圆票"壹仙"券若干，作为筹备费用，由桂林商会担保发行，此举缓解了当时桂林的铜圆需缺之急，从而得到孙中山先生的赞许与赏识，并予"立民国之功"加以褒奖。12 月 4 日孙中山抵达桂林即召开北伐誓师大会，12 月 26 日正式成立"桂林广西银行"，委任大本营金库长林云陔兼任桂林广西

---

① 戴建兵：《中国钱票》，中华书局，2001 年版，第 233～236 页。

银行总理，龙鹤龄、谢尹为桂林广西银行协理。民国 11 年元月 1 日，奉大元帅令在桂林成立"中华国民银行"，委任梁长海为行长，发行中华民国银行钞票，票券面额有 10 元、5 元、1 元、5 毫、2 毫、1 毫共 6 种，在流通过程中找补不便，为了维护桂林当地的金融秩序，"桂林广西银行"于 3 月初发行了面值"半毫"的纸币与"中华民国银行"票券配合流通。3 月 26 日，孙中山在桂林大本营召开了紧急会议，认为陈炯明居心叵测，广东方面难以有所接济，决定变更北伐计划，下令全军回师返粤，离桂时上述票券由于发行量不大，回收彻底，流传至今者不可多见。

"桂林广西银行壹仙铜仙纸票"券为横式长方形，券幅 79 毫米×55 毫米，纸币的正面上方为"桂林广西银行"六个字；四角分别为"壹""仙""纸""票"各一个字；中部有"铜仙纸币"字样，右为"广西银行"字样，左为"总经理印"篆书朱砂印；下部有"每票十张折合纸币壹角"字；背面印有"桂林广西银行布告：铜圆缺乏，找补不易，人民请求，设法救济，特制钞票，以资便利，完纳粮税，行用照计，商场交易，出入一致，私刻伪造，严行惩治。民国十年九月　发行"等字。纸币的色调除正面中部红色圆形花纹外其余均为黑色，图案设计极其简单，印刷相对粗糙，应为石版雕刻印刷，纸张为道林白沙纸，使用单面印刷两面合成的制作工艺。从整体风格上看，此券在桂林当地印制无疑。[1]这种"桂林广西银行壹仙铜仙纸票"是广西近代金融史上发行的第一种铜圆票，是广西近代铜圆票的"始祖"，而且它还是广西近代历史上首次在桂林当地印刷的纸币。这两个第一，使其在桂林金融史上占有非常重要的历史地位[2]（图 4-84）。

图 4-84　民国 10 年桂林广西银行壹仙铜仙纸币

---

① 包政：《孙中山在桂林发行的钞票——桂林广西银行壹仙铜仙纸币》，《广西钱币》，2011 年第 1 期。
② 孟国华、孟妍君：《八桂钱景——广西历史货币赏识》，漓江出版社 2013 年版，第 112 页。

三、义宁县地方金库券

该券是 2006 年秋，在广西桂林附近的临桂县五通镇（原义宁县县城）发现的。此金库券见有壹百圆和伍百圆两种面额。它是抗日战争时期日伪"维持会"这个地方政权在广西桂林地区沦陷期间印制发行的一种汉奸伪钞，而不是国民政府广西地方当局发行的代法币券。

（1）壹百圆券。该券长 148 毫米，宽 75 毫米。券正面为青蓝色，四周有边框，四角有"壹百"字样。券上端横书"义宁县地方金库券"8 个楷字，券右边印券额"壹百圆"，左边印园林图。"壹百圆"下方盖有两个红色方印，印文分别为"会长之印"和"副会长印"。园林图下端印有"凭票即付国币壹百元正"字样。券面的右侧预印"字第号"，此张券上加盖有"义"和"001035"流水号。券面的左侧竖印"中华民国三十四年印"字样。券背面为浅棕色，四周也有边框，四角也有面额"100"字样。券中间为园林图，园林两侧有"100"字样。

（2）伍百圆券。该券长 162 毫米，宽 76 毫米。券正面为土红色和浅棕色套印，四周有边框，四角分别有"伍百"字样。券面上端横书"义宁县地方金库券"8 个楷字，券中间的椭圆内印有园林图，园林图两侧印有该券面额"伍百圆"。园林图下端印有"凭票即付国币伍百圆正"小字。券面下方左右盖有两个红色方印，印文与壹百圆券相同，分别是"会长之印"和"副会长印"。该券左右两侧也和壹百圆券相似，分别印有此券的编号和"中华民国三十四年印"字样。券背面为浅红色，四周也有边框，四角也有面额，中间也是园林图，园林图两侧也印有面额（图 4-85）。

图 4-85　民国 34 年"义宁县地方金库券"伍百圆

四、湘桂铁路南镇段借款金镑国库券

如前第五章"股票"部分所言，湘桂铁路桂段主要分为全（州）桂（林）段、桂（林）柳（州）段、柳（州）南（宁）段、南（宁）镇（南关）段等四个阶段。当抗战转入第二阶段，为确保西南国际交通线的畅通，国民政府决定将该路延长至镇南关，南镇段正式提上了议事日程。

1938 年 3 月 1 日，南镇段路工处于南宁成立，除陈雄、苏诚为正副处长外，另加有南宁、龙州两区民团副指挥为副处长。湘桂铁路南镇段长约 234 公里，广西省政府先后征调横县、宾阳、隆山、扶南等 30 县民工 21.5 万人，为征调民工最多的路段。铁路建设迫在眉睫，但中国政府财政空虚，于是在当年 4 月 22 日那天，中国建设银行向法国银团借款 1.8 亿法郎，折合国币 1900 多万元，其中提供材料费、机车款共 1.5 亿法郎，现款 3000 万法郎，15 年还清，周息 7 厘，以盐税和路款付给，又从广西矿产税中拿出 80 万元为附加担保。银团收取购料费的 1.5% 及经费的 5.5% 作为佣金。中法合组建筑公司承办南镇段工程，法方派总工程师和总会计师，并以工程费用和管理费用附加 15% 为公司酬益，像这样的高利贷和优厚酬金实属少有。

1939 年 10 月，由镇南关经隘口、下石至宁明河边约 56 公里南镇段通车，与南安（越南）铁路衔接，一个月后即因日军占领南宁而拆毁，但"彼时各机关由越运入物资，积存龙州、凭祥、宁明一带甚多，即由镇南段运输处负责，以少数之机车车辆，努力抢运物资 3 万余吨，该段虽局部通车，亦已在抗战中尽其贡献"。"南镇虽通车未久，即以军事影响，中途停顿，但即此二十余日之行车，已予国防运输以重大之贡献。计由桂曾经行该路抢回越南之重要物资，达五六十吨，价值之巨，概可想见。"[①]

该路段共用去法国借款 1.5 亿法郎，交通部另拨 800 万国币。路未修成，尚存放在越南的材料计值 6700 万法郎，用以抵偿法银团的部分债务。12 月中旬，驻南宁日军一部沿邕龙公路进犯，筑路员工急将机车车辆及路料 7000 多吨，以及国民政府进口物资 5000 多吨，紧急退运至越南同登，没有落入敌手。"湘桂铁路南镇段借款金镑国库券"的发行正是对这段历史最好的印证。

民国 27 年湘桂铁路南镇段借款金镑国库券，面额英金拾镑，分为上下两部分，上半部分上印"湘桂铁路南镇段借款金镑国库券"，中间加盖"财政部""交通部"两个大红印章，下左为编号，下右有"英金拾镑整"，中间印有关于国库券的十一条说明（图 4-48），具体是：

（一）此项国库券根据中华民国国民政府财政部、交通部与法国银行团中国建设银公司于中华民国二十七年即西历一九三八年四月二十二日签订之湘桂铁路南镇段借款合同第十六条发行；

（二）此项国库券总额为英金拾肆万肆千镑，分为壹万肆千肆百张，自第壹号起至第壹万肆千肆百号止，每张英金拾镑；

（三）此项国库券利率为常年七厘，每年于四月二十一日及十月二十一日，凭所附息票分别付息各一次；

① 张璐：《湘桂铁路在抗战炮火中延伸》，《企业家日报》2015 年 7 年 17 日，第 02 版。

（四）此项国库券期限共为十五年，自上述借款合同签订以后第四年起每半年用抽签办法还本一次，至迟在第十五年底还清；

（五）中国政府不论何时可以至少陆个月以前之通告，将未到期之此项国库券全部或部分提前赎回，除照票面偿付本金及带付应给利息外，另按本金额加给百分之二·五；

（六）此项国库券由中国政府正式并无条件担保，如期付息还本，遇有款项不敷时，即予补足；

（七）此项国库券连同依照上述借款合同所发行之期票，一并以中国政府普通盐余担保（此项普通盐余系指盐务总局每年由各种来源所有收入之总数中扣除其现有常年对外对内所负之担保而言），在南镇段铁路建筑期间，凡偿付此项国库券及期票本息所需款项，由盐务总局就普通盐余项下拨付，在南镇段铁路实行营业后先由铁路收入项下拨付，如铁路收入不敷时，概以普通盐余如数补足，如普通盐余亦不敷时，先就广西省矿税每年最多八十万之数补足，如广西省矿税亦不敷时，在其他国税收入项下如数补足，最后以南镇段铁路产业附属品材料与其所得之利益为第一抵押品；

（八）为处理偿付此项国库券及依照上述借款合同的发行之期票之本息款项由交通部主持设一债款基金保管委员会，除交通部部长或其他代表为主席外，由财政部湘桂铁路特许股份有限公司中国建设公司各派一人、法国银行团派代表二人为委员；

（九）此项国库券得出售并抵押与上述借款合同第四条规定之个人或法人；

（十）此项国库券遇有遗失或损毁时，法国银行团中国建设银公司得提供必要之保证，并付费用，请求中国政府签发与正本无异之副本；

（十一）此项国库券还本付息均由东方汇理银行及中法工商银行经理之。

中华民国二十七年四月二十二日

财政部部长　孔祥熙

交通部部长　张嘉璈

　　该券下半部分有 15 年共 30 张息票，每张票面上均由文字"凭票于中华民国□□年□月二十一日向东方汇理银行或中法工商银行总分各行支付利息英金叁先令六便士整。财政部部长孔祥熙、交通部部长张嘉璈"。时间自 1938 年 4 月至 1953 年 10 月，除 1938 年，1953 年分别为 4 月、10 月外，其余是每年 4 月和 10 月支付（图 4-86）。

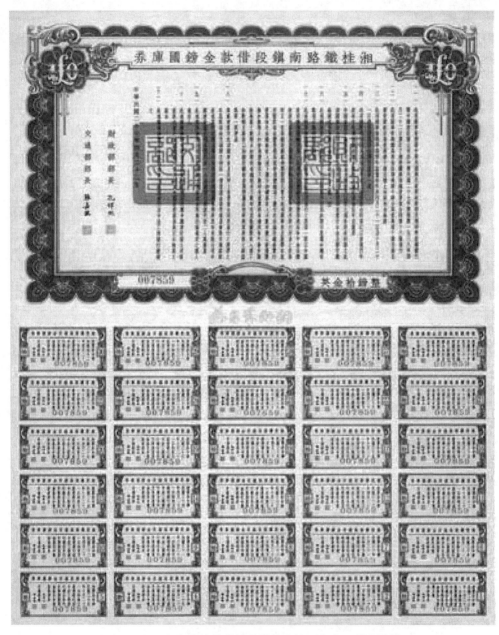

（a）民国 27 年湘桂铁路南镇段借款金镑国库券（英金拾镑）

（b）国库券局部放大

图 4-86　民国 27 年湘桂铁路南镇段借款金镑国库券

五、桂林市银行银元本票

桂林市银行是广西省境内最早成立的县市银行，成立于 1943 年 5 月 1 日，系官商合股，成立时实收资本国币 3000 万元，其中官股 1200 万元。行址选在中山北路原广西省银行旧址（今工商银行中山北路分理处），董事长由桂林市市长苏新民兼任，经理则是白崇禧的亲属白怀民。桂林市银行的成立，与当时桂林市经济的急剧繁荣息息相关，其有着特殊的历史背景：当时抗日战争已进入了第五个年头，由于国民党实行消极抗战的政策，大片国土相继沦陷，而此时的桂林处于抗战后方，各地的人口和工商企业纷纷向这里转移，以致人口激增，商贸兴隆、外地资金源源流入，数年内便成为中南的经济重镇。众多的金融机构于是不失时机地在桂林设立分支机构。据统计，包括中央四行二局一库（中央银行、中国银行、交通银行、农民银行、中央信托局、邮政储金汇业局、中央合作金库）和一些外省银行、地方商业银行等，先后共有 24 家金融机构在桂林设立了分行或办事处，竞相抢占桂林金融市场。面对这种情况，占有地利人和的桂林权贵自不甘肥水外流，市长亲自出马筹建桂林市银行，以分一杯之羹。不料好景不长，市行开业后的次年冬，桂林也沦陷于日寇之手，市行资产在几次疏散撤退中损失殆尽。直至 1945 年日本战败投降，桂林始得光复。原来车水马龙、盛极一时的桂林，这时已成为瓦砾之地，满目凄凉。市长苏新民返城后，即以恢复市场为名，迫不及待地恢复桂林市银行。他通过当时的桂林商会理事长李锦涛和盐业公会理事长赵浩生的多方奔走斡旋，官商合股终于凑足 7000 万元国币资本，于 1946 年 7 月在桂西路（今解放路）重新开业，市行董事长仍由市长苏新民兼任，经理是陈寿鸽。

桂林市银行银元本票分别有壹圆、伍圆、拾圆三种，这三种本票的正背面图案设计完全相同，只是票幅和颜色稍有差异。

拾圆本票：票幅 154 毫米×75 毫米，正背面主色为红色，票面正上方标有"桂林市银行"字样，行名稍下两旁为相同编码钞号。正中在几何花饰的衬托上，印有大写空心字体"拾圆"，稍上处亦有小号空心字体"银圆"，花饰四端各印一字，合起来则是"凭票即付"。右边为竖式黑色草书签"梁家齐"，签名下方有一篆书方印"桂林市银行董事长章"；左边亦有一竖式黑色草书签名"陈寿筠"，下方的篆书印为"桂林市银行经理之章"。在票面四个边角的红圈中各有一字，合起来为"银圆本票"。整个票面的大框内衬底上印有横排的连续黄色英文"CITY BANK OF KWEILIN（桂林市银行），正下方还标有印刷厂名："经纬印制厂"。该本票为左侧撕扯式，撕缝处盖有用中英文标注的"桂林市银行"骑缝钢印，有的还盖有经办人方形名章。该票的背面上方是弧形排列的英文"桂林市银行"，中央花饰上印有园形的"桂林市银行"中英文章，左右标有"本票"字样，下方纪值："10 TEN YUAN 10"；纪年："1949"，两边的几何花饰上分别标有空心体阿拉伯数字"10"，几何框的四角也分别标有空心体职权拉伯数字"10"（图 4-87）。

图 4-87　1949 年桂林市银行银圆本票拾圆

壹圆本票：票幅 153 毫米×70 毫米，正背面主色为蓝色，正面图案与拾圆本票除面额不同外，其他均一模一样，背面除几何花饰造型不同外，亦基本与拾圆票相同，其面额"1"为美术空心字体，中下方纪值为"1 ONE YUAN 1"（图 4-88）。

伍圆本票，票幅 153 毫米×69 毫米，正背面颜色为豆绿色，正面图案与拾圆本票除面额不同外，其他均一模一样，背面除几何花饰造型不同外，亦基本与拾圆票相同，其面额"5"为美术空心字体，中下方纪值为"5 ONE YUAN 5"（图 4-89）。①

---

① 阳福明：《桂林市银行与桂林市银行银圆本票》，《广西金融研究》1998 年第 A1 期。

图 4-88　1949 年桂林市银行银圆本票壹圆

图 4-89　1949 年桂林市银行银圆本票伍圆

六、苍梧县商会"辅币代用券"

　　1949 年上半年，国民党政府法币政策破产，中、中、交、农四大银行纸币已毫无信誉可言，港币、美元乘虚而入，当时广西省政府主要人物的薪金和特别津贴全以港币计发，当时作为广西货物进出口主要口岸的梧州，更是港币的天下，大宗货物买卖多以港币交易自不待言，就连饮食摊档、过河搭艇也惯用港币。可是，那时流入的港币，大面额纸币多（5 元、10 元、50 元、100 元、500 元），1 元以下的辅币少，民间交易、找补十分困难。在这种情形之下，广西省第三区专员公署、苍梧县政府（当时梧州是苍梧县城所在地，归苍梧县管辖、未曾设市）决定：由苍捂县商会印制发行一种小面额港币"辅币代用券"，在梧州流通，意在方便港币找补之用，这就是此种纸币的由来。

代用券的印制发行及筹备情况，当年的梧州《商报》多有报道：1949 年 5 月初，苍梧县商会奉命印发辅币代用券，5 月 12 日商会召开了理监事会暨各同业公会联席会议，讨论了有关辅币代用券制发基数问题，议定发行面额为五分、一角、五角、一元四种，并即席成立了以商会会长徐树棠为首的由 11 人组成的"苍梧县商会印发基数辅币代用券基金保管委员会"。5 月 26 日，再次召开理（监）事会，同业公会负责人和县政府、县参议会、警察局等机关代表参加的联席会议，讨论发行条例及印制数额等事宜。5 月底，呈送广西省第三区专员公署专员兼司令苏新民批准，经由专署、县政府、警察局及县参议会派员共同监督，交由商会会长徐树棠在梧州小南路开设的平正印务局印制。1949 年 6 月 9 日，辅币代用券正式在梧州市面流通。

为了配合辅币代用券印发流通的宣传，1949 年 5~6 月，梧州《商报》连日刊载消息，大造舆论（此券 11 人组成的"基金保管委员会"亦有《商报》社长徐甘棠参加）。发行之前，县商会通知各同业公会各商号届时备款购用。发行当日，《商报》刊出"本报特讯"称："本市商会为解决辅币缺乏所生之困难，最近即遵照当局意旨，筹备发行基数代用券，经旬日之积极筹备，现已印刷完竣，今（9）日起即在市面行使，昨（8 日）晚备款购用之商店极为踊跃，先购用者为长沙路维益行，购用四百元"，并称"此代用券的发行已呈送广西第三区专员兼司令苏新民的批准"。

开始使用时，商民见便利交易，乐于行用，多有称赞。不久，随着政治军事时局的变化，人民解放军挺进湘南、逼近两广，此时商会会长黎树棠等人，就放出舆论，说有人做伪角票，故意拖延、搪塞，甚至拒绝兑付，以此达到私吞基金的目的，临梧州解放前，徐树棠出逃香港。纸币背面白纸黑字所印的"停止使用时即照券面额以港纸十足兑回之"也就成为一句空话。至 1949 年 11 月 25 日梧州解放时止，此币的流通历时五个半月。

关于面额。据 1949 年 5 月 13 日和 5 月 27 日梧州《商报》刊载，面额为伍分、壹角、伍角、壹圆四种。从目前收集到的实物看，当时角币为了与流通的港币名称相吻合，改角称"毫"、改分为"仙"，据此发行的面额应是"伍仙、壹毫、伍毫、壹圆四种。该券，由梧州小南路平正印务局印刷。为横版、道林纸印刷。自右至左横书"苍梧县商会辅币代用券"，下标面额：基数伍毫。左边圆形图案为全国最早落成的中山纪念堂外景（今梧州市北山公园中山纪念堂），票面盖有三颗红色印章，其中中间较大的一颗为"苍梧县参议会监发"，右边一颗为"苍梧县商会章"。票面没有印制发行年月。券的背面边框之内印有自右至左排列的文告，全文是："本券呈报广西省第三区专员公署核准，由苍梧县参议会监督印发，本券在市面十足通用，本券累足拾元随时兑现，本券如停止使用时即照券面额以港纸十足兑回之，本券如有伪造送官究治。"据曾经亲自使用过这种纸币现仍在梧州市工商联工作的罗誉明先生（市政协委员）回忆：各种面额的票面图案、背面文字都相同，只是为了方便辨认，面额不同、颜色各异，伍毫券票面是蓝色，一元券票面是红色，至于伍分券、壹毫券的票面颜色就记不清了（图4-90）。

（a）苍梧县商会辅币代用券基数伍仙

（b）苍梧县商会辅币代用券基数伍毫　　（c）苍梧县商会辅币代用券基数壹圆

图4-90　苍梧县商会辅币代用券

关于印制总额，《梧州市金融志（上）》和《广西通志·金融志》都记载印制数额为10万元。经过核对，当年《商报》5月30日第二版醒目标题为"辅币代用券下月可面市发行额基数20万元"[1]。

此种辅币代用券，与一般流通货币不同，既不是国家发行，也不是银行发行，而是由商会发行，并以外币（港币）为基数，这在货币发行史上不伦不类，同时也反映出当时民众对政府和银行所发的纸币不信任，而相信当地民间商会。[2]

第七节　人民币发行与占领市场

1949年11月22日，桂林解放。12月1日，中国人民银行广西省分行在桂林成立，首要任务是推行人民币。当时市场流通的货币主要有银圆、银毫和美钞、港币、西贡纸。人民银行广西分行一开始营业，首先挂牌收兑银圆，人民币0.4元（折新币，下同）作值银圆1元。

① 郑声逸：《梧州港币代用币——介绍苍梧县商会"辅币代用券"》，《广西金融研究》1995年第A1期。
② 魏士达：《苍梧商会曾发行辅币代用券》，《西江都市报》2008年4月21日，第11版。

接着桂林军管会颁布《严禁银圆流通的布告》。但一时仍未奏效，银圆黑市价仍达 1 元。12 月 4 日和 8 日，桂林军管会先后召开商界座谈会，宣传政策、介绍老解放区物价状况，并以私人名义在市场上用银圆兑换人民币。此后，银圆黑市价开始下跌，年底降至 0.65 元。12 月 28 日，人民银行广西分行公布兑换外币和纹银的牌价：英镑每镑 2.5 元，美钞每美元 0.9 元，港币每港元 0.11 元，纹银每市两 0.35 元。牌价公布后，各单位纷纷采取行动，拒收银圆、外币，形成"拒银拥币"运动。

1950 年 1 月 25 日，人民银行广西分行公布收兑金银牌价：袁头、孙头、法光每枚值人民币 0.6 元。2 月 2 日，人民银行广西分行宣布：桂林、柳州、梧州、南宁 4 市禁止银圆、港币流通。由于出现谣言，南宁市场物价 2 月 10 日剧升 25%。银元黑市一日三涨，贸易公司门市部出现抢购。对此南宁市的党政当局采取以下紧急措施：①严厉打击奸商匪特，查封兴风作浪倒卖金银的金店；②税局提前征收营业税，贸易公司大量抛售物资；③ 5 日内不准机关、部队在市内采购商品；④银行出面，要投机商、经纪人立约，不许倒卖金银，继续违反的以不点名方式书面警告。2 月 13 日下午南宁物价开始回跌。11 月以后，随着剿匪的胜利，人民币开始逐渐流入农村。年底货币市场发生较大变化，在较大的城市和县城，人民币已完全占领市场，沿交通线的县城及大圩镇，银圆基本上被打入地下，物物交换很少，人民币在市场上普遍流通，远离交通线的县镇，除县城及附近地区人民币能流通外，其余各圩镇多使用银毫或物物交换。少数边远地区和土匪盘踞区则拒用人民币。

随着反霸、退租土改运动的开展，各地银行抽调干部，组成工作小组，深入农村，进行流动宣传及收兑金银，人民币逐渐占领农村市场。1951 后 8 月以后人民币基本占领了全省市场。1953 年 12 月底，在广西流通的人民币（旧币，即第一套人民币）有 1 元、5 元、10 元、20 元、50 元、100 元、200 元、500 元、1000 元、5000 元、1 万元、5 万元共 12 种面额及 62 种版面。

参 考 书 目

陈功印：《广西历史货币图集》，广西师范大学出版社2003年版。

重庆市委文史资料研究委员会：《重庆文史资料》（第11、40辑），西南师范大学出版社2009年、1993年版。

重庆市委文史资料研究委员会：《重庆文史资料选辑》（第8、15辑），1980年、1982年，内部出版。

高文、袁愈高：《四川近现代纸币图录》，四川大学出版社1994年版。

高文、袁愈高：《四川历代铜币图录》，四川大学出版社1988年版。

广西金融志编纂委员会：《广西金融志》，1992年版。

广西文史资料研究委员会：《广西文史资料选辑》（第4、17、20、21、36辑），1963年、1983年、1984年、1984年、1993年内部出版。

广西壮族自治区地方志编纂委员会：《广西通志·金融志》，广西人民出版社1994年版。

贵州金融学会钱币学会金融研究所：《贵州金融货币史论丛》，1989年内部出版。

贵州省地方志编纂委员会：《贵州省志·金融志》，方志出版社1998年版。

贵州省史学学会近现代史研究会：《贵州经济史探微》，1996年内部出版。

贵州省政协文史资料委员会：《贵州文史资料选辑》（第2、15、19、31、33辑），贵州人民出版社，1979年、1984年、1985年、1992年、1996年版。

海鹏飞：《广西农村金融史》，广西人民出版社1994年版。

李振纲、史继忠、范同寿：《贵州六百年经济史》，贵州人民出版社1998年版。

龙刚家、张世铨：《广西历史货币》，广西人民出版社1998年版。

孟国华、孟妍君：《八桂钱景—广西历史货币赏识》，漓江出版社2013年版。

潘国旗：《近代中国地方公债研究—以皖川闽粤为中心的考察》，经济科学出版社2014年版。

四川省地方志编纂委员会：《四川省志·金融志》，四川辞书出版社1996年版。

孙仲文：《云南货币简史》，云南民族出版社2002年版。

汤国彦：《云南历史货币》，云南人民出版社1989年版。

田茂德、吴瑞雨：《民国时期四川货币金融纪事（1911–1949年）》，西南财经大学出版社1989年版。

云南地方志编纂委员会：《云南省志·金融志》，云南人民出版社1994年版。

云南省政协文史资料研究委员会：《云南文史资料选辑》（第1、16、18、28、29辑），1962年、1982年、1983年、1986年、1986年，内部出版。

郑家度：《广西金融史稿》，广西民族出版社 1984 年版。

郑家度：《广西近百年货币史》，广西人民出版社 1981 年版。

中国人民银行云南省分行金融研究所：《云南近代货币史资料汇编》，内部出版。

中国人民政治协商会议四川省委员会：《四川文史资料选辑》（第 7、10、14、15、18、19、20、29、32、36、39 辑），1980 年、1979 年、1964 年、1980 年、1979 年、1979、1983 年、1984 年、1987 年、1991 年内部出版。

后　记

　　在本书的编写过程中，由于条件的限制，为配合文字叙述之需，部分图片只能从网络提取，比如博宝艺术网（www.artxun.com/）、博宝拍卖网（http://auction.artxun.com/）、雅昌拍卖网（http://auction.artron.net/）、钱币天堂网（www.coinsky.com/）、世界纸钞网（http://ybnotes.com/）、7788收藏（www.997788.com）、贵州都市网（www.gzdsw.com）等；部分图片则取材于在本书中已提及的科研成果，在此不能一一提及；同时这些图片只为学术研究之用，绝无商用之目的。如有不妥、不便之处，请与出版社或著者联系，在此表示谢意和歉意。

　　在本书的编写过程中，我们参考了一些学者已发表、已出版的科研成果，这些都在本书中已做了标识，在此说明，并对他们表示深深的感谢！

　　在本书的编写和出版过程中，科学出版社诸位编辑尤其是耿雪编辑付出了辛勤劳动，在此一并表示感谢。

　　由于时间仓促，加上水平和能力有限，错误和疏漏之处在所难免，恳请专家、同行和票据爱好者指正！

著　者

2016年12月圣诞夜